面向"十二五"高职高专规划教材·基础系列

新编大学语文

主　编	郭秀兰	史立群
副主编	徐丽梅	张立华
参　编	任慧杰	张　岳
	周立香	杜　巍
	孔祥磊	齐艳春
	董晓平	孙淑鸿

北京理工大学出版社
BEIJING INSTITUTE OF TECHNOLOGY PRESS

内容简介

本书根据高职高专人才培养目标的要求,结合国家示范性高职院校建设与课程改革的实践,以适度够用为原则,将内容整合为三个部分:口才训练、应用文写作、阅读与欣赏。每一部分又分为不同的板块,体现了职业教育文化基础课与专业结合,服务于职业需求的课程改革理念。教材的职业性、人文性突出,有利于培养学生的人文精神和综合文化素质,具有长远的使用价值。

本书适合作为高职高专院校文化基础课教材。

版权专有　侵权必究

图书在版编目(CIP)数据

新编大学语文/郭秀兰,史立群主编.—北京:北京理工大学出版社,2013.3
(2021.3重印)

ISBN 978-7-5640-7519-4

Ⅰ.①新… Ⅱ.①郭…②史… Ⅲ.①大学语文课-高等学校-教材 Ⅳ.①H19

中国版本图书馆 CIP 数据核字(2013)第 053736 号

出版发行 / 北京理工大学出版社	
社　　址 / 北京市海淀区中关村南大街 5 号	
邮　　编 / 100081	
电　　话 / (010)68914775(办公室)　68944990(批销中心)　68911084(读者服务部)	
网　　址 / http://www.bitpress.com.cn	
经　　销 / 全国各地新华书店	
印　　刷 / 广东虎彩云印刷有限公司	
开　　本 / 787 毫米×1092 毫米　1/16	
印　　张 / 19	加工编辑 / 江　立
字　　数 / 440 千字	责任编辑 / 李志敏
版　　次 / 2013 年 3 月第 1 版　2021 年 3 月第 11 次印刷	责任校对 / 周瑞红
定　　价 / 38.00 元	责任印制 / 王美丽

图书出现印装质量问题,本社负责调换

前　言

大学语文作为长春职业技术学院的一门重要的文化基础必修课程，随着国家百所示范性高职院校建设的推进，随着高职教学改革的深入，课程建设也取得了丰硕的成果。尤其是2011年，在学院"十二·五"综合教学改革项目中，大学语文课程作为重点建设项目，列入"百门精品课程建设工程"，并被评选为长春市职业教育精品课程，大学语文教材作为重点建设项目，列入"百部名优教材建设工程"。

课程建设、教材建设的成功立项，为我们编写大学语文教材提供了一个良好的契机。结合学院2011版人才培养方案对语文课程的要求，编者多次深入企业、专业、兄弟院校，通过调查问卷、座谈的形式，进行专业需求调研，为教材的编写做好了充分的准备。

大学语文在编写的过程中，继续保持"口才训练"、"应用文写作"、"文学欣赏"模块分类的框架体系，在此基础上，"口才训练"部分和"应用文写作"部分增添了大量的与学生专业学习、求职就业、岗位需求相关的案例及自主学习内容，与专业的融合更为密切。

本教材共一册，由口才训练、应用文写作、阅读与欣赏三个部分组成。教材的主要特色如下：

1. 服务于专业，突出高职教育特色

本教材的编写，结合几年来的教学改革实践，充分体现服务专业的课程建设和教学改革思想，以学院2011版人才培养方案为指南，内容的设计依据学生职业能力的需求，范文的选取兼顾到专业的特征，既遵循语文教育规律，又充分体现服务专业的课程建设和教学改革思想，既凸现人文教育功能，又突出高职教育特色。

2. 模块式编排体例，体现课程建设思路

本教材的编写，以适度够用为原则，采用模块式编排体例。口才训练部分，包括知识介绍——技能要求——案例示范——技能训练四个模块；应用文写作部分，包括知识导航——技能要求——案例简析——自主学习四个模块；阅读与欣赏包括名作导引——经典美文——阅读提示——感悟思索四个模块。

每个模块，既有知识与技能的基本要求，又有学生自主学习的拓展内容，在有限的学时里，拓宽大学语文教学的空间；在没有教师指导的情况下，也能满足学生自学的需求。"应用文写作"部分，突出学练结合，以学会为手段，会写为目的，实现掌握写作知识为基础，培养写作能力为核心的教学目的。"阅读与欣赏"部分，所选篇目均为名家大篇，涉及各种风格流派，既讲广度，又讲深度，集中古今中外文学经典，具有很强的文化含量，将有助于提升高职、高专学生的精神品格和人文素养。

参与本教材编写的共有12位老师，其中郭秀兰负责第二编"应用文写作"部分及"小说"的编写，史立群负责第一编"口才训练"部分及"散文"的编写，徐丽梅负责第三编中"诗歌"的编写，张立华负责第三编中"戏剧"的编写，应用文部分案例的选取及自主学习内容的设计工作，以郭秀兰、史立群、徐丽梅、张立华老师为主，其他参编人员为辅，全书由郭秀兰负责统稿。

本教材在编写过程中参阅了多种著作,从中选取了一些例文,得到了长春职业技术学院赵有生院长、教务处王军处长、基础部张玉英主任的精心指导和大力支持,在此一并致以衷心的感谢!

　　由于水平有限,不足之处,恳请使用者赐教指正。

编　者

2013 年 1 月

目 录

第一部分 口才训练 1

第一章 演讲与论辩 3
演讲口才 3
论辩口才 12

第二章 社交与求职 20
社交口才 20
求职口才 28

第三章 谈判与营销 37
谈判口才 37
营销口才 42

第二部分 应用文写作 47

第一章 应用文写作概述 48
应用文的发展 48
应用文的特点及其语言风格 49
应用文的程式化及文面规范 52
应用文写作知识 55
学习应用文写作的方法 60
自主学习一 60

第二章 生活事务文书 63
生活事务文书概述 63
条据 64
启事 67
祝词、欢迎词、欢送词 71
求职信 81
消息 88
自主学习二 95

第三章 办公事务文书 105
办公事务文书概述 105
计划 107
总结 115
调查报告 127
自主学习三 147

第四章 经济事务文书 153
经济事务文书概述 153
说明书 156
广告文案 160
合同 163

自主学习四 ……………………………………………………………… 173
第五章　论文写作 ………………………………………………………… 179
　　论文概述 ………………………………………………………………… 179
　　毕业论文 ………………………………………………………………… 184
　　自主学习五 ……………………………………………………………… 190
第六章　行政公务文书 …………………………………………………… 192
　　行政公务文书概述 ……………………………………………………… 192
　　通报 ……………………………………………………………………… 197
　　请示 ……………………………………………………………………… 200
　　自主学习六 ……………………………………………………………… 207

第三部分　阅读与欣赏 ………………………………………………………… 215
第一章　诗歌 ………………………………………………………………… 216
　　诗歌欣赏指要 …………………………………………………………… 216
　　　东山 ……………………………………………………《诗经》 218
　　　丽人行 …………………………………………………… 杜甫 220
　　　摸鱼儿 ………………………………………………… 辛弃疾 222
　　　神女峰 …………………………………………………… 舒婷 224
　　　当初我们俩分别 …………………………………〔英国〕拜伦 226
　　　萤火虫 …………………………………………………… 泰戈尔 228
第二章　散文 ………………………………………………………………… 230
　　散文欣赏指要 …………………………………………………………… 230
　　　大学·大学之道 ………………………………………《大学》 232
　　　谏逐客书 ………………………………………………… 李斯 234
　　　苦雨 ……………………………………………………… 周作人 238
　　　怀念萧珊 ………………………………………………… 巴金 241
　　　牡丹的拒绝 ……………………………………………… 张抗抗 249
　　　雄心壮志紫罗兰 ………………………………〔黎巴嫩〕纪伯伦 252
第三章　小说 ………………………………………………………………… 256
　　小说阅读指要 …………………………………………………………… 256
　　　席方平 …………………………………………………… 蒲松龄 258
　　　黛玉葬花（《红楼梦》节选）…………………………… 曹雪芹 262
　　　伤逝——涓生的手记（节选）…………………………… 鲁迅 267
　　　绳子的故事 ……………………………………〔法国〕莫泊桑 273
第四章　戏剧 ………………………………………………………………… 278
　　戏剧欣赏指要 …………………………………………………………… 278
　　　赵氏孤儿 ………………………………………………… 纪君祥 280
　　　樱桃园 …………………………………………〔俄国〕契诃夫 287

参考文献 ………………………………………………………………………… 296

第一部分 口才训练

现代社会，随着社会信息量的增大，社会活动的广泛，信息流转加快，口语交际的机会大大增加，使得口语表达能力显得越来越重要。有多么重要呢？南朝刘勰说："一人之辩，重于九鼎之宝；三寸之舌，强于百万之师。"的确，口才在生活与职场中，可以起到凝聚人心、鼓舞士气、和谐情感、提升境界、促人成功的作用，是一种非常重要的个人能力和素质。

对于大学生来说，口头表达能力的好坏直接影响到自身择业的前景，因此，在校大学生除了学好知识技能外，练一副好口才，既是生活的需要，更是寻求就业机会的优势条件。

为此，本书将口才知识作为教材内容的三大模块之一，并突出了口才实训内容。为适应同学们口才训练的实际需求，在编写时力求做到以下几点：

第一，内容选取的实用性。由于内容篇幅的限制，我们本着"实用"、"够用"、"好用"的原则，在口才部分的内容安排上进行了精心的选择和创新。我们选择了六个内容专题，划分为三章。第一章是演讲与论辩，包括演讲口才与论辩口才；第二章是社交与求职，包括社交口才与求职口才；第三章是营销与谈判，包括营销口才与谈判口才。三章的内容包括了口才知识中最基本的三大类型：演讲口才、交际口才、职业口才，基本涵盖了大学生在社会活动中所需要的基本口才内容。

第二，编写体例的科学性。在编写体例上，遵循口才训练的基本规律，每一章节都分为四个版块，分别是基本知识介绍、技能要求、案例示范、实践训练，构成一个较为完整的科学的口才训练体系。

第三，选择案例的人文性。演讲、辩论、交际与营销等既是口才的综合运用，又是当代青年重要的人文素养，它成为现代人求职应聘、职场发展等必备的重要能力。培养高职高专学生的人文素养，是大学语文课程最基本的培养目标。口语部分所选的经典案例和实践训练中的案例，大都具有丰富的人文资源，能潜移默化地对大学生进行人文教育。

第四，整体编排的实训性。在口语部分的四个版块安排中，知识介绍、技能要求、经典案例这三个版块，都是为了第四个版块，即"口语实践训练"进行铺垫，以期最大限度地体现口语内容的实训性特征。实践训练版块安排的实训内容丰富，方式灵活多变，既包括案例讨论、情景应对等单项训练，又包括角色扮演、模拟演练等综合训练，从而将口才知识迅速转化成口才技能。

作为高职高专的学生，面对毕业后的就业和工作需要，假如你能通过演讲，展示自

己的奕奕风采和出众口才；假如你能掌握良好的社交口才，面对各色人等，均能融洽关系，面对各单位的面试官侃侃而谈，赢得对方满意的微笑；假如你能掌握谈判和营销的语言技巧，运用严密的逻辑、透彻的分析，表现强大的说服力，那么，可以相信，一条坦荡光明、通往成功的道路就已经出现在你的脚下。

第一章　演讲与论辩

演讲口才

知识介绍

 一、演讲的含义

演讲又叫讲演或演说，是指在公众场所，以有声语言为主要手段，以体态语言为辅助手段，针对某个具体问题，鲜明、完整地发表自己的见解和主张，阐明事理或抒发情感，进行宣传鼓动的一种语言交际活动。

 二、演讲的特征

1. 现实性

这是因为演讲属于现实活动范畴，不属于艺术活动范畴。它是演讲家通过对社会现实的判断和评价，直接向广大听众公开陈述自己的主张和看法的现实活动。

2. 艺术性

这里的艺术性是现实活动的艺术。它的艺术性在于它具有统一的整体感和协调感，即演讲中的各种因素（语言、声音、表演、形象、时间、环境）形成一种相互依存、相互协调的美感。同时，演讲不单纯是现实活动，它还具备着戏剧、曲艺、舞蹈、雕塑等艺术门类的某些特点，并将其与演讲融为一体，形成具有独立特征的演讲活动。

3. 鼓动性

没有鼓动性，就不成为演讲。政治演讲也好，学术演讲也好，都必须具备强烈的鼓动性。

4. 工具性

演讲是一门科学，更是人们交流思想的工具。任何思想、任何学识、任何发明和创造，都可以借助演讲这个工具来传播。可以说，演讲是最经济、最实用、最方便的传播工具，任何人都可以利用它。

三、演讲的分类

（一）从内容上划分，大致可分为五种类型

1. 政治演讲

凡是为了一定的政治目的，出于某种政治动机，就某个政治问题以及与政治有关的问题而发表的演讲均属此类。它包括外交演讲、军事演讲、政府工作报告、政治宣传等。

2. 生活演讲

生活演讲是指演讲者就社会生活中存在的各种问题、风俗、现象而做的演讲。它表达了演讲者对这些问题的看法、见解和观点。这种演讲涵盖的内容十分广泛，如：亲情友谊、吊贺、迎送、答谢等均属此类。

3. 学术演讲

学术演讲是指演讲者就某些系统、专门的知识和学问而发表的演讲。一般指学校和其他场合的专题讲座、学术报告、学术发言、学术评论。它必须具有内容的科学性、论证的严密性和语言的准确性三大要素。这是与其他类型演讲的一大区别。

4. 法庭演讲

法庭演讲即指公诉人、辩护代理人在法庭上所作的演讲、律师的辩护演讲。法庭演讲有自己的突出特征：公正性和针对性。

5. 宗教演讲

宗教演讲指的是一切与宗教仪式、宗教宣传有关的演讲。它主要包括布道演讲和一些宗教会议演讲。这种演讲在我国的影响不大，听演讲和作演讲的人都不多。

（二）从表达形式上划分，可分为三种类型

1. 命题演讲

命题演讲即由别人拟定题目或演讲范围，并经过准备后所做的演讲。它包含两种形式：全命题演讲和半命题演讲。全命题演讲的题目一般是由演讲组织部门来确定的。半命题演讲指演讲者根据演讲活动组织单位限定的范围，自己拟定题目进行的演讲。命题演讲的特点是：主题鲜明、针对性强、内容稳定、结构完整。

2. 即兴演讲

即兴演讲即演讲者在事先无准备的情况下就眼前场面、情境、事物、人物临时起兴发表的演讲。如婚礼祝词、欢迎致辞、丧事悼念、聚会演讲等。它的特点是：有感而发、时境感强、篇幅短小。它要求演讲者要紧扣主题，抓住由头，迅速组合，言简意赅。

3. 论辩演讲

辩论演讲，也叫竞赛式辩论（我们将在本章第二节进行介绍），指由两方或两方以上的人们因对某个问题产生不同意见而展开的面对面的语言交锋。其目的是坚持真理、批驳谬误、明辨是非。比如，我们生活中常见的法庭论辩、外交论辩、赛场论辩以及每个人都曾经历过的生活论辩等。它的特点是：针锋相对，短兵相接。论辩演讲较之命题演讲、即兴演讲更难些，要求演讲者必须具备：正确的思想、高尚的品质、严密的逻辑性、较强的应变性。

由于演讲的内容、形式、功能复杂多样，演讲的分类方法也有很多的标准，这里介绍的只是按照内容和表达形式划分出来的几种类型，供大家参考。

技能要求

一、命题演讲的技能要求

（一）要写好演讲稿

命题演讲一般会给出相对明确的演讲主题，演讲者围绕主题收集资料，有条有理地展开阐述，所以演讲者可以充分地收集资料，合理地安排结构，在语言运用上也可以斟酌思考。应该说，命题演讲的过程开始于演讲稿的写作，演讲稿的优劣直接关系到演讲的质量，所以写好演讲稿是命题演讲获得成功的第一步。

1. 演讲稿写作前的准备工作

（1）了解听众的心理。演讲者要了解、研究听众的心理，使演讲的内容与听众的心理需要接近和相容。一般来说，演讲者的演讲，或者能够提供给听众解决疑难问题的知识、态度和方法，或者能够和听众有感情上的共鸣和相互理解，或者能够满足听众受到尊重的心理愿望，他的演讲才可能达到预期的效果。

（2）确立主题。主题就是演讲者所要表达给听众的见解、观点和意图。任何演讲都应该通过具体材料表现出鲜明的主题。

第一，选题要选时代感强烈的题目。要选择广大人民群众最关心的，最能表达广大群众的呼声的，社会现实亟须解决的问题作为选题，选题一定要有自己的独到见解，要使人耳目一新。

第二，选题要在实事求是的基础上，选择那些光明的、美好的、富有建设性的、积极向上的、令人振奋鼓舞的题目，不要选择那些无力的、隐晦的、消极的、破坏性的题目。

第三，选题要选自己熟悉的题目。确立选题时，要选择自己比较熟悉并且有条件、有把握讲好的题目。许多演讲者的实践证明，选择自己比较熟悉的或是选择和自己的专业、知识面比较接近的题目，就容易讲得深、讲得透，讲出自己的风格。

（3）收集材料。写作前，要根据所确定的主题收集相关的材料。要选择那些听众熟悉、通俗易懂的材料；对那些生僻的、可能会有很多人听不懂的材料一定不要选。因此，在写演讲稿之前，要了解听众的情况，有针对性地选择材料，这是演讲成功的必要条件，也是写好演讲稿必须注意的问题。

2. 演讲稿的写作

演讲稿的结构一般由标题、开头、主体、结尾四个部分构成。

（1）标题。

作为一篇演讲稿，一个好标题有两个作用：一是概括反映演讲内容，使人知道你讲的什么；二是鲜明、响亮，引起大家对演讲的兴趣。所以，成熟的演讲者在拟定标题时都十分用心。

① 标题要贴切。贴切的含义有二：一是演讲的标题要与演讲的内容和谐统一，标题含义的大小、宽窄要与演讲的内容一致；二是拟制演讲标题时，要使用准确、恰当的语词和语句，不能使用含糊笼统、艰深晦涩、令人费解的语词和语句。

② 标题要简洁。一般来讲，演讲的标题要概括演讲的基本内容，或者反映演讲的中心论题。演讲标题要尽可能做到简短、有力、明了。

③ 标题要醒目。演讲标题一定要醒目、新奇，才能引起听众的注意。

④ 标题要有启发性。一个好的演讲标题，还要具有一定的启发性。只有这样，才能引起听众认真听讲的兴趣，才能激发听众迫切要求了解演讲内容的心情。

(2) 开头。

一篇好的演讲稿，有一个吸引人的开头是必不可少的，它犹如戏剧开头的"镇场"，在全篇中占据重要的地位。开头的方式主要有如下几种：

① 开门见山，亮出主旨。这种开头不绕弯子，直奔主题，开宗明义地提出自己的观点。

② 提出问题，发人深省。通过提问，引导听众思考一个问题，并由此造成一个悬念，引起听众欲知答案的期待。

③ 引用警句，引出下文。引用内涵深刻、发人深省的警句，引出下面的内容来。

开头的方法还有一些，不再一一列举。总之无论采用什么形式的开头，都要做到先声夺人，富于吸引力。

(3) 主体。

演讲稿的主体，要层层展开，步步推向高潮。在主体部分的行文上，要在理论上一步步说服听众，在内容上一步步吸引听众，在感情上一步步感染听众。要精心安排结构层次，环环相扣，水到渠成地推向高潮。

① 主体部分展开的方式有以下三种：

第一，并列式。并列式就是围绕演讲稿的中心论点，从不同角度、不同侧面进行表现，其结构形态呈放射状四面展开，宛若车轮之轴与其辐条。而每一侧面都直接面向中心论点，证明中心论点。

第二，递进式。即从表面、浅层入手，采取步步深入、层层推进的方法，最终揭示深刻的主题，犹如层层剥笋。用这种方法来安排演讲稿的结构层次，能使事物得到由表及里的深入阐述和证明。

第三，并列递进结合式。这种结构，或是在并列中包含递进，或是在递进中包含并列。一些纵横捭阖、气势雄伟的演讲稿常采用这种方式。

② 主体部分的写作要求有以下三点：

第一，脉络清晰。刘勰主张文章结构要"总文理、统首尾"。我们在写演讲稿时，尤其要把握全篇的思想脉络，紧扣中心论点，使内容前后统一，顺理成章，贯穿到底。做到无论是叙事、说理、抒情，还是千波百折，高潮迭起，都要一以贯之。

第二，张弛有致。演讲主体在结构安排上要避免平铺直叙，或高度紧张。平铺直叙会让听众厌倦，不容易产生共鸣。高度集中会让听众过于紧张，所以演讲稿要注意情感张弛有致，该激情的时候激情，该放松的时候放松。这样听众的注意力既保持集中又不紧张。

需要注意的是，成功的演讲，总能掀起几次高潮，使演讲达到"快者掀髯，愤者扼腕，悲者掩泣，羡者色飞"的出神入化的佳境。

演讲稿中怎样设计安排高潮呢？李燕杰曾经作出较为精深的论述。他说："一次演讲，怎样达到高潮？这需要演讲者在感情上一步一步地抓住听众，在理论上一步一步地说服听众，在内容上一步一步地吸引听众，使听众的内心激情逐渐地燃烧起来，演讲将自然推向高潮。"（《演讲美学》）

使演讲掀起高潮的方法多种多样，写演讲稿在设计和安排高潮时，要便演讲的高潮切实体现出情感浓烈、哲理丰富、令人回味无穷的特征。体现演讲高潮的那些名言、锦句或简短的议论，要从可靠的事实或充分的事理中自然而然地生发出来，切忌牵强附会，生涩费解；要以简洁得体的语句、恰当得体的方式，生动有力地将自己与听众的思想感情推向高潮，切忌拖泥带水，冗长啰唆。一次较短的演讲，宜将高潮安排在结尾，较长的演讲宜在中间或结尾出现几次高潮。

第三，过渡自然。演讲稿的内容一气呵成，成为一个有机的整体，还必须重视过渡。由于演讲稿需要收集丰富的资料，需要从不同的角度讲道理，所以容易导致结构零散。通过必要的过渡使各个内容层次的变换更为巧妙和自然，使演讲稿富于整体感。

(4) 结尾。

结尾要简洁有力。结尾或归纳、或升华、或希望、或号召，方式很多。好的结尾应收拢全篇、卒章显志、干脆利落、简洁有力，切忌画蛇添足、节外生枝。

(二) 要有"讲"和"演"的技巧

1. "讲"的技巧

演讲是运用口头语言作为工具来发表自己的观点，来打动听众心灵的，口语运用的好坏，大有技巧可言。口语的出色表达，不仅需要声音响亮、口齿清楚、语言流畅、说普通话，还需要富有浓郁的情感。唯有字里行间洋溢着浓郁的感情气息的演讲，才能撞开听众的心灵闸门，引起思想的强烈共鸣。

(1) 把握速度。演讲的速度把握非常重要，速度过快，听众来不及反映；速度过慢，听众会感到沉闷、不耐烦；从头至尾只保持同一种速度，又会使人感到平淡。另外，演讲速度也与内容有关，慢速常用来表现深思、失望、哀痛的情绪；快速常用来表现激越、昂扬或愤怒的感情；而中速则用以表现平静、舒缓、祥和的心态。因此，速度的最佳把握是以一种快慢适宜的速度为基础，再根据感情的变化，时而激切，时而缓慢，速度的变换要注意和谐自然，天衣无缝。

(2) 把握轻重。演讲还通过语气的轻重来表达演讲者的感情。重音有语法重音和强调重音之分。语法重音是根据句子的语法关系确定的，强调重音是为了强调、突出某种感情或心理变化而设置的。不同的重音处理，能突出不同的内容。轻音则往往是用来表现惋惜、爱抚、联想、梦幻等情感的，能把听众引入一个虚无缥缈、令人神往的境界。

(3) 把握停顿。停顿是常用的节奏变化方式，有自然停顿和感情停顿之分。自然停顿是依照语句本身的结构，在该停顿的时候作一下停顿，标点符号就是自然停顿的一种标志。感情停顿是为了表达某种感情或达到某一目的，由讲演者有意识安排的一种停顿。停顿的恰当把握，能增强表达的效果。

(4) 句式多变。演讲要生动活泼，必须句式多变。在陈述的基础上，可以根据内容的变化，相应运用不同的句式，如疑问句、感叹句、祈使句，长句、短句、独词句，对偶句、排比句等等，这样的演讲才能充满活力，吸引听众。

2. "演"的技巧

（1）仪表着装。一般而言，仪表要大方，着装要整洁，能表现自己应有的风度和气质，不宜过分雕琢粉饰。但在一定的情况下，可以并且应该与演讲的环境和内容相结合，以融入现场的气氛，得到听众的认可。

（2）表情和眼神。俗话说："眉毛眼睛会说话"，就是赞扬那些善于运用表情和眼神来表达感情的人。演讲者的表情应该随着演讲内容的变化而变化，喜怒哀乐，全应在自然中流露，虽说是刻意追求，却是不露痕迹。切忌挤眉弄眼，讨好听众，把严肃的演讲庸俗化。眼睛是心灵的窗户，演讲者的一切内心活动都能在眼睛中被听众看到，演讲者炯炯有神的眼光直视听众，使人感受到他的坚定自信；演讲者目光黯淡，左视右顾，反映出他的心不在焉。

演讲者还可以使用扫视法和直视局部法。扫视法是在需要的时候，用眼光迅速扫视全场，让每一听众都感觉到你在注意他，从而使所有听众都能集中注意力。直视局部法是演讲者的眼光在一定时间上停留在特定的某个或某些听众的脸上，以激励他们的热情或阻止他们讲话，来增强演讲的效果。

（3）手势和动作。演讲者假如站得毕恭毕敬，纹丝不动，会给人产生像个木偶的印象，演讲效果也就可想而知。优秀的演讲必然辅以手势和动作。对于熟练的演讲者来说，这手势和动作都是在自然而然中产生的，一切都让人感觉到是那么和谐统一，相辅相成，相得益彰，但对于初学演讲者来说，这手势和动作往往会不知所措，或者显山显水、过于夸张。因此，手势和动作还是要精心设计、反复演练，才能够恰到好处。

（三）要有成功的临场发挥

1. 要有控制现场气氛的能力

演讲者必须能够根据现场情况，加以调整和控制，驾驭场上的气氛和秩序，使之向有利于达到演讲目的的方向发展。一般采用"脱离讲稿法"、"动静结合法"、"变换节奏法"和"设置悬念法"等技巧。动静结合是指演讲者的目光、动作要随着演讲的进行而调整变化，这是吸引听众注意力的有力手段；变换节奏是指演讲的节奏不能一统到底，而应依据演讲内容适时加以调节，有时节奏如行云流水，轻松自如，有时节奏则像急风暴雨，究竟使用哪种节奏应以场合变化为准；设置悬念，会立即引起听众的好奇心，吸引听众的注意力，它也是演讲控场的有力手段。

2. 要有应付临场意外的能力

演讲中有时会出现一些意想不到的情况，比如场合的临时变更、听众人数稀少、听众反应不佳甚至喧哗退场、故意刁难等等。对于这些变故和影响，演讲者要做到处变不惊、随机应变，坚持以热情和豁达的态度对待听众、稳定局面，消除对立情绪，赢得演讲的最终成功；而不应该半途而废，或者草率收场、匆匆而去。

二、即兴演讲的技巧

现实生活中，人们在交际中经常会遇到各种应酬场面，有时在毫无准备的情况下被邀请当众"讲几句话"、"表表态"或"做做指示",既无讲稿,又无提纲,需要当场捕捉信息,展开联想,边想边说。而且要求中心突出,有理有据,说到"点子上",所以很多人都惧怕遇到这种场合。其实只要我们平时多积累,多留心,不被"害怕""绑架",不被"紧张"控制,掌握一定的即兴讲演的技巧,我们都可以做得很好。

进行即兴演讲需要多方面的知识素养,又需要敏捷的思维能力、出色的语言表达能力和应变能力。

(一)即兴演讲能力准备的技巧

1. 知识素养准备

演讲者的知识积累、兴趣爱好、阅历修养与演讲的成功有着紧密的关系,这就要求我们平时做有心人,"家事、国事、天下事,事事关心",广泛地阅读、收集、积累材料,特别是要做到三多:多收集历史资料,对那些重要的历史事件、人物的有关情况要熟记,并分门别类地进行整理;多收集现实资料,对当今国内外发生的重大的政治、经济、文化、科技等各个领域的事件、人物的有关情况要了如指掌,进行思考;加强记忆,多记名人名言、俗语谚语、古典诗词、经典文学、寓言故事、时文政评,等等,同时加强自我的思想、道德、情感等各方面的修养。

2. 临场观察准备

演讲者要尽快观察、熟悉演讲现场,及时收集捕捉现场的所见所闻,包括现场环境(时间、地点、场景布置)、听众、其他演讲者的演讲等,以确定自己的话题,增加演讲的即兴因素。

3. 心理素质准备

既然是有感而发,就要有稳定的情绪,有十足的信心,有必胜的信念,这样才能保证思路通畅,言之有物,情绪饱满,镇定从容。

(二)快速思维的技巧

临场性决定了即兴演讲者必须具有较强的快速思维能力。快速思维即快速组织内部语言,实际上就是一个快速创作、打腹稿的过程。其技巧主要表现为:三定、四思、五借。

1. 三"定":定话题、定观点、定框架

定话题是指应选择你想说的、观众想听的、你能讲的、社会生活需要的话题;定观点是指应确立明确精练、正确深刻、为大家所能接受的、言之有理的观点;定框架是指确定即兴演讲的框架结构,可以采用开门见山式,即先亮出主题,然后对主题作较详细的论证和分析说明,还可以采用曲径通幽式,也称为卡耐基的"魔术公式",即先举例,再叙主旨要点,再说理由,进行论证分析。

2. 四"思":逆向思维、纵深思维、发散思维、综合思维

逆向思维是指从相反方向思考问题,即一反传统看法,提出与之相对或相反的观点。这是一种反弹琵琶式的思维模式,它鲜明地表现为对传统的批判精神,但要注意观点必须持之有据,能够自圆其说。

纵深思维是指从一般人认为不值一谈的小事或无须作进一步探讨的定论中,发现更深一层的被现象掩盖着的事物本质,即"透过现象看本质"。

发散思维是指是从同一问题中产生各种各样的为数众多的答案,在处理问题中寻找多种多样的正确途径。多端、灵活、精细、新颖是它的特点。

综合思维训练是指是前面三种思维的综合运用,事实上我们在思考问题时,一般情况都是将各种思维综合在一起使用的。

3. 五借:借题发挥、借人发挥、借物发挥、借事发挥、借景发挥

"借"的东西很多,"五借"是泛指。它要求演讲者要善于观察现场,获取信息。

4. 快速思维的线路图

观察——抓话题——定语点——扩展语点(组织语言)——语序的排列——表达。

(三)表达技巧

1. 散点连缀:在即兴演讲前紧张的选材构思时,人的头脑中会出现很多散乱的思维点,演讲时要捕捉住这些思维点,从这些点的关系中确定一个中心,并用它连缀这些点,与主题无关的全部舍去,当表达网络形成后,就可以开始讲话了。

2. 模式构思:用我们前面所讲的两种模式作框架,使自己的表达有条理。

3. 扩句成篇:即开门见山的构思方法。但也要将思维的路线理清,注意逻辑明晰。

4. 借题发挥:即前面讲的"五借"。"借"了之后要扩充成句成篇。

(四)即兴演讲的五注重

1. 注重开头,引人入胜;注重结尾,耐人寻味。

2. 注重内容,言之有物,机敏幽默,蕴含深刻。

3. 注重语言形式,以口语短句为主,巧用比喻、排比、设问、反问、引用、反复等修辞手法;注意过渡词、句、段的使用,加强衔接;防止语言陋习,不用粗话、碎屑语和方言。

4. 注重语调有激情,把握好语调的抑扬起伏。

5. 注重演讲者的形象,防止不良陋习。

经典案例

【例1】

凝聚力量 重塑美国(节选)

【美】奥巴马

亲爱的同胞们:

今天我站在这里,为我们将面对的任重道远而慨叹。感谢你们对我寄托的信任,同时缅怀我们的前人所做出的牺牲。感谢布什总统为美国做出的贡献,以及他在总统任期交叠过程中的慷慨合作。

至此,共有四十四位美国人曾进行过总统宣誓。这一誓言曾在国家和平、欣欣向荣时做过。然而这一誓词更曾在乌云笼罩和风暴袭来之时被宣读。美国人民之所以能够走过那些艰难的时刻,不仅仅是因为领袖的能力或远见;更是因为我们,我们人民,保持着对先人理想的忠诚,对我们国家创始文件的追随。

对于我们这一代美国人来说,也是这样,也必须这样。

国家正面临危机，这一点大家已经没有疑问。美国处在战争之中，面对一个有巨大影响力、充满暴力和仇恨的网络。我们的经济严重衰退。这来源于部分人的贪婪和不负责任，更由于作为一个整体，我们未能做出面对一个新时代的艰难决策。人民失去房屋、工作机会减少、商业活动遭到破坏。医疗保障过于昂贵，学校教育系统出现太多失败。而我们对能源的使用，日益让对手强大，与此同时又威胁着我们的星球。

这些，是从数据和统计中可以看到的危机信号。还有难以度量但同样深远的问题，那就是整个国家信心的缺失。那萦绕在我们头上的恐惧，认为美国的衰败不可避免，认为我们的下一代人不可能再有太高的期望。

今天我要说，我们的确面临着很多严峻的挑战，而且在短期内不大可能轻易解决。但是我们要相信，我们一定会渡过难关。

今天，我们聚集在一起，因为我们选择了希望而不是恐惧；我们选择了为共同的目标团结在一起，而不是冲突与争执。

今天，我们共同终结那些虚假的承诺、陈腐的教条以及指摘与怨言。这些已经困扰了我们的政治体系太长时间。

从今天开始，我们必须跌倒后爬起来，拍拍身上的泥土，重新开始工作，重塑美国。

我们将以负责任的态度，将伊拉克交还给伊拉克人民，同时巩固阿富汗来之不易的和平。对于老朋友和老对手，我们将继续努力，不遗余力，削弱核威胁，遏制全球变暖的幽灵。我们不会为我们的生活方式感到抱歉，我们会不动摇地捍卫我们的生活方式。对于那些企图通过恐怖主义或屠杀无辜平民达到目的的人，我们要对他们说：我们的信仰更加坚定，不可动摇，你们不可能拖垮我们，我们定将战胜你们。

我们的国家仍旧年轻，但借用圣经中的话，该是抛开那些孩子气的时候了。现在，需要重新拿出我们的坚韧精神，选择自己的历史。我们要延续代代相传的宝贵礼物，延续神圣的理想，那就是上帝赐予我们的承诺——人人平等，人人自由，人人都有机会去追求最大程度的幸福。

评析：本文虽为节选部分，但可以看成一篇完整的演讲稿。开篇用慨叹"任重道远"、缅怀"前人的牺牲"、致谢前任总统开篇，既充满了人情味儿，又抓住了听众关注国家命运的心理，语言真挚，感情充沛。

接着鲜明、有力地提出演讲主题："美国人民之所以能够走过那些艰难的时刻，不仅仅是因为领袖的能力或远见；更是因为我们，我们人民，保持着对先人理想的忠诚，对我们国家创始文件的追随"，"对于我们这一代美国人来说，也是这样，也必须这样。"

然后通过对美国民众关心的"我们的确面临着"的"很多严峻的挑战"进行阐释分析，运用比喻、排比等修辞手法以及充满感情的语言，呼吁全体美国民众端正心态，努力提高公民责任感，为振兴国家贡献自己的力量。

结尾重申自己的观点，呼吁美国群众"重新拿出我们的坚韧精神，选择自己的历史"，简洁有力并充满鼓动性。

全文层层深入安排结构，脉络清晰，叙事、说理、抒情都紧扣主题，内容一气呵成，充满激情，又张弛有致，过渡自然，充满情感的力量。

【例2】 ▶▶▶>>>

1976年1月8日,周恩来逝世时,设在美国纽约的联合国总部门前的联合国旗降了半旗。自1945年联合国成立以来,世界上有许多国家元首先后去世,联合国还没有为谁降过半旗。一些国家感到不平了,他们的外交官聚集在联合国大门前的广场上,言辞激愤地向联合国总部发出质疑:我们国家的元首去世,联合国的大旗升得那么高,中国的总理去世,为什么要为他下半旗呢?

当时的联合国秘书长瓦尔德海姆站出来,在联合国大厦前的台阶上发表了一次极短的即兴演讲,总共不过一分钟。说完,他扫视了一下广场,而后转身返回秘书处。这时广场先是鸦雀无声,接着响起雷鸣般的掌声……

女士们,先生们:

为了悼念周恩来,联合国下半旗,这是我个人的决定,原因有二:

一是,中国是个文明古国,她的金银财宝多得不计其数,她使用的人民币多得我们数不过来。可是她的总理没有一分存款。

二是,中国有九亿人口,占世界人口的四分之一,可是周总理没有一个自己的孩子。

你们任何国家的元首,如果能做到其中一条,在他逝世的日子,联合国总部将照样为他降半旗。

谢谢!

评析:讲演开篇简洁干脆,直入主题;演讲者知识储备丰富,对周恩来的个人品质和能力非常熟悉和了解;演讲采用纵深思维,从周恩来个人的存款和孩子说起,"透过现象看本质",反映出周总理举世无双的高尚品质,论证深刻有力。演讲结尾提出鲜明的观点。

这篇即兴演讲最大的特点就是言简意赅,内涵深刻,因此获得了"雷鸣般的掌声"。

论辩口才

知识介绍

一、论辩的含义

论辩,也称辩论,是观点对立的双方就同一问题进行争论,以说服或驳倒对方为目的的言语活动,具有以下特点:

1. 辩题的同一性

辩论必须具有同一争辩对象,这就是辩题。

2. 观点的对立性

要求行为的主体至少有对立的两方,观点针锋相对。

3. 论理的严密性

辩论双方要坚守自己立场,论证必须严密,让对方无懈可击。

4. 现场表达的机敏性

双方唇枪舌剑，不容太多思考，反应要快，表现要机敏。

二、论辩的类型

按照论辩的定义及特点分，可以有狭义论辩和广义论辩两种，狭义论辩仅指生活论辩、法庭论辩和论辩比赛。广义论辩则包括狭义论辩及学术、谈判、论文答辩中的论辩。我们仅按论辩的目的将其分为应用论辩和赛场论辩两大类。

应用论辩即针对现实生活中某种特定需要而进行的论辩。多以分清现实生活中某一特定问题的是非、曲直、真伪、优劣为目的，因此又可称为专题论辩。根据论辩的具体内容和目的，往往又可分为法庭论辩、外文论辩、学术论辩、决策论辩等。

三、论辩比赛

又称赛场论辩，或论辩演讲赛。是指在论辩比赛主持者的组织下，围绕一个先拟定的辩题，由扮演观点截然相反的双方，即正方和反方，各寻论据，各施技法进行论辩，以决胜负。

这种论辩，正反方的立场是由抽签决定的，是着意扮演的，因此具有一定的表演性，求胜而不求真。由于是比赛，所以对参赛者既要求有丰富的知识积累、敏捷的思维能力、机智的应变能力，又要有娴熟的口语表达技巧。

（一）论辩比赛的组织方式

1. 由主持人（主席）组织，观点对立的两队各有3~4人，各队设主辩一人，其余为助辩。比赛规定每一回合每方发言3~4分钟，主辩发言后，助辩可以补充、修正。一般经过4~5个回合的论辩决出胜负。观众也可在双方论辩基本结束后，获得发言的机会。

2. 由主持人（主席）组织，观点对立的两队各有3~4人，由于参赛人员所承担的任务不同，因此每人限定的发言时间也不尽相同。一般说来，由于双方第一人要全面阐述本方的观点以引起争辩，因而发言时间较长。顺序为正方第一辩手，反方第一辩手，正方第二辩手，反方第二辩手，依次类推。当所有队员根据自己所担负的任务发言之后，进入自由辩论。在自由辩论后还往往给听众留有发言的时间。

（二）论辩比赛辩手的准备

1. 研究辩题。从客观到微观上弄清辩题的历史意义和现实意义，从而使自己的论点能够得到最大限度的发挥与展开，力求具有辩证性，能进能退、易攻易守；研究辩题每个对立面的语义，做到知己知彼；对辩题进行全方位的逻辑设计，建立攻防线路。

2. 准备方法。包括论据准备、战术准备、心理准备。

3. 撰写辩词。主要指第一阶段阐述观点和最后的总结陈词，也包括自由论辩的进攻设计。

4. 虚拟演练。

（三）辩论赛的程序、规则、评判方法

1. 辩论赛程序

① 主席致开场词，介绍该场参赛队员、评判团成员和比赛规则。

② 正方一辩发言，反方一辩发言，各四分钟。然后正反方二辩和三辩轮流发言，依次进行，时间各3分钟。

③ 自由辩论，每队各6分钟。（参见自由辩论规则）

④ 反方四辩总结陈词，正方四辩总结陈词，各4分钟。

⑤ 主席请评判团退席进行评判，工作人员计分作统分工作。

⑥ 评判团退席进行评判期间，由现场观众就辩题发表看法，时间为6分钟，每次不超过30秒。

⑦ 请本场的评判代表分析赛情。

⑧ 主席宣布本场比赛各队的得分情况及最后结果。

⑨ 本场比赛结束，退场。

说明：当每位队员发言时间只剩一分钟时，会有铃声提示，时间用完时，会有笛声警示，队员应立即停止发言。

2. 自由辩论规则

① 自由辩论时间总共为12分钟，各队分别6分钟。

自由辩论应交替进行。当辩论开始时，先由正方任何一位队员起立发言，完毕后，反方任何一位队员应立即发言，双方依次轮流发言，直到双方时间用完为止。

② 如果一队的发言时间已经用完，另一队还有时间，则该队队员可以继续发言，直到该队时间用完为止。

③ 在自由辩论时间里，每一位队员的发言时间、发言顺序、发言次数都不受限制，只计算该队发言的总时间。

④ 辩手应充分利用这段时间，简洁明了地加强自己的观点，机智有力地反驳对方的论点。如果流于空洞无物的攻击，有意回避对方的质询或发生观点、语言的混乱，将会影响该队的成绩。

说明：当每一队发言时间只剩一分钟时，会有铃声提示，时间用完时，会有笛声警示，该队队员应立即停止发言。

3. 评分标准

① 论据内容丰富，引述资料充实、恰当。（满分20分）

② 分析的角度和层次，说服力和逻辑性。（满分20分）

③ 语言的表达能力，流畅有文采。（满分20分）

④ 机智，辩才，反驳和应变能力。（满分20分）

⑤ 幽默感。（满分10分）

⑥ 举止、表情、风度。（满分10分）

⑦ 一位队员的满分是100分，四位队员的总分是400分，另有全队配合表现50分，总计为450分。

4. 评判方法

① 工作人员将评委给各队队员的单项得分相加，总分高的一队获得一票，票数多的一方为胜方。

② 该场比赛得分最高辩论队员为本场最佳辩手。

技能要求

一、论辩前的准备技巧

1. 分析辩题。不仅要分析本方的辩题，也要分析对方的辩题，对每一个字眼都要进行充分的辨析，切不可在大致理解辩题的基础上就进行论证。

2. 在充分分析辩题的基础上，归纳总结，找到中心论点和论据。中心论点也俗称万能答案，是万变不离其宗的中心思想，围绕中心论点要有几条辅助论点。论据无非就是逻辑和材料，要通过各种渠道广泛搜集，当然是越充分越好。

3. 四位辩手在充分理解论点、占有论据的基础上，依据各自的职责，准备辩词。

二、论辩的技巧

辩论前的工作无论怎样细致周到，都只是一个宏观的计划，至于在辩论中如何有效实施这个计划，还需要根据现场情况随机应变，以智取胜。因此，辩论除了有充分的准备，还要讲究一些技巧。

（一）控场的技巧

辩论必须在友好、和谐、宽松的气氛中进行，这不仅有利于辩者充分发挥才智，更有利于对真理的探求。遵循下列原则构成了辩论控场的有效机制：

1. 道德控制原则

辩论是为了交换意见、交流信息、加强对论题的多层面理解，辩论双方应持诚恳、谦虚、互相切磋、取长补短的态度。只有这样才会胜不骄、败不馁，才不会计较个人得失，才会树立起良好的"辩德"。

2. 心理控制原则

论辩者一般存在着两种心态：一是潜意识的对抗心理；二是自尊和"自我实现"的心理。这就需求辩论者在辩论中少用武断语言而代之以委婉的语气，温和语气的力量胜于雄辩。尽可能不要伤害和激怒对方，万一对方激动起来，不要针锋相对，火上浇油，最好的办法是沉默。当自己受到指斥甚至攻击时，也能克制和容忍，暂时顺应对方的心理满足，再抓住时机加以回击。

3. 审美控制原则

辩论是一种艺术，具有审美价值。见解精辟，论辩机智，妙语连珠，风趣幽默，这些都能给人以美的享受，使人折服。除此之外，举止大方、文雅且有风度美，同样能使人易于接受。有效的控场，是保证论辩顺利进行的重要前提。

（二）证明的技巧

辩论，首先要证明。即证明自己的主张、观点、立场、态度的正确性，使之无懈可击，这是辩论获胜的先决条件。

辩论中的证明关键是论点的选择。论点的包容量要适中、要严密，表述要简练鲜明。

论据要充分，既有正面的，又有反面的；既有事实论据，又有理论论据。旁征博引，纵横捭阖，无所不及。论据要有力，要典型、生动、有针对性，还要真实可靠，否则就容易被对方攻破。论证要具有逻辑性。

一般说来，辩论中的论证分三个阶段。第一阶段，全面阐述观点；第二阶段，辩论；第三阶段，总结归纳。第一阶段和第三阶段，是在没有争论的情况下进行的，可以按自己事先设计好的方法进行论证，最难把握的是第二阶段，即双方意见交锋。虽然这是以反驳为主，但实际上还是通过反驳来加强立论。反驳是达到证明的一种手段，不注意这点，辩论是不会有结果的。

（三）进攻的技巧

进攻主要是指向对方的论点、论据、论证进行驳斥。从辩论的情态环境看，一是主动进攻，一是被动反击。然而在激烈的辩论中，言来语挡反复冲杀是很难仔细辨出哪是主动的，哪是被动的。常常是临机使用，相辅相成，互为掎角，组合成一个有机整体。下面列举几种进攻的技巧。

1. 先发制人法

兵法云"先发制人，后发制于人。"双方舌战，当一方握有充分论据、抓住有利时机，在另一方意想不到的情况下，首先采取行动，突然袭击，扰乱其心绪，打乱其阵脚，先声夺人而制胜。这是辩论中常用的有效方法。运用先发制人的方法应该注意语言句句在理，无可辩驳，事实确凿，无懈可击。否则，将给论敌提供依据，陷本方于被动。

2. 窥短击虚法

参加辩论双方宛如两军对垒，唇枪舌剑，充分表现出辩论者的勇气和智慧。但是"智者千虑，必有一失"，在辩论中，辩论的双方或一方往往会出现一些失误，因此，机敏地捕捉战机可以从以下几个方面来进行：一是捕捉对方认识上的错误；二是捕捉对方逻辑上的错误；三是捕捉对方表达上的错误。前提是必须具有广博的知识、敏捷的思维和良好的口才，这种综合的能力，是我们取得辩论成功的关键。

3. 巧藏问机法

论辩之时，向论敌发问，是一种具有很大威慑力的方法。它可以"将"住对方，逼迫对方就范，迫使对方陷入自相矛盾、进退维谷、不打自招的境地。发问有如下几种方法：一是逼问，语气肯定，连续发问，环环相扣，迫使对方非答不可；二是诱问，选择对方的疑点发问，诱使对方自己解开疑难。即言此意彼，先提出一个或几个问题，引诱论敌说出或同意你的观点，然后伺机运用类比、二难推理等方法，提出对方行为与观点，前言与后语的相悖谬之处，使论敌陷入圈套之中而无法争辩，其特点是巧设圈套，请君入瓮，"以子之矛，攻子之盾"，水到渠成，及时捉鳖。

4. 引申归谬法

这是一种以退为进，导入荒谬，然后再反戈一击，驳倒对方的辩论方法。即为了否定对方的观点，却有意地先肯定，并以此为起点，进行合乎逻辑的推论，结果推出了一个非常荒谬的结论，这时，对方的观点或论据便不攻自破了。

5. 二难推理法

就是辩论的一方将不同的前提条件都已穷尽，并将这些穷尽的前提条件加以引申，得出的各种结论都是对方难以接受的，而又要逼迫对方在难于接受的结论中进行选择，使对方陷于进退维谷的困境。

6. 间接反驳法

即在论辩中，本方先承认某一结论，再摆出事实推理，进而证明这一结论是谬误的。使用这种方法，常常是迫于某种情势，遇到不宜正面出击的难题，只好避其锋芒，将纠缠不清的问题辩清楚。间接反驳的另一种方式是从反面入手，调换一下角色，指出在相反情况下，必然得出另一个相应的结果，而论敌又不愿接受相反情况下的结果，那么论敌推论的结果便不攻自破了。

7. 戏谑反击法

即用有趣的引人发笑的话开点玩笑来反击论敌的言论的一种方法。在论辩的激烈阶段，双方的言辞难免带有一些感情色彩。若一方带有讽刺、揶揄的言辞，而另一方以戏谑法应付之，往往会产生奇特的现场效果：它不仅可调节气氛，于严肃中增添幽默，还能改变形势，于防守中实施反击。常用的方法有顶针法（接话茬）、拈连法（改话说话）、反语法（反义说话）。

（四）防卫的技巧

辩论中的防卫有两方面的含义：一是指在对方进攻之前做好防护工作，二是在对方进攻之后做好防御工作。前者是尽量不给对方可乘之机，后者是赶紧补漏，亡羊补牢，防止一损俱损。常见的防卫技巧主要有：

1. 加固"堡垒"法

最直接的防卫措施就是加强我方观点的坚固性，在获得了初步胜利时不能满足，而应进一步巩固成果，或不时地重复已被公认的于己有利的证词进行强调，或补充新的材料，加固观点的支柱，将人们的支持牢牢地吸引在我方这边。总之要使对方在我们固若金汤的"堡垒"面前望而却步，攻而不下。

2. 模糊回答法

所谓模糊回答，是一种使用含义不确定的模糊语言不让对方精确地把握答语所有含义的方法。在特定场合，模糊语言用得合情合理，恰如其分，就能为我所用，牢牢地守住自己的阵地，使对方难以辩驳。

3. 避重就轻法

辩论中不宜在于己不利的问题上过多纠缠，否则会疲于应对，步步后退，而应扬长避短，在自己的强项上与之周旋。另外，面对对方的责难应避重就轻，避开严重的错误，致命的追问，对那些无伤大局的问题给予轻描淡写的回答后，便立刻转换话题，转入对自己有利的方面。

经典案例

蒋昌建总结陈词（1993年大专辩论赛决赛）

谢谢各位，一个严肃的辩论场需要一个严肃的概念。对方多次问我们人性怎么样？人性怎么样？始终没有问我们人性本怎么样？我想请问对方，人性是什么和人性本是什么是同样的一个概念吗？你们如果连这个概念都没有根本建立基础的话，那你们的立论从何而来呢？我们多次问对方的善花里面如何结出恶果，对方说要浇水，要施肥呀。那我就不懂了，大家都承蒙这个阳光雨露的话，为何有那么多罪行横遍这个世界呢？难道这个水，那个肥还情有独钟吗？为何要跟恶的人作一个潇洒的"吻别"呢？（笑声、掌声）

今天我们本着对真理的追求来同对方一起探讨这个千年探讨不完的话题。无论是从性善论的孟子也好还是性恶论的荀子也好，又有哪一家哪一派不要我们抑恶扬善呢？抑恶扬善是我方今天确立立场的一个根本出发点。下面我再一次总结我方的观点。

第一，只有认识人性本恶，才能正视历史和现实。回顾历史的时候，我的内心总感到痛苦而颤抖。从希波战争到十字军东征，从希特勒的奥斯维辛集中营到日寇在华北的细菌试验场，真可谓是"色情与贪婪齐飞，野心共暴力一色。"以往的人类历史，可以说是交织着满足人类无限贪欲而展开的狼烟与铁血啊！可见，本恶的人性如果不加以控制的话，将会给这个世界带来什么呢？

第二，只有认识人性本恶，才能重视道德、法律教化的作用，才能重视人类文明引导的结果，培养健全而又向上的人格。在历史的坎坷当中，人类并没有自取灭亡。尤其是在面对彬彬有礼、亲切友善的新加坡朋友面前，我们更有理由相信，人类明天会更好，这其中我们要感谢新加坡孜孜不倦地建立起他们优良的社会教化系统。人类文明是在人类智慧之光照耀下不断茁壮成长的。饮水思源，借此我们要感谢那些在人类教化路途中洒进他们含辛茹苦汗水的这些中西先哲们。正因为从他们的理论智慧当中，从他们的身体力行当中，人们才有可能从外在的强制走上理性的自约，自约人的本性的恶，从而培养一个健全而又向善的人格。可见，人性本恶，并不意味着人终身成为恶，只要通过社会的教化系统就可以弃恶扬善，化性起伪啊！

第三，只有认识人性本恶，才能调动一切社会教化的手段来扬善避恶。光阴荏苒，逝者如斯，在物质和科学技术突飞猛进的同时，而人类的精神家园可谓是花果飘零。在这个时候，我们要警惕，人性本恶这个基本的命题。可喜的是，在东方的大地上，我们说传统文化的发扬光大，已经从一阳来复开始走向了新的春天。我们也相信，通过传统文化的精华，必将使人类从无节制的欲望中合理地扼制并加以引导，从他律走向自律，从执法走向立法。人类才可能挽狂澜于既倒，扶大厦于将倾。"黑夜给了我黑色的眼睛，而我却要用它来寻找光明！"谢谢各位！

评析：辩词思想性和文学性高度统一，可谓文质兼美。

从结构角度：辩词驳论、立论、升华的比例适当，攻击性与说理性完美结合；从文字角度看：辩词用语精练、气势饱满、雄辩滔滔；从思想角度看：辩词言简意赅、针针见血、思想深邃；从逻辑层面看：辩词论证严明、论据充分、旁征博引、纵横捭阖、进攻有力、层层深入，使己方观点固若金汤，牢不可破；从辩风来看：辩词妙语连珠，体现出儒雅大气的风度之美。

另外，辩词诗意与气魄并重的结尾充满深邃的哲理，令人回味无穷。

技能训练

一、请认真准备一份演讲稿，在课堂上面对全体同学进行演讲，时间为8分钟左右，题目自拟。

训练提示：

1. 选择适合在班级面对全体同学和老师进行演讲，并且你自己比较容易驾驭的题材。
2. 详细了解演讲规则，分析你的听众。
3. 认真准备演讲稿，要求做到：主题鲜明、深刻，格调积极向上；结构脉络清晰，张弛有度，过渡自然；观点鲜明，说理透彻，语言富于鼓动性，叙事、说理、抒情相结合。
4. 反复修改并熟读讲稿，在熟读的基础上力求脱稿。
5. 进行讲前演练。演练的过程中力求做到声音洪亮，口齿清晰，普通话标准，语速适当，表达流畅，激情昂扬；配合自然得体的手势和表情；衣着整洁，仪态端庄大方。

二、请任选其中的两个题目进行即兴发言训练

（一）被人邀请时的即兴发言

1. 同学聚会时的祝词
2. 班级中秋晚会上的即兴发言
3. 参加长辈生日宴会的即兴发言

（二）接受校报记者采访时的即兴发言

1. 请谈谈你对大学生网恋的看法
2. 请谈谈你对大学生学习现状的看法
3. 请就同学间的友情说一段话

三、以小组为单位，选择下面题目之一组织一次辩论赛

1. 网络对大学生的影响弊大于利/利大于弊
2. 男性比女性更需要关怀/女性比男性更需要关怀
3. 劳力者比劳心者对社会更有贡献/劳心者比劳力者对社会更有贡献
4. 真正的爱情不一定是天长地久的/一定是天长地久的
5. 大学生勤工俭学利大于弊/弊大于利
6. 选美活动弊大于利/利大于弊
7. 治贫比治愚更重要/治愚比治贫更重要

第二章 社交与求职

社交口才

知识介绍

一、社交口才的含义

社交口才，就是指人与人之间在社交活动中所表现的语言艺术或才能。即善于用准确、贴切、生动的口语表达自己的思想、意愿的一种能力。

所谓"良言一句三日暖，恶语伤人六月寒"，"一句话可把人说笑，一句话也可以把人说跳"。人们在日常工作与生活中，要进行各种各样的社会交际活动，更是一刻也离不开口头语言，只有善于言辞的人，才能使人乐于倾听与接受，并能在现实中使许多大大小小的问题得以顺利地解决。也可以说，在当今社会，拥有良好口才已经成为一个人快乐生活及事业成功的重要因素。

二、社交口才的原则

社交中受人欢迎、具有魅力的人，一定是掌握社交口才技巧的人。社交口才的基本技巧表现在适时、适量、适度三个方面。

1. 要适时

说在该说时，止在该止处，这才叫适时。比如说，与人见面时要及时问候，分手时要及时告别；热闹喜庆的气氛中不宜诉说自己的不幸，在别人悲伤忧愁时不宜嘻嘻哈哈开玩笑，等等，都是所谓的"适时"。

2. 要适量

适量既指说话的多少适当，也包括说话的音量适宜。应该指出的是，适量并不是都是少说为佳，更不是指那种语量没有变化的老和尚念经，适量与否应以是否达到了说话目的为衡量的标准。

适量的社交口才还包括声音大小适量。大庭广众之中说话音量宜大一点，私人拜访交谈音量宜适中，如果是密友、情人间交谈，小声则可以表现亲密无间、情意绵绵的特殊关系，给人一种亲切感。这些都是在社交场合与人交谈应该掌握的分寸。

3. 要适度

社交口才的适度，主要是指根据不同对象把握言谈的深浅度，根据不同场合把握言谈的得体度，根据自己的身份把握言谈的分寸度。其次，体态语也要恰到好处。

技能要求

一、拜访与接待

（一）拜访的语言技巧

1. 得体的拜访语言

拜访是指为了礼仪或某种目的而进行的访问。不同形式、不同目的的拜访，会话语言各不相同，但他们在结构上存在共性，就日常拜访而言，有进门语、寒暄语、晤谈语和辞别语四个部分。

（1）进门语。首先，拜访的时候要轻轻敲门或短促地按门铃；其次，同主人见面后，应立即打招呼，如"一直想来拜访您，今天终于如愿了！"、"给您添麻烦了！"、"对不起，让您久等了！"、"好久没有来看您了，一直想着"等等；见面后，立即同主人打招呼；再次，不可调侃，如"我又来了，您不讨厌我吧？"这很不礼貌，也会使主人感到尴尬。

（2）寒暄语。话题要自然引出，内容要符合情景。如天气冷暖、小孩的学习情况、老人的健康以及最近发生的新闻趣事、墙上的挂历、耳际的音乐等都是寒暄的内容。寻找主客共同关心的话题。这样可以沟通感情，为双方进一步交谈创设一个融洽、和谐的气氛。

切记：寒暄的内容一定要符合习惯，避免犯禁忌。比如不问年龄、不问婚姻、不问收入、不问工作等。总之，可能令别人不悦或难堪的话题避免提及。

（3）晤谈语。在拜访中，晤谈应注意几个方面：

第一，要节制内容，拜访目的明确。一般来说，交谈的时间以半个小时为宜（朋友间的随意性拜访除外），以免耽误主人的时间。所以，主客寒暄后，客人应选择适当的时间，言简意赅地说明来意。

第二，要控制音量。客人谈话应降低音量，保持适度；忌无所顾忌地高谈阔论，搅乱主人及其家属的安静生活，引起主人的反感。

第三，要注意体态语。人们常说，听其言还需观其行。作为客人应举止文明，避免手舞足蹈、频繁走路或指手画脚等不雅动作，以及不经主人允许翻东西，四处走动或随意参观居室等。

（4）辞别语。可以表达表示感谢，请主人留步的意思。如使用"十分感谢您的盛情，再见！"、"就送到这吧，请回。"、"这件事就拜托您了，谢谢！"等等表示感谢的辞别语。告辞时，除了向主人表示感谢外，还可邀请主人及家属来自己家做客。

2. 拜访的注意事项

（1）选择适当的拜访时间。一般来说，清晨、饭口、午休、深夜均不宜登门拜访。

（2）事先打电话预约，且按时拜访。万不得已做了不速之客，一见面就要说："真抱歉，没打招呼就这么跑来了。"然后加以解释。

（3）拜访时交谈的用语及语气，要顾及对方的辈分、地位等，还要看相互之间的关系。

（4）拜访者不要忽略适当同主人家属交谈。

（5）如果是多人拜访，不要一个人抢着说话，要让大家都有机会说话。

（6）对主人的敬茶、敬烟应表示感谢。

（7）遇有来客，应前客让后客："对不起，我有点事。你们谈吧，我先走一步了。"

（二）接待的语言技巧

接待可分迎客、交谈、送客三个环节，然而不善言谈的主人，会使客人感到尴尬。那么，做一位热情好客的主人，在言谈上应该注意哪些技巧呢？

1. 热情迎客

客人拜访，一般都有点拘束，主人若不显示热情，他就感到非常尴尬。热情迎客是主人应有的礼貌和风度，否则，会给客人留下没有教养的印象。对于熟人和预约见面的客人，主人应该说"欢迎，请进！"之类的话，然后引进，让客人入座，一面寒暄，一面给客人倒茶。对于敲门的陌生人或贸然出现的客人，即使他们的行为使你感到不悦，也不要放在脸上，先要耐着性子接待对方，听明他们的来意，然后恰当地区别对待。

2. 平等待人

对于上门的客人，无论是下级、小辈、贫民等身份，都要平等相待。绝不能妄自尊大，目空一切。平等待人的做法之一就是与人平等地说话；切勿居高临下，盛气凌人，让客人把你看作是卑鄙的小人。

3. 注意小节

不要因为是在自己的家中或办公室里，就认为可以不拘小节，在与客人的交谈中，不是剔牙齿、修指甲，就是打电话、做杂事，让人感到你心不在焉，这是没有礼貌的表现。假如客人的正事已经办完，还在唠唠叨叨，影响你的工作和生活，那你也不妨乘他说话停顿的间隙，直言说："非常抱歉，我有事还等着办，今天就谈到这里，好吗？"

4. 礼貌送客

客人告辞，先要挽留；执意要辞，不必勉强。送客一般要送到门外，说些告别的话，如"走好！"、"有空来玩！"、"欢迎再来！"等。客人离开，不要急于回转关门，要目送客人远去，往往远去的客人还会回头，这时可以扬手致意，或大声再说一句祝福语。

二、赞美与批评

（一）赞美的技巧

赞美是一件好事情，但并不是一件简单的事。若在赞美别人时，不审时度势，不掌握一定的技巧，即使是真诚的赞美，也会使好事变为坏事，那么，我们应该如何赞美他人呢？

1. 实事求是、措辞适当

当你的赞美语没说出口时，先要掂量一下，这种赞美有没有事实根据，对方听了是否相信，第三者听了是否不以为然。一旦出现异议，你有无足够的证据来证明自己的赞美是站得住脚跟的。所以，赞美只能在事实的基础上进行，不要浮夸。

2. 赞美要具体、深入、细致

抽象的东西往往很难确定它的范围，难以给人留下深刻印象；而美的东西应该是看得见、摸得着的，这就是具体。所谓深入、细致就是在赞美别人的时候，要挖掘对方不大显著的、处在萌芽状态的优点，因为这样更能发掘对方的潜质，增加对方的价值感，赞美所起的作用会更大。

3. 借助第三者的口吻来赞美他人

因为在一般人的观念中，总认为"第三者"所说的话是比较公正、客观的，因此，以"第三者"的口吻来赞美，更能得到对方的好感和信任。

也可以在背后赞美对方。如果当面赞扬一个人，有时反而会使他感到虚假，或者会疑心你不是诚心的。一般来说，间接的赞扬无论是在大众场合或在个别场合，都能传到本人耳中，很容易获得对方的好感。

4. 赞美须热情

有时，我们称赞别人会让人觉得我们不够热情、漫不经心，而缺乏热诚的空洞的称赞并不能使对方感到高兴，有时甚至会由于你的敷衍而引起对方的反感和不满。

5. 赞美还要注意适度

适度的赞美会令对方感到欣慰和振奋；过度的恭维、空洞的奉承，或者频率过繁，都会令对方感到不舒服，甚至让人感到难堪、肉麻，结果令人讨厌，适得其反。

6. 赞美还要注意用适当的方式

可以把赞美的对象和其他对象做比较以突出其优点，或者给被赞美者一个总结性的良好评价，语气要以肯定判断的形式表示，或者就赞美对象的某一点表示出自己的良好感受等等。这样，赞美的作用就自然产生，而且使人信服。

（二）批评的技巧

俗话说"良药苦口利于病，忠言逆耳利于行"，批评，一般会使人感到不舒服，但没有批评，错误就得不到指正，反而会滋长扩大，甚至酿成大祸。但批评应该讲究方式方法，不然不仅难以纠正错误，还会加深误会。恰当的批评方法如下：

1. 要值得

批评别人做错了事，如果只是小事，则可适当提醒，如一笑说："没什么要紧，下次当心就好了"。或别人已经知道自己做错了事，有改正的表示，那最好就不要再批评别人，而应给以相应的勉励，使他感激你的宽容和理解，增强改过的信心。如说："知错能改，还是好同志。希望今后一定要小心，不再犯同样的错误。"

2. 要态度诚恳

批评别人是为了帮助别人，使人心服口服，自觉改正错误，就必须诚恳。如果见别人犯了错误，不是讽刺挖苦，就是大发雷霆、责骂训斥，反而会激化矛盾，使对方怀恨在心，达不到批评的目的。

3. 要就事论事

批评别人要就事论事，不要加油添醋，不要新账旧账一起算，否则会让人认为你是久怀不满，乘机发泄。被人觉得你对他早有成见，他就很难认识并改正自己的错误了。

4. 要因人而异

对小辈、下级，你可以批评得明确一点；对平辈、同事，就应委婉含蓄一点；对长辈、上级则应暗示提醒。对讲理的人点到即可；对不讲理者，则要针锋相对，以正压邪，让其充分认识自己的错误。

5. 要注意场合

俗话说："人要脸，树要皮"，人都是要面子的。让人丢了面子，人会一辈子记在心上。因此，不到万不得已，就不应当众批评别人。

6. 要允许别人说话

人被批评，有时觉得委屈，要为自己解释几句，不要剥夺他说话的权利。有可能你真的委屈他了，那就要勇于认错；也有可能让他感到你的宽容，而产生感激的心理；还可让你了解他的内在思想，以便更好地帮助他。

 三、说服与拒绝

（一）说服的技巧

说服别人必须以理服人，才能说得人家心悦诚服。同时，还要讲究说服人的技巧，否则，即使你手中掌握了真理，如果方法不当，别人也很难接受，搞不好还会顶起牛来，弄得个不欢而散。下面就来介绍几种说服人的诀窍：

1. 为对方着想

每个人都有自己想问题的观点和角度，有自己特定的意愿和需求，所以，你如果要劝说一个人去做某件事，最好在开口之前先问问自己：我怎么样才能使他愿意去做这件事呢？不了解对方的意愿，光想自己认为怎么好就怎么做，难免导致交际的失败。

2. 让事实说话

俗话说："事实胜于雄辩。"实践证明，用事实来说话，比长篇累牍地讲大道理更有说服力。用事实说服人，要注意以下两点：

第一，事实要尽量显得真实——只有真实的例证才具有说服力。要想最大限度地发挥例证的说服作用，就要尽量把事实说得具体、确切一些，尽量让事实显得真实。

第二，事例要富于人情味——"感人心者，莫先乎情。"只有富于人情味，才能打动人心；而能打动人心，才能说服人。所以运用事实说服人时，要注意选取那些富于人情味的事例。

3. 让人觉得那是他自己的主意

任何人都不情愿被强迫去做一件事，而对于自己想出的主意总是比对别人提供的意见更加珍视，也更有信心。因此，我们在说服别人时，最好是只提供看法，不强硬表态。

4. 危言耸听

在通常情况下，做人的说服、劝导工作，应当采取和风细雨的方式，平心静气地摆事实，讲道理，启发别人的自觉。但是，在有些特殊情况下，诸如对方头脑发热，感情冲动，即将做出危险的举动的时候，或者对方执迷不悟，一意孤行，在错误的道路上越滑越远的时候，或者对方态度严重对立，情况又很紧急，来不及做深入、细致的思想工作的时候，还可以采用危言耸听的方法去说服对方，就是劝说者故意把问题说得十分严重，将后果描绘得非常可怕，使闻者惊心动魄，幡然悔悟。

以上方法，单独运用，均能见效；综合运用，效果更佳。

（二）拒绝的技巧

拒绝又叫回绝或推辞，是使对方的要求和建议落空的一种语言和行为。在人际交往中，每个人都会遇到不能接受的要求或者不能回答的问题。拒绝是一道难题，也是一门艺术，我们既然无法避免拒绝的发生，就应该在拒绝时考虑采用合适的方法和相应的技巧，充分尊重对方，以不伤及他人的感情和自尊心的方式婉言相拒，力争把拒绝带来的遗憾缩小到最低限度，做到既不伤对方的自尊心和感情，又获得对方的谅解、支持，从而增进友谊。

1. 拒绝的基本原则

拒绝的基本原则是：礼貌尊重，诚心诚意，不能伤及对方的自尊心，不能使对方难堪。必须让对方知道拒绝是无奈之举，尽可能地避免误会，拒绝而不得罪，避免对方遭拒绝后的那种抗拒感。

（1）在双方之间设置心理距离，也就是破除亲密伙伴关系。拉开心理距离，说"不"就会容易些，拒绝也更有效果。

（2）在拒绝之前，应该有说"不"所必需的心理准备，也就是说自己在心理上必须坚定，否则很可能被对方说服。

（3）在拒绝后要进行"善后"，帮助别人另想办法，以便更好地愈合对方心理上的不适，因为拒绝别人，在社交中是一种逆势状态，必然在对方心理上造成失望或不愉快。

2. 拒绝人的妙法

（1）直接拒绝。对那些不能接受的要求，应该直接予以拒绝，不能犹豫，不可含糊，切忌模棱两可，以免对方产生误解，仍抱有幻想。但语气要诚恳，要向对方耐心地解释你拒绝的理由，表示歉意，请求对方谅解。当然，对那些无理的、过分的要求，应予以严词拒绝。

遇上难缠的说服高手，委婉拒绝无效，那就放弃以理拒绝的想法，改用放弃思考的语言予以彻底否定，利用诸如"反正"、"可是"、"还是"等词的句子，也就是指用这些句子把对方前面所讲的一切予以推翻。

（2）移花接木。别人提出的问题或要求，不便回答或明确表态，就可以用与对方所提问题或要求相近或相关的话去回答，故意转换话题，引申出新的意义。从表面上看，像是在回答对方的问题或要求，实际上所答非所问。

（3）让对方解答。有时，对别人提出的要求或问题不好直接表明态度，但又不好明确地表示拒绝，便可以援引相关的法律规章或者循着对方的问题提出一个反问，让对方自己去回答。

（4）推脱搪塞。对于别人提出的要求或问题，不做任何实质性的回答，而是用一些说了等于不说的话去搪塞。因为说的都是一些无实际意义的话，所以又叫无效回答。

（5）诱导否定。在对方提出要求或问题之后，不马上回答，而是先绕一个弯子，然后再引回到对方所提的要求上来，或者反问一个问题，诱使对方自我否定，自动放弃原来提出的要求或问题。

（6）模糊语言。有时，别人所提的要求你不愿意或不同意，别人所提的问题你很难回答，甚至会使你陷于困境。这时，可用模棱两可的语言来回答，帮助你摆脱困境，并保持友好关系。

（7）装聋作哑。如果对方所提的要求或问题正是你要回避的，没办法只好假装没听见，当然也就用不着答复了。不过这种方法只有在特殊情况下才能用，否则就显得不礼貌。

经典案例

【例1】 >>>>>

原一平的赞美

原一平有一次去拜访一家商店的老板。
"先生，你好！"
"你是谁呀？"
"我是保险公司的原一平，今天我刚到这里，想请教您这位远近出名的老板。"
"什么？远近出名的老板？"
"是啊，根据我听到的情况，大家都说这个问题最好请教你。"
"哦！大家都在说我啊！真不敢当，到底什么问题呢！"
"实不相瞒，是……"
"站着谈不方便，请进来吧！"
（原一平：日本保险业连续15年全国业绩第一的"推销之神"）

评析：原一平的成功在于他把握了合适的赞美方式。从文中可以看出，拜访之前原一平就对老板的情况做了比较详细的了解，所以能够挖掘出对方不大显著的、处在萌芽状态的优点，并且巧妙地借助了第三者的口吻来进行赞美，容易使对方信服。

【例2】 >>>>>

柯立芝的批评

约翰·卡尔文·柯立芝（1923年成为美国总统）发现他的女秘书长得非常漂亮，但工作经常出现差错。一天早晨，柯立芝看见女秘书走进办公室，便对她说："今天你穿的这身衣服真漂亮，正适合你这样年轻漂亮的小姐。"女秘书受宠若惊，柯立芝接着说："但你不要骄傲，我相信你处理公文也能和你一样漂亮。"果然从那天起，女秘书处理公文时很少出错。一位朋友知道了这件事，好奇地问柯立芝："这个方法很妙，你是怎样想出来的？"柯立芝说："这很简单，你看见理发师给人刮胡子吗？他要先给人涂肥皂水。这是为什么呀？就是为了刮起来使人不疼。"

评析：柯立芝批评女秘书很讲究技巧。爱美的女秘书一定是个自尊心非常强的人，批评她的时候要注意给她留足面子，不能伤害她的自尊心，所以柯立芝只是对她进行了提醒，并没有直接进行批评，但是意思表达得非常明确，语气轻重又掌握得恰到好处，所以获得了非常好的效果。

【例3】▶▶▶▶>>>

农妇巧劝

在一个村子里，住着一户姓黄的3口之家：老汉60多岁，一只眼失明，另一只眼也只能勉强识路；其妻双目失明，生活几乎不能自理；7年前收养了一个十几岁的女孩，取名黄凤。老汉见人来串门骂骂咧咧，熟人朝大，而自己一家人穷苦冷清，日子难过，他冥思苦想了很久，有一天他忽然想到：东西两个邻居都姓陈，自家被这两陈"沉沉"地夹住，再住下去，非要把自己压"黄"不可。于是他大吵大闹要搬家。

村里的干部群众纷纷出面劝阻，有的劝他破除迷信，有的给他分析搬家的困难，他全都听不进去。村党支部书记发火了，批评他说："都什么年月了，你还这么迷信！纯粹是吃饱了撑的！要在前些年，早就把你拉出去批倒斗臭了！"老汉不但不服，反而一把抓住书记的衣袖撒起泼来："你小子有种，现在就拉我去批斗、游街、枪毙呀！"

正在难解难分之时，一位30多岁的农家妇女出来把黄老汉挽到自己家里，先给他舀了碗绿豆汤，然后说道："黄大爷，支书是您眼皮底下长大的，孩子嘛，还值得跟他生气！"老汉的气顿时消了许多。那妇女接着又说："您老别怪侄媳妇我多嘴，您咋傻了呢？搬啥搬？要是我呀，打死我也不离开那个福窝窝儿嘛！"一句话把老汉说愣了，他禁不住问道："你说啥呀，怎么成了福窝窝儿呢？"

那妇女又给老汉添了碗绿豆汤，然后说道："您说，您东邻姓陈，西邻也姓陈，您姓黄，那不正好吗？您左有文臣，右有武臣，辅佐着您这个皇帝。您放心吧，好日子在后头呢！"黄老汉一听，觉得有道理，对心思。忙问："侄媳妇，此话当真？""这不明摆着吗？您老两口才一只眼，您那宝贝丫头一人就俩，比您这一辈强吧？她又聪明，又伶俐，黄凤黄凤，就是您那福窝窝儿里飞出的凤凰嘛！如今遇上好政策，困不上几年，凤凰双翅一展，不就可以荣华富贵了吗？所以我说，那是块福地。""好，侄媳妇，你这话真是说到我心眼里去了！"老汉乐呵呵地走出来，再也不提要搬家的事了。

评析：这位农家妇女之所以能够说服黄老汉，是由于她自觉或不自觉地运用了一条说服人的诀窍——站在对方的立场，从对方的角度考虑问题，设身处地地为对方着想，所以才能够句句说到对方的心坎里去，使黄老汉心悦诚服地接受；同时，这位农妇也很好地把握住了陈老汉的性格、心理特点，了解陈老汉的意愿，深知陈老汉是个非常迷信姓氏风水的人，所以抓住他最感兴趣的问题来进行劝说，才能够轻易地说服对方。

【例4】▶▶▶▶>>>

教授的拒绝

有位老教授给研究生做学术报告，从上午8点开始，整整讲了两个半小时，接着回答研究生的提问。有个研究生提出要求："请您谈谈当前这个学科研究的现状。"这个问题实在太大，不是短时间内能够讲得清楚的。这位老教授已是80高龄，需要早点休息，可他又不能当着年轻人的面说："你的题目太大，一时难以回答。"于是他很幽默地接过对方的话题说："你不让我回家吃饭了是不是？"一句话把大家都逗乐了，提出这个要求的那位研究生自然也乐于接受老教授的拒绝。

评析：从表面上看，教授像是在回答那位研究生的问题，实际上所答非所问。当别人提出的问题或要求不便回答或明确表态，就可以用与对方所提问题或要求相近或相关的话去回答，故意转换话题，进行巧妙的拒绝。

【例5】>>>>

小王的婉拒

某开发公司商品大量积压，因而资金周转困难。经理问会计："小王，能不能在账面上把经营情况反映得好一些，以便向银行贷款？"小王一听就明白了，经理是要她做假账去骗取银行的贷款，这是严重违反财务制度的犯罪行为，但她又不好断然拒绝。小王平静地对经理说："按财务制度，这样做有些难。经理，您说该怎么办？"经理明白了自己所提要求的不当之处，只好作罢。

评析：没法直接拒绝经理错误提议的小王，巧妙地提出"财务制度"这一"利器"，将问题转回给经理，虽然是问话，但答案已经很明显。经理据此明白了这样做的严重后果，中止了自己的错误想法。

求职口才

知识介绍

一、求职口才的特点

求职口才是指求职者在应聘过程中（即面试中）进行言语表达所表现出来的一种才能。求职口才有如下的特点：

1. 目的性

在面试考场上，求职者所说的每一句话都是为应聘服务的，求职者进行自我介绍、回答面试官提出的问题，都可以让面试官了解自己，从而展示自身的优长和实力，达到被录（聘）用的目的。

求职带有很强的目的性，但应摒弃急功近利。有些求职者因求胜心切，在面试时一味讨好面试官，反而容易招致对方反感，导致面试的失败。

2. 自荐性

自荐性强，是求职口才有别于其他口才的一大特点。面对着众多对手，如何才能使自己脱颖而出，让用人单位注意自己呢？求职者除了本身必须具备的专业知识、技能等素质外，还必须能够正确地评估自己、恰如其分地推荐自己，这将是获得成功的关键因素之一。

3. 艺术性

求职口才是一种技巧，是一种艺术。在面试场上，面对着千方百计想在你的语言中收集信息的用人单位，求职者该怎么说，怎么答呢？如何才能使自己表现得更为出色，让对方更为满意？这些都要求求职者在说话时既要准确得体，又要灵活巧妙。

（1）准确得体。所谓准确得体，就是恰到好处地反映自己的情况，说话要把握时机，一切以适度、恰当为准则，既要树立自己的形象，传递信息，为面试官了解自己创造有利条件，又要表现得不卑不亢，有分有寸。不要因为自己的资历高而傲气，也不要因为自己存在的缺点而灰心。话说得准确、得体，是一个人社交能力和修养的体现。

（2）灵活巧妙。面对着挑剔的面试官，面对着难以回答的问题，如何使自己不说可能导致失败的话，化难为易，化弊为利？这就要求求职者要灵活巧妙地应对。在面试中，灵活的表现，巧妙的语言，不仅显示了求职者的说话技巧、交际能力，而且能引起招聘单位的注意和欣赏，收到令人满意的效果。

二、求职前的准备

一个单位在选择人才时，他们所注意到的不只是求职者的学历、求职者在学校中获得的知识与技能，还包括求职者的社交能力、实际工作经验、性格、特长、爱好等等很多方面的内容，所以，求职者要战胜其他众多对手，为自己谋求到一份理想的职业，求职前就需要做好充分的准备。

1. 正确评价自己

很多求职者因未能正确地估计自己而在求职场上落败。能受用人单位青睐的，正是那些具有丰富的专业知识和较强的实际能力的复合型人才，所以，求职者在求职前先要进行自我评价、自我选择。正确认识自己时既不要妄自菲薄，又不能夜郎自大。

2. 了解招聘单位

"知己"是认识自己，"知彼"是了解行业。对招聘单位的了解，不只是简单了解它的待遇福利，而是全面了解它成立的背景、内部结构、领导的作风、工作原则、管理方式、人员的组成等等。通过了解，可以减少盲目性，打好应聘、择业这一仗。

3. 准备有关的资料

包括推荐表、履历表、自荐信（自我介绍信）、证明材料。自荐信要写得简明扼要，书写工整；材料要完整齐全，份数充足，为招聘单位提供方便。

技能要求

在求职面试中，求职者需要掌握自我介绍和回答问题的语言表达技巧。

一、自我介绍的技巧

自我介绍是求职者留给面试官的第一印象，所以这个程序很关键，也很考验人。

（一）如何进行自我介绍

1. 围绕中心组织语言

求职面试中的自我介绍宜简不宜繁，一般包括这些基本要素：姓名、年龄、籍贯、学历、学业情况、性格、特长、爱好、工作能力、工作经验等等，对于这些不同的要素该详述还是略说，要按招聘方的要求来确定。如果招聘单位比较重视应聘人员的工作能力和工作经验，那么，求职者就要从这两方面出发作详细的介绍，而且整个自我介绍都要围绕这两方面来展开。

2. 化独自为沟通

很多求职者在进行自我介绍时，往往容易忽略一个问题，脱离不了"自我"这个中心。在求职面试场上，如果应聘者在自我介绍中，一味在"我怎么样"中兜圈，很容易使面试官反感。聪明的应聘者，要懂得如何化自我介绍为一场应聘者与面试官之间的谈话，这样既减弱了"自我"的意识，又缩短了求职者与面试官之间的距离。

3. 用事例说明成绩

谈论自己的话题，应尽量避免夸大其词，要把话讲得客观真实，尽量用事例来证明自己的才华；如果没有什么特别出众之处，就用朴素、诚实的语言来介绍自己，为自己树立一个踏实诚恳的形象，同样也可以达到很好的效果。

（二）自我介绍时应注意的问题

1. 清晰简洁

语言的清晰，要求表达时声音亮度恰如其分，吐字清楚，语速快慢适中。吐字清楚也即说话时发音准确，不能产生歧义，特别是方言较浓的人，更应该注意普通话的使用。

简洁即要求在进行自我介绍时，只说该说的话，少用描写性的语言。例如在介绍学历时，有人会从幼儿园一直谈到最高学历。其实，在谈学历时，一般着重谈的应是目前为止最高学历的情况。

语言的清晰简洁是建立在镇定、自信、准备充分的基础上的。假如一个人慌慌张张的，那他必定词不达意，更谈不上清晰简洁了。

2. 使用必要的礼貌语

在作介绍前，要先对面试官打个招呼，道声谢，如"××经理，您好，谢谢您给我这么好的机会，现在，我向您作个简单的自我介绍。"介绍完毕后，要注意向面试官道谢，并向在场面试人员表示谢意。

二、求职面试对答的技巧

在求职面试过程中，最能考验人的是对答这一阶段。对答阶段是从不同角度考查求职者的应变能力、适应能力、专业水平、工作能力、性格爱好、处事方式、处世态度等等，它不仅需要求职者有丰富的学识，而且还需要求职者有敏捷的反应能力和准确的语言表达能力，而后者恰恰是众多面试求职者临场所最欠缺的，因此，必须在平时积累有关对答的口才技巧知识。

（一）普通问题对答技巧

所谓普通问题，是指在一般求职面试场上问得较为频繁，应聘者只需根据自己的实际情况进行回答即可的问题。这一类型的问题是相对于那些让求职者觉得为难的问题而言的，虽然说它们普通，但也得讲究技巧，才会使你的回答更得体，留给面试官的印象更深。

1. 直言相告法

这种技巧，一般运用在实问实答、内容弹性很小的问题上，如：专业方面、家庭背景、学历、业余爱好等等。直言是指说话直截了当，把自己与问题有关的事实坦率而明确地告诉面试官。

2. 实例证明法

在回答问题时，往往不能笼统敷衍了事，一般不用概述的方式，最好能用具体的事例来说明自己的观点。这个"具体"有两个要求：一是从个人本身所具有的相应的内涵出发，切不可弄虚作假；二是详细地用例子去说服别人。

3. 个性显示法

面试场上的个性显示主要靠的是坦率的语言。在面试场上，由于求职者的戒备心理，导致大多数人吞吞吐吐，不敢将心中的真实情感流露出来。而"个性显示法"在某些时候，可缩短求职者与面试官之间的心理距离。但应注意，这里所要求显示个性的坦率，并非是无话不说，那些有伤大雅、会破坏自己的形象、有可能引起面试官反感的话就无须"坦率"了。

（二）难题对答技巧

在求职面试的过程中，除了一般性的问题外，最令求职者感到困难的是一些难题和怪题，这类问题一般从以下几个方面提出：

一是与求职者有关的：你的兴趣爱好是什么？你有没有自信心？你有没有工作经验？你的学业情况如何？你的求职动机、工作意向是什么？等等。

二是与工作单位有关的：你如何看待本公司？你将对本公司有什么贡献？如何看待××× 部门这一职位？你要求的待遇是多少？如果公司的公事与你的私事有所冲突，你将如何处理？

求职者在回答难题时要注意技巧和方法，主要有：

1. 巧转话题，化弊为利

在求职过程中，当面试官向求职者提出一些问题而又不能不回答，但直说或说出后将对自己不利时，就应该换个角度，巧换话题或巧换答案。

2. 虚实并用，以实补虚

在面试场上，面试官所问的问题，往往是虚发，一方面他想了解你的理解能力，另一方面，因为这是些难度较大的问题，为了不让求职者难堪，他常会虚问问题，而在心目中却希望求职者以实来回答。

3. 另辟蹊径，曲言婉答

在面试场上，对有些问题的回答，如果用确切的语言回答，只能使自己走上死胡同，又使对方难以接受，所以，就得另辟蹊径，避开正面话题，由远及近，由彼及此，最后才回到问题上去。

（三）需要注意的问题

1. 要表现出对应聘单位和业务的了解和热爱

热爱是最好的老师，也是最好的自荐函。在面试中，你对业务的热爱和精通会感染面试官，会让他做出有利于你的选择。面试之前，还应对该单位及主要人物的情况做一些了解，这样你就会有别于其他的应聘者，在时间有限的面试中谈及比较深入的内容。此外，每个人都希望被关注，如果你对用人单位的情况有很全面的了解，也就是在向他释放这样一个信号：我很在意贵单位，我很重视这次面试，我很尊重您的成就。

2. 不要明确表示你只想要什么工作或职务

你去应聘某个职位，面试官可能会认为你并不特别适合你期望的岗位，而认为其他岗位适合你；面试官还可能认为你很优秀，但没有一个现成的岗位能让你十分满意。这时，如果你把自己限定在某个特定的职位或目标上，他们会误以为你对其他岗位不感兴趣，因而不提出建议，那会使你成功的机会减少。当然，也要小心那种借其他岗位之名，招聘某个特定岗位的公司，比如有些公司打出招聘业务经理、培训讲师的幌子，结果对前来应聘的人一律往销售人员上引导。

3. 强调对方能够感兴趣的技能和相关经验

要清楚他们考核你采用的主要衡量标准。他们希望听到的是，你喜欢这份工作并具有他们所要求的技能。你必须采用某种方式告诉对方：你会满足他们的需求！在谈及你的工作能力和工作成绩时，要谈的不一定是你经历中最辉煌的部分，对面试官来说，与你所应聘的工作岗位相关的那一部分职业特质才是他们感兴趣的。

4. 不谈或少谈原来供职过的公司

应聘这一行为本身已表明你对原单位（如果你已经有了工作经验）某种程度的不满意。如果表现出相当程度的厌恶，容易使人感到你对已得到的东西缺乏感恩之情。原公司毕竟曾满足过你的某些需求，新公司也不能肯定会成为你最后一家供职单位。凡事都可能成为过去，谁愿意任用"忘恩负义"的人呢？

5. 表明你关注的是工作机会，并非职位

说明你应聘的理由是你具备胜任这份工作的能力，愿意为之贡献力量。不要让对方感到你急需工作才来应聘，更不要使用乞求的方式。要使他们相信，他们需要你这一类人才，而你是在寻找更能体现自我价值的机会，而不是在寻找一个职位。

6. 在首次面试中不要过分强调报酬

首次面试是用人单位和应聘者的初次接触，互相还在试探阶段，所谓"交浅不言深"，不要主动询问报酬的具体数额。其实，对于某一职位的市场价格，大家心里都有数，只要充分发挥，表现自身优势，你得到的报酬就很有可能超出平均值。当面试官认同了你的能力之后，他会启发你询问有关薪水、津贴、休假方面的事情，这时你就不要客气了——只是你要让对方认识到：你并不只是在乎从他们那获取多少，更重要的是能达到何种程度的自我实现。

经典案例

【例1】 ▶▶▶>>>

自 我 介 绍

尊敬的各位领导，大家好！

我叫黄小兰，毕业于××学校，旅游服务与导游专业。今天前来应聘贵公司的导游一职。

在校学习期间，经过自己的不断努力，取得了普通话二级乙等证书、计算机操作二级证书、初级导游等证书。在寒、暑假中，为了提高自身的工作能力，我曾到室内各个景点做讲解员，不仅锻炼了自己的口才和工作能力，而且增加了我的社会经历。

实习期间，我在××景区担任讲解员。讲解中能做到思路清晰、口齿清楚、普通话标准。工作中有较强的沟通能力、待客服务能力，有责任心、耐心，并具有良好的职业操守。

虽然我不是最优秀的，但我一定是最尽力的！在我的词典中没有"最好"，只有"更好"！

评析：开门见山地介绍了自己的基本情况，表述简洁、清晰、礼貌。接着介绍自己丰富的专业知识和导游工作经验，然后介绍自己适合应聘岗位的能力、性格和经验，整个介绍紧紧围绕求职目标需求说话。结尾简洁但很有感染力，表明自己积极向上的工作态度。

【例 2】 ▶▶▶>>>

耀明和文军是同一所大学的毕业生。毕业后，他们一起被分配到市百货公司工作。经过近二十年的勤奋努力，两人都已成为公司主要部门的负责人。

近年来，单位效益不断下滑，前景暗淡，属下的小青年纷纷应聘到外资、合资企业，收入颇丰。两人不禁心生羡慕，在一起经常议论跳槽之事。

终于有一天，两人下定决心，相约到一家招聘管理人员的外资公司去应聘。履历表寄出没有几天，两人都收到了面试通知。

耀明的面试时间是上午9时。文军的面试时间是下午2时。他们考核的内容是一样的，回答的是同样的五个问题。

1. 是什么促使你来我们公司应聘？

耀明回答：我现在的单位效益不好，我的一些下属都跳槽到外企和合资企业去了，干得都不错，收入比我高许多。我想，我的能力、经验要高于他们，所以一定能胜任贵公司的工作。

文军回答：我看到了贵公司的广告，经过仔细考虑，我认为自己具备贵公司要求的条件，能够胜任贵公司的工作。

评析：耀明在首次面试中表现出对报酬的特别在意，容易使面试官产生求职者只"向钱看"，而缺乏工作责任心的印象。而文军的回答则表现出对工作的热情和责任感。

2. 你以前知道我们公司吗？

耀明回答：听说过！贵公司是大公司，可以说是"家喻户晓、妇孺皆知"，嗯，也可以说是"人见人爱"呀。

文军回答：知道。我对贵公司有一定的了解。我读过一些介绍贵公司的书和文章，对贵公司的经营理念和企业文化深表赞同。

评析：耀明对应聘单位和业务的认识只是停留在"听说过"的层面，显然不利于面试官对之产生信任感。文军则表现出对应聘单位和业务的了解和热爱，容易赢得面试官的好感。

3. 你的履历表上列出了成就和爱好,还有什么强调或补充吗?

耀明回答:我最重要的一项成就,应该是参加全国商业系统"现代企业管理"研讨会,论文获一等奖;最大的爱好是踢足球。

文军回答:我毕业后一直做管理工作,也取得了一些成就,但那只能说明我的部分能力,也只能代表过去。至于爱好嘛,我实际上一直是把工作放在第一位的。

评析:耀明还沉浸在过去的成绩,不提及今后的努力方向,而且他的业余爱好和工作毫无关系,让人产生不思进取之感。而文军则适时地表明了他一切以工作为中心的强烈的进取心。

4. 你能评价一下原来所在的公司吗?

耀明回答:我工作的那家公司是国有企业,在计划经济时期还不错,现在不行了。领导思想僵化,跟不上潮流,我早就想出来了,一直没有合适的机会。

文军回答:我原来的公司也是一家不错的公司,领导对我很重视,我的职位、成就便是很好的证明,但是我想贵公司能够给我提供更广阔的发展空间,来展现我的才能。

评析:耀明随意贬低过去任职过的公司,表现得过于现实、过于功利,容易令人产生缺乏道德感的印象。文军则巧妙地回避了这个问题,而是以评价自身的工作代替了对原公司的评价,适时地表现出自己的能力、水平以及工作理念。

5. 本公司出色的业务经理,收入高于中层管理人员。如果本公司向你提供业务经理的岗位。你愿意接受吗?

耀明回答:我从毕业就一直在公司做管理工作,管理是我的强项,但业务经理的工作我没干过。

文军回答:能加盟贵公司是我的荣幸。虽然我认为在管理的岗位上更有利于我长处的发挥,能更多地给公司贡献我的才能,但业务经理这个职位我也会认真考虑的。如果最终我能得到这一职位,我相信,我能做得很好,不会辜负公司的信任。

评析:耀明回答显得保守,缺乏自信,没有挑战精神。文军的回答则充满自信,对自己的能力毫不怀疑。只有你首先认可了自己,才有可能被别人接受。至此,谁能胜出已经非常清楚了。

三天过去了,结果耀明未被录用,而文军进入了下一轮选拔,最后被聘为经营部部长助理。

技能训练

一、收集拜访和接待中常用的语言,并在实践中进行运用。

二、以小组为单位,分别扮演主人和客人,进行拜访和接待的练习。

三、分析下面说服和拒绝的案例。

1. 某单位一位科室干部,由于工作不负责没加到工资,就大发雷霆,撂下工作,去找党委书记评理。党委书记把情况了解清楚之后,就十分严厉地对他说:"你平时工作不负责任,没有做好本职工作,不涨工资是对的。现在你又撂下工作不管,违犯了劳动纪律,就凭这一点,就不具备加工资的条件,你如果再这样闹下去,还要降级处理。你自己考虑一下后果!"一番义正词严的警告,使这位干部哑口无言,羞愧而去。

2. 一位夫人对林肯有所请求:"总统先生,您必须给我一张委任状,委任我的儿子为上校。我提这一要求,并不是求您开恩,而是我有权利这样做。总统先生,我祖父在列克星敦打过仗,我叔叔是布拉斯堡战役中唯一没有逃跑的士兵,我父亲在新奥尔良作过战,我丈夫在蒙特雷战死了。"林肯听了夫人这一席话,很有礼貌地说:"夫人,我想,你们一家为报效祖国已经做得够多的了,现在应该是把这样的机会给予别人的时候了。"

3. 宋代大文学家王安石的儿子王元泽,从小聪明机智,备受人们的称赞。有一天,一位朋友用笼子装了一只鹿和一只獐子来送给王安石。友人见王元泽在场,就想试试他究竟有多聪明,于是指着笼中问道:"你说哪只是鹿,哪只是獐子?"因为鹿和獐子很相似,加之王元泽又从未见过鹿和獐子,实在分辨不清。但他没有着慌,只见他眨巴眨巴眼睛,略一思索,答道:"鹿旁边那只是獐子,獐子旁边那只是鹿。"客人大为惊奇。

四、练习对你身边的人进行赞美。

五、以下有两则面试对话,分析应聘者面试失败的原因。

1. 我了解,你似乎很有赚钱的本事。对吗?

面试者:是的,我觉得自己颇有一些赚钱的新招,因为我读的是××名牌大学××专业,又曾在××企业的推销部门兼职,所以,对于赚钱,我还是很有把握的。

面试官:哦,原来你是××大学的高材生,不过,我们单位较小,层次较低,目前暂时容纳不下名牌大学的毕业生,很抱歉。

2. 面试官:请问你是在什么环境下长大的?

面试者:22年前,我出生在南方一个美丽的海滨城市,那里冬暖夏凉,风景优美,还有著名的××海港,每年都吸引不少游人,我就是在那美丽的地方长大的。以前在家的日子过得挺舒心的。

面试官:看来,你是个很热爱家乡的人。……我们单位经济效益不是很好,条件差,没办法达成你的愿望,真抱歉。

六、请根据以下招聘启事,以小组为单位分别扮演招聘方、应聘方进行模拟求职面试。

××有限公司除提供较好的薪酬待遇,同时也为公司员工提供持续的学习机会。本公司为了业务发展需要,现特招聘以下职位:

(一)销售主管

1. 主要岗位职责:

(1) 区域市场开拓、了解市场动态、制定并执行销售策略。

(2) 做好销售人员指导和管理工作。

(3) 区域市场客户的维护和服务。

(4) 执行被批准的或上级下达的开发计划,定期做出开发报告。

2. 岗位要求:

(1) 专科以上学历,有酒水行业相关知识和2年从业经验,愿意在此行业长期发展的有志之士。

(2) 具有较强的市场开拓能力,较强的谈判能力。

(3) 吃苦耐劳、责任心强，有较强的学习能力和团队合作精神。

具有一定的管理领导能力。公司提供良好的发展平台，有相关工作经验者优先。

3. 待遇：保底工资＋提成＋奖金＋保险（转正后）

（二）销售专员

1. 主要岗位职责：

(1) 根据部门总体市场策略编制自己的销售计划及目标。

(2) 负责公司的产品销售工作和完成各项指标。

(3) 管理开发好自己的客户，拓展与老客户的业务。

(4) 与客户保持良好沟通，实时把握客户需求，提高客户满意度。

2. 岗位要求：

(1) 热爱销售工作，有市场开拓精神，具有独立的分析和解决问题的能力。

(2) 工作认真、积极、有高度的责任心，具有敏锐的市场眼光和良好的职业操守，有明确的个人职业规划。

(3) 成熟的沟通技巧及良好的团队合作精神。

3. 待遇：保底工资＋提成＋奖金＋保险（转正后）

第三章 谈判与营销

谈判口才

知识介绍

 一、谈判的含义

谈判是有关方面就共同关心的问题互相磋商，交换意见，寻求解决的途径和达成协议的过程。

谈判有广义与狭义之分。广义的谈判是指除正式场合下的谈判外，一切协商、交涉、商量、磋商，等等，都可以看做谈判。狭义的谈判仅仅是指正式场合下的谈判。

商务谈判是指不同的经济实体各方为了自身的经济利益和满足对方的需要，通过沟通、协商、妥协、合作、策略等各种方式，把可能的商机确定下来的活动过程。

 二、商务谈判语言的类别

商务谈判语言各种各样，从不同的角度，可以分出不同的语言类型，按语言表达特征分为专业语言、法律语言、外交语言、文学语言、军事语言等。

1. 专业语言

它是指有关商务谈判业务内容的一些术语，不同的谈判业务，有不同的专业语言。例如，产品购销谈判中有供求市场价格、品质、包装、装运、保险等专业术语；在工程建筑谈判中有造价、工期、开工、竣工、交付使用等专业术语，这些专业语言具有简单明了、针对性强等特征。

2. 法律语言

它是指商务谈判业务所涉及的有关法律规定用语，不同的商务谈判业务要运用不同的法律语言。每种法律语言及其术语都有特定的含义，不能随意解释使用。法律语言具有规范性、强制性和通用性等特征。通过法律语言的运用可以明确谈判双方的权利、义务、责任等。

3. 外交语言

它是一种弹性较大的语言，其特征是模糊性、缓冲性和幽默性。在商务谈判中，适当运用外交语言既可满足对方自尊的需要，又可以避免失去礼节；既可以说明问题，还能为进退留有余地。但过分使用外交语言，会使对方感到缺乏合作诚意。

4. 文学语言

它是一种富有想象的语言，其特点是生动活泼、优雅诙谐、适用面宽。在商务谈判中恰如其分地运用文学语言，既可以生动明快地说明问题，还可以缓解谈判的紧张气氛。

5. 军事语言

它是一种带有命令性的语言，具有简洁自信、干脆利落等特征。在商务谈判中，适时运用军事语言可以起到坚定信心、稳住阵脚、加速谈判进程的作用。

三、正确运用谈判语言技巧的原则

1. 客观性原则

如果谈判双方均能遵循客观性原则，就能给对方真实可信和"以诚相待"的印象，就可以缩小双方立场的差距，使谈判成功的可能性增加，并为今后长期合作奠定良好的基础。

2. 针对性原则

谈判语言的针对性是指根据谈判的不同对手、不同目的、不同阶段的不同要求使用不同的语言。简言之，就是谈判语言要有的放矢、对症下药。提高谈判语言的针对性。

3. 逻辑性原则

谈判语言的逻辑性，是指商务谈判语言要概念明确、谈判恰当，推理符合逻辑规定，证据确凿、说服有力。

4. 规范性原则

谈判语言的规范性，是指谈判过程中的语言表述要文明、清晰、严谨、准确。

技能要求

一、提问的时机

商务谈判中，要了解对方的想法和意图就必须要适时提问。

1. 在对方发言完毕之后提问

在对方发言的时候一般不要急于提问，因为打断别人的发言是不礼貌的，容易引起对方的反感。可以先认真聆听，发现对方的问题，应该记录下来，待对方发言完毕后再提问。

2. 在对方发言停顿或间歇时提问

如果对方发言不得要领、纠结细节或离题太远而影响到谈判的进程，那么就可以借机提问，这是掌握谈判进程、争取主动的必然要求。例如，当对方停顿时可以借机提问："您刚才说的意思是？"或者"细节问题我们以后再谈，现在请您谈谈您的主要观点好吗？"

3. 在自己发言前后提问

谈判中，当轮到己方发言的时候，可以在先谈己方的观点之前对对方的发言进行提问，不必要求对方回答，而是自问自答。这样可以争取主动，防止对方接过话茬，影响己方的发言。例如："您刚才的发言想说明什么问题呢？我的理解是……对这个问题我有几点看法……"在充分表达己方观点后,为了使谈判沿着己方的思路发展,通常要进一步提问,让对方回答。例如:"我们的基本立场和观点就是这些,您对此有何看法呢?"

二、回答的技巧

1. 回答之前给自己留有思考的时间

在谈判的过程中,对于对手的问题没必要急着回答,在经过慎重考虑后再进行回答。谈判时,如果遇到刁钻的问题,必须冷静思考,慎重应付。即使对方在催,也要思考后再答复。在对方提出问题后,可以通过喝口水或调整一下自己的坐姿和椅子的位置,整理一下桌上的文件等动作以拖延时间来考虑对方的问题。这样既显得自然得体,又有了思考问题的时间。此外还可以对对方说:"先生,请您把您的问题重复一遍好吗?"这样也可以为自己思考问题争取时间。

2. 以反问回答

一些比较难回答的问题可以踢给对方回答。例如在谈判进行不顺时对方问:"请问您对双方合作前景的看法如何?"这时己方就可以反问:"那么,请问您对我们双方合作前景的看法又如何呢?"这种方面最适合用在不便回答的问题上。

3. 有意避正答偏

当遇到正面难以回答的问题,却又不能拒绝回答的时候,此时采取避正答偏的方法。例如一次记者招待会上,一西方记者问周总理:"请问中国人民银行有多少资金?"这个问题涉及国家机密,周总理说:"只有十八元八角八分,十元五元二元一元五角贰角一角五分二分一分加起来十八元八角八分。"总理的回答既没泄密又极度幽默地回答了问题,赢得满堂喝彩。

三、拒绝的技巧

1. 预言法

心理学家证明,人都有看透别人、了解别人的嗜好,但是又不喜欢别人让看穿内心,往往会做与自己内心相反的行为来伪装自己,科学上称为"文饰心理"。这种现象在那些自尊心极强,爱挑毛病的人身上表现提别明显。对付这种人就适合用预言法。就是表面让对方觉得你不希望他出现那种行为,而那种行为的反方面正是你希望看到的。

2. 问题法

就是针对对方的要求提出一系列的问题,这样对手就明白了你方不是任人欺骗的笨蛋。无论对方承认与否,都足以表明你方觉得对方要求太高,这样的拒绝要求就比较委婉。这种方法对于那种只顾自己利益,不顾对方死活而提出高要求的对手很有效,但是要注意的是,在提出问题的时候要注意语气。不要用带有挖苦、嘲弄或教训的语气提问,否则就会激怒对方增加新的对立成分。

3. 转折法

这种方法渗透了说服的原理,就是拒绝之前不亮出自己的观点,而是从对方的观点意见中找出共同点,加以肯定赞美或站在第三者的立场表示对对方的理解,从而减少对方的对抗心理然后委婉地陈述己方的观点以拒绝对方要求。

四、说服的技巧

谈判中常常会出现观点不一致，这时就需要运用说服技巧以促成谈判。对付不同的对手要采用不同的语言技巧。

1. 强硬型

如果对方自尊心很强不愿承认错误，从而导致你的说服无济于事，首先不妨给对方台阶，说说他正确的地方，给对方一些自感欣慰的理由，这样对方感到没丢面子而乐意听取你善意的说服。如果对手可能已经慢慢地接受了你的观点，但是不愿承认，你可以先保持沉默，给对手思考的时间，等待一下再进行说服，效果会更好。

2. 不合作型

对付这样的对手，首先用坦诚的态度和诚恳的语言打动对方；其次语气要温和，不作无谓争论；最后少说多听，在对方发言时不要打岔。

对付不合作型的谈判对手，还可以采用制造僵局法（该技巧要慎用）。只有当己方处于有利时或事先设计好推出僵局的计策，抑或对方相信是他们自己制造僵局的情况下才适合用。这时对方为打破僵局就会慢慢让步。

五、辩的技巧

商务谈判中"辩"的目的就是论证己方观点，反驳对方观点，论辩的过程就是通过摆事实，讲道理，以说明自己的观点和立场。辩论中应注意以下几点：

1. 观点要明确，立场要坚定

为了能更清晰地论证自己的观点和立场的正确性及公正性，在论辩时要运用客观材料，以及所有能够支持己方论点的证据，以增加自己的辩论效果，从而反驳对方的观点。

2. 辩路要敏捷、严密、逻辑性要强

商务谈判中辩论往往是双方进行磋商时遇到难解的问题时才发生的，因此，一个优秀辩手应该头脑冷静，思维敏捷，讲辩严密且富有逻辑性的人，只有具有这种素质的人才能应付各种各样的困难，从而摆脱困难。

3. 掌握答的原则，枝节不纠缠

在辩论过程中，要有战略眼光，掌握大的方向、大的前提以及大的原则。辩论过程中要洒脱，不在枝节问题上与对方纠缠不休，但在主要问题上一定要集中精力，把握主动。

经典案例

【例1】 ▶▶▶>>>

美国一位著名谈判专家有一次替他邻居与保险公司交涉赔偿事宜。谈判是在专家的客厅里进行的，理赔员先发表了意见："先生，我知道你是交涉专家，一向都是针对巨额款项谈判，恐怕我无法承受你的要价，我们公司若是只出100元的赔偿金，你觉得如何？"

专家表情严肃地沉默着。根据以往经验，不论对方提出的条件如何，都应表示出不满意，因为当对方提出第一个条件后，总是暗示着可以提出第二个，甚至第三个。

理赔员果然沉不住气了："抱歉，请勿介意我刚才的提议，我再加一点，200元如何？"

"加一点，抱歉，无法接受。"

理赔员继续说："好吧，那么300元如何？"

专家等了一会儿道："300？嗯……我不知道。"

理赔员显得有点惊慌，他说："好吧，400元。"

"400？嗯……我不知道。"

"就赔500元吧！"

"500？嗯……我不知道。"

"这样吧，600元。"

专家无疑又用了"嗯……我不知道"，最后这件理赔案终于在950元的条件下达成协议，而邻居原本只希望要300元！

这位专家事后认为，"嗯……我不知道"这样的回答真是效力无穷。

评析：在这个谈判案例中，谈判专家最大的成功之处在于其非常巧妙地把握了回答的技巧。他不做正面回答，而以反问代替回答，这就使对方很难揣测他的真实想法，害怕他使出什么"杀手锏"造成己方更大的损失，所以只好不断主动提价。而保险公司理赔员的失败之处在于没有把握提问的时机，提问显得过于急躁，迫不及待探知对方的心理价位，没有等到听完对方的想法之后就继续提问，从而使自己陷于被动。

【例2】▶▶▶>>>

杰克的汽车意外地被一部大卡车给整个撞毁了，幸亏他的汽车买了全保。为争取最大权益，于是他与保险公司调查员展开了以下谈判。

调查员：我们研究过当事人的案件，根据保单的条款，当事人可以得到3 300元的赔偿。

杰克：我知道，但你是怎么算出这个数字的？

调查员：依据这部车的现有价值。

杰克：你是按照什么标准算？你知道我现在要花多少钱才能买到同样的车子吗？

调查员：多少钱？

杰克：我找一部类似的二手车价钱是3 350元，加上营业与货物税后大概是4 000元。

调查员：4 000元太多了吧！

杰克：我所要求的不是某个数目，而是公平的赔偿。你不认为我买了全保而得到足够的钱来换一部车是公平的吗？

调查员：好，我们赔你3 500元，这是我们可以付的最高价。公司政策是这样规定的。

杰克：你的公司是怎么算出这个数字的？

调查员：你知道3 500元是类似情况所能得到的最高数，如果你不想要的话，我就爱莫能助了！

杰克：我可以理解你受公司政策约束，但除非你能客观地说出我只能得到这个数目的理由，我想我们最好还是诉诸法律，然后再谈。

调查员：好吧。我今天在报上看到一部1978年的菲亚特汽车，出价是3 400元。

杰克：喔，上面有没有提到行车里数？

调查员：49 000千米，那又怎样？

杰克：我的车只跑了25 000千米，你认为我的车子可以多值多少钱？

调查员：让我想想……150元。

杰克：假设3 400元是合理的话，那么就是3 550元了。广告上提到收音机没有？

调查员：没有。

杰克：你认为一部收音机值多少钱？

调查员：125元。

杰克：冷气呢？

2.5小时以后，杰克拿到了4 012元的支票。

评析：在这个案例中，杰克巧妙地运用了"拒绝的技巧"和"辩的技巧"，在调查员出到3 500元所谓"公司政策规定的最高价"时，杰克巧设"僵局"，表示要"诉诸法律"，迫使对方进行了让步。另外，杰克确保自己的利益不受损失的立场非常坚定，并善于运用数据进行逻辑推导，步步推进，驳倒对方，令对方无话可说，可谓辩路严密。

营销口才

知识介绍

一、营销和营销语言的含义

根据市场需要组织生产产品，并通过销售手段把产品提供给需要的客户被称作营销。就是通过某种方式让更多的人了解产品然后产生购买欲望。

营销语言是指以言语为载体、商务信息为内容，促使销售成功的策略和技巧。从狭义上来说指单纯的言语形式；从广义上来说还包含营销语言的辅助性手段。辅助性营销语言是指情态性语言。

市场营销语言是一种专门性语言，它总是迎合着时代的特征，表现出特殊的印记。在市场的调节过程中，市场营销语言恰当、准确地应用会很好地开拓市场，在竞争中处于有利的位置。

二、营销语言的特色

1. 浓缩性营销语言

浓缩即是简洁，简洁性语言表现出表达内容简洁明了，具有高度的概括性；表达的条理要清晰而主要内容突出；句式力求简洁，多使用短句式或浓缩句式。

2. 灵活性营销语言

灵活即是模糊，在某种特定的营销场合使用灵活性的语言形式，有利于更为准确地宣传产品，达到更好的推销效果。灵活性营销语言要求在尊重客观事实的基础上，从有利于沟通的角度来应用语言，是营销十分重要的一种语言表达手段。

3. 艺术性营销语言

艺术即是顺畅自然、悠然风趣、巧妙和谐的有机结合。在营销语言中加入适当的艺术性，会使营销语言更加生动活泼，更富了艺术魅力，能吸引消费者的注意力，提高人们对产品的兴趣。

营销语言的表现形式很多，但没有一个固定的模式。各种营销语言在应用过程中各有利弊。营销人员只要注意运用以上营销语言方式和辅助手段，就能开发出营销语言的神奇效果。

技能要求

营销语言既是一种说话技巧，也是一门堂堂正正的学问，虽说比较深奥复杂，但只要用心学习，是不难学会的。那么如何让客户觉得与你说话时间过得很快？如何让人喜欢你，接受你，并产生购买你所推销的产品的欲望？

一、营销语言的表达技巧

1. 直言

直言是营销人员真诚的表现，也是和对方关系密切的标志。只有发自肺腑的话语，才能打动别人的心。推销员在推销过程中，直言不讳，说真心话，往往会取得意想不到的效果。

2. 委婉

人的认识和情感有时并不完全一致，基于这个原因，有时尽管你的话是正确的，但顾客往往难以接受营销人员的直言不讳，如果你变换一种说法，委婉表达出自己的意思，也许对方就能既从理智上、又在情感上愉快地接受你的意见了。

3. 避免争论

避免争论，创造真诚合作的气氛，是营销谈判取得成功的基本前提。在推销过程中，当有可能发生争论时，推销员要善于运用恰当的语言艺术营造轻松的氛围，才能有效地消除顾客的排斥心理，达成合作的意向。

4. 长话短说

能说会道是推销员重要的素质之一，但是推销员也不要说话过多，发表长篇"演说"，搞"一言堂"，因为这样很容易引起顾客的反感，结果可能适得其反。一名优秀的推销员一定要了解顾客的心理，把握顾客的购买意图，抓住要害，长话短说，有针对性地进行宣传，才能有好的销售效果。

5. 幽默

幽默在营销中起着非常重要的作用，它可以使紧张的气氛变得轻松，一句幽默得体的话可能会消除一场误会，打消彼此的疑虑，营造良好的合作氛围。

二、营销语言的基本要求

1. 话题要丰富

到客户那里去访问时,不要急于切入主题,暴露动机。首先从聊天入手,然后再进入正题。平日要养成搜集各方面信息的习惯,以便充实自己的知识。作为一位销售人员,知识面要宽,虽然不能对各种专门学问皆作精湛的研究,但是对各个行业一般性的了解还是必须做到的。

一个胸无点墨的人,是不可能在说话中应对如流的,我们常见到许多推销员因为对对方的事业毫无了解而相对默然,这是很痛苦很无奈的。其实我们如果肯略下工夫,多读点书多看点报,多积累点话题,那么我们就可以和任何人谈上十分钟并使对方产生兴趣,诚能如此,沟通便不在话下了。

2. 语言要"看人下菜"

所谓"见什么人说什么话",作为一名销售人员,要和各种各样的人打交道,客户的身份职位、个性特点、兴趣爱好各不相同,销售人员要善于抓住客户的这些特点,迅速寻找客户的兴趣点,看人下菜,才有可能展开良好的沟通。否则,见什么人都是一套说辞,很可能会遭到对方的"白眼",甚至还没有进入商谈阶段就已被对方拒绝了。

3. 说的时候要先听

会说话的人都是会听话的人。优秀的销售人员不会自己哇啦哇啦地说个不停而是洗耳恭听顾客的谈话。这是很重要的一环,是博得对方好感的一个秘诀。遗憾的是,不少人急于销售产品,把对方所讲的话都当成耳边风,而且总是迫不及待地在商谈中提出问题或打断对方的话,或申述自己的观点,这些都是不适当的。

"欲速则不达",客户在长篇大论时恰恰是成功到来的有利时机,如果想使交易成功,就应该提起精神来倾听,并经常兴趣盎然地问:"后来呢?"以催促对方继续往下说,要用好像听得出了神的样子去倾听对方的谈话。这样,当对方最后关闭话匣子时,紧接着很可能说:"就这么决定了,我们签订单吧!"即使签不了订单,他也会很高兴地等待着我们的下一次来访。

4. 必须克服的语病

不要使用强硬、刺耳、容易引起对方反感的口语:"不对"、"你错了"、"可是"、"也是"、"绝对"、"必须"、"不"、"岂有此理"、"这个"等等。还有的人喜欢把同一件事唠叨个没完,虽想把意思表达清楚,但听的一方早已厌烦了。好话说三遍也会令人生厌的。作为一位现代的销售人员,说话啰唆是不够格的,应该彻底地纠正过来。

经典案例

【例1】 ▶▶▶▶

一个推销员走进一家银行的经理办公室推销伪钞识别器。女经理正在埋头写一份东西,从其表情可以看出女经理情绪很糟;从烟灰缸中满满的烟头和桌上的混乱程度,可以判断女经理一定忙了很久。推销员想:怎样才能使女经理放下手中的活计,高兴地接受我的推销呢？推销员发现女经理有一头乌黑发亮的长发。于是，推销员赞美道："好漂亮的长发啊，我做梦都想有一头这样的长发，可惜我的头发又黄又少。"只见女经理疲惫的眼睛一亮，回答说："没有以前好看了。太忙，瞧，乱糟糟的。"推销员马上递过一把梳子，说："我刚洗过的，梳一下头发更漂亮。您太累了，应当休息一下。"这时女经理才回过神来，问道："你是……"推销员马上说明来意，女经理很有兴趣地听完介绍，很快便决定买几台。

评析：此案例中推销员善于察言观色，很快摸清了女经理的生活状态，抓住了她的兴趣点，从而能够看人下菜，赢得了对方的好感，使营销获得成功。

【例2】▶▶▶>>>

一位鼻子很大的推销员到一户人家进行产品推销，这家小孩看到一个陌生人，长着一只很大的鼻子，马上叫出来"大鼻子！"大人和推销员都很不好意思，一段短暂的停顿之后，推销员率先打破了了尴尬，他笑呵呵地对小孩说："你就叫我大鼻子叔叔吧！"大家一笑了之，推销员很快地赢得了这家主人的好感。

评析：此案例中推销员的成功之处在于善用幽默的语言化解尴尬气氛，营造轻松愉快的合作氛围，使营销获得成功。

【例3】▶▶▶>>>

王小姐是一名服装导购员，一次有一位体态肥胖的中年妇女要购买一件上衣，妇女试了几件，看中了一件非常瘦小的红色上衣，征询她的意见，王小姐在认真考虑之后，直言不讳地说："这件衣服并不适合您，因为您的体态偏胖，如果您买一件休闲款式的黑色上衣，我想效果会更好！"令人意外的是，这位妇女在听了王小姐的意见之后，非但没有生气，反而听从了王小姐的意见，买了一件黑色的休闲上衣，并对王小姐的服务赞不绝口。

评析：此案例中推销员的成功之处在于她能够站在顾客的角度，考虑顾客的切实需要，为顾客出谋划策，所以虽然她的语言直率，但她的态度真挚诚恳，能够赢得顾客的信任，使销售获得成功。

技能训练

一、请就下面的情境完成对话。

背景介绍：假设你是一名电脑销售员，一位顾客上周在你的柜台购买了一台电脑，可是现在顾客却说不好使了，他非常气愤地来到你面前，你怎么回答对方的提问，最终让顾客满意呢？

顾客：你们卖的东西是不是组装的啊，打着原装的牌子，收着原装的价格！

你：……

顾客：你们的东西这么贵，质量还这么差，是不是太黑了，属于欺骗！

你：……

顾客：如果不给我解释明白，让我满意，我就去投诉你们！

你：……

顾客：这样的解决方式，我不同意！

你：……

顾客：你们把电脑给我退了，然后再赔偿我一定的精神损失！

你：……

二、阅读个人成功推销的案例，并进行分析点评。

三句话销售伊爱

我做销售有个习惯，就是要销售一件东西了，先到目标单位应聘，这样第一锻炼了我的口才表达，第二把自己的身价摆低，容易沟通，隔山打牛，指东打西。这个成功的销售案例就是这样做成的。

一次偶然的机会，我去了太原，看到大昌集团汽车租赁公司招聘人员，我想，是个机会（我兼职做 GPS 产品销售，就是汽车卫星定位系统），因为租赁汽车最需要这个产品，我就以应聘人的身份接触了大昌集团的负责人。

按照应聘的程序谈完话，我就把话题转移，谈到 GPS 话题，果然他们正为这个事情举棋不定，因为品牌太多。我就用三句话做成了这笔业务。使得伊爱和大昌合作成功，由刚开始的 50 台发展到 450 台。

对方问我：你为何要推荐伊爱品牌呢？

我答：我处于对贵公司和伊爱朋友的立场，因为选择伊爱，就选择了质量的保障。我的实践经验告诉你，伊爱品牌是我经历吃亏才选择的，经验教训是很珍贵的。给你推销高质量产品，是我的荣幸，也是你的荣幸，也是我朋友的荣幸。

对方问我：价格是不是太贵了？

我答：价格不是重要的因素，这个产品最重要的是服务保障，试想，你用了价格很低的很次产品，汽车丢了都找不到，你还用它吗？汽车的价值很高的呀。

对方问我：有的产品很小，你的大，是不是不精密？

我答：产品小不一定是精密的，合适才有效，不合适无效，如果合适无效，那是产品本身的问题。产品的大小是建立在合适的基础上的。

就这样，大昌集团通过考察，终于和伊爱合作！

三、假设你是电动洗碗机的推销员，你怎么能够发挥你的口才技巧，说服不同年龄段的顾客买你的产品呢？

四、向你的同学或者老师模拟推销某种你熟悉和喜爱品牌的日用品。

第二部分 应用文写作

　　几十年前,著名教育家叶圣陶先生就曾说过:"大学毕业不一定能写小说、诗歌,但是一定要能写工作中、学习中、生活中经常需要的应用文,而且非写得既通顺又扎实不可。"在资讯高度发达、人们交际日益密切的现代社会,应用文写作能力变得更加重要,已经成为信息生产、储蓄、传递、交往必不可少的重要工具。应用写作这种突出的工具性质决定,不管什么专业的学生都要学好应用文、写好应用文。

　　1. 学好应用文是提升素质的需要:听、说、读、写能力是现代人才应该具备的四大基本素养,其中写作能力最能检测出一个人的综合素质,因此越来越多的用人单位将应用文写作能力作为评价人才素质的重要内容之一。

　　2. 学好应用文是优化知识的需要:学习应用文写作,可以开阔学生的视野,拓展学生的知识面,使同学们的知识能力结构更合理,对将来的发展更有裨益。

　　3. 学好应用文是确立求职就业优势的需要:学习应用文写作,可以提高学习者在言语交际、语言表达、遣词造句、思维训练方面的能力,在就业形势日趋严峻的今天,同学们可以凭借这些优势在求职交际以及处理公私事务方面表现得更加出色。

第一章　应用文写作概述

应用文的发展

一、应用文的概念

社会是人的社会，有人就有事，有事就要处理。在处理事情的过程当中，为了联系和安排，往往要形成文字的东西，这就是我们所讲的应用文。

我们的日常工作、学习、生活都离不开应用文。例如，开会要发通知，联系工作要开介绍信，互相协作要签合同，读书学习要做笔记，感情交流要写书信，生活起居往往事先要有计划，如果把这些行为加以文字表述，这就是应用文。由此可见，应用文是一种密切服务于人类生活实际需要的文体，是国家机关、企事业单位、社会团体以及公民个人在日常生活中办理公务或个人事务时所使用的、具有某些惯用格式的文章的总称。它是国家进行统治管理、处理政务的手段，是人们开展学习和工作、参与社会活动、交流思想、传递信息、处理事务的工具。在文章体裁中，应用文体与人们的关系最密切、最直接、使用的频率最高、范围最广，其适用范围大到国家制定政策、法令，小到各个单位和个人的日常事务。

二、应用文的发展

在我国，应用文的历史源远流长，三千多年前出现的殷墟甲骨文字，即是以"记事"这种应用文原始形态出现的。应该说，应用文在我国是"古已有之"。甲骨卜辞、铜器铭文以及《周易》中的一些易卦爻辞和《尚书》中汇编的典、谟、训、诰、誓、命等上古帝王发布的文告，开创了我国应用文书的先河。《尚书》是我国现存最早、保存最完整的一部以应用文为主的文章总集；秦代李斯的《谏逐客书》是规劝秦王撤销逐客令的"建议书"；三国时代诸葛亮的《出师表》是出征前的"决心书"；宋代胡铨的《戊午上高宗封事》是上奏皇帝乞斩秦桧、王伦、孙近三人之首，并羁留金使、兴师问罪的机密"报告"。这些都是流传千古脍炙人口的应用文书。

新中国成立以后，国务院接连制定并颁布了一系列的公文制度，仅行政公文处理办法，国务院就先后5次发文，不断完善。现行的《国家行政机关公文处理办法》是2000年8月修订的。

当前，随着信息技术的发展和"无纸化办公"等新理念的提出，应用文的写作和交流方式也必将发生具有深远意义的变革。

应用文的特点及其语言风格

一、应用文的特点

通常学生从小学到中学，写的大都是记叙文、议论文等文体，讲究语言的丰富多彩、情节的跌宕起伏、描写的生动形象等。但这些作文的写法，不能套用到应用文的写作中来。一个学生平时记叙文、议论文写得较好，但应用文不一定能写得好。只有了解和掌握应用文写作的特点以后，勤写多练，才能写好应用文。

当然，应用文和一般文章相比有其共性，如应用文和一般文章一样都要用词造句，布局谋篇，使用标点符号，同样也要运用记叙、说明、议论的表达方式，都应具备准确、鲜明、生动的文风等。但是，学习应用文除了应掌握应用文的共性之外，重要的还是要掌握好应用文写作的个性特征。和其他文体相比，应用文有自己鲜明的个性特点：

（一）实用性

实用性是应用文最重要的特点，因为它和具体的工作、具体的事务、人们的日常生活结合得最为紧密。应用文的实用性主要表现在：

在内容上，它以解决现实中存在的问题作为其写作目的，有的放矢，对象具体，要求明确，旨在应用。例如，条据、合同是双方约定的凭证；书信、广告用来传递信息；规章制度用来规范人们的行为，维护正常秩序；调查报告、总结，既反映情况，又交流经验；公文则是发布政策法令、处理公务的依据。

在形式上，有一套为内容服务的相应的体式，包括结构、格式、语言，都带有一定的法定性和惯用性。

内容上要求实用，不尚空谈，形式上要求得体，不求新奇，这就是应用文实用性的精髓。

（二）真实性

文学写作可以虚构，可以进行艺术加工，所写的人与事，不可能与生活中的原型一模一样，而是更富典型性、更具概括力，这样才能反映生活的本质。但应用文就不能这样，应用文中所涉及的人与事必须绝对真实，包括情节、数字、细节，绝不允许有半点虚构和夸张，否则，就不能达到解决现实生活中实际问题的目的，还会给工作造成很大损失。如公务文书中的发布法规、传达指示、做出决定，体现的是国家政权的权威性和法规政策的严肃性，决不能有任何的不真实之处。又如经济文书中的商品介绍、贸易商洽，也都要实事求是，否则，以虚假的情况骗取对方一时的信任，终究会带来不良后果。

（三）规范性

文学作品讲究独创性，力图摆脱模式的束缚，以适应不同读者的审美需要。而应用文为了达到实用目的，则要求按照一定的规范去写作，这样，作者写起来简便快捷，读者看起来一目了然，便于迅速做出判断和反应。可见，规范性是实用性在形式上的体现。

在应用文中，有些文体的模式是在漫长的历史发展过程中约定俗成的，如书信、条据、日记等，如不按约定俗成的模式写作，则会贻笑大方；有的则是由权力机关以法规的形式加以认定而形成的，如行政公文、司法文书，如不按规定格式写作，则会影响文件的传递和办理。写作应用文时必须了解这些规范和程式，不能随意更改和杜撰。

（四）时效性

应用文总是针对生活中具体实务工作而发的，问题不是已经摆在面前，亟待解决，就是很快即将出现，必须未雨绸缪，预作考虑，写作与实际处理紧密相关，当然非"席不暇暖"。古代诗人贾岛的"两句三年得，一吟双泪流"只能属于文学写作的范畴，而应用文具有"御前文书，不得留铺"的特点。这就要求应用行文要迅速、及时，否则给工作、生产、生活带来影响。另一方面，许多应用文都有一定的执行时效，有的在主要条款中就规定有执行时间，比如各种合同、协议书就是如此，按期执行、过期作废。有的应用文的内容虽没有明确规定执行时间，但一旦延误，亦毫无意义。比如，一个会议通知，必须在会议前提前一些时日行文，一旦会议开过再行文或受文对象才接到，那就毫无意义。商品广告也有时效性，因为商品广告的目的是唤起消费者的购买欲，所以一般应在该商品尚未普及或市场尚有消费潜力的情况下广而告之才有效果。如果是消费者已普及、市场已饱和的商品，就是广告做得再好，也是没有用的。

二、应用文的语言风格

（一）应用文的语言特点

语言是人类最重要的交际工具。不论任何体裁的文章，都离不开语言这个工具。应用文的性质、特征决定了应用文的语言具有不同于其他类文体的风格和特色。主要表现在词语使用上的"三多二少"。

1. 惯用词语多

在长期的写作实践中，不少文体在用语上形成了若干固定的习惯用语。比如，第一人称用"本×"、"我"；第二人称用"你"、"贵×"；第三人称用"该×"、"这"。又如，在公文中为了表示内容层次间总分、过渡、转折关系而使用的承接词，如"以下"、"如下"、"由此可见"、"总之"、"综上所述"、"因此"等。在函件、通知、通报、批复的结尾常用"特此通知（通报、函复、证明）"、"为盼"、"为要"、"为感"、"为荷"等。

2. 文言词语较多

应用文注重语言的庄重、典雅，这在客观上使它保留了某些带有文言语素或文言痕迹的词语，例如"兹"、"顷奉（闻）"、"业经"、"业已"、"届时"、"莅临"、"切勿"、"稽迟"、"函达"、"面洽"等。适当地保留一部分必要的文言词汇，不仅能使语言简明、庄重，而且还可以收到白话文所不能有的语言效果。

3. 模糊词语多

现实生活中许多对应概念之间还存在着过渡的、不确定的状态，反映这些状态的词语便是模糊词语。模糊词语的意义所概括的事物范围只有中心区域是清楚的，边缘部分则是模糊。应用文中经常使用模糊词语，是为了准确地体现词语在特定语境中的客观状态，它和精确的词语相搭配使用，在文中各司其职，使语言表达更准确、更严密，有助于读者理解，如"近年来、大量、基本、个别、较多的、显著的"等具明显模糊性的词语。这些词的使用，并不妨碍人们对问题的正确理解，在具体语言环境中，它比准确语言更富有客观表现力，具有准确语言不能替代的特殊表达功能。当然，在必须表述准确时，也应避免模糊语言。

应用文的写作重在实用，语言上讲求简洁明了，便于阅读，易于办事，在写作时：

第一，尽量避免使用叹词和部分语气词。应用文不需要以情感人，一些为表达感情需要的叹词和部分语气助词很少使用。

第二，尽量避免使用口语。一般来说，口语通俗但欠庄重。而书面语在表意上比口语精确、规范。为了体现应用文的严肃、庄重、准确的特点，写作时要用书面语。

（二）应用文的语言要求

应用文的语言要求表述准确、恰当，朴实无华。根据不同文体，须遵循下述要求：

1. 严谨、庄重

应用文中的公文代表机关发言，具有法定的权威性，其用语应当严谨、庄重，以体现出公文的严肃性，因此既不宜使用口语，也不宜运用文学语言。具体要求是：

（1）使用规范化的书面语言。规范化的书面语言词义严谨周密，正确使用可使读者准确理解公文、不产生歧义。首先，不要使用口语。如在文件用语中，使用"商榷"、"面洽"、"诞辰"、"不日"、"业经"、"拟"等书面语言，而不使用"商量"、"生日"、"没几天"、"早已经过"、"打算"等口语，以示庄重。其次，不使用生造的晦涩难懂的词语和不规范的行话、方言或简称。如称"少女"为"细妹子"，称"打击经济犯罪办公室"为"经打办"等。这不仅会费解，影响到公文传递信息的功能，而且也影响公文制发机关的尊严与文件的权威性。

（2）使用专用词语。长期以来，人们在公文中沿用一些使用频率较高的专用词语。这些词语虽非法定，但已约定俗成。尤其是公文中的专用词语，例如用于征询对方意见和反应的商洽词，有"妥否"、"当否"、"是否妥当"等。这些词语简洁明了，有针对性，有助于表达得简洁严谨、并富有节奏感，从而赋予庄重、严肃的色彩。

2. 恰当、准确

正确地记载与传递信息是撰写应用文的基本要求。遵循这一要求，应用文的语言表述必须符合客观实际，符合逻辑，即概念准确而恰当，还要符合语法修辞的规范。

在撰写公文和科技文章时，要避免使用词义不确定的词语。如"最近他表现不好"这句话，就难以给人准确的认识。"最近"是指什么时间？"表现不好"又缺乏明确而具体的衡量标准，在公文和科技文章中表述事物状态时，宜用含义单一、意义确定的数量词、名词、动词和代词，尽量不用或少用副词与形容词，如说明一项工作任务已"基本完成"，不如说"已完成80%"更为确定。

3. 朴实、得体

朴实，即文风要朴实无华，语言实在，强调直接叙述，不追求华丽辞藻，也不搞形象描写，更不用含蓄、虚构的写作技巧。得体，即指应用文语言应适应不同文体的需要，说话讲究分寸、适度。应用文的语言是为特定的需要服务的，要受明确的写作目的、专门的读者对象、一定的实用场合等条件的制约，因此语言使用一定要得体。例如撰写公文，其用语就应当符合公文的行文关系、使用范围与作者的职权范围（地位与身份）。对上行文，宜用语尊重、简要，体现出下级机关对上级机关负责的精神；平行机关之间行文，要体现出诚恳配合、自愿协作的态度，用语谦和礼貌；对下行文，要体现出领导机关的权威与政策水平，用语明确、具体，分寸得当。

4. 简明、生动

为了加快阅文办事的节奏，应用文用语必须简明精练，即用尽可能少的文字，浓缩大量的信息，做到言简意赅。如果是面对听众的报告、演说词，就需要语言生动一些，以加强文章的感染力。如解说词是供群众听的，读起来要上口，听起来要顺耳。又因为解说词是对实物和画面进行解说的，所以要用形象的文学语言描绘所解说的事物和形象，感情要充沛，还可综合使用记叙、描写、说明、议论、抒情等多种表达方式。

应用文的程式化及文面规范

一、应用文的程式化

应用文与一般文学作品最大的区别是程式化。所谓程式化是指应用文在长期的使用过程中形成了自己固有的模式，从行文到文章的格式、语言都是约定俗成的。只有遵守这种约定俗成的规则，才能体现应用文的规范和权威。

（一）办文与行文的程式化

行政公文反映了写文和收文者之间的关系，如请求、报告等是下级给上级的上行文，是用来向上级请求或报告事项的；命令、指示、批复、通知等是下行文；而函是平行文。行文关系不同，文章的格式和用语也就有所不同。

不少行文、办文在程序上也都有严格规定。例如起草、签订经济合同，要依据经济合同法；发布商品广告，要遵循广告法；党政机关的公文，要遵循《中国共产党机关公文处理条例》和《国家行政机关公文处理办法》。公文在行文书写、排印、行款式样、纸张尺寸等方面都有明确规定。

（二）格式的程式化

应用文写作与一般的文学作品不同。文学作品的写作没有固定的模式，写法比较灵活。而应用文在长期的使用过程中，格式已经约定俗成。如各种书信的格式是在长期使用过程中逐步形成的；合同、公文的格式除约定俗成外，国家有关行政部门还以法规形式予以规范，而为了体现公文的权威性和严肃性，一些公文的格式国家还有专门的规定。

应用文的格式一般包括标题、称谓（古时称抬头）、正文、结尾、署名等。

（三）语言的程式化

应用文语言的程式化主要表现在词语的定型化和位置的固定化。词语的定型化是指应用文的语言的使用有一定的语言环境，通常所说的谦敬词如"祈请"、"承蒙"、"谨致谢忱"应当属于这一类。位置的固定化是说有些词语的使用位置是固定的，如书信、函电，一般都用祝颂语。同一文种的公文，结尾时常用基本相同或相近的用语等。

应用文语言的程式化还表现在它具有惯用的语言。惯用语言通称习惯用语，它有两层意思：一是因为各种应用文都是为处理和解决实际问题而撰写的，所以在语言的运用上一般是采用直叙，极少运用描写、抒情及不必要的修辞手段。语言总要求是准确、朴实、简练，不求辞藻华丽，只求把事情说清楚即可，让人一看就懂，避免歧义与误解。另一层意思是习惯用语的运用。相同文种的应用文，其习惯用语相对固定。如报告、通知等公函类公文的结尾常用"特此……"。

二、应用文的文面规范

文面，就是文章的外表，它是一篇文章在读者视觉印象上所显示的总体面貌。人们阅读文章最先看到的就是文面。它反映了作者的文字素养和写作基本功，因此，应用文写作要讲究文面的修饰，要遵守社会上约定俗成的文面规范。了解文面规范，遵守文面规范，是写好应用文的前提和基础。应用文写作的文面规范大体上包括行款格式、标点符号、文字书写等方面的内容。

（一）行款格式

1. 标题

一般情况下，标题要居中书写，上下至少空一行。如果标题是两三个字的，字与字中间应空开一两格。标题一般不要写在下半页，尤其不要写在最后一行。如果标题字数较多，可将部分文字移到下一行，但一般应上少下多、上短下长，并使上行"骑坐"于下行的正中位置；同时应注意断句的合理性。如果标题字数过多，可按三行安置。在三行中，第一、第三行字数较少，第二行字数较多，整体上要做到匀称、整齐。长标题的分句与分句之间不加标点，用空一格的方式表示"断句"。除少数应用文在标题末尾加问号、感叹号和省略号外，一般标题不用标点符号。如果需要使用副标题，则应紧接正题下一行书写，其前用占两格的破折号表示，破折号不能超过正题的第一个字。如果副标题较长，回行时要同上行副标题的第一个字对齐。标题写完后要空一行，以示醒目。

2. 署名

不同文种要求署名的位置往往是不同的。有的在文前署名，有的在文后落款。调查报告、经验总结、学术论文等文种常常是文前署名，其正确位置是在标题空一行的下一行的正中或稍偏右的位置上写作者姓名或单位名称。署名后要再空出一行或两行，然后开始写正文。如果姓名是两个字的，那么姓与名中间应空开一格。

3. 正文的结构层次

正文中的第一层次标题或序数（如一、二、三等），一般都单独占一行，空两格开始写，有时为了醒目则居中书写，上下各空一行。

正文中的第二层次标题，空两格写，如果下面还有第三层次则要单独占一行。一般不必居中，不必上下空行；如果下面没有第三层次可以单独占一行，也可以不单独占一行，空两格写完序数和小标题后，就接着写下文。

正文中的第三层次标题，书写格式同第二层次标题。

正文中如果有第四层次的标题或段落主句，一般不单独占行、空两格写序数，序数后写标题或段落主句,标题或段落主句后直接写下文。

正文的结构层次整体示意如下:

一、××××××××(第一层次标题)

(一)×××××××(第二层次标题)

1.××××××××(第三层次标题)

(1)×××××××(第四层次标题小标题或段落主句)。×××(接写下文)。

为使层次清楚,序数的使用是非常重要的。使用序数,分条列项,是应用文结构上的一大特点。序数的标注规范是:如果正文只有一个层次,就标大"一、二、三";如果有两个层次,第一层标"一、二、三",第二层标加圆括号的"(一)、(二)、(三)";如果有三个层次,则第三层次标"1.、2.、3.";如果有四个层次,第四层则标加圆括号的"(1)、(2)、(3)"。需要注意的是:"一、二、三"的后面要标顿号,"1.、2.、3."的后面标小点,加圆括号的序数后面不加标点。

4. 段落

段落的标志就是另起一行空两格。段与段之间不空行。现在,有些网络文章段与段之间空一行,这是为了电子阅读的方便,这种方式不可用在书面应用文中。

5. 引文

引文有段中随行引文和提行引文两种。较短的引文一般都是随行引用,如果引用的是原话,要核对准确,并在前后分别使用双引号。较长的或需要特别强调的引文,则须在冒号后单独设段,前后不必再用引号。为区别于正文,引文的两端应缩进两格(引文开头一行要缩进四格)。排版时,有的提行引文要改变字体,有的上下各空出一行,以示强调。

6. 落款

落款包括署名和标注写作时间两项。署名的位置应在正文结束后空若干行的右下方。写作时间的位置在署名之下,要写明具体的年、月、日。一般应用文用阿拉伯数字写年、月、日,但公文则要用中文数字写年、月、日。阿拉伯数字,一般两个数字占一格。

(二)文字书写

文字书写首先要合乎规范,符合国家公布的《印刷通用汉字字形表》和《汉字简化方案》的规定,不能随意改变字形,不能乱造简化字,也不要把简化字再写成繁体字。其次,绝对不能编造谁也看不懂的怪笔。最后,书写要美观大方,匀称协调,秀丽端庄,以增加美感。

(三)标点符号

标点符号是辅助文字记录语言的符号,是书面语的有机组成部分,用来表示停顿、语气以及词语的性质和作用,具有正确、精细地表达文章内容的重要作用。国家技术监督局1996年颁布实施的《标点符号用法》规定了标点符号的名称、形式和用法,对汉语书写规范有重要的辅助作用。该标准规定,常用的标点符号有16种,分点号和标号两大类。

点号的作用在于点段,主要表示说话时的停顿和语气。点号有逗号、顿号、分号、冒号、句号、问号、叹号7种。

标号的作用在于标明语句的性质和作用。常用的标号有9种,即引号、括号、破折号、省略号、着重号、连接号、间隔号、书名号和专名号。

标点符号的书写位置，要求如下：

1. 每个标点至少要占一格。其中破折号、连接号和省略号占两格正中。所有点号要写在一格的左下方。间隔号写在一格的正中。
2. 引号前后两部分分别写在一格的右上方与左上方。
3. 括号、书名号前后两部分要分别写在一格的右半正中与左半正中。
4. 着重号、专名号要写在字脚下，靠近格子。
5. 有转行情况时：
（1）点号、右引号、右括号、右书名号不能放在一行的开头，应该挤在末一格内，或连同最后一个字转移到另一行去写。
（2）左引号、左括号、左书名号不能放在一行的末尾，应该移到另一行的开头写。
（3）破折号、连接号和省略号不能分成两行写。

应用文写作知识

写作的基本要素包括主题、材料、结构、语言、表达方式、修辞等基本要素，而应用文写作是写作学的重要组成部分，它也包括内容和形式两方面的各基本要素要求。

一、材料

（一）材料的含义

材料是指为了某一写作动机所收集、选择及写入文章中的各种事实现象和理论根据。材料是应用文写作的基础条件，它的重要性如同盖房离不开砖瓦，做饭缺不了米面一样。在应用文的写作中，明确了写作主旨之后，就可以根据主旨的需要搜集材料，选择材料。没有材料，写作活动就无法展开。所以，无论写什么类型的文章，写作主体都必须从收集材料入手，在拥有众多材料的基础上进行选择，选择出优质材料，为创作出高质量的文章打下基础。

材料有两种类型，一种是直接材料，一种是间接材料。直接材料由作者亲身感受、亲自观察、调查而获得，称为第一手材料。间接材料，是指由阅读书报、检索文献资料而获得的，或由他人提供的，亦称为第二手材料。写作不同的应用文，获取材料的途径和方法不尽相同，但对搜集到的材料都应该认真地核实。

（二）材料的选择

应用文写作主体所收集积累的原始材料，必须经过一番查实、比较、鉴别、分析、筛选的工作，只有经过严格的选择才能写到文章里去，成为题材。应用写作选择材料的原则是：

1. 材料要真实

真实是应用文体的生命，这是材料的可信性标准。在应用文体中，材料的真实是指生活的真实，原原本本，不走样的真实，是一种客观的真实。选材的一个重要标准，就是真实、可靠。虚构的、胡编乱造的、未经核实的材料,不能用于应用文。正确的主旨来自真实的材料,因此,只有由真实、可靠的材料得出的结论才是牢固的。选材无论是"活材料",还是"死材料",最好不用"二手货",更不能用道听途说的"小道消息",要尽量选用"第一手"材料或摘引权威部门发布、权威报刊刊载的材料。

2. 材料要典型

所谓"典型",是指选用的材料要最能表现主题,有代表性。典型材料最能反映事物的本质、主流和规律。它在形式上最富有特征,而在实质上最能反映一般规律。通过典型材料反映一般规律,能够使文章篇幅精悍、内容精练、观点精辟。所以,在应用文体写作过程中,我们必须善于从纷繁复杂的事实中,选择出最有典型意义的材料,以求正确、鲜明、深刻地表现主题。譬如,毛主席在《湖南农民运动考察报告》中,谈到农民运动时写道:"女人和穷人不能进祠堂吃酒的老例,也该打破。衡山白果地方的女子们,结队进入祠堂,一屁股坐下便吃酒,族尊老爷们只好听她们的便。"这段文字很有典型性,其主旨是反封建,打破封建的枷锁。其表达形式具有个性特征,具体、形象、生动,把农村妇女无拘无束地进入祠堂的吃态,以及族尊老爷们在农民革命运动面前无可奈何的窘态,活灵活现地表现出来,给人以深刻的印象。

3. 材料要新颖

随着社会的飞速发展,各个领域的情况都在发生着深刻的变化,新事物、新情况、新思维、新典型、新矛盾和新问题不断出现。应用写作就要善于从变化中的社会生活里,选择那些最具新鲜感的材料,这样才能更贴近地反映客观实际。新鲜的材料之所以有新意,主要是前人未曾发现、不曾使用过、或鲜为人知的材料。有时选材的新颖也表现为,材料虽然早已为人们所发现,但由于各种原因而尚未被科学地开发与利用。今天当我们发掘出其确实存在而又有现实意义的价值时,便可赋予这些材料崭新的生命。

4. 材料要具体

材料要有力就不能空泛,要有具体实在的内容。所谓"具体",在应用写作中就是指具体的单位、具体的人、具体的问题、具体的情况及具体的数据等。这一切都应当是确确实实的。如果要拟写一份请示文件,那么文中关于请示的缘由、背景应当是具体、令人信服的。请示中的要求,若是经费的申请下拨或追加,必须有具体的金额数目。如果要撰写一份年度工作报告,那么作为一个企业单位,这一年的结构、体制变化、这一年中经济总收入和利润都应当是具体的。常常为了体现这一变化,还要选用往年该企业的一些具体的材料来做纵向比较。

二、主题

从不同途径收集来的各种材料,只有经过筛选、改造、加工、确立方能正式写入文章中去。材料作为第二层面上的写作客体正式被写入文章中,完成由素材变成题材的发展过程的关键取决于文章的主题。

因为题材必须是围绕文章主题展开的具体内容,所以主题是写作客体的"灵魂"。

(一) 主题的概念和作用

主题是写作主体在一篇文章中,在记叙事物、说明情况、论证问题时所表达的基本观点、中心思想。这一概念有两大特点：一是体现了应用文的特点。一切应用文是为了实现某种目的而写作的，比如"请示"、"报告"、"计划"、"总结"、"申请书"等应用文，都具有明显的目的性这一特点。所谓"主要意图"，就是作者希望达到某种目的的打算，它对应用文主旨的性质概括是恰当的。二是适用于对应用文各类文种主旨的阐述。不论是简单得只有几十个字的请假条，还是鸿篇巨制的会议报告，其主旨均可用"行文意图"来概括。比如，某县关于开展植树造林的通知，其主旨就是通过阐明开展植树造林的意义、任务、要求、方法和注意事项等，为某县的植树造林工作做出部署和安排。清代刘熙载说："凡作一篇文，其用意俱要可以一言蔽之。扩之则为千万言，约之则为一言，所谓主脑者是也。"这里的"主脑"就是主题。这句话的意思是说，主题，就是能够概括作文用意的一句话。刘熙载这句话讲得很通俗，也很深刻。以上对应用文主题的阐释，也正是"一言蔽之"之意。

在应用文写作中主题往往就集中体现在写作的目的之中。动笔之前必须有十分明确的写作目的，在写作过程也必须时刻牢记这一目的。充分体现这一目的，才能使自己的写作既省时省力，更增效添益。

有了明确的写作目的，写作主体心中确立了主题，便可果断决定材料的取舍繁简、合理支配文章结构的次序安排、恰当运用文章中的表达方式、准确运用文章中的语言词汇。

（二）主题与问题、题材、标题的关系

为进一步深入对主题的认识，我们有必要将它与问题、题材、标题等进行比较分析，以明确其之间的联系和区别。

1. 主题与问题

主题是文章所表达的中心思想、基本观点，它是写作主体写作意图最鲜明、最集中的体现；问题是文章所表现和论述的对象或范围。可见问题不同于主题。就两者之间的关系而言，主题是对问题的看法、表态；而问题则是主题所面对的对象、目标。通常人们所说的课题、论题等就是属于问题的范畴。课题是指在一个比较广泛的研究领域内集中研究或讨论的问题。论题则是写作主体在理论性文章中所探讨的主要问题，有时亦称为议题。

2. 主题与题材

主题在文章中是通过事实根据和理论根据的推理论证过程而体现出来的，人、事、物的叙述与描绘等也由此得以表现出来。这些围绕着主题而展开于文章中的具体内容，就是题材。可见主题与题材并不等同。就两者之间的关系而言，主题是题材集中表现出的中心思想、基本观点；而题材则是主题在文章中得以体现的具体材料、内容。

3. 主题与标题

假如说，主题是文章的"灵魂"，那么标题就是文章的"眉目"。其实，标题本来就又称作题目，"目"就是眼睛。中国有一句老话："眼睛是心灵的窗户。"那么，作为文章的眉目，标题是全文向写作受体传情、达意、显神的重要"窗户"。标题的位置固定地处于文章的开头，它往往是写作受体接触文体首先看到的部分。因而好的标题能引起写作受体阅读全文的兴趣，甚至能在一定程度上帮助写作受体来切近主题、理解主题。

当然，主题和标题并不是一回事，它们是两个概念、两个写作要素，但两者之间有密切的联系。

（三）主题确立的原则、要求

1. 主题确立的原则

（1）按政策法令规定或领导意图来确立主题。在公务交往、商务交往活动中大量的应用文体写作，必然涉及许多政治、经济和其他各种事务，往往需要根据现时的方针、政策、法令、条规和领导的明确意图、具体指示、要求办法去执行、去体现。自说自话、自作主张、随心所欲去写，肯定会影响到文章主题的确立。

（2）按工作具体需要去确立主题。工作中许多具体事务也常常需要执笔为文。这些应用文体的主题，只有在掌握了具体工作的总体目标、具体步骤、行动环节等才能形成该文本的主题。主观臆想、道听途说是无法确立行之有效的文本主题的。

（3）按社会实际需要去确立主题。千变万化的社会生活中，特定的时期、特定的环境、特定的关系、特定的对象、特定的问题等都可能作为写作主体确立应用写作主题的前提、基础。社会实际的迫切需要往往就成为某一应用文体的价值取向。从当前实际出发去确立文章的主题也是应用写作的基本特质之一。

（4）生活积累经触发而确立主题。写作主体在自己的生活历程中必然会接触到许许多多的人、事、物态。经纬纵横的大千世界必然会在人的大脑留下无数的印象、感受、体验、思索……长期积累，偶然经触发就会使主体的理性、感知产生升华、豁然贯通，一个创新的应用写作主题也会从中诞生出来。

2. 主题确立的要求

（1）正确。主题的正确性就是指文章所表达出来的观点和看法，所提出的见解和意见，必须具有正确的政治方向，符合客观实际。每一位写作主体都必须以党和国家的方针政策为依据，从实际出发，对实际工作中需要解决的问题作出正确的判断，得出正确的结论。

（2）鲜明。这是指应用文的主题要明确，写作主体的态度、立场要明朗，自己是什么观点，一定要清清楚楚、不含糊、不模棱两可。这是应用文体的写作目的、内容所决定的，也是其交流、传播的必然要求。不少应用文体是由国家机关或政府部门制发的，它往往具有行政效应或法律效力，有些应用文体还被国家明确立法规定（如《广告法》、《经济合同法》等）。因此主题的鲜明，对于应用文来说就显得尤为重要了。应用文写作的目的从根本上说，是为了办好事情。所以，哪些事情该办、哪些事情不该办，事情该这样办或者该那样办，哪些方面应当表扬提倡、哪些方面应当批评制止，在应用文中都应当有十分鲜明的立场观点。

（3）专一。应用文的一篇文章往往只能有一个中心，解决一个问题，主题力求专一。主体要努力将笔墨集中，把一个问题谈透、把一个中心讲明。目标始终如一，动笔便能牢牢把握重心，紧紧围绕中心思想展开材料。这样能使材料所蕴含的力量都"贯摄"于主题，可防止主题转移、中心偏离。有些应用文体（如法定公文中的诸多文体）就明确规定了"一文一事"的原则。

三、结构

结构指文章各个组成部分的搭配和排列。应用文文本结构由外在的格式和内在的要素模式组成。外在的格式和内在的要素模式又因不同类文体而有所差别。比如，法定行政公文的外在格式是由文头、行文、文尾组成，而内在的模式则是"凭"—"事"—"断"，即发文的依据、发文的事由、发文的要求。而诉状文书的外在格式由首部、正文、落款和附项组成。内在模式则是"断"—"事"—"析"式，即诉讼请求、诉讼事实、诉讼依据等。应用文的结构与文学文本的结构显然是有不同规范的，它要求：

1. 根据文种选择结构

应用文结构选择的重要依据是符合文种需求，也就是说作者要根据某种文体的规范选择结构、安排材料。比如合同的写作，签订合同的主体、合同的标的、标的数量和质量、履行的期限、地点等内容要素可能会不同，但是写作时并不是根据内容选择结构，而是根据合同这一文种的格式规范来选择结构的。应用文在长期的写作实践中，基本上形成了外在格式和内在要素序列的规范，文种标志明确。因此，作者只要熟知所写文体的结构模式，就能按式撰写。

2. 结构要素排列顺序化

应用文结构在排列上要依循人们的顺畅的思维逻辑展开，一般不宜用倒叙的结构，也无须用插叙结构，而是按照事物、思维的过程进行叙述，或按照事项来安排结构，外在结构上一目了然，内在模式上各要素排列有序。顺序化的结构让读者在一个轻松的阅读状态下接受，不存在任何阅读障碍，使读者能迅速领会作者的意图。

3. 注重结构的外在衔接

文章分成若干段落，段落之间靠内在的内容逻辑勾连和外在形式衔接。应用文更多地用过渡词、序码、小标题等方法形成外在结构的衔接。应用文在外在形态上经常用序码标示内容的序列，还用小标题和过渡词来衔接，使得应用文在结构、层次上一目了然。如经常用首先、其次、再次，第一、第二、第三，一、二、三等来标示层次和段落。

（二）语体特征

语言文字是表情达意的工具，因为表情达意的方式不一样，就形成不同的语体特征。应用文语体的特征是由应用文的功用决定的，它具有以下特征：

1. 直接性

应用文是处理事务、解决实际问题的工具，因此，它的语言必须以应用性为准则，表达必须直接明了。作者在写作应用文时，要选择表达意思最恰当的词和句来说明问题，要准确地把构成事物的基本要素叙述得清清楚楚，直接地判明是非。在用语上尽量简洁，使表达的意思直接地呈现在读者面前。

2. 行业性

应用文中的专用文书行业性较强，在语言上有明显的行业特征，如经济文书中，"利润"、"流动资金"、"分配"、"投资"、"周转"等行业用语使用频率较高；而在诉讼文书中则经常出现"原告"、"被告"、"事由"、"裁决"、"本案"、"认定"等行业语。行业语的运用在一定程度上消融了作者本人的语体个性，形成了独特的语体特征。应用文的这一特征也就决定了应用文的作者要在语言准确性上下工夫，而不一定致力于语言的创新，有时还要有意选用行业术语，更好地、更准确地表达特定的行业内容。

3. 模式性

语言的模式性与结构的模式性是相关联的，应用文的语体特征是在长期适应文体特征的基础上形成的。多次重复使用，久而久之就形成了语言的模式性。这种模式性主要体现在相同的句式和相同的词汇可以在不同内容、不同作者的文章中反复出现，重复使用。如下面是两则内容不同的"通告"的开头：一则是《中国人民银行关于发行中华人民共和国成立四十周年纪念币的通告》的开头："为庆祝中华人民共和国成立四十周年，我行决定发行铜镍质纪念币一枚。特通告如下：……"另一则是《国务院关于保障民用航空安全的通告》的开头："为保障民用航空的安全，防止劫持、破坏民航飞机和破坏民用航空设施事件的发生，确保公共财产和旅客生命财产的安全，特通告如下：……"这两则通告的内容不同，撰稿人也不同，但在用语和句法上呈现出某些相似性，而这种相似性就逐渐形成了文本用语的模式化。应用文用语的模式性，使应用文的写作和阅读简洁得多，也便于电脑处理文本。

学习应用文写作的方法

1. 以理论为指导

应用文写作的理论对应用文写作实践有直接的、具体的指导作用。掌握理论，正确认识各类应用文的特点和写法，无疑会帮助人们进行写作实践。但是有的人存有一种偏见，认为实践性强的课程就不必学习理论，只要苦练，就能练出真功夫。很多事实证明，不学习理论，就不会有理性的提高，做起事来，容易走弯路，事倍功半。有的人学习理论，不与实践相结合，就把它束之高阁，想都不去想它，那么理论就什么作用也不起。有的人上课，记完笔记，下课再也不想看，也属于这类问题。要把知识化为己有，需要认真掌握基本概念，理解本门课程的理论框架，熟悉重要的例文，把握其中的规律，这样，知识才能转化为能力，在实践中才能应用。

2. 以例文为借鉴

应用文写作的学习需要经历模仿、熟悉、自如三个阶段。尤其在各类文种的体式训练中，阅读例文、模仿例文写作是第一步；熟悉应用文的格式，领悟各类文种的写作思路是第二步；反复练习，最终达到写作自如是第三步。因此，对例文的分析和模仿是学习应用文写作的重要途径。例文分析可以使人们从中领悟具体的写作规律。典型例文可以帮人们开拓思想掌握技法。

3. 以训练为中心

将应用文写作知识转化为写作能力，主要依靠有目的、有计划的写作训练。尽管写作能力是各种知识的综合性体现，但有重点地针对各文种特点进行训练，对于掌握其基本写作方法是十分有效的。因此，学习本门课程必须重视训练。不要怕麻烦，也不要怕吃苦。那种只想听听课不想动笔的人，永远也不会有真正的提高。

自主学习一

一、基本知识测试题

1. 开创我国应用文书先河的著作是_____。

2. 一个会议通知，必须在会议前提前一些时间行文，这符合应用文的_____特点。
3. 引文有_____引文和_____引文两种。
4. 落款包括_____和_____两项。

二、选择题

1. 在应用文中，每 文种都具有相对固定的模式，这种规范，有的是国家政府明文规定的，有的则是（ ）的。
   A. 个人创造　　　　B. 领导指定　　　　C. 约定俗成　　　　D. 随意发挥
2. 应用文的规范性，除了指应用文中的各类文章在长期使用过程中逐渐形成了各自比较固定的体例外，还包括（ ）。
   A. 充分体现作者的个性风格和独创性
   B. 有明确指向的读者群
   C. 对文种选择的规范
   D. 对社会真实状况的反映
3. 应用文最重要和最本质的特征是（ ）。
   A. 实用性　　　　B. 时效性　　　　C. 规范性　　　　D. 真实性
4. 应用文最重要和最本质的特征是（ ）。
   A. 集体构思者　　B. 参与讨论者　　C. 机关或机关领导　　D. 实际执笔者
5. 应用文的写作往往是"遵命写作"这个"遵命"应该理解为遵领导之命和（ ）。
   A. 遵相关政策之命　　　　B. 遵作者需要之命
   C. 遵经济利益之命　　　　D. 遵自然规律之命
6. 确立文章的主题就是所谓的（ ）。
   A. 构思　　　　B. 立意　　　　C. 选材　　　　D. 布局
7. 一般来说，应用文的主题只能有（ ）。
   A. 一个　　　　B. 二个　　　　C. 三个　　　　D. 四个
8. 应用文对材料的要求中，最根本的标准是（ ）。
   A. 真实　　　　B. 形象　　　　C. 典型　　　　D. 新鲜
9. 确凿是指材料的（ ）。
   A. 具体性　　　　B. 精确性　　　　C. 可行性　　　　D. 清晰性
10. 下列选项中对"典型材料"理解错误的是（ ）。
    A. 既有共性特征又有个性特点的事件和材料
    B. 最能表现主题的材料
    C. 有着广泛代表性和强大说服力的事件和材料
    D. 指重大事情或重要材料

三、简答题

1. 举例说明主题与问题、主题与题材、主题与标题的相互关系。

2. 文面规范包括哪几个方面的问题？各有哪些要求？

四、社会实践题

1. 开学初，为了搞好今后的学习，请你写一篇有关的应用文，注明文种及作者。
2. 请以"我与应用文"为中心话题，用书信体格式写一篇字数在 500 字以上的作文。

第二章　生活事务文书

生活事务文书概述

知识导航

一、概念和特点

生活事务文书是指人们在日常生活、学习和交往中，以实用、办事等为目的而撰写的具有固定格式、语言朴实的文字材料的统称。

生活事务文书是企事业单位或个人，在日常生活往来、商业往来中广泛使用的文书，具有较为广泛的社会功能，起着礼尚往来、互通信息、交流经验、沟通思想、联络情感等作用，诸如：求职书、启事、祝词、项目策划书等，这里的生活显然是由个人行为出发的宽泛的结合社会的生活。

生活事务文书通常有四个特点：

1. 有特定的对象和行文目的。
2. 有较为固定的写作格式。
3. 有较强的时效性。
4. 语言要朴实、简明、准确。

二、生活事务文书的种类

便条契据类：这是由当事人双方在事务交流中出具给对方的作为凭证或说明某些问题的一种常见应用文。一般可分为以下几种：借据、请假条、便条等。

启事海报类：海报启事类日常应用文是指那些可以公开张贴在公共场合或通过媒介公开播放、刊登的广而告之的一类事务性应用文。启事海报类日常应用文一般包括征稿启事、征婚启事、征订启事、寻人启事、寻物启事、招聘启事、招生启事、海报等一些应用文样式。

书信类：书信类是具有书信的格式、发文的对象或者使用的目的，又是特定的一类生活应用文。一般来讲，这类书信可以分许多种，如介绍信、证明信、推荐信、求职信、聘书、履历、保证书、倡议书、建议书、慰问信、表扬信、感谢信、贺信、邀请信等。

社交礼仪类：主要包括以下一些常用的文体：请柬、欢迎词、祝词、欢送词、题词、贺电、赠言等。

宣传类：包括消息、通讯、特写、速写（有的将速写纳入特写之列），等等。

讣告悼词类：这是有关以致悼死者为主的一类日常应用文。其中有些文体只适用于特殊的人物特定的场合，有些则广泛地应用于民间。一般来讲，这类应用文可以包括讣告、唁电、追悼会仪式、治丧名单、悼词、碑文等六种。

技能要求

生活事务文书在沿用过程中形成了它们各自的格式，我们将在后面的分节说明中作具体介绍。

条　据

知识导航

一、条据的性质及分类

人们在日常生活、学习、工作中，借到、领到、收到或归还钱物时，一般要写张条子交给对方，作为凭证。有时还要对某件事作一简单说明以求达到彼此沟通情况的目的，这张作凭证的或进行说明的条子，就是条据。

条据有多种，基本上可分为两大类，即凭证式条据（如借条、欠条、领条、收条）和说明式条据（如请假条、留言条、托事条）。

技能要求

一、条据的格式写法

1. 作凭证的条据

（1）一般在上方中间写上条据的名称，来表明条据的性质，如"收条"、"借条"、"欠条"、"领条"。

（2）正文开头空两格，写对方的名字或名称，以及涉及的钱物的数量，有的还要在数量后，或正文写完后空两格另起一行，写上"此据"二字（如例文1）。

（3）右下方写出条人的名字或单位名称（盖章），再下一行写开条的年、月、日。

2. 作说明的条据

（1）一般不写名称，有的要写名称则写在第一行中间（如请假条）。

（2）正文开头空两格，简明扼要地写明要说明的事情。交代清写给谁、什么事。

（3）右下方署名，注明日期。

二、条据写作的注意事项

1. 对外单位使用的条据，单位名称要写全称。
2. 款项、物件的数字一定要大写（如壹、贰、叁、肆……），数字前不留空白，后面写上计量单位名称（如元、台、架等），然后写上"整"字（有的后面还要写"此据"二字），以防添加或篡改。
3. 不可涂改，写错可重写一张。如果不得不涂改，改正后必须加盖图章。
4. 文字简明。一般只写明事实即可，不用讲道理。
5. 书写时不要用铅笔、易褪色的墨水或红墨水，最好用钢笔或毛笔，字迹工整、端正、清楚，不要用草书，以防误认。

条据种类较多，因内容不同，在写法要求上也略有区别：

收条是收到东西时给对方开的凭条，要求写明什么时间收到何人什么钱物，数量多少。有的还标明原因或用途。与收条相近的还有领条。领条是到单位仓库或财务部门领东西时用的。要求写明从何处领取到什么物件及其数量、质量，其格式写法要求与收条相同。如果单位有印制好的空白领条，则只要按项目要求填写即可。借条是向他人或单位借钱物时留给对方作凭据的条子。欠条是欠了他人钱物留下的作凭据用的条子。这两种条子的格式写法基本相同，都应标明归还时间，但欠条一般要将欠的原因略加说明。在借、欠财务还清之后，应将借、欠条收回，如果一时找不到或失落，则应由对方开具收条，以明责任。

请假条是因故不能按时上班或上课，需要给单位负责人或学校老师写的条子。主要说明请假的原因和时间，要简明扼要，要注意"请假条"是"请求准假的条子"，用语一定要有礼貌，宜用"请……准假"的字样，而忌讳使用"望……准假"之类的字句。

留言条大多在联系工作、交代任务或访问不遇时使用，要注意交代清楚自己的意图和需求，但语言要简洁，具体问题一般待面谈。具名和时间比较随便，熟悉的写个姓加上"即日"就可以了，不大熟悉的则应写出全名乃至单位和具体日期。在车站、码头等地留言板上的留言一般也要写全名、单位和具体日期，以免因重名而误事。

此外，还有代收条（当事人不在，他人代收财物所开的条子）、托事条、意见条等，它们的格式、要求同一般条据相同，在此就不一一说明了。

案例分析

【案例 1】	【评析】
收　条 　　今收到罗迪人民币壹仟肆佰元（1 400 元）整。系付给××工程劳务费。此据。 　　　　　　　　　收款人：赵明（盖章） 　　　　　　　　　　2000 年 10 月 11 日	居中写明条据名称（若是单位给个人写的，则称"收据"） 正文具体写明所收钱物数额（大写）、用途 署名 时间

【案例2】

借　条	【评析】
今借到财务科人民币叁仟伍佰元（3 500 元）整，是到广东省广州市参加学术会议差旅费的预借款。 　　　　　　　　　　　　借款人：王卫国 　　　　　　　　　　　　2000 年 6 月 10 日	居中写明条据名称 具体写明借款数额（大写）、用途 署名 时间

【案例3】

	【评析】
今借到厂资料室《电工技术手册》壹本，4 月 30 日前送还。 　　　　　　　　　　　　借书人：刘云 　　　　　　　　　　　　2000 年 4 月 5 日	开头偏左直接写"今借到"，省略标题。正文写明所借物品、拟归还时间 署名 时间

【案例4】

欠　条	【评析】
因购货所带钱款不足，尚欠天龙电机公司人民币伍仟元（5 000 元）整。准于一周后，即 5 月 20 日送还。 　　　　　　　　　　　腾达机械厂：王杰 　　　　　　　　　　　2000 年 5 月 13 日	开头正中写明名称 正文写明所欠款项原因、数额（大写）、归还日期 署名 时间

【案例5】

请假条	【评析】
宋老师： 　　我因昨晚感冒发烧，现在体温仍达 39℃，所以今天不能来上学，请假一天，请老师准假。 　　　　　　　　　　　　学生：阎明东 　　　　　　　　　　　　2000 年 5 月 10 日	名称 顶格写称谓 正文写明请假原因和时间，语言简洁。用"请……准假"，有礼貌，符合身份 署名 时间

【案例6】	【评析】
张扬先生： 　　今到贵公司有要事相商，不巧您外出。明日早8:00时我准备再来，请等我。如您没空，请打电话告诉我。我的电话：13××××××××。 　　　　　　　　　和丰公司：王岩宾 　　　　　　　　　　　×日下午×时	称谓顶格写起 正文写明留言原因、相关事情，简单、明了、准确 署名 时间

【案例7】	【评析】
同义公司的罗东民先生： 　　请您抵沪后到南京路××号××酒店503房间找我。 　　　　　　　　　深银公司：王强 　　　　　　　　　　　×月×日	这是旅客在车站、码头给别人在留言板上贴的留言条，无标题，称谓写全称，甚至将对方的单位写上，以免与他人混淆，语言简洁 署名写明单位、姓名、注明日期

【案例8】	【评析】
本人今日上午外出开会，下午照常办公。 　　　　　　　　　　　　侯志强 　　　　　　　　　　　　4月7日	这是贴于办公室门上的留言条，写明回来时间即可 署名、日期如常

启　事

知识导航

一、启事、声明和海报的适用范围

　　个人或团体有事要提请公众注意，或者需要大家协助解决，就需要使用公启类的文书。这类文书很多，如启事、声明、海报、通告、布告等。其中，启事、声明和海报三种文体在日常生活和工作中使用频率较高。

启,即"启告";事,"事情"之意。"启事"的意思就是有事要启告于人。

声明用于公开表示态度或说明真相,主要用于较重要、严肃的事情。

海报属于一种宣传广告,大多用于向群众发布有电影、戏剧、报告会等消息,有的还加以美术设计。大多在放映或表演场所、公共场所张贴,个别的也在报刊上刊登,因此格式一般不特别固定。

技能要求

一、启事的格式写法

1. 标题,首行居中写标题。

2. 正文,写明启告事情的原因和特征,如请求帮助寻人找物,就要把人或物的特征写清楚。寻人启事还时常附该人照片以便寻找。还要把要求写清楚,即希望别人做什么,怎么做,必要时可分段写明。

3. 结尾,最后写明启事者的名称、地址和联系办法。

二、启事的写作要求

1. 要有醒目的标题,通过标题反映启事的主要内容与性质。

2. 语言要简练准确,对原因不宜过详,一两句话带过即可,而对特征、要求等重点则准确清楚。

3. 团体企事业单位的启事一般要署名,而个体的启事大多不署名。

4. 启事有的可以贴在路边等公共场所(如寻人、物启事),有的可以根据需要贴在特定地点(如迁址启事可以贴在原址、招领启事可以贴在失物招领处),但大多数启事必须刊登于报刊(如遗失启事、征稿启事等)。

三、声明的格式写法

1. 标题,位于首行居中,有的反映声明的性质与内容,有的则用"严正声明"、或"重要声明"这些表明情感态度的标题,也有特殊的无标题,使用哪种标题,视具体情况而定,但以第一种最多。

2. 正文,写清所声明事情的真相和对该事情的态度观点,用语要恰当,观点要鲜明。

3. 署名和日期,有的声明必须署名(如断交声明),有的署名以示郑重,有的不言自明,一般不署名(如遗失声明)。声明要刊登在报刊上或在广播电视上发表,故一般不标日期。

声明的事情都是重要而严肃的,不是对任何事情表态都使用声明这种文体,写作时要注意。另外,声明的写作态度要严肃、认真,一般不可使用幽默诙谐的语气。

案例分析

【案例1】

北京保真商城招商启事　　由国家技术监督局中国技术监督情报协会与北京××工贸公司联办的北京保真商城，位于北京繁华商业黄金地段——西四东大街××号。 　　北京保真商城，是全国唯一经国家工商行政管理部门批准以"保真城"注册命名，并在整个经营管理过程中贯穿"保真进货、保真促销、保真服务"三位一体的新型商业企业。首批招商将挑选三十余家生产金银珠宝、化妆品、真皮制品、羊绒制品、真丝制品及烟酒食品、家用电器的企业，欢迎联络。 北京保真商城 2009年10月5日　　地址：北京××街××号　邮编：100800 　　联络电话：010—×××××× 　　联络人：××× ———————— 　　* 资料来源：陈纪宁主编《现代应用文写作大全》，中华工商联合出版社1998年版。	**【评析】** 标题标明发出单位名称和启事主要内容 正文包括招商企业介绍及招商的具体内容，言简意赅 落款署名日期，并附有联系方式

【案例2】

<div align="center">**招 聘 启 事**</div>　　长春市×××集团是以金融投资为主业，集项目投资、项目开发等为一体的大型企业集团。现根据发展需要，经董事会研究决定，招聘理财顾问3名。 　　要求：25周岁以下，研究生学历，身高不限，品貌端正。有工作经验者优先。 　　报名手续：身份证、研究生证原件及复印件各一份，2张一寸照片。 　　报名时间：2012年11月20—29日 　　报名地点：市人才工作室（204室） 　　联系电话：×××××××× 　　联系人：×××<div align="right">长春市×××集团 2012年11月18日</div>	**【评析】** 公司简介语言精练 翔实地列出招聘的专业（或岗位）、要求、数量等内容 格式规范

【案例3】 【评析】

经济与管理学部十年创新与发展主题
征 文 启 事

亲爱的师生、校友：

近十年内，您曾或正在经济与管理学部（原工商管理系、财务与人力资源管理系、国际贸易专业）读书、工作。您青春的剪影，或许就在这个大学十年的某个瞬间，留下历史印迹。

| | 回眸往事，定格青春的瞬间 |

今年，我们已迎来了学部十年的日子，现征集您和这所大学之间的故事，让那不曾走远的往事、无法忘却的情感，成为温暖心灵的感动。期待您，翻阅记忆，并且拿起笔，用您的文字，让更多人触摸学院历史的承载，记载您亲身参与体验学部创新和发展的历程，您就是学院的见证，她的过去和现在，她的传统、精神、内涵和贡献，将促进学院、学部的发展更上一层楼。

给今天的你和十年前的自己一次心灵对话，重温昔日的快意与奋发，倍增豪情

一、征稿对象

凡曾经和正在学校工作、学习的校友、师生员工。

二、征稿内容

1．"我们的大学"：在您的大学生活记忆中，姹紫嫣红生机蓬勃的校园活动……哪段历程在您的生命中留下印迹？

泛起从前你生活层层涟漪，无限感慨

2．"我们的老师"：讲台上、实验室、图书馆……还记得那些春风化雨的谆谆教导吗？白发先生的音容笑貌是否记忆依然？像严父慈母一样关爱过您的人，又在你的记忆留下多少情深谊长的故事。

珍惜母校的情怀
感恩母校点点滴滴

3．"我们的同学（校友）"：当我们怀揣拳拳赤诚，踏上征程，昔日睡在我上铺的兄弟，形影不离的姐妹，今日或成就辉煌，成为行业翘楚；或扎根基层数十年如一日，兢兢业业造福一方。成就经济与管理学部朴实却又动人的传奇。

可圈可点的回忆，题材丰富，随处都能让你忆起昨天

4．"我们的校园"：……那些沉默的建筑，那些变化的景点，陪伴着我们的成长，身处其间有多少生活经历、情怀和感悟，今天还在悠远地回忆不已？

三、稿件要求

体裁多样，不拘形式

1．征文体裁风格不限，字数在1000～2000字。写人要有人物神采，记事要生动感人，状物要有文化气息，抒情要有真情实感。

2. 同时欢迎您珍藏或摄制的相关照片及其他相关材料。 3. 请在文后注明姓名，性别，年龄或出生年份，毕业年度，专业名称等。 4. 来稿文责自负。经济与管理学部可对来稿作文字修改、删节。所征稿件将用于学校宣传使用，稿件刊登后，使用权归本部门所有。	投递方式多样
5. 投稿截止于 2012 年 6 月 30 日。 四、投稿方式 1. 邮寄、通信地址：武汉科技大学城市学院经济与管理学部李儒永老师收，邮编：430000 2. 发送电子邮件，电子邮箱地址：……@qq.com 五、评选与奖励 1. 经济与管理学部将组织评委对稿件进行评选，其中的优秀稿件将在校园网、校报，以及相关出版物中选登。	刊登是落脚点
2. 本次征稿将评选出特等奖 4 名，一等奖 10 名，二等奖 30 名，三等奖 40 名，优秀奖若干，并将给予一定的奖励。 　　　　　　　　　学院经济与管理学部 　　　　　　　　　2012 年 2 月 10 日 ——————— ＊资料来源：http：//wenku.baidu.com/view/4393798702d276a200292ea3.html	奖励更能激发斗志

祝词、欢迎词、欢送词

知识导航

一、祝词、欢迎词、欢送词的含义

祝词，也可写作祝辞，泛指对人对事表示良好祝愿和庆贺的言辞或礼仪文书。祝词常用于开工典礼、剪彩仪式、开业、会议开幕等场合，也常用于国际交往中。

欢迎词是在迎接宾客的仪式、集会、宴会上主人对宾客的光临表示热烈欢迎的一种礼仪文书。

欢送词是在欢送宾客的仪式、集会、宴会上主人对宾客即将离去表示热烈欢送的一种礼仪文书。

欢迎词、欢送词和祝词都属于礼节性社交活动的讲话稿。

技能要求

一、欢迎词、欢送词、祝词的结构和写法

欢迎词、欢送词和祝词的写法基本一样。欢迎词和欢送词的格式都一样，只是内容有迎和送的区别。在欢迎的宴会上所致的祝词（祝酒词）实际上就是欢迎词，在欢送宴会上的所致的祝词（祝酒词）实际上就是欢送词，只是祝酒词的结尾要比前二者的结尾多一个祝酒辞令。

1. 标题

可直接以文种"欢迎词"、"欢送词"或"祝词"为题，也可以以场合和文种为题，如"在开学典礼上的欢迎词"等。还可以以主人的名称、被欢迎或欢送的宾客和文种为题，如"周恩来总理在欢迎美国总统尼克松的宴会上的祝酒词"。

2. 称谓

对被欢迎、欢送、祝愿、祝贺的对象的称呼，称呼前可加修饰语"尊敬的"、"敬爱的"之类，称呼后可加头衔，也可加"先生"、"女士"、"夫人"等。

3. 正文

欢迎词的正文，一般先写表示欢迎的话；接着写宾客来访的目的、意义、作用；继而回顾双方交往的历史与友情，赞扬宾客在某些方面的贡献及双方友好合作的成果，表示继续加强合作的意愿、希望；结尾写祝颂语，对宾客的光临再次表示热情的欢迎和良好的祝愿。

欢送词的基本格式及写法与欢迎词大致相同。它的正文一般应包括这样的内容：对宾客的离去表示热烈欢送的话；有关欢送的具体内容，如宾客逗留的时间及离别的日程，叙述访问的行程及收获，对宾客的希望及要求，表示继续加强交往的意愿；结语常需再次对宾客的即将离去表示热烈的欢送。

祝词，不同类型的祝词正文有不同的写法：会议祝词突出祝贺会议的内容及寄予希望；事业祝词突出祝贺事业的内容并祝愿其取得更大的成功；庆祝宴会或庆功祝词，则概括地回顾总结前段工作所投入的力量和所取得的成就或变化、发展；社交性祝词大致可分以下几种：

（1）祝寿。既祝愿对方幸福长寿，也赞颂其已经取得的成绩和做出的贡献。

（2）祝新婚。主要祝愿夫妻恩爱、生活幸福、携手并肩搞好工作等。此外，社交性祝词还有祝贺晋级提职、生男添女和工作、学习中取得成果等。

祝酒词，一般用于宴会上举酒祝愿，用得较多的是公关场合，尤其是外交场合。一般是先对宾客或来访者表示热烈欢迎；接着回顾双方的友好交往，盛赞友情，提出祝愿和希望；结语一般句式为"为……而干杯！"

4. 落款

即在正文下面右下方写明致欢迎词、欢送词和祝词的机关、人物的名称和日期。如果在标题中已经写明，则此处不必再落款。

二、欢迎词、欢送词、祝词写作的注意事项

1. 感情须亲切、真挚、诚恳，要符合当时情况，能适当引导出席者的情绪，以创造一种友好的气氛，密切关系以推动双边合作。

2. 注意礼貌，又有分寸。既尊重对方，又不卑不亢。

3. 有分歧的问题、意见不一致的问题不在言辞中表露。

4. 语言要便于交际场合朗读、演说，即上口、好读。

5. 动笔之前，要了解对象的基本情况，比如已取得的成就及影响、大会的宗旨、工程建设的目的等。这样，才能切合实际，有的放矢，言之有物。

案例分析

【案例1】

在毕业典礼上的致词

尊敬的各位老师，亲爱的同学们：

大家早上好！

在今天这个隆重而热烈的庆典上，我非常荣幸代表软件学院07届全体毕业生在这里发言，向西电道别，向师长道别，向朝夕相处的同窗们道别，也向这段不能忘怀的年轻岁月道别！

四年前，我们手捧大学录取通知书，带着向往，怀揣梦想，从祖国的大江南北来到了西电的菁菁校园。四年时光，如白驹过隙！小花园的串串紫藤花倾听了我们的朗朗诵读，图书馆的盏盏日光灯照映了我们的孜孜求知，机房的只只键盘见证了我们收获的喜悦。西电四年，我们更进一步学会了分析与思考，学会了丰富与凝练，学会了合作与竞争，学会了继承与创新，也学会了如何不断超越自己、突破自己而成长。西电以她特有的深厚底蕴教我们如何去面对逆境，如何去面对挑战！四年后的今天，当我们手捧毕业文凭，即将别离这方校园之时，不由人思绪万千——如今识得愁滋味，相见时难别亦难！

【评析】

称谓得当

本文是毕业典礼上的祝词，开篇即感情充沛地表达道别之情，点题

回顾四年的大学生活中，母校的培养和教育让我们有了丰硕的收获。一系列以"学会了"开头的句子使语势得到增强，感情得到加深

在此请允许我代表在座的所有毕业生向四年来辛勤劳作、给予我们启迪、授予我们智慧、赋予我们关怀的老师们表示最诚挚的感谢！我们将永远感激和尊敬你们！（鞠躬）

承上启下的过渡段，文中点题，表达对母校惜别之情

同学们，摘去了那枚校徽，也就摘去了社会对我们的宽容。毕业既是一个终点又是一个新的起点。"宝剑锋从磨砺出，梅花香自苦寒来"。四年里所有的酸甜苦辣都凝聚成今日的成果，我们的本科生活也即将画上一个圆满的句号，这句号也将是我们迈向更高层次追求的号角。

宋代大儒张载曾经说过："为天地立心，为生民立命，为往圣继绝学，为万世开太平！"这是古代志士仁人的理想，更是而今我辈的抱负。我们的前方也许有阴霾，未来或许有泥泞，但我们一定要做智慧与激情并重的人，做胸怀大志并脚踏实地的人，做德才兼备并勇于创新的人，做富有责任并敢挑重担的人！我们的时代，我们的祖国，还有我们热切等待的事业，都是指引我们脚步和方向的恢弘力量。

引用诗文具有画龙点睛之效，启人心智、升华主题，增加了文学色彩；排比句的运用加强了语势、增强了感染力，把感情抒发得淋漓尽致

"今日我以西电为荣，明天西电以我为荣"。同学们，让我们牢记西电领导、老师们对我们的殷切期望，让我们牢记母校"厚德求真砺学笃行"的校训，带着在这个美丽校园里耕耘四年的收获奔赴祖国的四面八方，在软件事业的征程中昂首奋进，谱写新的篇章！

"雄关漫道真如铁，而今迈步从头越"。请母校放心，我们将在母校的注视下，以西电人、软院人特有的风格，去投身社会，服务社会，奉献青春，实现自我。我们一定会踏踏实实做人，认认真真做事，无愧于西电对我们多年的培养，为母校争光！

展望未来，表达立业乐业、为母校争光的雄心壮志。感情充沛，现场感强

最后，衷心祝愿我们的母校负重奋进，再书华章！
祝愿西电的领导、老师们万事如意，身体健康！
祝愿所有的07届软院毕业生一帆风顺、事业辉煌！
谢谢大家！（鞠躬）

结尾表达对母校、老师及同学的祝福之情，深化主题

×××
2007 年 7 月 1 日

---

* 资料来源：中国教育资源网http://www.chinesejy.com/

【案例2】	【评析】
杨洁篪部长在外交部 新年招待会上的祝酒词 尊敬的戴秉国国务委员，尊敬的各位使节、代表和夫人，各位同事、女士们、先生们、朋友们： 　　在这辞旧迎新之际，很高兴与各位新老朋友再次聚集一堂，共迎新的一年。首先，我要特别欢迎和感谢戴秉国国务委员和有关部门负责人拨冗出席今天的招待会，与各位使节和朋友们见面交流。一年来，各位驻华使节、代表以及驻华外交官们为促进中国同各国及国际组织的友好合作关系付出了辛勤的努力，作出了积极的贡献。我谨代表外交部，向你们及各位来宾致以最美好的新年祝福，向所有关心和支持中国外交的朋友们表示衷心的感谢！ 　　2012年，国际形势继续发生复杂深刻变化。世界多极化、经济全球化深入发展，文化多样化、社会信息化持续推进，全球合作向多层次全方位拓展，保持国际形势总体稳定具备更多有利条件。同时，世界仍然很不安宁。面对纷繁复杂的国际形势，国与国相互交流与合作日趋活跃，在友好交往中厚植友谊、在对话协商中化解矛盾、在互利合作中实现共赢，越来越成为各方的共识与追求。 　　今年是中国发展进程中十分重要的一年，中国共产党第十八次全国代表大会胜利召开，确立了全面建成小康社会和全面深化改革开放的目标，对新的时代条件下推进中国特色社会主义事业作出了全面部署。十八大报告强调，中国将继续高举和平、发展、合作、共赢的旗帜，在国际关系中弘扬平等互信、包容互鉴、合作共赢的精神，坚定奉行独立自主的和平外交政策，始终不渝走和平发展道路，坚持在和平共处五项原则基础上全面发展同各国的友好合作。 　　回首2012年，中国外交取得新的积极进展，中国国际地位和影响进一步提高。我国领导人成功出席金砖国家领导人第四次会晤、二十国集团领导人第七次峰会、亚太经合组织第二十次领导人非正式会议等一系列重大多边活动，与各国领导人就推动解决国际和地区重大问题深入交换意见。我国领导人重要出访19起，外	内容分为三部分，首先对与会者的到来表示欢迎和感谢，并对各位来宾致以最美好的新年祝福 　　其次回首2012年，中国在外交上取得了新的积极进展，在国际地位和影响上也有了显著的提高

国领导人来华访问 59 起，有利促进了中外友好合作关系。我们推动与各国关系进一步发展，同周边国家睦邻友好合作不断深化。我们在处理国际和地区热点问题上进一步发挥负责任、建设性的大国作用，积极推动和平解决有关争端和问题，维护不干涉内政等国际关系基本准则。我们积极开展公共外交和人文交流，推动中国人民与世界人民加深了解和友谊。

即将到来的 2013 年是我们贯彻落实十八大精神的开局之年，中国将在全面建成小康社会、加快推进社会主义现代化方面取得新进展。中国外交将在保持稳定性、连续性的基础上，积极适应国际国内形势的新变化新要求，与时俱进，开拓创新，为全面建成小康社会和社会主义现代化建设营造更为有利的国际环境。我们将同各国一道，共享机遇，共迎挑战，为促进人类和平与发展的崇高事业作出新的更大贡献！

  再次展望 2013 年，中国将一如既往同各国一道，共享机遇，共迎挑战，为人类和平与发展作出贡献

在新的一年里，我们期待着继续与各位使节、代表和朋友们保持良好合作，同各有关部门加强相互支持与配合，为推进中国与世界各国的友好事业作出不懈努力！

现在，我提议：

为世界和平和各国人民福祉，

为中国与各国的友好关系，

为各位来宾、朋友的健康幸福，

干杯！

  最后为祝酒词令

全文既有针对性，又合乎历史现实以及共迎新年的场景，感情真挚诚恳，不卑不亢，表现了大国外交部长的风度

2012 年 12 月 10 日
（选自中华人民共和国外交部网）

【案例 3】

【评析】

祝 寿 词

尊敬的各位来宾，各位亲朋好友：

岁月轮回，春去秋来，今天是我尊敬的奶奶的八十大寿。在这里，我首先代表所有亲朋好友向奶奶送上最真诚、最温馨的祝福，祝奶奶福如东海，寿比南山，健康如意，笑口常开，益寿延年！

风风雨雨八十年，奶奶阅尽人间沧桑，她一生中积累的最大财富是她那勤劳善良的朴素品格，她那宽厚待

  写作目的，所祝之人、所祝之事，表达强烈的祝福之情

  回顾奶奶风雨人生，提升宴会祝福的气氛

人的处世之道。这一切，伴随她经历了坎坷的岁月，更伴随她迎来了今天晚年幸福生活，儿孙们感谢奶奶为我们付出的辛苦以及养育之恩。 　　最后让我们献上最衷心的祝愿，祝福老人家生活之树常绿，生命之水长流。 　　祝福在座的所有来宾身体健康、工作顺利、合家欢乐、万事如意！ 　　谢谢大家！ 　　　　　　　　　　　　　　　　孙女 　　　　　　　　　　　2010 年 11 月 20 日	结尾再次表达的祝福以全文感情真挚，语言亲切

【案例4】　　　　　　　　　　　　　　　　　　　　　　　　【评析】

教师节贺词 尊敬的各位领导、全体老师： 　　大家好！ 　　又是一年枫叶红！ 　　共和国第二十二个教师节已信步走来，在此我代表学校党委行政并以个人的名义向各位老师真诚地道一声：教师节快乐！诚挚的问候一句：辛苦了！ 　　教师，神圣而平凡，她是人类灵魂的工程师，职业倍显高贵与神圣；他无权无势，三尺讲台，默默耕耘，只能用普通平凡来描述。教师，复杂而简单，人间万象，浩瀚知识，都由他掌握并传承；不断的探索，不断的补充，无法形容其复杂和奥秘，但她能深入浅出，把高深的道理用朴素、简单的逻辑演绎出来。更重要的是教师为人透亮，光明坦荡，无私而洒脱，分明是告诉世人和学子，有多少"存货"，毫无保留的供应多少"顾客"，燃烧自己，照亮别人！ 　　古人云，三人行，必有我师，是指各有所长，相互为师；又曰，一日为师，终身为父，是指教师与学生之间的亲近关系和永恒哲理。德高为师，学高为师，身正为范，是说教师是标杆，是旗帜……我说，人一辈子离不开教师，是教师陪伴了人的一生。她的影响无处不在，无所不及，无论是稚稚学语童年、懵懂青涩少年，还是风华正茂、激扬文字的青壮年，甚至是学富五车、	如花如画般引出祝福 精雕细刻工程师形象，并赋予其高尚的灵魂 让人们可观可感他的精神品质

颇有成就的中老年，因为学无止境，学而知不足是世界上永恒的定律。这只说明了一个道理：教师，塑造了人类，拓宽了时空！同理，黄师人牢记"二十字"办学理念，坚定不移地实施"攀层次、上水平、创特色"的宏伟大业。黄师正处于发展的关键时期，但无可争议而且必将被证明的是：书写这段辉煌历史的无疑是我们尊敬的教师和这些教师培育的桃李们！

最后祝教师们好梦成真！

2006年9月9日

———————

* 资料来源：http://wenku.baidu.com/view/d2be171255270722192ef7c4.html

评析：
师表传承文化
育桃李香满园

寄予希望
达成心愿

【案例5】

欢　迎　词

2010届新学友们！你们好，我以大姐姐的身份，真挚地欢迎你们荣幸地跨入燕山大学，并预祝你们四年大学生活和谐愉快！

新学友们，当你们还沉浸在金榜题名的喜悦中时，大学生活就要开始了。我相信，此时此刻，你们的心里正涌动着一种无法抑制的激情，不约而同地呼唤着同一种声音："燕大，我们经过长途跋涉，终于投入了您的怀抱"。这里有自由、新鲜的空气，有湖光山色，有书香鸟语，有新同窗，有新生活……没错，燕大钟灵毓秀，是造就栋梁之才的理想之地，新学友们，你们准备好了吗？你们对四年的大学生活有何打算？这是新学友们首先面对的大问题。进入大学以后，新生除了兴奋和激动外，还会有一种适应新生活的忐忑和迷茫，更会遇到这样或那样的新问题，大学四年的生活会怎么渡过？四年后的前途又会怎么样？其实，这种担心、疑惑和迷茫，这种对大学生活的不适应，是新学友步入新生活的通病。但是，请相信，它们必定会伴随着你们的成长而逐渐消失。作为一名大二的学生，一名"学长"，在此给新生们作些建议，也希望能够给大家些许启迪。

【评析】

学姐真挚祝福

自由的空气
秀美的景色
海纳百川

兴奋　激动
忐忑　迷茫

我也感同身受过

一、平常之心看待大学生活

人的期望，构成努力的动机。理想和现实之间往往存在某种差异，正是这种差异使我们有兴奋与失落之感。跨入燕大，无疑是你长久努力的结果，但燕大或许与你心仪的大学有些差距，这就使同学们有了兴奋与失落之感。但是，我想说的是："大学是用来珍惜的，不是用来惋惜的"。你只有把抱怨环境的心情，化为上进的力量，才是成功的保证。而这时你需要用一颗平常之心去面对过去你所作的努力和现实之间的差距，不可因现实的成功而过度兴奋，以至演变成自恋和目空一切；更不可因努力与现实所存在的差距而过分低落，灰心生失望，失望生动摇，动摇生失败，人生切不可在这样的怪圈中徘徊。因此，当我们进入大学之初，必须适当的调节自己的情绪，不以物喜，不以己悲，以一颗平常之心面对即将开始的大学新生活。毕竟大学只是一个平台、一个台阶，大学生活如何，取决于自己的作为，而不是大学学校本身。努力！不要让自己的大学生活回忆太过苍白。

二、适应环境，独立生活

步入大学的新生可能都会面临第一个问题，那就是环境和角色的转变了。首先便是生活的独立。进入了大学，父母亲友都不在身边了，这种生活的独立可能迫使新生们必须在短时间内掌握一些"照顾自己"的技巧。当然，更大的问题是如何正视"情感的独立"。作为成年人，大学需要真正地像一个成年人一样来处理事情，不能任由自己过去的一些小脾气、小性子来左右自己，坎坷挫折都必须由自己勇敢地面对，一个人只有真正经历痛苦、坎坷，才会明白，一切美化痛苦、坎坷的言辞是多么浮夸，一切炫耀痛苦、坎坷的姿态是多么做作。其次便是学习的独立了。大学与高中最大的区别在于它的自由，不管是学习上还是生活上，在没有人监督和敦促的情况下，大部分时间靠自己的自觉和自律。在这里，今天的懈怠与纵容，可能直接影响今后的人生。很多学生入学后都抱怨"大学完全不像传说中的那么轻松，课业压力远胜于高中"。我相信，能这么抱怨的人，一定是对自己负责的人。上大学不是用来享受的，而是为未来奠定基础的，任何辛苦付出必将成为一种投资，学习正是最有效的一种。

树立目标
达成愿望

珍惜生活
理性对待得失

正视自我
调节情绪

让自己的生活更精彩

角色转变
适应环境

掌握生活技巧

情感独立
学习独立
生活独立

自觉自律自强

勤奋耕耘
收获才情

三、有理想，有抱负，力行之

"志不立，如无舵之舟，无衔之骊，漂荡奔逸，终亦何所底乎"。大学生，必有理想，人若无志，便如迷途盲人，更何况我们处于智力黄金阶段，面对大学这样一片能提供知识、提供导师、提供益友、提供实现自己抱负的"机会天堂"，怎能不心生激情，心生澎湃！所以，请认真问问自己，"我的抱负是什么"、"我需要怎样规划四年的大学生活"、"怎样充分利用学校提供的各种有利条件"……这样才能减少入学阶段的迷茫，这样才不至于被外界的诱惑影响，大学生活也将更加充实、更有意义。

判断一个人，不是根据他自己的表白或对自己的看法，而是根据他的行动，如果我们自己有理想，有抱负，就应该马上行动，力行之方能求其实。但是我们在行动之前也应该理性看待事物的成败，不以成败论英雄，不急功近利，应抱着拼命精神去争取成功，去为我们的理想奋斗。即使面临挫折、面临厄运也不应该气馁。"好的运气令人羡慕，而战胜厄运则更令人惊叹。"这是塞涅卡得之于斯多葛派哲学的名言。确实如此，没有浪漫气息的悲剧是我们最本质的悲剧，不具有英雄色彩的勇气是我们最真实的勇气。因此，在挫折绝望中我们要挺住。

我们挺立在那里，没有观众、没有证人，也没有期待，没有援军。我们不倒下，仅仅是因为我们不肯让自己倒下。我们从此维护了人的最高的也是最后的尊严——人在大自然面前的尊严。

在转瞬即逝的大学四年中，我希望你们能好好珍惜它，当回忆起的时候，多一分珍惜，少一分遗憾。让大学生活成为我们记忆中永不消逝的伊甸园。

2011级全体同学
2011年9月7日

旁注：
- 条理清晰，内容丰富
- 利用燕大的教育资源，实现自己的梦想
- 身体力行追逐梦想，理性看待成败
- 挫折中坚强成长，保留最高尊严
- 多珍惜少遗憾，守住记忆中的伊甸园

---

*资料来源：有改动 http://wenku.baidu.com/view/5185e76baf1ffc4ffe47acbb.html

求 职 信

知识导航

一、求职信的性质

在日常学习和工作中，人们往往借助自我推荐的文书，以抓住机遇、赢得岗位。在现代竞争激烈的社会里，要找到如意的工作，求职信的写作十分重要，可以在很大层面上，争取到自己心仪职位的面试机会。如何使对方对自己产生好感，一份地道的求职信十分重要。某种意义上而言，求职信也是推销自己的商业行为。

求职信具有四方面特点：一是个人化。求职信是为谋求职业而作的文书，因此求职人的自身素养、专业知识、工作能力、求职信的格式设计等都应体现个性化特征。二是自荐性。求职信必须直截了当将自己的职业取向表达清楚，便于用人单位掌握人力资源的核心信息，得以科学取用人才。要让一个对你一无所知的人或组织，凭一封求职信就了解你、信任你，乃至录用你，难度是很大的。要实事求是地自我推荐，把自己的长处和优势客观地、清晰地、充分地表达出来，既不夸大，也不过分谦让，让用人单位受到你的自信的感染，获得一个良好的印象。三是礼仪性。求职信终究是求人的一种文书，因此在言辞上一定要注意礼貌，杜绝使用时髦酷语或陈词滥调，以免别人反感。同时文字简洁、明了，节省别人了解你的职业才能的时间，这也是现今用人单位欢迎的求职文书的写作要求，体现了求职人的礼仪修养。

二、求职信的种类

求职信根据需要有自荐书、求职申请和简历三种。自荐信是有目的地针对不同用人单位的一种书面自我介绍，求职申请侧重对具体岗位的求职，简历通常是指学习经历和工作经历的介绍，通常附在自荐书、求职申请后面。

技能要求

一、写作方法

求职信有教育管理机构编制的就业推荐表和毕业生自己编撰的自荐材料两大类型。

1. 教育管理机构编制的推荐表

这样的推荐表通常分封面、背面、正文、附文四个部分。只需按条目要求填写，注意文字工整、简洁。

（1）封面。封面通常包括3个内容，即《全国普通高等学校毕业生就业协议书》的名称，毕业生、系别及专业、用人单位和学校名称四栏填写空格，以及制表单位和印发单位、年月日。

（2）背面。封面的背面通常是一个简单协议，由学校、用人单位和择业学生共做当事人，须各自履行自己的义务。

（3）正文。正文包括本人简历、家庭主要成员、在校主要成绩情况、在校期间奖惩情况、学生自荐书和毕业生情况及意见6个部分。写作时必须实事求是进行填写。

（4）附文。附文部分填写系部学校意见、用人单位情况及意见以及通讯地址、联系人、联系电话、邮政编码等。

2. 学生自己编写的自荐材料

这样的自荐材料灵活多样，通常包括5个部分，即标题、导语、正文、附文和附件。

（1）标题。标题在封面上占有显著的位置，起着主导的作用，它和直接表明材料内容和材料所属情况的文字一起构成统一的封面格式。

（2）导语。导语即自荐材料正文之前的导引部分，表明推荐意向。

（3）正文。正文要写明毕业生基本情况、学业成绩与知识结构、科研成果、社会工作与实践活动、获奖情况、自荐信等项目。既可用表格形式来反映，也可用叙述形式来表现。一般自荐信可以使用叙述方式，其他项目用表格形式罗列。

（4）附文。附文通常是陈述班主任意见、系组织意见，院（校）组织意见，以及通讯地址、联系电话、联系人姓名、邮政编码等。

（5）附件。附件通常是各种奖励证书的原件或复印件，发表的各种论文、文章的剪报的原件或复印件，各种实物性图片、影像资料等，便于向用人单位表明自己的各种能力和水平。

二、写作要领与要求

1. 不能流露出盛气凌人、非我莫属、目空一切的口气，如"完全有能力胜任这份工作"、"如被录用定能大大地扩展公司业务"等语句，这会引起招聘者的反感，不利于求职。

2. 不要表现出过分的谦虚，说一些贬低自己的话，这不但与现实潮流不符，反而被用人单位认为虚伪、世故，不足取。

3. 避免讲废话或者阿谀之词，要注意用词造句体现的是实质性的内容，而非空话浪费别人时间。

4. 不要随意使用简写词语，这样一是显得不够庄重，可能会引起读信人的反感；二是这些简称只有在特定的地方、特定的交往范围才能被准确地理解，否则容易引起歧义和误解。

案例分析

【案例1】

【评析】

求 职 信

尊敬的总经理先生：

您好！我从报纸上看到贵公司的招聘信息，我对网页兼职编辑一职很感兴趣。

我现在是出版社的在职编辑，从2008年获得硕士学位后至今，一直在出版社担任编辑工作。两年以来，对出版社编辑的工作已经有了相当的了解和熟悉。经过出版者工作协会的正规培训和两年的工作经历，我相信我有能力担当贵公司所要求的网页编辑任务。

我对计算机有着非常浓厚的兴趣。我能熟练使用Frontpage和Dreamweaver、Photoshop等网页制作工具。本人自己做了一个个人主页，日访问量已经达到了100人左右。通过互联网，我不仅学到了很多在日常生活中学不到的东西，而且坐在电脑前轻点鼠标就能尽晓天下事的快乐更是别的任何活动所不及的。

由于编辑业务的性质，决定了我拥有灵活的工作时间安排和方便的办公条件，这一切也在客观上为我的兼职编辑的工作提供了必要的帮助。基于对互联网和编辑事务的精通和喜好，以及我自身的客观条件和贵公司的要求，我相信贵公司能给我提供施展才能的另一片天空，而且我也相信我的努力能让贵公司的事业更上一层楼。

随信附上我的简历，如有机会与您面谈，我将十分感谢。即使贵公司认为我还不符合你们的条件，我也将一如既往地关注贵公司的发展，并在此致以最诚挚的祝愿。

此致
敬礼

2010年4月2日

*资料来源：应届毕业生求职网 http://yjbys.com/t/wangye22771.html

开门见山，写出求职目标以及求职信息来源，这是求职信开头比较常见的写法

紧紧围绕求职目标来写自己的应聘条件，有的放矢，针对性强；语言简洁，条理清楚

结尾表达了自己的愿望和决心，语言诚恳有礼

【案例2】

【评析】

求 职 信

尊敬的招聘主管：
　　您好！
　　我叫×××，是×××职业技术学院商贸分院会计电算化专业的一名应届毕业生。从贵公司网站获悉正在进行校园招聘，结合自身条件，特向您呈上我的求职信。| 从贵公司网站获悉，关注公司，拉近距离

　　真诚细致、努力进取是我的信念，勇于接受挑战、开朗乐观、乐于钻研、有毅力、爱交际是我的特点。| 简明地介绍自己，第一印象很重要

　　大学三年，我既注重基础知识的学习，又注重个人能力的培养。在学校严格的教育和个人的努力下，我具备了扎实的专业基础知识，全面系统地完成了包括财务会计、预算会计、成本会计、管理会计、会计信息系统在内的一系列会计专业课程的学习；具备一定的英语听、说、读、写、译能力；熟悉计算机的基本操作和常用软件的操作；了解对外工作的基本礼仪。同时，利用课余时间广泛阅读各类书籍，开阔视野，增长见识，充实自己，培养自己多方面的技能，让自己可以紧跟时代的步伐。| 学到的知识和成果，重点突出

　　此外，还多次利用寒暑假时间走出校门体验社会，会计事务所、超市的兼职工作，让自己近距离接触社会，感受生活，学习与人沟通相处，为能真正走出校园后尽快适应社会新环境做好准备。| 在实践中提升自我

　　在校期间，曾担任过院组织部长、班团支书等职务，繁忙的工作让我学会如何为他人更好地服务，让我懂得如何高效优质地完成工作，让我得到宝贵的组织管理策划经验，让自己的口才与胆识得到良好的锻炼，我还在学院举办的辩论赛中获得冠军。| 在校期间的任职经历

　　我热爱我所选择的会计专业，殷切地希望能够在你们的带领和指导下，不断提升自我，发挥专长，实现人生价值。机会留给有准备的头脑，而我已经做好准备。| 今后抱负及努力方向

　　请各位领导给我一个机会，我会用行动来证明自己。最后，衷心祝愿贵公司事业发达、蒸蒸日上。| 诚意加敬意

附件： 　1. 简历； 　2. 在校期间成绩一览表； 　3. 获得的各种证书； 　4. 联系方式：12345678901。 　　　　　　×××职业技术学院 　　　　　　商贸分院：××× 　　　　　　2012年4月	

【案例3】　　　　　　　　　　　　　　　　　　　　【评析】

求　职　信

尊敬的领导： 　　您好！ 　　我从人才市场报上获得贵公司的招聘信息。首先，非常感谢您给我这次难得的机遇：您在百忙之中抽出一点时间来阅读我的求职信。	表明求职信息来源，明确求职意向
我是××职业技术学院市场营销专业的学生，现在离开母校，即将踏入社会大学，心情是那样地兴奋又彷徨。我渴望一个新生活舞台，欲应聘贵公司市场部业务员一职。	
在老师的严格教育及个人的努力下，我具备了扎实的专业基础知识，更重要的是，严谨的学风和端正的学习态度。学校的生活塑造了我朴实、稳重、创新的性格特点。我系统地掌握了有关的市场营销理论，熟悉涉外工作常用礼仪。能在熟练开展市场业务同时，也不断地培养自己多方面的能力。	突出自身较扎实的专业知识与较强的敬业精神
在激烈的人才竞争中，虽然我只是一名大专生，没有本科学生的知识渊博，但我有颗真挚的心和拼搏进取的精神。进入大专以后，我抓紧每一天进行专业知识的积累和教学基本功的培养，不断充实自己，让自己成为有信心、有责任感的人。	
在校期间，我积极参加社会实践活动，积累了丰富的实践经验。参与过许多公司的市场销售工作，学会了吃苦耐劳，培养了我强烈的集体责任感。业务能力、社交能力都有一定的提高。	明确求职目标

过去并不代表未来，勤奋才是真实的内涵，对于实际工作我相信，我能够很快适应工作环境，熟悉业务，并且在实际工作中不断学习，不断完善自己，做好本职工作。再次感谢您阅读我的求职信。期盼与您的面谈！相信您的信任和我的勤奋的结合将会为我们带来共同的成功。谨祝工作顺利！ 　　此致 敬礼！ 　　　　　　　　　　　　　　　李小东 　　　　　　　　　　　　　2011年8月26日 　　附件：1. 毕业证书 　　　　　2. 三好学生证书 　　　　　3. 计算机等级证 　　联系电话：××××××	表达求职愿望、决心，真诚地表示感谢 具名、日期联系方式

【案例4】　　　　　　　　　　　　　　　　　　　　　　　【评析】

入学生会申请书 尊敬的校团委学生会： 　　我是2012级学生王为，我申请加入校学生会。 　　学生会是由学生组成的一支为同学服务的强有力的团队，在学校管理中起很大的作用，在同学中间也有不小的反响。加入学生会不仅能很好地锻炼自己，更好地体现自己的个人价值，还能贯彻"全心全意为人民服务"的宗旨，有利于自己的成长和发展。我志愿加入校学生会组织。 　　"学生会"在我心中是个神圣的名词，她连接学校与学生，是一个学生自己管理自己的组织。桥梁和纽带的作用是学生会存在的基础；自我锻炼，提升自我素质的意义是学生会不断发展的动力源泉。所以，我向往校学生会组织。能够加入学生会，成为其中一员是我一直以来的心愿。 　　假如我能顺利进入校学生会组织，我会积极、主动、尽情地发挥她应有的作用，并在其中锻炼自己的各种能力，包括组织能力、思维能力、办事能力、创造能力和交际能力。同时也自觉地学习和领会的"三个代表"	标题由性质加文种构成 开头简单自我介绍，明确表达申请内容 写明申请原因、决心和要求 工作打算、设想

精神，从而提高自己的政治思想觉悟及参政议政意识。 　　假如我加入，我将进一步加强自身修养，努力提高和完善自身的素质，我将时时要求自己"待人正直、公正办事"；要求自己"严于律己、宽以待人"。如果我不能加入，我也决不气馁，一定好好努力，争取有更好的表现！同学们，让我们一起奋进吧！	再次表明态度、决心
申请人：王为 　　　　　　　　　　　　2011年5月8日 　　　　　　　　　（精品学习网申请书频道）	具名、日期

【案例5】　　　　　　　　　　　　　　　　　　　　【评析】

申　请　书 尊敬的各位领导： 　　你好！ 　　我叫×××，于2012年3月1日成为公司的试用员工，到今天适用期已满，根据公司的规章制度，现申请转为公司正式职工。 　　从进入公司的第一天开始，我就把自己融入到我们的这个团队中。对工作认真负责，任劳任怨，与同事配合默契，平时刻苦钻研，不断创新，能够在规定时间内出色地完成任务，保证公司项目进度，做到让客户、领导、自己都满意。经过试用期的锻炼，我从对房产销售十分陌生到现在已能独立、熟练地处理各种业务。在工作中能够发现问题，并积极全面地配合公司的要求来展开工作，与同事能够很好地配合和协调。 　　在工作和生活中我觉得自己还存在缺点和不足，处理问题的经验不足，团队协作能力需要进一步增强，综合业务能力有待提高。我会在工作中学习、进取、完善自己，认真及时完成好每一项任务。我相信凭着自己高度的责任心和自信心，一定能够改正这些缺点，争取在各方面取得更大的进步，也更加迫切地希望以一名正式员工的身份在这里工作，实现自己的奋斗目标，体现自己的人生价值，和公司一起成长。	开门见山 理由要充分、合理，实事求是 敢于认清自我，勇于不断提升

试用期间，公司给了我一个充分发挥才干的舞台，我倍加珍惜，不断提升自己，做好本职工作；宣传企业文化，胸怀全局，服从领导。我将在以后的工作中多向周围的同事学习，不断的提升自己的业务水平及综合素质，为公司的发展尽自己的一份力量。 　　在此我提出转正申请，恳请领导给我继续锻炼自己、实现理想的机会。我会用谦虚的态度和饱满的热情做好我的本职工作，同公司一起展望美好的未来！ 　　　　　　　　　　　　　　申请人：××× 　　　　　　　　　　　　　　2012年4月3日	语言要准确、简洁，态度要诚恳、朴实

消　息

知识导航

一、消息的含义

　　新闻，是指报纸、电台、电视台、互联网经常使用的记录社会、传播信息、反映时代的一种文体。新闻概念有广义与狭义之分，就其广义而言，除了发表于报刊、广播、电视上的评论与专文外的常用文本都属于新闻之列，包括消息、通讯、特写、速写（有的将速写纳入特写之列）等等；狭义的新闻则专指消息。

　　消息即狭义的新闻，它是对新近发生的有社会意义并引起公众兴趣的事实的简短报道。因此，真实性、时效性及文字少、篇幅小成为消息的基本特征。

二、消息种类

　　（一）动态消息：也称动态新闻，这种消息迅速、及时地报道国内国际的重大事件，报道社会主义建设中的新人新事、新气象、新成就、新经验。动态消息中有不少是简讯（短讯、简明新闻），内容更加单一，文字更加精简，常常一事一讯，几行文字。

　　（二）综合消息：也称综合新闻，指的是综合反映带有全局性情况、动向、成就和问题的消息报道。

　　（三）典型消息：也称典型新闻，这是对某一部门或某一单位的典型经验或成功做法的集中报道，用以带动全局，指导一般。

　　（四）述评消息：也称新闻述评，它除具有动态消息的一般特征外，还往往在叙述新闻事实的同时,由作者直接发出一些必要的议论,简明地表示作者的观点。记者述评、时事述评就是其中的两种。

四类消息,以动态消息较易写作,可以经常练习写一些,从实践中提高新闻写作能力。

三、消息写作

写作消息要设想并回答读者问的问题,这些问题就构成了新闻五要素,即:When(何时)、Where(何地)、Who(何人)、What(何事)、Why(何故)。新闻学上有的还补充了一个要素:How(如何)。在五个 W 和一个 H 中,最主要的是 What(何事)、Who(何人)。写作时要认真写好这几个方面的内容。

当我们弄清了"我要说些什么",接下来就是"怎么说这些内容",显然这涉及了如何安排消息的结构。只要我们用心分析一下报刊发表的消息,就会发现,消息的结构比较固定、简单,大多数消息的结构都是"倒金字塔"式的,即:最重要的材料放在开头,次要材料放在后面。

消息的结构具体表现为:标题、导语、主体、结尾,并在文中穿插背景材料。

(一)标题

标题是消息的眼睛,拟写得好,可以吸引读者;拟写得差,一篇好消息也会被埋没。可见标题有着向读者推荐的作用。如:《两位市长直接关怀大港"油郎"喜结良缘》(新华社 1990 年 1 月 6 日电讯稿)、《地球三分钟　净增五百人》(新华社 1996 年 7 月 13 日电讯稿)、《杭城新事见新风拎书拜年书压岁》(1991 年 2 月 19 日《解放日报》)。消息的标题必须简明,准确地概括消息内容,帮助读者理解报道的事实。

消息标题有主题(正题)、引题(眉题)、副题(次题)三种。

主题:概括与说明主要事实和思想内容。

引题:揭示消息的思想意义或交代背景,说明原因,烘托气氛。

副题:提示报道的事实结果,或作内容提要。

(二)导语

导语是指一篇消息的第一自然段或第一句话。它是用简明生动的文字,写出消息中最主要、最新鲜的事实,鲜明地提示消息的主题思想。

导语的要求,一是要抓住事情的核心,二是要能吸引读者看下去。要做到第一条,必须具备训练有素的分析能力;要做到第二条,则要有写作技巧。

导语写作中的思维过程,通常是以作者的自问自答开始的:

① 什么事情是已经发生的事件中最重要的?

② 什么人参加进去了?谁干的或谁讲的?

③ 是用直接性导语,还是用延缓性导语?

④ 有没有什么吸引人的词汇或生动形象的短语要写进导语中?

⑤ 主题是什么?什么样的动词能最有效地吸引读者?

以上五个问题中,第三个问题涉及导语的类型。那么,导语有哪些类型呢?

一类是直接性导语:直接写出事实的核心的导语。多是陈述性地像速记一样地反映事实。另一类是延缓性导语：多用于"软"消息。即所报道的不是正在发展中的、变化中的或突发性的事件，它通常用来设置一种现场或创造某种气氛，多是解释性、说明性的。

导语的形式主要有：

1. 叙述式

用摘录或综合的方法，把消息中最新鲜、最主要的事实简明扼要地写出来。

2. 描写式

对消息的主要事实或某一有意义的侧面作简洁朴素而又有特色的描写，以烘托气氛。

3. 提问式

先揭露矛盾，鲜明地、尖锐地提出问题，再作简要的回答，引起读者的关注和思考。

4. 结论式

把结论写在开头，提示报道某一事物的意义或目的或总结。

5. 号召式

提出号召，给读者指出方向和奋斗目标。另外还有摘要式、评论式、综合式、解释式，等等。

（三）主体

这是消息的主干部分。它紧接导语之后，对导语作具体全面的阐述，具体展开事实或进一步突出中心，从而写出导语所概括的内容，表现全篇消息的主题思想。应按"时间顺序"或"逻辑顺序"写作，但仍然要先写主要的，再写次要的。

（四）背景

1. 什么是背景？

新闻背景，指事件的历史背景、周围环境及与其他方面的联系等。写新闻有时要交代背景，目的在于帮助读者深刻理解新闻的内容和价值，起到衬托、深化主题的作用，也就是回答五个"W"中的Why（为什么）。

西方新闻学认为背景就是对新闻事件作出的解释。美国新闻学家赖斯特说得很清楚："我看不出新闻背景与解释有什么区别。""解释，在我看来，就是新闻报道的深入化。就是把单一的新闻事件放到一系列的事件中去写"，"就是提供新闻的背景知识，从而使读者能够对新闻事件作出客观的判断。"但是"解释"不是议论，解释本身就是事实，也就是说用事实去解释，所以新闻背景又称为"事实背景"。

2. 背景有哪些作用？

（1）是说明新闻事件的起因。

（2）显示或帮助读者理解新闻事件的重要性。

（3）突出新闻稿件的新闻价值。

（4）表明记者的观点。记者是不准在新闻中发表议论的，但是，谁也无法禁止记者通过自己来写的新闻表达自己的立场和看法。纯客观的报道是不存在的。

3. 背景的类型有几种？

常见的有三种：对比性的，说明性的，注释性的。有的新闻学则将背景分为四种：人物背景、地理背景、历史背景和事物背景。

（五）结尾

新闻的结尾有小结式、启发式、号召式、分析式、展望式等。这些结尾写作与一般记叙文结尾的写作并无大的不同。

技能要求

一、消息的写法和格式

1. 标题

消息的标题，分眉题（又称引题、肩题）、正题（又称主题、母题）和副题（又称辅题、子题）。出现在报刊上的有以下几种情况：

（1）多行标题

多行标题，一般有三行：即中间一行是正题，是标题的核心，用来揭示主题或提出重要事实；正题上面一行是眉题，用来引出正题，说明事实，交代背景，烘托气氛，揭示含义；正题下面一行是副标题，用来说明情况或说明正题或依据。如：

经贸部负责人发表谈话（眉题）
希望海峡两岸实现直接贸易（正题）
——愿与台经贸主管部门接触协商解决双方贸易（副题）

（2）双行标题

正题和眉题。如：

成都电信局花钱"买"批评（正题）
——在报上登"公告"欢迎群众对通讯服务工作进行监督（副题）

（3）单行标题

大多文章稿件都是一行标题。

2. 导语

消息的导语，就是消息的第一段或第一句话。它是由消息中最新鲜、最主要的事实或精辟的议论组成，以吸引读者。导语采用以下几种写法：

（1）叙述法：简明扼要地写出主要事实、经验或对全篇事实材料进行综合概括，揭示主要内容。如"全国第一家由个体户与港商合资经营的企业——大连光彩实业（合资）有限公司，经国务院批准，1985年4月13日正式开业"。这是《经济日报》发表的导语。

（2）提问式：把消息中要解决的问题或要介绍的经验、做法以设问的形式提出，然后用事实作答。如"亲爱的读者，你可知道灯芯绒布可以做夏天穿的裙子吗？上海绒布厂新生产的许多灯芯绒中，就有这样的品种"。

（3）描写式：对富有特色的事实或有意义的一个侧面，用简洁的笔墨进行形象描绘，给读者以鲜明的印象。如"一盆盆翠绿欲滴的麦冬、松柏、万年青和盛开的鲜花装点在人民大会堂的大厅里，全国妇联今天下午在这里举行联欢会"。

（4）评论式：是对所报道的事实先作出评论性结论，然后用具体事实来阐明。如："今天，新中国颁布的第一部专利法正式生效了。从此，脑力劳动成果被无偿占用的历史在我国宣告结束。"

（5）引用式：引用消息中从人物深刻而富有意义的语言作为导语，如"女青年杜芸芸到上海司法机关，要求将继承的十余万元遗产捐献给国家，她说：我还年轻，应该靠自己的劳动来生活，我愿意将这笔款支援国家的四化建设。"

3. 主体

主体是消息的主要部分。它承接导语，阐述导语所揭示的主题，或回答导语中提出的问题，对消息事实作具体的叙述与展开。

写主体要注意如下几点：

主干突出。消息的主体是主干，典型材料要用于主干上。要去头绪，减枝蔓，与主题无关的要舍弃，次要的要简略。

内容充实。回答导语中提出的问题，其内容必须具体充实，这样才有说服力。导语提出什么问题，主体就要回答什么问题，这样才能紧扣中心，突出重点。

结构严谨，层次分明。要恰当地划分段落，有条不紊地展开叙述，安排层次有以下几种顺序：一是时间顺序，按事情的发生、发展、结束的先后顺序安排层次；二是逻辑顺序，就是根据事物的内在联系来安排层次；三是时间顺序和逻辑顺序相结合起来，这样写严密而有条理，活泼而不紊乱。

4. 背景

背景是指事件发生的历史环境和原因，它说明事件发生的具体条件、性质和意义，是为充实内容，烘托和突出主题服务的背景即可在主体部分体现，也可在导语或结尾部分体现，位置不固定。背景材料一般有三类：

（1）对比材料，即对事物进行前后、正反的比较对照，以突出事件的重要性；

（2）说明性材料，即介绍政治背景、地理位置、历史演变、生产面貌、物质条件等；

（3）诠释材料，即人物生平的说明、专业术语的介绍、历史典故的解释等，以帮助理解消息的内容。

5. 结语

结语是消息也是文章的最后一段或一句话。阐明消息所述事实的意义，使读者对消息的理解、感受加深，从中得到更多的启示。

消息的结尾方式有小结式、评论式、希望式等。有的消息，事实写完，文章就止住了，结尾就在事实之中。

案例分析

【案例1】

苹果CEO库克今日再度访华 近十个月第二次	【评析】 采用双行概述式标题
【搜狐IT消息】北京时间1月8日消息，据外国媒体报道，苹果首席执行官蒂姆·库克（Tim Cook）今天再度访华，这也是他在最近10个月内第二次访华。目前，苹果在中国市场的零售商店数量已经比库克上次访华时多了一倍。	消息头标明了消息发出的单位，用括号标出。导语采用对比式，以简练的文字介绍了新闻事件中最重要的内容

库克今天与工业和信息化部部长苗圩举行了会晤，探讨了中国IT产业发展状况、全球移动通信和苹果在华业务等事宜。 　　库克曾在去年3月访华，当时他还承诺在中国市场加大对电脑和手机等产业的投资。自此之后，苹果公司就将其在中国内地和香港的零售店数量从6家增加到11家。 　　2008年，苹果在北京的三里屯开设了第一家零售店，如今已经在北京、上海和香港等城市分别建立了三家零售店。苹果中国公司发言人吴纯（Carolyn Wu）女士今天没有透露库克与苗圩部长的谈话详情，也没有透露库克将在华停留多长时间以及将与谁会晤等相关细节。 ―――――――― 　　*资料来源：搜狐IT 2013年1月8日消息（有改动）http://it.sohu.com/20130108/n362830365.shtml	背景材料。穿插背景材料旨在说明苹果在中国市场的零售商店数量增长之快，突出库克再度访华的原因 　　正文采用倒金字塔式结构，即按事实重要性递减的顺序来安排材料的顺序

【案例2】　　　　　　　　　　　　　　　　　　　　【评析】

2010年校企合作 **高峰论坛在我校多功能厅举行** 　　本站讯 10月23日下午，在恰逢开封大学建校三十周年庆典之际，开封大学2010年校企合作高峰论坛于我校国际教育学院五楼的多功能报告厅成功举行。出席论坛的有开封大学董事长李金松，校长拜五四，党委副书记、副校长储建新，副校长万世明、何世玲，校工会主席范金梅等学校领导，东莞永大电子有限公司副董事长丁原璞、浙江贝尔控制阀门有限公司总经理林峰（开封大学98届毕业生）、富士康科技集团烟台工业区党委书记张占武、河南红革玻璃幕墙装饰工程有限公司总经理郭玉峰、星星装饰工程公司总经理孔令伟（开封大学94届毕业生）、河南辰达投资有限公司董事长夏冬子等企业家代表，行政部门、教学单位、教师、学生代表等。 　　首先，开封大学董事长李金松发表重要讲话。他在讲话中指出，随着知识经济时代的来临和世界科技日新月异的发展，校企双方合作的空间越来越大，同时，校企合作是一个与时俱进、不断完善的动态过程，随着时	导语精要 突出快、新、短等特点

间的推移，双方合作的形式和内容，也将不断完善与深化。企业要与学校一起不断拓宽新的合作领域，探索新的合作模式、建立新的合作机制，实现优势互补、资源共享，推动高素质高技能人才培养水平的不断提升，以适应企业及经济社会的发展需要，为祖国的建设大业不断做出新的贡献。校企合作单位代表也纷纷发表了自己的看法，对校企合作为社会的进步、企业的发展，带来的促进作用表示肯定：社会在多元化发展，培养更加适应社会需求的复合型人才，成为大势所趋。开封大学以其先进的教学理念，率先引入校企联合模式，通过"校企合作高峰论坛"促进毕业生与企业的无缝对接，实现了学校服务企业、企业扶持教育的双赢局面。	平实、真切的叙述
然后，各企业代表也对校方在人才培养的过程提出了一些宝贵的建议：加强学生素质教育，特别是礼仪的培养；加强学生兴趣爱好的培养，拓宽学生知识面使学生明确自己的发展方向。他们希望开封大学在教育的过程中，要结合自己的实际，瞄准国际、国内的企业市场发展方向，培养复合型人才，重视素质教育，加强外语水平，为企业输送有能力、懂业务、会外语的学生，抢占就业的制高点，避免低层次的竞争。	
最后，开封大学校长助理曾小平作校企合作主题发言，他介绍了开封大学校企合作现状和开封大学校企合作对于学校发展的意义，凝练了我校校企合作工作的特色，找出了不足之处，最后对校企合作进行了展望并提出了发展方向。 本届校企合作高峰论坛由副校长赵辉主持。 据悉，论坛结束后，各位企业代表将与相关院部针对有关议题继续进行深入磋商。 （记者　杨金创　稿件发表《开封大学报》）	语言凝练、精彩

【案例3】	【评析】
"校园杯"足球赛 **战报：电气 V.S. 设艺** 　　4月29日，"校园杯"小组赛拉开帷幕，在首场比赛中，我院以6∶2的比分大胜设艺，取得开门红。	导语精要

12:40比赛正式开始,一开场,我队就打出了气势,一连几波攻击都给对方球门造成了很大的威胁,一时间设艺门前险情不断,幸好守门员表现出色,在开场几次扑救展现了较高的水平。但终究是实力相差悬殊,在顶住开场15分钟的强攻之后城门终告失守,之后双方你来我往,进球如梅花间竹,上半场结束,我队以4:2暂时领先。下半场,我队换上几名替补队员以锻炼新人,培养后备力量。由于在上半场双方都消耗了大量体力,下半场比赛激烈有余,精彩不足,我队抓住对方失误再下两城,最终以6:2的比分大胜设艺,取得小组赛的首场胜利。	突出快、新、短等特点 语言凝练、精彩

【案例4】　　　　　　　　　　　　　　　　　　**【评析】**

奉献爱心　温暖他人 　　5月10日中午,我院团委学生会在学院门口进行了自发捐款,给我院09级研究生叶恒杰同学送去一份爱心。 　　叶恒杰同学家庭非常贫困,母亲已经患了多年的糖尿病和皮肤硬化,然而不幸再次发生在这个多难的家庭里,父亲又因严重的急性脊髓炎住进医院,家庭再次陷入绝望和无奈。学院同学在得知这一消息后纷纷解囊相助,我院团委学生会在此时向叶恒杰同学伸出援助之手,希望以此带动更多的同学献出爱心,也希望这份爱心能够带给这个家庭战胜磨难的勇气和力量。	语言平实 真切感人 爱的奉献 家的希望

自主学习二

一、知识拓展

(一)电子邮件

1. 电子邮件的概念

电子邮件是网联的一种。

电子邮件是指通过一定的通信网络在两台计算机之间进行电子文本信息传输的一种技术,是一种新颖的现代通信方式,简称 E-mail。

电子邮件发送快捷,不受时空限制,数秒钟内便可送达全球任意位置的收件人信箱中。

费用低廉,即写即发,实现了写信、发信、信封、信件一体化,省时省力,成为个人交际和公务沟通的重要工具。

2. 电子邮件的特点

电子邮件具有以下三个特点:

(1) 行文简约化。电子邮件不要求像传统信件那样具有严格的行款格式,双方看重的是文本的内容,甚至只是附件的内容。

(2) 信息多样化。电子邮件发送的信件内容除普通文字内容外,还可以是图片、声音、动画等各种信息、形态,使沟通更加直观化和形象化。

(3) 内容个性化。电子邮件的文本写作是完全自由的。可以长篇大论,也可以寥寥数语;可以是正规的书面语,也可以是个性化的口语。

3. 电子邮件的写作

(1) 邮件头。邮件头相当于传统书信邮件的信封,包括四项内容:

① 收件人。填写收件人的电子邮件地址,其格式为用户名@域名,如"wanghong@126.com",用户名就是用户选择的代表自己的电子名字,长度为4~20位,一般用小写英文和数字构成,不能有空格。@表示"at"(在),用在用户名和域名之间。域名即为用户提供电子邮件服务的服务器名称。

② 抄送。填写要抄送的电子邮件地址,就是把信件同时发送给其他需要看到这些信息的相关收件人,彼此之间用英文逗号分隔开来。收件人也能够据此了解所收邮件还发给了谁。

③ 密件抄送。填写需要密件抄送的电子邮件地址,也就是发件人将邮件以密件形式同时发给某人,除密件抄送的收件者本人外,其他收件人并不知道密件抄送的收件人。

④ 主题。填写要发送邮件的信息主题,一般是信件主要内容的提示,或信件正文重要信息的概括。它将显示在正文的收件箱中,使收件人打开邮箱即可了解来件的主题思想,利于信件处理。

发件人电子邮件地址不必填写,计算机会自动显示,让收件人知道是谁发这封邮件给他的。另外,可以通过选择相应工具使用字体变化、信纸选择等辅助功能。

(2) 邮件体。邮件体相当于传统书信邮件的正文,包括两项内容:

① 正文。正文栏在邮件头栏目下方的编辑窗口中,可以输入信件的主要内容。具体写作不拘一格,可以是多种多样的。有的采用传统书信的方式,由称谓、问候语、正文、祝颂语、落款等内容构成,有的很随意。但是总的来说,要讲求内容的针对性和表达的扼要性。

另外,为了方便、快捷,在结构上可以采用左齐头写法,所有段落开头都利用回车键打到一行的顶端,包括落款。

② 附件。附件栏是正文之外的附加内容及其他功能。可以附上与正文内容相关的文件、照片、图片或者音像资料。

4. 注意事项

(1) 地址应写准确。收件人的电子邮件地址一定要填写准确,否则会影响邮件的及时接收。

(2) 主题应概括精练。填写主题要考虑为收件人处理信件带来方便,应精练地概括信件的内容，力求醒目。

（3）正文应简洁礼貌。正文要做到重点突出、行文简洁、表意清楚。虽然电子邮件比较随意，但是还应注意必要的礼貌，最好采用对话语气。

（二）博客

1. 博客的概念

博客是网联的一种。

博客（blog）一词是英文"weblog"的缩写，这个单词的中文含义是"网络日志"。

所谓"网络日志"指的是一种在互联网上表达个人思想、按照时间顺序排列、内容可以不断更新，并与浏览者可以互动的表达方式。博客也可以理解为在网络上发表和张贴个人文章的人。

2. 博客的特点

博客具有以下几个特点：

（1）真实性。现在"博客"已成为人们抒发情感、结交朋友、展示才能的平台，因此博客写作应当是真实的。

（2）直接性。博客写作基本上是一次完成的，作者不必考虑写作技巧和手法，只需表达出自己所需表达的内容即可，因此表达方式是直截了当的。

（3）随意性。博客文章不拘一格，文笔随意，长短不限，具有明显的随意性。

（4）公开性。博客是一个开放的平台，对于设定为"公开"的博客，任何人都可以接触，不受限制。

（5）互动性。博客的作者和读者通过评论系统或留言系统可以进行直接交流。读者可以因发表评论成为作者，作者也可因阅读评论而成为读者。

（6）新颖性。博客作品通常依照时间倒叙排序，新内容放在最上方，旧内容放在最下方。同时，能根据作者的写作时间及频率而更新，使人常看常新。

（三）演说稿

1. 演说稿的含义

演说稿又叫演讲词、讲话稿，它是演讲者就某个问题向听众陈述事实、阐明道理、表达见解的讲话文稿。

2. 演说稿的种类

演讲稿因表达方式各不相同，可以分为三大类。

（1）叙事型演说稿

它以叙述为主要表达方式，辅以适当的议论、说明和抒情，通过对客观事物的真实记叙，诉诸情感，寓宣传教育于形象感染之中。

（2）说理型演说稿

它以议论为主要表达方式，通过富有逻辑性的论证，以理服人，进而反映事物的本质和规律，达到感染和说服对方的目的。

（3）抒情型演说稿

它以抒情为主要表达方式，或直抒胸臆，或借助叙述、描写、议论来间接抒情，使听众在强烈的感情作用下，明辨是非，引起认同和共鸣。

3. 演说稿的特点

演说稿有以下三个特点

（1）内容的鼓动性

演说的目的是让听众接受自己的主张，只有内容富于鼓动性，才能使听众感到真理在呼唤，因而精神振奋，情绪激昂，热血沸腾，自然接受了演说者的主张。

（2）结构的简明性

简明的结构体现出演说者的智慧，因为错综复杂的结构会干扰听众的理解，给演说效果造成负面影响。

（3）语言的形象性

演说稿的语言要口语化、通俗易懂，尽量少用专业概念，不然会对听众造成理解上的困难。但同时又要生动形象，富有文采。

4. 演说稿的写作

（1）标题

常见的标题写法有以下六种：

① 提要式。将演说内容的核心简明地概括出来。如"劳动，是神圣的"。

② 警句式。利用名人名言提醒听众，激起听众的警觉。如"忧劳可以兴国，逸豫可以亡身"。

③ 寓意式。采用比喻之类的修辞手法，把抽象的道理形象具体、深入浅出地揭示出来。如"扬起生命的风帆"。

④ 设问式。通过设问来提示演说的内容，再由演说的过程来回答标题的提问。如"人生的价值何在？"

⑤ 抒情式。具有强烈的抒情色彩，以情感人。如"真情，让我一生守候"。演说稿的标题要切题、简洁、新颖，富有吸引力。

⑥ 场景式。交代演说的时间或场合，具有背景意义。如"在林肯纪念堂前的演讲"、"在××追悼会上的讲话"等。

（2）署名

演讲是讲话，一般无须特别署名，但是一旦需用文字固化下来，就需要署名。署名一般是在标题下方的中间书写演说者的姓名，但是也可以署名在文章之后。

（3）称谓

称谓是演说开始的提示。常用的有"同学们"、"朋友们"或"女士们"等。称谓应当自然、亲切、得体，以拉近演说者与听众之间的感情距离。

（4）正文

正文由开头、主体和结尾部分构成。

① 开头。开头力求吸引听众，激起听众的兴趣。常见的开头写法有以下五种：

1）故事式。讲一个与内容相关的小故事，引起听众的兴趣。

2）揭题式。用精练的语句开门见山地揭示主题，引起听众的关注。

3）提问式。用设问的方式提示人们关心的问题，接下来便给予解答，以此吸引听众的注意力。

4）引语式。引用含义深邃的格言警语、诗文佳句，自然导出下文，以此吸引听众。

5）悬念式。设置一种听众关注的情景，造成悬念，激起听众的好奇心。

② 主体。主体是演说稿的核心部分，也是高潮。主体的写作应从内容，结构和语言三个方面加以考虑。

1）内容要做到以事感人，以理服人，以情动人。以事感人，是举出一些感人的事例，这种事例要注意其真实性、可靠性和典型性；以理服人，是用凝练的哲理语言对事例内在的精神予以揭示，以增强演说稿的鼓动性；以情动人，是用强烈的感情来打动听众，同样会增强演说稿的鼓动性。

2）结构。演说稿主体结构方式可分为递进式、排比式和对比式 3 种。递进式，循序渐进，步步深入地展开内容，到最后达到感情高潮，也是主题高潮；排比式，将主题分成几个并列的分题，整个展开论述，形成几个展开的排比句群，能营造一种磅礴的气势；对比式，围绕主题从正反方面进行论述，形成强烈反差，引人深思。

3）语言。巧妙地运用语言，会使演说稿大为增色。恰当处理以下各组矛盾的对立统一关系，会使语言多姿多彩，魅力无限，即整齐与变化，规范与灵活，平实与华丽，简洁与丰富，袒露与含蓄，庄重与诙谐等。另外，还可以综合运用多种修辞手法来深化内容，诸如比喻、象征、排比、设问等。

③ 结尾。演说稿的结尾应当采用强有力的语言再次激起听众的热情，形成回味无穷的效果。

常见的结尾手法有以下 5 种：

1）总结式。用精练的语言概括主要内容，给听众留下清晰的整体印象。

2）号召式。采用提出希望、发出号召、展示未来等方式，激起听众的感情波涛，产生一种向上的力量。

3）名言式。通过引用名言警句，使结尾精练生动，富有节奏。同时，又能给人以深刻的启迪。

4）决心式。以坚定的决心和鲜明的立场坚定听众的信念，增强号召力。

5）余韵式。给结尾留下余味，言有尽而意无穷，使听众流连忘返，久久回味。

5. 注意事项

（1）有的放矢：演说稿需要针对具体的听众，要使他们能够接受，否则，就不会产生预期效果。

（2）观点明确：演说稿从头到尾都贯穿一个观点。这个观点不能有丝毫模糊，否则便不具备说服力了。

（3）行文流畅：行文流畅能给听众以美的听觉感受，从而增加了演说的号召力。

（4）留有余地：演说过程往往会有些变化，事前就应根据临场变化采取相应措施，要善于随机应变，不应一味背台词。

二、思考练习

（一）单选填空

1. 专用书信所具有的特点是（　　）。

A. 能够广泛用于机关团体之间　　　　B. 内容专一，格式较为固定

C. 能够广泛用于个人之间　　　　　　D. 内容特殊，格式特定

2. 申请书是一种（　　）。

A. 向上级机关申请、请求事项的说明性文体

B. 向上级机关申请、请求事项的应用性文体

C. 向上级机关申请、请求事项的议论性文体

D. 向上级机关申请、请求事项的记叙性文体

3. 慰问信在使用中（　　）。

A. 只能适用于机关团体

B. 只能适用于熟悉的人

C. 只能在个人之间使用

D. 就是不熟知的个人或团体，也能写信慰问

4. 下面的专用书信种类中，写致敬语最能灵活多变的是（　　）。

A. 慰问信　　　　B. 感谢信　　　　C. 申请书　　　　D. 求职信

5. 求职信一定要写明求职者的（　　）。

A. 家庭背景及个人专长等

B. 年龄、学历、工作资历及能力等

C. 工作业绩和交际范围等

D. 个人兴趣和身高体重等状况

6. 邀请贵宾参加某种聚会或活动，请柬必须写明（　　）。

A. 聚会或活动程序

B. 来宾的数量和身份

C. 聚会或活动的时间和地点

D. 行车的具体路线及联系人

7. "欢迎光临"，"恭请到会助兴"一类的词语，一般使用在（　　）。

A. 申请书中　　　B. 请柬中　　　　C. 感谢信中　　　D. 一般书信

8. 写信问候的同时还可以给予物质的帮助，这样的专用书信是（　　）。

A. 感谢信　　　　B. 求职信　　　　C. 请柬　　　　　D. 慰问信

9. 写感谢信、慰问信、申请书使用的表达方式中（　　）。

A. 不能缺少抒情　　　　　　　　　　B. 不能缺少记叙、抒情

C. 都可以使用记叙　　　　　　　　　D. 只能使用议论

10. 面向社会求职，求职信开头（　　）。

A. 称呼前写修饰语　　　　　　　　　B. 可以直接称呼对方的职务

C. 写出领导人的姓名　　　　　　　　D. 称谓可以免写

(二) 判断

1. 请柬和申请书是专用书信中不同类别的文体。（　　）

2. 小百货经营者邓刚准备加入商会，须向商会递交个人入会申请书。（　　）

3. 感谢信和慰问信的格式和写法完全一样。（　　）

4. 面向社会的求职信可以公开登在报纸杂志上。（　　）

5. 申请书同样具有求职信的功能，如向某公司递交一份求职申请。（　　）

6. 专门邀请某人的请柬不能省略称谓，而宽泛使用的请柬可以省略称谓。（　　）
7. 寄出的请柬，可在附言处写"收到后请回电话"之类的字样。（　　）
8. 慰问信不仅可以使用于个人之间，团体和团体之间也可以使用。（　　）
9. 感谢信地称呼可以使用修饰语，跟申请书称呼的写法相同。（　　）
10. 请柬在社会生活中广泛使用，但没有保存价值。（　　）

（三）改错

1. 感谢信的主体必须写明对方的工作业绩。
2. 求职信内容的末尾，要写出求职人的求职动机。
3. 慰问信对患病者进行慰问时，往往使用"祝您事业有成"之类的致敬语。
4. 写求职信也可以附带有关求职者的证件，例如户口本、个人影集及往来信函等。
5. 请柬又叫邀请函、通知书，是一种礼仪文书。
6. 婚庆请柬，如果以父母的名义发送，要署上结婚当事人双方的姓名。
7. 蒋昭君老师要加入写作协会，协会要求他写一份介绍信。
8. 要求在正文之后写上写信人地址、联系方式的专用书信有慰问信、感谢信、申请书等。
9. 李同学要写一份加入校文学社的申请书，她首先须将个人履历等情况写充分。
10. 新春茶话会要邀请李先生参加，组织者送去一份邀请通知。

（四）概括消息的标题

1. 用一句话概括下面语段所透露出来的信息（不超过16个字）

据《英国医学杂志》网站报道，英格兰南部伯恩茅斯糖尿病和内分泌中心医学专家研究发现，含二氧化碳气体的饮料会使人发胖。为遏制全球日益严重的儿童肥胖问题，应严格限制他们的泡沫饮料饮用量。专家们鼓励儿童选择稀释过的果汁或者纯水为饮品，同时呼吁学校应采取措施避免儿童饮用泡沫饮料，各路明星也应停止为泡沫饮料做广告，据世界卫生组织提供的数据，在全球5岁以下的儿童中，估计有1 760万名超重。

2. 将下面这段文字的内容用两句话简要地表述出来，字数在40字之内（含标点符号）

国家统计局经济景气监测中心对10 000户居民所做专项调查的结果显示：62.7%的家庭，教育消费已成为家庭开支的重要一项，超过50%的家庭1～3年内要把钱花在教育上，而且是大额支出。然而对重金消费中的教育质量是否感觉物有所值呢？在调查中，只有25%的居民给予肯定，另有48.5%给予否定，有26.5%认为无法判断。

3. 阅读下列简讯，请给这则简讯拟一个标题（不超过15字）

5月23日，著名"战士作家"高玉宝致信"雷锋车"组，热情支持该组发出的签名支持申请美猴王为2008年北京奥运会吉祥物的倡议，并认真写出自己支持美猴王申吉的两大理由："一、孙悟空为取真经，不怕千难万险，终于取胜，这是中国人的精神。我们希望中国运动员用孙悟空的拼搏精神，在奥运会比赛中多得金牌。二、《西游记》和孙悟空闻名中外，在中国家喻户晓。我赞同'雷锋车'组的倡议，选孙悟空为2008年奥运会吉祥物。"

4. 请给下面一则消息拟写标题（字数不超过15个）

2004年5月24日，农夫山泉股份有限公司与丹江口市政府签订协议：农夫山泉再投资5亿元，在丹江口生产基地建设二期工程。这意味着丹江口市将成为我国饮用水最大生产基地。

2003年8日,农夫山泉公司投资3.2亿元,在丹江口市胡家岭建设湖北生产基地,今年5月18日已有两条生产线建成投产。农夫山泉公司在丹江口市追加投资,再添4条生产线。项目建成投产后,农夫山泉丹江口生产基地年销售收入可达12亿元人民币。

5. 在横线上写一句总结性的话,能够概括短文的主要含义。

曾参是孔子的学生,品德高尚。有一次,一个和曾参同名的人杀了人,别人误以为是曾参,就对曾参的母亲说:"你儿子杀了人。"曾参的母亲不相信,说:"我儿子绝不会杀人。"过了一会儿,又有人说曾参杀了人,他母亲仍然不相信。可是,当第三个人来说曾参杀了人时,他母亲就害怕地逃走了。

这个故事告诉我们:_____。

(五)病文修改

病文一:

××公司负责同志:

今介绍我所研究员、高级工程师李××、张××二位同志前往你处,请予接待。

此致

敬礼!

××实用技术研究所(公章)
××年×月×日

病文二:

证　　明

××××学院:

您好!

首先,向贵校的领导和老师表示真诚的谢意,并为自己的冒昧打扰道歉。事情是这样的,你们学院物理教研室的老师于1998—2001年在我校工作期间,工作认真负责,教学成绩显著,获得了我院师生的一致好评,为了表彰他的先进事迹,我校曾在1999年、2001年授予他院优秀教师的光荣称号,该同志又在2002年被评为省优秀教育工作者。在这里特向你们作出证明,谢谢!

××学院(盖章)
2003年9月25日

病文三:

×××大学百年校庆启事

今年10月2日,将是中国近代名校即我校的百年诞生日。

为迎接百年校庆,百年校庆筹备委员会,恭请全世界凡在华旦大学、天宇大学学习和工作过的师生员工回母校活动，同时学校拟编《校史资料集》《优秀论文集》，请各届校友踊跃支持。热烈欢迎海内外校友为母校的发展做出贡献。

  邮政编码：（略）
  联系电话：（略）
  电子邮箱：（略）

病文四：

求 职 信

  我于 2006 年 3 月从部队复员，25 岁，大专学历，住在永定街 2 号，联系电话 3889200。我有吃苦耐劳的好作风，在部队获得射击第三名。我的计算机技术在女兵里是最好的。
  因此，我请求担任贵公司的打字员。

病文五：
尊敬的各位领导：
  众所周知，你们招聘人才的时候，从自身的长远发展考虑，往往把眼光锁定在本科生上，寄予厚望，我不反对，也没有权利和资格反对，但是却不幸地忽略了专科生的长处！为什么你们就能那么坚信：只不过多在学校读了一年书的本科生们，就一定会比我们这些专科生，高明好多呢？
  就拿我来说吧，是一个很有自信的人（不然也没有必要给各位领导先生们写这种自荐信了）！学历低已经是无可奈何命注定的事了！能力再低就未免太说不过去了（这是我进专科大门后起的第一个反应）。抱着这种态度，我努力地提高着自己的能力，在学校里除了学好专业课以外，还积极地参加各种社团活动，培养并提高了自己的交际能力，进了院报，当了名学生记者，实现了"记者"的心愿。
  主要还是对专业技能的钻研。毋庸讳言，计算机在我们陶瓷学院众多专业中，的确算不上主流。然而放眼整个学院，无疑也算是给我们营造了一个良好的学习氛围，齐全的图书资料，充足的自学空间。才得以让我可以在简历中的主学课程栏里，尽情书写！啰唆了这么久，无非只是想告诉您们：三年的时间，要想学好一门谋生的技能，并非不可能！
  我不敢自夸自己的专业学得非常好，毕竟对计算机的应用，在这个时代和社会太普遍了，人的精力非常有限，很难做到一网打尽，全部都学会。而我开始又偏偏没有看透这点，趁着年轻力胜，血气方刚，拼命地自学了许多内容，以致太杂，辜负了专科的"专"字了！
  但无论如何，现在能在毕业的时候，觉得自己居然会为读了专科而没有脸红，甚至还能自觉问心无愧，相当难得了！
  本人素知像我这样一个经验不足的应届毛头小伙子，仅凭三言两语，是很难打动你们的心。所幸的是，你们给了我一个月试用期作缓和阶段。由此，可以促进我们彼此之间的相互了解，加大进一步合作可能。至于待遇，不是关键，我只是希望它能切实地同我的实际能力紧密地联系起来。同时，为了安全起见，我也殷切地希望，你们能帮我解决一下住宿问题！不胜感谢。

保证的话全是徒劳，没什么好大的必要，看我试用期的表现吧！！！

一个纯粹的求职者

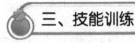

三、技能训练

1. 条据写作

(1) 吴迪向张玉佩借了人民币 1 000 元，答应张 2000 年 5 月 1 日前还。借款时间是 2000 年 2 月 10 日。2000 年 4 月 27 日，吴将钱款如数还清，请代吴迪、张玉佩分别打一借条、收条。

(2) 林玉杰欠学校伙食科人民币伍佰元，请代林玉杰打一欠条。

(3) 拟一请假条。

(4) ××学院的学生要到××石化总厂进行毕业实习，请你为他们出具一封介绍信。

(5) 按证明信的格式和要求为单位外出采购文化用品者开具一份身份证明。

2. 李女士 6 月 21 日在人民大学附近购物时，拾到手包一个，内有李兰驾驶证和金额 23 000 元的支票一张，包内还有现金 4 000 元及信用卡一张。支票票号 01022030。请为李女士写一则招领启事。

3. 为学校的文体或学术活动拟一份海报，并把它设计在纸上，制好之后，同学之间互相品评一下，看谁设计得更醒目、清楚，更具吸引力。

4. 2013 年 9 月 10 日，×××职业技术学院举行新生开学典礼大会，请你代表老同学对新同学的到来致欢迎词。

5. 开明汽车零部件公司代表在一汽四环有限责任公司考察了三天，即将离开。时间虽短，但双方关系融洽，交流愉快，已经相约长期合作。请你为明天的欢送会拟写一份简短的欢送词。

6. 阅读后把下面的例文改成一则消息。

2006 年 7 月 3 日，在长江学院操场上，园艺系正同牧医系进行拔河比赛。这场比赛，两个系足有 100 多人为自己系的代表队助阵呐喊。比赛开始，处于僵持状态，而后，园艺先胜第一场，第二场由于牧医队奋力拼搏，扳回一局，成为平局。关键在第三场。开始之后，牧医队先发制人，处于优势。就在即将胜利的时候，园艺队突然一起大喊，结果胜出，以 2∶1 胜牧医队。

要求：

(1) 标题自拟，要有主标题、副标题、也可以有引题。

(2) 要写出导语，五要素要使用得当。

(3) 背景材料要放在适当的位置。

(4) 突出消息的主旨。

(5) 文字要修改得简洁。

7. 求职信。

在报刊上找一则招聘启事或广告，针对它的要求写一封应聘信（500 字左右）。

第三章 办公事务文书

办公事务文书概述

知识导航

一、概念及特点

事务文书是党政机关、社会团体、企事业单位内部处理日常事务时经常使用的一类业务文书。其中个别文种（如计划、总结）也适用于个人。

事务文书用于处理单位事务，属公务文书，它与行政公文有所不同。其一，它一般在本单位内部制发、传送，不需要写收文机关；而行政公文则常用于上下级之间、单位和单位之间，必须写明收文单位。其二，它不能像行政公文那样单独行文，如果要制成文件，必须通过公文的形式来行文（如录用通知等），而它自身则成了该公文的一个附件。

事务文书应用广泛，可用来布置和指导工作、总结和交流经验、研究问题、反映情况、规范行为等，在行政管理事务上具有重要作用，所以常被称为"准公文"。

事务文书的基本特点可概括为：

1. 对象的明确性

事务文书的写作有明确的对象、特定的读者，对于受文对象有明确的指导性和约束力，一般来说，受文对象是一定要看的。

2. 内容的实效性

事务文书是直接用来处理事务工作的，因此注重实用，讲求效率。从主旨的确立到材料的使用都必须切合实际，讲求效率，写作形式也要服从文书内容的落实和处理的需要。

3. 制作的程式性

事务文书一般都有约定俗成的格式。虽然它不像行政公文那样严格，但在长期的应用中，已逐渐形成了较为稳定的结构方式和用语习惯。虽然格式上有一定的灵活性，但总体上是相对固定的。

4. 较强的时限性

事务文书一般是针对工作、生活中的具体事务而撰写的，而一件事情的报道、一项工作的完成、一个问题的解决，都有一定时间要求，故而事务文书的撰写、传送都必须及时，否则不能发挥其作用。

二、事务文书的种类及其联系与区别

常用的事务文书有计划、总结、简报、调查报告和规章制度等。

计划和总结是一组有着密切联系的事务文书。计划制作于事前，总结拟写于事后。计划是总结的依据，总结是计划的检验和提高。它们对于指导今后工作都有非常重要的意义，但前者的目的在于对未来的设计安排，后者的目的在于找出对未来有指导意义的经验规律。表达上计划以说明为主，总结的重点则在分析议论上。

简报和调查报告都有沟通情况、宣传和交流经验、指导和推动工作的作用。不同的是：简报偏重单位动态信息的报道，重在及时、准确，表达上叙议结合，以叙为主；调查报告偏重研究分析问题，重在抓住问题的实质，表达上以分析议论为经络，以事实叙述为血肉。

规章制度主要用于规范人们行为，建立正常工作学习的秩序，表达上的说明性和语言的严密性是其基本特征。

技能要求

（一）格式

事务文书在沿用过程中形成了它们各自的格式，我们将在后面的分节说明中作具体介绍。

（二）写作要求

事务文书的写作虽各有特点，写法不一，但都遵循以下一些基本要求：

1. 观点明确，主题鲜明

事务文书为事而作，讲求效率，想表达什么，必须明确具体，否则，难以提高办事效率。因此要从材料出发，提炼观点，用观点驾驭材料，反映事物的本质规律，做到观点明确，主题鲜明。

2. 材料真实，概括准确

事务文书大多要以事实为依据，从事实出发，提出主张，做出打算，表达观点。离开真实可靠的事实材料，或事实材料概括不准，都可能导致认识的错误和偏颇，影响办事效率。因此材料必须核实无误，概括一定要严谨准确。

3. 简明生动，交代清楚

事务文书以办事为目的，使用事务语体。事务语体最基本的特点就是简明准确，所以事务文书的用语忌空泛冗长、华而不实，忌含糊不清、模棱两可，尽可能地选用群众喜闻乐见的富有表现力的语句。

4. 成文及时，合规合范

不论办什么事都有一个时限问题。事务文书的写作必须及时，否则就不能达到办事的目的。所谓合规合范，是指各种事务文书均有其具体的格式规范，不合规范就不能很好地起到办事的作用。

计 划

知识导航

一、计划的含义和作用

1. 计划的含义

计划是单位或个人为了在一定时限内完成某项任务而预先对目标、措施和步骤做出设计安排的事务文书。

计划是计划类文书的统称，也是各种计划最常用的名称。这类文书由于时限不等，详略有别，成熟度不同，因此还使用规划、方案、要点、设想、打算、意见和安排等名称。

2. 计划的作用

（1）激励和推进作用。有了计划就有了奋斗目标，可以激励、鼓舞人们为实现目标而勤奋工作。

（2）指导和约束作用。有了计划就有了步骤，可以指导人们各司其职、有条不紊地完成工作任务。

（3）保证和监督作用。有了计划就有了措施，可以使任务的完成得到保证；有了计划就有了标准，便于督促和检查工作。

二、计划的种类

计划的种类有多种划分方法，常见的分类方法有以下几种：

1. 按性质划分，有综合性计划、专题性计划。

2. 按内容划分，有工作计划、生产计划、军事计划、教学计划、科研计划和学习计划等。

3. 按时限划分，有跨年度计划、年度计划、季度计划、月份计划、旬计划和周计划；又可以把它们归并为短期计划、中期计划和长期规划。

4. 按范围划分，有国家计划、地区计划、部门计划、单位计划、班组计划和个人计划等。

5. 按形式划分，有条文式计划、表格式计划和条文与表格相结合式计划。

写作要领

一、格式结构

计划的结构一般包括标题、正文、署名和日期三部分。

1. 标题。计划的标题一般有两种形式：

(1) 完整式标题。一般包含单位名称、时限、内容和计划名称，如《××市工商局2007年财务工作计划》，"××市工商局"是制订计划的单位名称，"2007年"是计划的时限，"财务工作"是计划的内容，"计划"是计划类文书常用的名称。再如《××大学2007年思想政治工作要点》、《××市1990—2000年城市绿化工作规划》，都是4项具备的完整式标题。

(2) 省略式标题。指对完整式有所省略的标题，共有三种：

① 省略时限。如《飞熊公司实行经营责任制计划》、《跃华机械厂纪念"五四"活动安排》。

② 省略单位。如《2007年工会工作要点》。

③ 省略单位和时限。如《公债和钞票的发行计划》。

所拟计划如还需要讨论定稿或经上级批准，就应在标题的后面或下方用括号加注"草案"或"初稿"或"征求意见稿"等字样，如《××市2007年再就业工程实施方案（讨论稿）》。

2. 正文。计划正文的形式有条文式、表格式、综合式3种，内容一般由前言、主体和结尾三部分构成。

(1) 前言。计划通常有一个"引言"段落，主要点明制订计划的指导思想（即回答"为什么做"）和对基本情况的说明分析。前言文字力求简明，以讲清制定本计划的必要性和执行计划的可行性。前言与主体之间，通常用"为此，制订如下计划"或"为此，做好以下几方面的工作"等过渡句。

(2) 主体。要回答"做什么"、"怎么做"、"何时做"等问题，即计划的三要素：目标任务、措施方法和步骤时限。

① 目标任务。首先要明确指出总目标和基本任务，随后应根据实际内容进一步详细、具体地写出任务的数量、质量指标。

② 措施方法。用什么措施方法确保完成任务、实现目标，这是有关计划可操作性的关键一环。所谓有方法、有措施就是对完成计划必须动员的力量、创造的条件、采取的手段、通过的途径等逐一列出。

③ 步骤时限。工作有先后、主次、缓急之分，进程又有一定的阶段性，为此在计划中针对具体情况应事先规划好操作的步骤、各项工作的完成时限及责任人。

(3) 结尾。结束语可以展望计划实现的情景给人以鼓舞，也可以提出总的希望或者号召；还可省略不写。

正文结构框架如下：

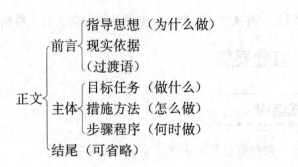

3. 署名和日期

在正文的右下方写明制订计划的单位和日期。如果标题中已写明单位名称，这里写上日期即可。

二、写作要求

1. 注重依据

制订计划要有依据。一是政策依据，指党和国家在一定时期内的方针政策、法令法规以及上级部门的指示、意见和要求；二是客观依据，指本地区、本部门、本单位或个人的实际情况。

2. 量力而行

制订计划要坚持实事求是的原则，量力而行。确定的目标，应该是经过努力能够达到的最高目标，既不保守，也不盲目。

3. 留有余地

计划是对未来的规划，难免有预测不到的地方，如果在制订时留有一定的余地，就可以在遇到新情况、新问题时及时进行修正、补充和调整。

4. 具体明确

计划的整体设想要清晰，内容要具体明确，任务措施要分项列出，使人一目了然，有利于实施检查。

案例分析

【案例1】

网络管理处 2012 年度工作计划	【评析】
一、指导思想 围绕"数字化校园"建设的总目标（现代化、数字化、生态化），以提高我校数字化校园建设水平为宗旨，加强学校网络硬件和软件建设。不断提高校园数字化管理水平，为学校教学、科研和管理工作提供一流的网络技术保障，为广大师生提供一流的网络平台服务，为学校跨越式发展做出更大的贡献。 二、具体工作任务和措施 （一）校园网硬件和软件环境建设 1. 校园网建设。规范现有网络，校园网络总带宽为 50M，购买万兆级交换机和路由器，所有主干线路均采用光纤通信。具备 arp 免疫和病毒免疫的安全防护功能，具备视频广播的功能。 2. 校园网站建设。力求达到美观易用，各处室均	四要素式标题：行文单位＋时限＋内容＋文种 前言提出制订工作计划的目的和依据 任务目标和方法措施采用的是结合起来的写法。即每列出一个工作任务，就围绕这一工作任务制定出实现这一任务目标相应的具体方法和措施

有后台密码，便于各处室自主更新资源，具备教师备课中心、资源中心、校园论坛、留言簿等二级网站的功能。做好学校网站的规划，信息的上传，网站的更新、维护与管理。本学年将对学校网站进行完善，通过校园网建设，加强教学信息的交流，呈现校风校貌，及时发布我校的最新动态，加强外界对我校的认识，使其成为我校对外宣传的一个重要窗口。

3. 监控系统。采用网络摄像机，具备3G网络监控和电脑监控，提供用户名和密码，向全校教师和家长开放，有利于家长及时了解学校的动态，了解子女在学校的情况，进一步起到教育宣传的积极作用。

4. 逐步建立网络视频会议系统、增加网络广告版面，逐步做到以网养网。

5. 配合有关部门，引进、开发出能够满足我校用户需求的实用信息平台或应用系统，为各个部门的数字化、信息化建设提供强有力的网络技术服务。

(二) 网络管理处内部管理和规章制度建设

1. 建立健全岗位责任制度，加强校园网络维护队伍管理。倡导工作人员爱岗敬业、刻苦钻研、无私奉献，努力打造一支专业技术过硬、服务意识强的工作队伍，做到各项业务工作均有专人负责，职责分明，责任到人。同时着力培养学生网络建设的能力，充分发挥学生在校园网建设中的作用，不断提高网络管理处用户服务工作质量，为学校用户提供最大方便。

2. 加强规章制度建设。结合校园网评估要求，加强校园网管理规章制度建设，切实督促落实，使网络管理处的各项业务及工作流程进一步走向规范化和制度化。

3. 培训和学习。有计划地选派网络管理处人员参加有关专业技术培训和交流学习，争取年均1次/人，通过培训和自学不断提升技术水平和业务素质。

(三) 加强网络管理，提升网络服务水平，协助有关部门共同推进我校数字化校园网建设

1. 协助有关部门积极推进校园办公自动化，逐步实现网上办公、网上公文传输（逐步取消纸质公文），推进学校内部办公无纸化进程。

2. 加强网络安全运行管理，完善校园网入侵检测体系的建设，加强网络病毒攻击的防范，形成一个安全高效的校园网络环境。

3. 协助招生就业办做好网上招生工作。 4. 加强学校网站日常维护，做好各处室资源更新的监管指导工作；加强网络服务设备的日常维护，确保设备安全有效运行。 5. 做好节假日值班工作，及时处置网络安全突发事件。 6. 处理好校园网站上的政治性敏感话题和投诉意见，及时地向相关部门反馈信息。 （四）用户教育和培训 1. 利用多种渠道大力开展网络安全教育，积极宣传网络安全法规。 2. 网络管理处将采取多种形式，分别组织各级管理人员、兼职网管、学科教师和学生进行网络基础知识等相关培训。 3. 计划在本年度开展三次培训活动："网络管理及应用培训讲座"、"校园网使用培训讲座"、"计算机病毒防治培训讲座"。 （五）其他常规性工作 1. 严格执行网络的各项审批制度。 2. 加强网络管理处固定资产的管理。中心固定资产员统一建账、报账，不定期抽查设备使用、保管情况，专人专管，责任到人，确保设备正常运行。 3. 除了日常工作外，对领导临时安排的各项工作任务，应及时有效完成。 4. 做好各计算机房的管理、使用、维修与维护工作。 —————— ＊资料来源：(http://wenku.baidu.com/view/91a2ea1014791711cc7917b3.html)	"具体工作任务和措施"这一部分采用分条列项的写法，具体明确，条分缕析，文字表述言简意赅

【案例2】　　　　　　　　　　　　　　【评析】

2009—2010学年第一学期 **晨曦文学社活动计划** 一、指导思想 　　进一步推动校园文化建设，展现我校师生的良好精神风貌，积极搭建学习交流平台，让同学们学习知识，展示才华，锻炼能力，提高素质，使文学社真正成为增强校园文化氛围、提高校园文化品位的舞台。	计划的目的，具体明确

二、活动计划

（一）活动设想

1. 招新

本学期初，文学社将开展一年一度的招新活动，为社团注入新的活力。聚集来自不同地方的文学爱好者，以不同的风格及表达方式展现个性化文学，借团队的力量提高自我，壮大校园文学阵地。

2. 军训征文

展现新一届大学生的军训风采和青春活力，表达现新一届大学生对军训生活的体会和对人生的思考。用你最真实的语言，表达你最真挚的情感，挥洒青春，表现自我，丰富《晨曦》社刊内容。

3. 秋游

为促进文学社社内人员的交流与合作，丰富社员的文化生活，我们将会在这学期11月份组织外出游玩。

4. 文学演讲

为提升本社成员的文学素养，将于11月份举办以"我喜爱的文学"为主题的讲演活动。讲讲你对文学的追求与热爱，以选拔优秀的文学青年，参与本学期大学生文学社团的联谊活动，共同构建社团文化的新气象。

> 其次是本学期的主要任务，并说明"为什么"

（二）活动安排

时间	内容
9月	1. 宣传文学社，招收新成员 2. 召开全社大会，制订新学期的活动计划，布置任务
10月	1. 举办军训征文比赛 2. 军训征文比赛收集作品及评审 3. 制作社卡以及通讯录
11月	1. 参加社团风采展 2. 举办"我爱邮院"大型签名活动 3. "绿营杯"演讲比赛 4. 文学社秋游活动
12月	1. 出版《晨曦》报刊 2. 召开总结大会，回顾本学期的发展，制定新目标

> 再次是具体安排，说明"做什么"

以上是我社初步拟定的这学期工作计划，可能有些不妥之处还望指出，当然这些计划的实施还依赖于学生会各部门的支持和院领导的支持。

总之，我社的全体成员将以高度的热情投入到文学社的工作中，努力完成本学期的工作计划。 晨曦文学社 2009年9月16日	最后是完成计划的保证，即措施

【案例3】　　　　　　　　　　　　　　　　　　　　　　　　【评析】

食品与生物工程系 **"以心相约"迎新晚会方案** 一、活动主题：以"以心相约"主题迎新晚会。 二、活动形式：以11级新生为单位，进行趣味游戏节目的主题迎新晚会。 三、活动地点：206教室。 四、活动目的：为了使入学的新生能够感受到大学生活的精彩，丰富同学们的课余娱乐生活，促进同学间的感情交流。 五、活动时间：11月13日（星期日）晚7点。 六、活动对象：全体11级新生 七、活动流程 （一）任务 前期：部门上交活动游戏——各部门准备节目； 中期：主持人培训——活动场地规划——所需物品采购； 后期：活动彩排所需设备的租借——安排新生晚会座次——开始晚会 （二）具体流程 前期：宣传部出好宣传海报，在新生中进行宣传，提高同学的参与活动的积极性； 中期：对场地进行规划，确保活动进程正常有序的进行。主持人进行前期的培训，所需的食品及装饰物品进行购买以及活动当天的宣传海报； 后期：进行晚会当天流程的彩排，安排同学在会场中的位置等工作，贴出晚会当晚宣传海报，等等。 （三）活动当天节目 1.文体部：开场舞； 2.主持人开场；	主题明确，方案具体 育人宗旨 精彩生活 增进了解 团队合作 各环节紧凑，流程细致，可行性强

3. 社团部：健美操； 当天布置好会场，打扫会场卫生，安排接待人员； 4. 实践部：音乐剧《学习》； 5. 保卫部：小品《保卫部的故事》； 6. 游戏"我唱的歌你懂的"； 7. 生活部：手语《阳光总在风雨后》； 8. 文体部：小品《恶搞琼瑶》； 9. 新老生交流； 10. 主持人致闭幕词，晚会结束。 八、活动经费 话筒：30元； 水果、花生、瓜子：100元； 水：30元； 布置彩带、气球：30元； 总计：190元。 九、注意事项 1. 活动当天提前15分钟到场并在各自位置上位置安静等待活动开始； 2. 人员在游戏中注意安全问题避免出现事故； 3. 话筒等设备提前试音，避免现场出现意外。 十、人员分工表 组织策划：文体部； 话筒器材及教室租借：秘书部； 拉赞助：实践部； 所需的物品采购：生活部； 活动现场拍照：社团部、文体部； 现场道具准备：实践部； 会场道具制作、布置：保卫部、宣传部； 海报的制作、PPT制作：宣传部； 活动后台操作：宣传部； 维持现场秩序：学习部； 搬桌椅、会场后勤工作：全体干事。 <div align="center">食品与生物工程系学生会 2011年9月8日</div>	 富有可操作性 调动学生策划积极性，培养组织管理协调能力，培养动手能力和思维缜密的做事态度

＊资料来源：有改动http://wenku.baidu.com/view/fb1dd5e85ef7ba0d4a733b90.html

总　结

 知识导航

一、总结的含义和作用

总结是单位或个人对过去一个时期内的工作、生产、学习等实践活动进行系统的回顾、检查、分析和研究，从中找出经验教训，获得规律性的认识，以指导今后工作的事务性文书。

总结类文书最常用的名称是总结，有时还称为小结、回顾、体会、经验和做法等。总结可以使单位或个人的某一项实践活动由感性认识上升到理性认识，以便发扬成绩，克服缺点，吸取经验教训，使今后的工作少走弯路。总结的主要作用有三个方面：看到成绩和问题，增强信心、防止自满；找出经验和教训，成为做好今后工作的宝贵财富；推广和传播先进经验，推动工作。

二、总结的种类

总结的种类划分与计划类似，主要有以下几种划分方法：

1. 按性质划分，有综合性总结和专题性总结两大类。

综合性总结是指对本地区、本部门、本单位一段时间内各方面工作所做的全面总结，所以又称全面总结，如"××厂2008年工作总结"。专题性总结是指对某项工作或某方面的工作所做的专门总结，如"××大学2008年基建工作总结"。

2. 按内容划分，有工作总结、学习总结、生产总结、思想总结、劳动总结和会议总结等。

3. 按范围划分，有个人总结和单位总结。

4. 按时间分，有月份总结、季度总结、年度总结和多年总结等。

 技能要求

一、写作方法

总结写作由标题、正文、署名和日期三部分构成。

1. 标题

总结的标题有两种写法：

(1) 公文式标题。有完整式和省略式两种。完整式由单位名称、时限、内容、名称四个项目构成，如"××医院 2008 年度工作总结"、"××省 2008 年稻谷生产总结"。省略式即省略时限的标题，如"××机床厂推行满负荷工作法总结"；省略单位名称的，如"2008 年工会工作总结"；省略单位和时限的，如"计划生育工作总结"。

(2) 通讯式标题。类似新闻通讯的标题，有单式和双式两种写法。

单式标题是指用一句话或一两个短语概括总结的主题或提出总结要回答的问题，如"实行优化劳动组合，调动职工积极性"、"我们是怎样开展学雷锋树新风活动的"。

双式标题是指由正副标题组成，正题概括总结的主题或要回答的问题，副题标明单位、时限、内容和总结名称（也可以有所省略）。如：

把德才兼备的年轻人推上领导岗位
——××市 2008 年人事工作总结

2. 正文

总结的正文一般由前言、主体、结尾三部分组成。

前言即正文的开头部分，一般简要介绍工作背景、基本情况等，有的还对主要成绩和经验作出概括，以取得开门见山的效果。总之前言部分应力求简洁，开宗明义。

主体是总结的核心部分，要回答"做了什么"，"做得怎么样"的问题，一般包括以下几个方面：

(1) 成绩和经验、体会。主要成绩是指工作中取得的成果，体会、经验是指取得这些成绩的原因、方法等，重在分析概括，升华为规律性的理性认识，是总结的核心所在。也就是要写明做了哪些工作，采取了哪些措施，取得了哪些成绩。要求材料翔实，言之有物，条理清楚，可以按材料的逻辑顺序安排层次，也可以时间为顺序安排层次。

(2) 存在问题和教训。写出工作中存在的问题，并分析其主客观原因，由此得出教训。能发现问题，接受教训，总结才有意义。

(3) 今后工作和努力方向。这部分内容是在总结经验教训的基础上，针对工作中的实际情况，提出改进措施，今后打算和努力方向，或者说明工作发展趋势，提出新的目标。

总结的结尾可以归纳呼应主题、指出努力方向、表示决心信心等。

3. 署名和日期

一般在正文右下方署名署时。如是报刊、杂志或简报刊用的交流经验的专题总结，应在标题下方居中署名。

二、写作要求

1. 真实性

总结是人们自身实践活动的真实反映，应当完全忠实于客观事实。它所用的材料必须是实际情况，它的观点应该是从自身实践活动中恰当地抽象出来的认识和规律，不能强扭角度，任意拔高。

2. 理论性

总结不只是反映已经做过的工作的过程和情况，更重要的是，通过对情况的分析和研究，从感性认识上升到理性认识，即找出规律性的东西，达到理论高度。

3. 本体性

总结是对本地区、本部门、本单位或本人实践活动的反映和概括,因此都用第一人称(单位总结用"我们",个人总结用"我");要用自身活动中的材料。

案例分析

【案例1】

【评析】

2011年信息系统安全工作总结

为确保公司信息系统持续安全稳定运行,我中心把此项工作列入重要议事日程,明确主管领导、责任部门和相关人员,制定相应规章制度,确保了我公司信息系统持续安全稳定运行。现将2011年工作汇报如下:

一、基本工作总结

(一)安全管理制度落实情况

1. 成立了信息安全管理机构。明确信息安全工作由中心信息安全领导小组负责,该领导小组由中心工会主席××任组长,由中心安全部××为信息专责,各系统使用人员为成员。明确由信息中心负责公司信息系统安全维护工作。健全的机构、明晰的人员分工为公司信息系统安全运行奠定了坚实的基础。

2. 建立了信息安全责任制。按责任规定:中心信息安全领导小组对信息安全负首责,主管领导负总责,管理人员负主责,具体使用人员负主责。

3. 制定了计算机外网和公司网分离使用的相关保密管理制度。规定外网使用人员负责本台电脑信息管护工作,公司网使用人员负责内网保密管理,规定双网间不得相互搭接,严禁泄密。

(二)安全防范措施落实情况

1. 公司网计算机按照公司管理规定,经过了保密技术检查,没有同互联网相连接,并安装了防火墙,实行了物理隔离。同时安装了金山杀毒软件,加强了防篡改、防病毒、防攻击、防瘫痪、防泄密等方面的功能。

2. 检测信息系统无安全漏洞,载有涉密内容的移动存储设备(包括软盘、硬盘、光盘等)没有带离办公地点,没有出现涉密内容在Internet相连的计算机系统中存储、处理、传输。

评析:

公文式标题,标题省略单位名称,由时限、内容和文种组成

开篇概述基本情况,用"现将2011年工作汇报如下"引出主体内容,这是工作总结常用的形式

基本工作总结部分从五个方面概述一年来工作的基本情况、做法和成绩,主要突出做法

整个部分语言简洁,分条列项,条分缕析

（三）应急响应机制建设情况

1. 按照要求制定了应急机构及应急预案等，做到了责任落实、人员到位、措施得力，并在中心内进行了广泛的宣传贯彻和培训，明确了应急技术支援队伍。

2. 坚持和涉密计算机系统定点维修单位取得密切联系，并商定在中心涉密计算机出现问题等应急技术时给予最大程度的支持。

3. 严格文件的收发，完善了清点、编号、签收制度，并要求办公室文员在每天下班前进行系统检查维护。

（四）信息技术产品和服务国产化情况

计算机的保密系统、公文处理软件、信息安全产品、服务器、路由器、交换机等皆符合相关技术要求。

（五）安全教育培训情况

1. 派专人参加了公司组织的网络系统安全和保密知识培训、安全技能培训等，并安排专人负责本中心的网络安全管理和信息安全工作。

2. 中心信息安全领导小组多次组织全中心职工学习了计算机的基本操作技能和信息安全常识等内容。

总之，在2011年里我单位没有出现违反信息安全规定行为和造成泄密事故、信息、安全事故的情况发生。

二、工作当中存在的不足

1. 对信息安全投入力量有限。由于办公费用紧张，对信息系统安全投入不足，硬件措施不能完全达到标准。

2. 人员培训力度需要进一步加强。2011年在人员培训上也下了不少工夫，使用内网职工对于信息安全重要性的认识需进一步提升，特别是岗位发生变化后，需要进行上岗前的培训，合格后方能进行相关工作，以进一步确保信息安全。

三、今后的整改措施

1. 针对信息安全意识需进一步提升问题，进一步加大力度对计算机安全知识的培训教育，提高做好安全工作的主动性和自觉性。

2. 针对设备维护、及时更新问题，加大对线路、系统等及时维护和保养，同时针对信息技术的快速发展的特点，加大更新力度。

对本年度做出的成绩进行小结

从两个方面简述工作当中存在的不足

从四个方面提出下一步工作计划

3. 针对信息安全工作水平不高问题。继续努力，在落实责任制上下工夫，坚持执行"谁主管谁负责，谁分管谁负责，谁维护谁负责，谁使用谁负责"的责任制方针，将上级的信息安全精神落实到实处，力争把信息安全的管护提高到现代化水平，促进中心计算机信息系统安全的防范和保密工作的顺利进行。 4. 针对工作机制不够完善问题。要坚持以制度为根本，在进一步完善信息安全制度的同时，安排专人，完善设施，密切监测，加大奖惩力度，随时随地解决可能发生的信息系统安全事故，确保此项工作稳定运行。 　　　　　　　　　　××××公司网络信息中心 　　　　　　　　　　2011年11月30日 ＊资料来源：百度文库（有改动）http://wenku.baidu.com/view/202544faf705cc17552709fc.html	 标题省略单位名称，落款则必须出现单位名称

【案例2】　　　　　　　　　　　　　　　　　　　　【评析】

应用电子技术09－1班综合实训总结 　　根据09级应用电子技术专业人才培养目标的计划要求，应用电子技术09－1班于本学期第14周进行为期一周的专业综合实训。 　　鉴于单片机应用的综合性、实用性和广泛性，以及考虑到为全国大学生电子设计竞赛培养后备力量，经教研会议集体研究决定，本次实训的任务为以单片机最小系统为核心，综合运用各门专业课程知识，设计一个单片机应用系统，并提交设计报告（纸质）。 　　本次实训教学，指导教师认真负责，采用集中指导与个别指导的方法进行实训教学；学生克服了时间紧、任务重、场地及设备条件不足的困难，努力完成了实训教学任务。本次实训达到了如下效果： 　　1. 使学生得到一次实战锻炼，培养了学生理论联系实际的学风，更加懂得理论与实际相结合、知识与技能相结合在实际工作中的重要性。他们在总结中普遍体会到：理论知识和实践技能同等重要，只有将所掌握的知识与技能结合起来，才能在实际工作中更好地为社会	前言概述基本情况，交代综合实训内容、要求和完成情况 　　用"本次实训达到了如下效果"作过渡，引出主体，这是工作总结的常用形式 　　主体分三个方面对一周实训工作进行了总结。一是得到了实战锻炼

服务。认识到：本次实训的任务有难度、时间紧，由此也发现了自身的不足之处，对以前学过的知识掌握不够全面、牢固。但通过这次设计单片机应用系统的实训，受益匪浅，不仅巩固了专业知识，进一步提高了实际动手的能力和解决问题的能力，还增强了产品设计与创新的理念。	
2. 增强了学生的自主学习意识。同学们在解决实际问题的过程中，发现很多新的问题，碰到许多未曾面临的困难，通过同学们自行查阅学习资料，加之教师的指导，不断克服困难。	二是增强了学生的自主学习意识
3. 本次实训锻炼了学生的学习迁移能力。不少组同学采用了新器件、新工艺，比如采用 PQFP 封装的单片机、STC 各种型号的单片机、贴片元件等，虽然这些新器件、新工艺可能是以前上课没有讲过，但这些器件的基本原理与我们课上讲过的原理是相同的，他们举一反三，完成设计任务。	三是学会了举一反三
当然，本次实训也表现出一些不足，比如学生的团队意识还有待提高，项目缺乏计划性等。但总体来看，成绩比较突出，在动手能力、理论联系实际的学风、自主学习意识、灵活应用知识的能力等方面都得到了一定程度的提高和增强。希望通过我们的努力，不断完善该阶段的实训教学。 　　　　　　　　　　　　应用电子技术教研室 　　　　　　　　　　　　2011 年 12 月 10 日	结尾一分为二概述全文，指出今后努力的方向

＊（选自百度文库）

【案例3】	【评析】
××公司创优争先活动总结 　　自 2010 年以来，我公司按照局党委的统一部署和安排，紧紧围绕"学习实践科学发展观，建设服务型基层党组织"的宗旨，夯实活动基层，创新活动载体，立足公司实际，深入开展创先争优活动，并取得了一些成效。现就开展创先争优活动工作总结如下： 　　一、深化认识，强化宣传 　　（一）高度重视，强化领导 　　自局开展创先争优活动动员会后，我公司党支部高	开篇高度概括了所取得的成绩，然后过渡到总结的正文

度重视，马上组织落实。召开支部班子会议，传达贯彻局会议精神，并对创先争优活动的开展进行专题研究，成立了专门的活动领导小组。

（二）认真部署，落实有力

根据单位实际情况，制定了主题鲜明，切实可行的活动方案，把围绕创先争优开展各项活动摆在突出位置。为落实公司活动方案，调动广大党员干部参与活动的积极性，使方案有落实，公司召开了党员和中层干部动员会议，传达公司班子会议精神，学习公司开展活动方案，并对活动的一些重点工作进行了强调分析。广大党员干部积极参与活动。

（三）营造氛围、强化宣传

在公开栏内开辟创先争优活动专栏，及时宣传创先争优活动开展情况，以及党员创先争优公开承诺书，以党员向支部和群众做出承诺，同时支部也向党委和党员群众做出承诺加大了活动力度，为我公司活动顺利开展活动营造了良好氛围。

二、形式多样，明确目标

（一）紧密结合工作实际，实施公开承诺

根据开展创先争优活动的总体要求和主要内容，每年年初每个党员结合自身岗位和工作实际做出承诺，并公开张贴，接受群众监督，并在每季度对自己承诺进行总结。

（二）推行廉洁文化，积极营造反腐倡廉的氛围

公司深入开展廉洁文化教育、党性党风教育和警示教育活动，营造了反腐倡廉的浓厚氛围，推动了各项工作的深入开展。推行廉政风险防控机制建设活动。7月公司专门成立领导小组，并召开动员部署大会，全体干部职工各自围绕自身的岗位职责，及可能存在廉政风险点进行查找排查，并对发生风险几率高的地方做出了应对措施。

（三）以"一岗双队"先锋引领行动为抓手，积极开展创特色争双强活动

三年来，为更好地发挥党组织战斗堡垒和党员先锋模范作用，公司开展"一岗双队"先锋引领攻坚争创活动，共形成了党员示范岗、服务队、突击队进行争先创优岗。活动中，广大党员创佳绩，争先进。

分四个方面对所要做的工作予以总结。包括所取得的成绩、存在的不足。对其他单位有借鉴、学习的作用

一是对一些市场开发难度大的任务，形成了党员突击队，党员干部化压力为动力，抢雨天，战晴天加班加点的攻项目，确保重点工作正常顺利进展。二是建立党员服务队。

（四）以解放思想大讨论活动为载体，力求突破公司经营瓶颈

按照市局要求，公司深入开展部署了解放思想主题实践活动动员会，形成了"求生存、谋发展"主题，并专门成立领导小组，为转变作风找对策。

一方面通过分析公司现状，明确职责，引导职工爱岗尽责，让全体职工自觉和积极融入公司主题实践活动中来，立足本职共谋发展和生存。个人、团队分别制定新的市场研发方案。争取在销售业绩方面有新的突破。此举行之有效，大大提高了工作效率，业绩增长明显。

三、以活动为契机，争做"研发明星"

进一步深化了学习型党建活动，开展了"多读书，读好书"活动，在公司中掀起学习热潮，鼓励一线研发人员积极参与读书选拔赛。学先进、学事迹。三年来公司开展了无数次学先进学事迹活动，如向杨善洲、郭明义等新时代英雄同志学习，在每年的三月都会开展"学雷锋"活动，积极做好"五上墙"活动，将销售业绩、市场研发动态等公布于众，形成了比学赶帮的热潮。

四、存在的问题与不足

公司在创先争优活动中虽然取得了一定的成绩，但也存在不足，一是学习时间不能保证，由于公司工作特殊性，难聚集，难组织，在学习上投入时间精力不足。二是部分党员对活动重要性认识不足，加上创先争优活动周期长、任务重，容易产生疲软心态，热情不高。三是部分争创目标难达成，由于公司工作特点的局限性，导致一些活动难开展，达不成效果。

虽然创先争优活动已结束，但是公司仍然继续把创先争优这一主题延续下去。加强党建工作，深入开展党员先锋队争优活动。继续做好"五个好"党组织，"五表率"共产党员，把科学发展落到实处，为公司拥有良好的业绩而再创辉煌，为公司拥有良好的业绩而再创辉煌。

××××× 公司
2012 年 11 月

【案例4】

志愿农村　服务基层
专业互补　科学共建
生物医药系红色"1+1"活动总结

在接到"中共北京市教工委关于继续深入开展红色1+1主题教育活动"的相关文件精神以及"我院学工部关于开展红色1+1活动"的相关要求后，生物医药系学生党支部认真领会、精心策划、周密部署，与北京市门头沟区斋堂镇黄岭西村党支部友好共建，圆满地完成了主题为"志愿农村、服务基层、专业互补、科学共建"的红色"1+1"活动。

生物医药系学生党支部两名辅导员老师、全部学生党员和部分入党积极分子三十余人加入活动阵营，在红色"1+1"活动中吃苦耐劳、积极奉献，为活动的圆满成功发挥了积极作用。学生党支部分别于2010年7月17日、7月18日到黄岭西村开展活动，于8月中旬接待了黄岭西村党支部两位村官的回访，于9月底完成了红色"1+1"计划内的实践活动：在黄岭西村作一次民情调研，参加一次与村支书和村官的座谈会，开展一次科普宣传活动，为村图书阅览室赠送了图书，并协助黄岭西村民办企业进行技术研讨和包装设计。活动中同学们充分发挥大学生党员志愿服务社会、服务新农村建设的积极性，锐意创新又脚踏实地，结合专业且深入思考，得到了共建单位的肯定和好评。

现将我支部开展红色"1+1"活动的实际情况，总结如下：

一、前期准备，周密部署

生物医药系学生党支部平时课业任务较重，空闲时间不多，所以支部决定利用暑假开展此次红色1+1活动。2010年6月至7月中旬为前期准备阶段。支部召开支部大会，讨论拟定了此次活动的相关事项。前期支部与系党总支、院学工部和团委等部门进行了交流，确定了活动形式，争取各种资源支持；与黄岭西村党支部书记王克进以及大学生村官刘婷玮反复交流沟通，了解当地的基本情况和实际存在的问题，确定活动行程和相关事宜；之后支部制订了一份切实可行的活动策划，搜集整理了大量资料，采购了活动中所需物品，制作了横

【评析】

领会精神落实行动

学以致用科学共建

有的放矢开展活动

主题突出
具体落到实处

走基层察民情

解决问题送实惠

开阔视野锐意创新

用自己所学服务社会

目的达成
受到肯定与好评

总结条理清晰

活动计划周密

幅、海报以及宣传页。此外，我支部还组织同学将自己不常用的书捐出来，连同院团委在历次捐书活动中募捐到的部分图书一起，带到了黄岭西村村委会图书阅览室。

　　支部成员通过网络、书籍报刊等途径搜集关于黄岭西村的相关资料，并组织支部内部学习，对共建村的基本情况进行了解学习。黄岭西一村三涧，现有138户、370人，村落面积6万平方米，村域面积9.74平方千米，黄岭西村曾是斋堂镇的重点产煤村之一，煤炭开采业是村中的主导产业。2000年贯彻国务院关闭乡镇小煤矿精神，黄岭西村关闭了村里所有煤矿，以煤矿开采业为主导产业的链条被打破，全体村民的生产和生活问题亟待解决。黄岭西村紧依中国历史文化名村——爨底下村，与民俗旅游村柏峪村、双石头村同属斋堂西北沟旅游带。黄岭西村抓住契机，紧紧把握旅游发展趋势，开发了独具特色的地质、村落、民俗旅游项目，发展涵盖生态旅游、休闲度假、户外运动、红色旅游等于一体的复合型旅游经济。

　　二、活动开展，紧贴实际，有声有色

　　2010年7月17日、18日两天，在支部书记王晓蕾老师、组织委员周杰老师的带领下，支部成员座谈，结合专业开展了"食品安全"、"药品安全"、"中医药保健"科普知识宣传宣讲，新农村建设调研，与村里面的小朋友进行团队拓展训练等一系列活动。从黄岭西村回来后，应邀协助黄岭西村民办企业进行技术研讨和产品包装设计，8月中旬接待了黄岭西村党支部两位村官的回访，对交流合作内容、模式进行了进一步深入探讨。

　　1. 支部交流座谈会——对话大学生村官

　　支部交流座谈会在村委会会议室举行，村党支部书记王克进、村里的两位大学生村官及我支部一行人参加了座谈会。首先，村党支部书记王克进热烈欢迎前来的老师和同学们，简要介绍了黄岭西村的基本状况、近年来经济发展和新农村建设等情况，并表示会一如既往地支持和配合活动，希望支部成员为黄岭西的发展建言献策。生物医药系学生党支部书记王晓蕾代表参加共建的同学们感谢村党支部在百忙之中的热情接待，感谢村党支部为共建活动顺利开展提供了大力支持。并将此次红色"1+1"活动开展的目的、意义进行了简要说明。之

	领导座谈策划 活动准备充分
	网上了解情况
	掌握存在的问题 可开发的潜在资源
	贴近生活开展活动

后双方进行了座谈，支部成员畅所欲言，并认真地作了笔记，针对如何依托当地资源拓宽农民增收渠道、村官的学习工作现状、农村环境保护、食品和药品安全等问题进行了广泛交流。村支部成员向我们做了具体的阐述和耐心的解答，座谈气氛十分融洽。	座谈会畅所欲言、融洽，拓宽致富渠道
为了使大学生党员了解大学生村官工作情况，我们对村官刘婷玮和小周进行了采访交流。村官小周向我们讲述了两年来其扎根农村、服务农村的成长历程。小周说，自己是黄岭西村培养出来的大学生，现在学成归来，报效家乡，感到无比自豪。黄岭西村给了他施展才华的空间和舞台，他愿意在这里一直待下去，为黄岭西村奉献自己的青春。一席话感动了在场的每一个人。村官刘婷玮是我院05级毕业生，作为校友的我们倍感亲切。她向我们讲述了她做村官1年多来的酸甜苦辣。她说，作为一名大学生村官，他们担负着村民的信任和期冀。只有不断加强自己各方面的素质，加深对农村政策的理解和运用，利用自己的各方面积极因素为老百姓谋实事，才能够成为一名合格的大学生村官，才能够不辜负大家的嘱托和信任。虽然工作很辛苦，事情很琐碎，但是我们在刘婷玮的脸上没有看到一丝退缩，我们看到的是积极和热情。难怪刘婷玮得到了村民、镇领导的认可和表扬。	学生村官爱岗乐业
最后，我们将带来的图书捐赠给了村图书阅览室。 2."食品安全、药品安全和中医药保健"科普知识宣讲 　　17日下午，我支部成员在村里的小空地上搭起了台子，挂起了展板，摆好了礼品，进行了科普知识宣讲活动，获得了村民们的积极参与和广泛好评。几位同学为村民们讲解了他们精心准备的关于药品安全、食品安全和中医药保健的知识，为村民们提供了一些在日常生活中必不可少的生活小常识。	为百姓做实事得到信任工作做到百姓心里
例如药品的选择与安全，食物之间的禁忌等等。为了提高村民参与的积极性，同学们还设置了有奖互动的环节，让村民们在回答问题的过程中学习到一些知识。这个环节使整个宣讲活动达到了一个高潮，连七十多岁的大爷大妈也披挂上阵，争相回答问题。	给村民送文化普科学
此外，细心的同学们还为和大人们一起来参加活动的小朋友们准备了一些团队拓展活动和小游戏，如"翻报纸"、"打绳结"等，使得小朋友在玩闹嬉戏的过程中学到了如何用自己的智慧、团队的力量去赢得游戏。	送孩子智慧游戏

3. 调研新农村建设

18日村官和同学们一起来到了与黄岭西村近邻的，著名的中国传统民俗文化教育和红色教育基地——爨底下村。同学们深入到村民中，调研了当地新农村建设情况，向有关负责人和村民们询问了当地的历史、经济、旅游、农业等方面的信息。现在的爨底下村长住居民仅四十余人，至今保存着五百间、七十余套明清时代的四合院民居，是中国首次发现的保留比较完整的山村古建筑群。爨底下村曾是北京连接边关的古驿道，是军事重地，后来修建的国道没有经过这个村子，村子变成闭塞地域，古老的民宅因此完整保存下来。

我们还了解到，在抗日战争中，爨底下村曾是抗日根据地。现在，村中还保留有日军烧房的遗址。川底下这个当时仅一百余户人家的小村子就有八十人参军和参加革命工作，有34人为国捐躯，4人致残。

<small>向邻村学经验
利用现有资源发展
旅游业致富</small>

4. 为黄岭西村办工厂项目提供支持

在与村党支部的交流中，我们了解到，村里面正在策划一个村办工厂的项目，主要由两位村官来负责，希望生化学院能提供一些相关的服务和支持。我支部即刻表示，作为共建单位和村官的母校，我们回去后一定动员各种力量，支持村里的项目。

8月中旬，我支部在学校接待了两位村官，就双方合作共建进行了进一步的交谈。村官刘婷玮提出了是否可以借助学院的专业优势，为其产品提供包装设计和一些技术咨询服务，我支部表示一定尽全力支持，并已行动起来，积极联系相关部门人员。

<small>利用所学帮助
村民搞项目开发</small>

三、结语

生物医药系的同学们在王晓蕾和周杰两位老师的带领下，周密计划，活动开展有条理，分工明确，同学们锐意创新又脚踏实地，不让红色"1+1"活动流于形式，这为农村与高校进一步合作进行了积极有意义的探索。

本次活动把红色1+1支部共建与大学生服务社会主义新农村建设紧密结合起来，取得了很好的成效。同学们在实践中结合专业进行科普宣传，传播科技文化，不仅加强了支部组织建设，丰富了支部组织生活形式，而且为支部成员提供了走出校园、深入农村实践的机会。在活动中，同学们感受了生活的艰苦，工作的不

易，也端正了他们的就业观，从基层做起，培养艰苦奋斗的精神，为实现个人理想和价值做出自己的努力。今后，我支部还将进一步深入开展红色1＋1共建活动，将工作做细、做实，真正实现"1＋1＞2"。 生物医药系学生党支部 2010年10月11日	体验生活感同身受，端正态度务实就业，体验生存艰难

* 资料来源：http://wenku.baidu.com/view/6295872e453610661ed9f4bd.html

调查报告

知识导航

一、调查报告的含义和作用

1. 调查报告的含义

调查报告是运用科学的方法，有目的、有计划地对某一情况、问题、经验进行认真调查研究后所写的书面报告。它是反映对某一问题、某件事情或某种经验的调查研究成果的事务性文书。调查报告也称为考察报告，简称调查或考察。系统周密的调查、客观深入的研究、准确完善的表达是调查报告的三要素。

2. 调查报告的作用

（1）提供决策依据。各机关、团体和企事业单位，尤其是领导机关，在制定决策时都要搞调查研究，了解真实情况和实际问题，从而制定出正确的、合乎实际的方针、政策。调查报告从实际调查中获得的材料、意见和建议，可以成为决策的重要依据。

（2）推广典型经验。典型引路，用先进带动后进，是我们做好各项工作的有效方法之一。典型经验的调查报告，对经验的介绍具体、准确而深刻，是推广先进经验的得力工具。

（3）揭露社会问题。我们社会中存在着各种问题，如腐败现象、违法乱纪、环境污染以及各种丑恶现象。调查报告针对某一问题，进行深入的揭露，从而形成社会舆论，引起有关部门的重视，促进问题早日解决。

（4）扶持新生事物。社会的进步和发展离不开新生事物的促进，而新生事物需要社会的扶持保护才能茁壮成长，形成趋势。调查报告反映新生事物，宣传新生事物，可以帮助有关部门及全社会了解它，从而创造一种适于新生事物成长发展的气候。

(5) 澄清事实真相。有些重大事件、重要问题及重要人物，由于种种原因，人们难以了解真相又十分关心，于是种种传闻满天飞。就这样一些问题进行深入的调查，写成调查报告，公之于众，可以澄清事实，引导舆论。

二、调查报告的特点和分类

1. 调查报告的特点

（1）针对性强。调查报告是针对人们普遍关心的事情或亟待解决的问题而写成的。它们可能是当前工作值得介绍推广的典型经验，可能是急需扶持的新生事物，可能是需要大家引为警戒的失误或事故，也可能是人们较为关注的某个事件。

（2）用事实说话。无论是介绍经验和新生事物，还是揭露问题和事情真相，都是靠通过深入、细致的调查获得的真实、准确的事实来说话。事实是调查报告的真实材料，是调查报告的力量所在。

（3）揭示规律性。调查报告固然以事实为主体，但不能只停留在情况和事实的介绍上，还应该通过对事实的分析研究，得出对事物发展的规律性认识，包括正确的结论、普遍适用的经验、教训，以及解决问题的方法、意见等。

2. 调查报告的分类

（1）基本情况的调查报告。这类调查报告比较深入地反映政治、经济、文化等方面或某一地区、某一系统、某一单位的基本情况，如"关于××地区农业现状的调查"、"本市中小学生消费状况的调查"。

（2）典型经验的调查报告。这类调查报告以成绩突出的先进单位或个人在工作中所取得的典型经验为主要内容。如"关于宝钢深化改革的调查报告"、"立足于高起点——青岛冰箱总厂技术引进的调查"。

（3）新生事物的调查报告。这类调查报告主要反映现实生活中的新生事物，叙述其产生、发展过程及特点，揭示其成长规律，说明其意义和作用，以帮助读者和有关部门认识了解新生事物，达到促进其健康成长的目的，如"'中关村电子一条街'调查报告"、"农民参加保险好——对四川南充地区保险公司的调查"。

（4）揭露问题的调查报告。这类调查报告主要揭露社会生活中某些问题、丑恶现象和社会弊病，分析其原因与危害，以引起广大群众和有关部门重视，促进问题的早日解决，如"关于大兴安岭发生重大火灾的调查报告"、"关于北京非法劳务市场的调查"。

（5）澄清事实真相的调查报告。它主要是揭示社会生活中一些重大的或引人注目的事件的真相，达到澄清事实、匡正视听的目的，如"天安门事件真相"、"十亿元大骗局的破产"。

一、写作格式

1. 标题

调查报告的标题有单式标题和双式标题两类。

（1）单式标题，就是一个标题。其中又分公文式标题和文章式标题两种。公文式标题由调查对象及内容加"调查报告"或"调查"组成，如"浙江省农村中学语文教学情况的调查报告"、"天津自行车在国内外市场地位的调查"。文章式标题，是用一句话或一两个短语概括调查报告的主题或要回答的问题，如"××市清理整顿公司成效显著"、"一颗盲目施工的苦果"、"调整教育政策增加教育投入"、"公共交通服务质量不高的症结何在"。

（2）双式标题，即由正题加副题组成。用正题概括调查报告的主题或要回答的问题，用副题标明调查对象及其内容和文种。如：

为了造福子孙后代
——××县封山育林调查报告
保护未成年人要从规范成年人入手
——关于中小学生出入电子游戏厅的调查

2. 正文

调查报告的正文一般由前言、主体和结尾三部分组成。

（1）前言。又称"导语"或"引语"。它是调查报告的开头部分，根据具体情况选择说明以下内容：调查对象的基本情况、调查的方法、调查报告的主题或主要内容、调查报告要回答的问题等。前言常用以下几种开头方法：

① 说明调查法。即前言重点说明调查的方法，以显示调查成果的权威性、科学性，使读者信服调查报告的内容。

② 介绍对象法。即前言重点介绍调查对象的基本情况，为读者了解调查报告的主体内容打下基础。

③ 概括主题法。即在前言中重点概括调查报告的主题，包括主要经验、主张或结论。

④ 提出问题法。前言提出调查报告要回答的问题，吸引读者看下文。

⑤ 突出成绩或问题法。推广先进经验的调查报告，前言中介绍调查对象取得的巨大成绩；揭露社会问题的调查报告，前言重点说明问题的严重性——这样的开头都可以起到引人注目的作用。

（2）主体。主体部分是调查报告的主要内容所在，即表达调查研究的具体成果。它要对调查得来的事实和有关材料进行叙述，对所做出的分析、综合进行议论，对调查研究的结果和结论进行说明。

由于调查对象和调查目的的不同，主体部分写些什么内容也不完全一样。总的要求是，不仅反映调查所弄清的具体情况，更要反映从实际情况中所总结出来的规律性认识，即成功的经验、有效的措施或做法，问题产生的原因、教训和解决问题的办法等。如果只是罗列过程，堆积材料，而没有得出观点、看法和结论，那就不称其为调查报告了。

一般来说，推广经验的调查报告，其主体部分的重点内容是介绍经验或做法、措施。扶植新生事物的调查报告，其主体的重点内容是说明这种新生事物的优越性，或称为意义、好处、作用等。问题或事故调查，其主体的重点内容是分析问题或事故产生的原因，提出解决办法或应当吸取的教训。揭露真相的调查报告，其主体的重点内容是提示不为人知的内幕情况和原因、影响。总之，主体的内容要根据具体情况和写作目的灵活掌握，没有统一的模式。

(3) 结尾。调查报告的结尾形式多样，主要有总结式、补充式、深化式、建议式、激发式等，有时是总结全文，有时是提出意见和建议，有时提出发人深省的问题，有时是展望前景，可灵活掌握。不论哪种结尾，都应简洁、凝练，不能拖泥带水。

3. 落款

调查报告的落款要写明调查者——单位名称和个人姓名以及完稿时间。如果标题下面已注明调查者，则落款时可省略。

二、写作程序与要求

1. 调查报告写作要经过以下5个程序：

(1) 确定主题。报告的主题应与调查主题一致；要根据调查和分析的结果，重新确定主题；主题宜小，且宜集中；要尽量与标题协调一致，避免文题不符。

(2) 取舍材料。首先，要选取与主题有关的材料，舍弃与主题无关的材料，使主题集中、鲜明、突出。其次，要经过鉴别，精选材料，以一当十。

(3) 拟定提纲。调查报告的提纲有两种，一种是观点式提纲，即将调查者在调查研究中形成的观点按逻辑关系罗列写出来。另一种是条目式提纲，即按层次意义表达上的章、节、目，逐一地一条条地写成提纲。

(4) 起草报告。要根据已经确定的主题、选好的材料和写作提纲，有条不紊地行文。

(5) 修改报告。主要是对报告的主题、材料、结构、语言文字和标点符号进行检查，加以增、删、改、调。

2. 调查报告的写作要求：

(1) 熟悉有关方针政策。多数调查报告是反映人们执行党和政府有关方针政策的情况、经验和问题的，因此，写调查报告，必须要有政策观念，要熟悉和掌握与调查课题有关的方针政策，并以此作为观察事物、分析问题、判断是非的标准。

(2) 做好调查前的准备工作。调查前的准备工作主要分以下几步：

① 确定好调查目的；

② 了解调查的具体任务和调查对象的基本情况；

③ 掌握有关的方针、政策；

④ 制订调查计划，即活动安排、力量的组织使用、时间、地点、方法、步骤等；

⑤ 拟定调查纲目或调查表格。

(3) 采用恰当的调查方法。调查研究要取得成功，还必须有恰当的调查方法，一般的调查方法有：

① 开调查会；

② 个别访谈；

③ 观察采访；

④ 抽样调查；

⑤ 查阅档案和有关材料；

⑥ 掌握准确的统计数字。

(4) 掌握第一手材料。通过调查，详尽、系统、全面地占有材料，特别是第一手材料，是写好调查报告最基本也是最重要的环节，因此收集材料不要"一面关"，而要"面面观"，现实的、历史的、典型的、一般的、正面的、反面的、概括的、具体的、领导的、群众的都应在收集之内。

(5) 科学分析，找出规律。对经过深入调查所占有的材料，必须在正确的思想引导下，用科学的方法，去粗取精，去伪存真，由此及彼，由表及里，认真地进行比较研究，分析综合，努力做到观点和材料向统一，提炼出调查报告的中心主旨，归纳出正确的结论，从中找出具有规律性的认识。

案例分析

【案例1】

计算机网络技术专业人才需求调查报告	【评析】
高等职业教育的培养目标、人才规格和培养模式一直是高职院校着力探讨的重要课题。高等职业教育如何适应21世纪社会对人才的要求，如何审视高等职业教育的培养模式等问题，是高等职业教育改革沿着正确方向发展的关键。	
结合我院建设的实际情况，2009年6月，计算机网络技术专业相关教师通过走访人单位、问卷调查、资料收集与分析等手段，对IT企业和非IT企业进行了专题调研，进一步了解了社会现有计算机网络专业人才需求状况及培养要求，从而为确定我院计算机网络专业的培养目标和课程改革提供基本的依据。	标题为单行标题，采用"调查课题＋文体名称"的公式化写法 开头交代调查的目的、方法、时间、范围、背景等，使读者在入篇就对调查的过程和调查的基本情况有所了解
一、计算机网络人才需求的宏观背景 对计算机网络人才的需求是由社会发展大环境决定的。"以信息化带动工业化、以工业化促进信息化"，这是我国已经确定的长远战略发展目标。 随着我国互联网行业的全面复苏以及网络应用在更高层次上的大规模展开，我国的网络人才需求也在全新的层面上逐步呈现了出来。从目前我国现有的情况来看，有较大网络人才需求的主要有以下几个方面： 一是政府机关政府上网工程的实施造就了人才和培训的巨大需求。 二是企业上网需求量猛增。其中有占八成的企业，其信息化发展，面临着网络应用人才缺乏的困境。	主体分为四大部分，分别从计算机网络人才需求的宏观背景、人才需求调查情况（基本情况、分析及结论）、高职计算机网络专业毕业生存在的主要问题、对高职计算机网络专业人才培养的意见等方面展开

三是现有媒体的网站和商业、专业性质网站对专业人才的渴求更是迫不及待。

二、人才需求调查情况

（一）被调查企业的分布情况

被调查的企业近 40 家，其中有与计算机专业相关的单位（如电脑公司、软件公司）、服务类企业单位、制造业企业单位；有国有企业、三资企业、个体企业及民营企业及其他企业。从被调查企业的分布和性质来看，我们认为此次调查的安排是比较合理的，具有广泛的代表性。此次调研涉及的用人单位主要有湖南、广东、浙江等省的大中型企业、进驻湖南省长沙、株洲经济技术开发区的上市公司、外资企业、大中型国有企业以及具有一定影响力的民营企业；涉及省内及周边地区的人才交流中心和人才交流会；还访问了 http://51job.com/和 http://job168.com/等人力资源网站。

<blockquote>交代接受调研企业的分布情况，说明调研结果的可信性</blockquote>

（二）企业人才需求分析

1．我们首先针对企业岗位人才需求进行了调研和分析

（1）毕业生主要从事岗位

在调查中，计算机网络技术专业毕业生就业在硬件维护岗位的约占 18%，网络建设及管理约占 31%，技术服务 18%，软件编程约占 12%，从事网页制作占 9%，行政管理占 9%。有 3% 做普通技术工人。

（2）急需人才

目前企业急需的人才主要是（按先后顺序）：软件编程，网络建设及管理管理，技术服务，硬件维护和产品开发。调研的这个结果对于我们以后开展教研教学，培养学生专业知识与指导学生就业都有了明确的导向。

<blockquote>通过对统计数据进行分析得出企业急需的岗位人才类型的有关结论</blockquote>

2．我们对企业用人需求进行了分析

89.1% 的企业认为聘用人才最优先考虑的因素需要团队意识、81% 的企业认为需要职业道德、67.5% 的企业认为需要专业知识；企业普遍认为毕业生必须具备网络设备集成能力、网站管理能力、网络安全、系统安全保障。

企业认为计网高职生应取得全国 IT 类职业资格证书（70.2% 企业）、劳动保障部的网络管理员证书（40.5% 企业）、CISCO 的 CCNA 证书（45.9% 企业）；企业普遍认为计网高职专业课程至少应包括数据库开发、网页设计与开发、网络布线与工程、服务器配置、网络施工、网络管理与安全技术等课程。

<blockquote>主要运用统计数据分析企业计算机网络技术专业岗位人才、人才的知识与能力结构、人才培训方式、工资标准等方面的需求，得出相应的结论</blockquote>

大部分企业认为有必要让员工继续学习，可不脱产培训；70.2%的企业最希望的岗前培训方式是就地自己培训。

62.1%的企业认为高职学生工作起薪1 200~1 500比较合适。

（三）企业对毕业生的评价

根据近40家被调查企业反馈的意见可以看出，对毕业生的评价有（见表1）。

表1　企业调查分析表

调查方面	评分标准	百分比	调查方面	评分标准	百分比
职业道德	较强	85.5	沟通协调能力	较强	10.2
	一般	14		一般	35.2
	较差	0.5		较差	54.6
敬业精神	较强	80.7	基础理论知识	较强	30.5
	一般	18.5		一般	40.6
	较差	0.8		较差	28.9
工作态度	很好	87.5	动手实践能力	较强	42.3
	一般	12.5		一般	35.3
	较差	0		较差	22.4
思想政治素质	较强	40.5	适应能力	较强	50.2
	一般	53.9		一般	42.3
	较差	5.6		较差	7.5
吃苦耐劳精神	较强	86.9	创新能力	较强	8.3
	一般	11.9		一般	50.2
	较差	1.2		较差	41.3
心理素质	较强	45.2	独立工作能力	较强	35.3
	一般	49.5		一般	46.8
	较差	5.3		较差	17.9
自我约束能力	较强	56	组织管理能力	较强	20.5
	一般	41.7		一般	30.5
	较差	2.3		较差	49
竞争意识	较强	25.5	是否安心工作	是	62.2
	一般	68.9		否	22.8
	较差	5.6		不清楚	17

从表1来看，企业认为毕业生在本专业知识方面知识基本恰当，能基本满足工作需要。但是对计算机类企业（如软件公司，电脑公司等）来说，学生的专业知识还是有待加深加强的。另一方面沟通协调以及团队合作精神也是很重要的，特别是在计算机公司非常注重合作意识培养，本专业毕业生在这方面有一定的欠缺。此外，在创新能力上还是存在着很大的不足，对于发展迅速的计算机行业，创新能力是必不可少的能力之一。所以在校期间需要加强学生以上能力的培养。

> 根据企业对毕业生在职业道德、敬业精神等16个方面评价的统计数据，运用表格进行分析，得出"从表1来看"后面这段结论

三、高职计算机网络专业毕业生存在的主要问题

从调研情况看，高职计算机网络专业人才的培养工作距用人单位的要求尚有一定的差距，主要存在以下问题：

（1）缺乏基本的抽象分析问题能力和独立解决问题的能力；

（2）仅有书本知识，不能解决实际问题，对工具和方法的应用不熟、经验不足；

（3）知识结构不合理，没有反映出业界的发展现实；

（4）价值取向和对职业生涯的规划不成熟；

（5）各高校的计算机网络技术专业差异太大，难以确定毕业生的能力特点。

> 结合调研结论，对比高职毕业生与企业用人需求之间的差距所在

四、对高职计算机网络专业人才培养工作的意见

1. 课程体系与教学方法相对陈旧

总的来说，目前职业院校计算机网络专业的课程体系，是根据学生的学习特点设计的。但有些课程的内容只是普通高校课程的简化，注重理论知识的培养，实用技能的训练相对不足。尤其是课程内容滞后于专业技术的更新与发展，案例教学、项目教学内容极少，导致学生在实际工作中分析问题和解决问题的能力较弱。另一方面，在职业技能培养方面，职业技能训练不成体系，力度不够，对职业素质的教育（如开拓精神、市场观念、管理技巧、团队精神、应变能力等）尚没有得到全面的实施。现有课程体系存在以上问题，与社会需求和行业发展相脱节，导致该专业毕业的学生不能很好地适应相关行业工作。

在教学方法方面，虽然基本上采用了理论与上机实践相结合的授课方法，但对学生职业技能以及动手能力方面的培养相对不足。社会需求的计算机网络人才强调具有较高的职业素质、较强的实践能力。因此，按传统方法培养的学生难以满足职业岗位的要求。

> 根据调查结论，提出相应的措施和建议

由于职业教育招生困难，导致生源的整体素质要比过去有所降低。有些学生文化基础素质较低，学习的自觉性比较差。但客观的分析后，并不是这批学生没有能力，而是需要有适合他们学习的课程和教学方法，要增强教材和教学方法的趣味性，给予学生更多动手的机会，激发学习的主动性。在实际访谈调研中人们发现，这批学生对于操作性比较强的课程很感兴趣，并且能够很好地掌握。对于工具类的课程，学生的接受能力比较强。

2. 该专业师资缺乏，职业实践能力和经验不足，专业知识滞后

该专业具有良好职业实践能力和经验的教师严重缺乏，这样会导致他们在教学过程中无意识的偏离专业培养方向。现有教师缺少职业培训、技术更新滞后、缺乏教育创新机制等，也是影响教学质量的主要问题。

3. 专业实训条件以及软件教学资源不足

目前，大多数职业院校是改革开放近20年来，依靠政府教育经费建立发展起来的。虽然已普遍建立计算机房，但由于种种原因，上网条件、微机组装以及局域网组网实验室等还难于满足要求，也没有实训基地，整体表现出实践教学设施条件不足，特别表现在软件教学资源不足，现有硬件条件难以发挥应有作用。

4. 对学生就业指导和服务不够

职业教育的主要任务是就业前的职业准备教育，所以衡量职业教育水平的标准，应该是培养的学生能否满足职业岗位需要的能力。许多职业院校普遍存在重招生、轻就业的现象，对劳动力市场的实际需要缺乏研究，对岗位实际技能的要求把握不够，对就业信息掌握不足，对毕业生缺乏有效的就业指导和服务，一些院校计算机专业领域的毕业生就业存在困难。

信息工程系
2009年8月

---

* 资料来源：百度文库 http://wenku.baidu.com/view/f699ec4bcf84b9d528ea7a84.html

【案例2】

大学生关于村官的认识的调查报告

　　调查目的：随着近年各大高校扩招，全国总体就业压力严峻，毕业生就业压力前所未有。对每个大学生来说，及早规划自己的职业生涯，对决定自己的职业生涯的主客观因素进行分析，总结和测定、确定奋斗目标，才能在竞争激烈的就业环境中处于不败之地。而村官就是现在比较新生的职业，就业面比较广。因此想了解大家对村官的认识，也使大家更加了解村官。

　　调查时间：2011.11.25—12.05。

　　对象：常熟理工学院生物与食品工程学院所有学生。

　　调查方式：调查报告，询问情况（本次调查实际发放问卷80份，每份都有具有针对性的8个问题，回收70份，有效率87.5%，调查问卷达到了很好的效果，能够清晰准确地说明问题。调查问卷见附表）。

一、村官的现状

　　近年来，国家高度重视农业发展，为提高广大农民的收入，国家积极鼓励具有大专以上学历的应届或往届大学毕业生到农村任职。大学生们不但为村民们提供了技术上的支持，解决了他们生产中的难题，更是对丰富他们的精神文化生活做出了重要贡献。大学生村官到农村基层工作以后，充分利用自己的所学和特长，积极为建设农村、服务农民、发展农业作出贡献，同时自身也得到了锻炼和提高，成为新农村建设的骨干力量。"大学生村官"政策的实施对于提高农村干部队伍整体素质、促进城乡人才的合理流动，扩大大学生就业渠道、推进社会主义新农村建设，具有十分重大的意义和实践价值。然而由于"大学生村官"还是一个新兴事物，在实践过程中，存在着缺乏经验，不能很好地发挥作用，流失严重和出现回炉现象等问题，主要是由于政策制定不明细、选拔机制、保障机制、培训机制等不完善等因素造成的。因此，完善"大学生村官"政策就要明确政策制定，完善培训机制、选拔机制和保障机制。

　　社会主义新农村建设遇到的最突出问题就是"人才困境"，尤其是村级领导班子总体素质不高，结构不合理，缺乏创新性，严重制约了新农村的建设和发展。一

【评析】

　　调查报告的意向明确，针对性强

　　用叙述性语言，写实性手法反映客观情况

　　系统地反映当地情况：利大于弊

些省市在探索解决这一问题的过程中，创新性地推出了"大学生村官"计划，公开招聘优秀大学生到农村担任村干部，通过增强村级领导班子的内发核心力以加快新农村建设进程。2005年6月29日，中共中央办公厅、国务院办公厅联合发布《关于引导和鼓励高校毕业生面向基层就业的意见》，明确提出从2006年起国家每年计划地选拔一定数量的高校毕业生到农村就业，通过法定程序安排担任村党支部、村委会的相应职务，力争在三到五年内实施一村至少有一名高校大学毕业生的目标。

截至2008年2月底。全国共有28个省市区启动"大学生村官"计划，其中17个省市区启动了村村有"大学生村官"计划。2008年3月，中央组织部会同教育部、财政部、人力资源和社会保障部召开选聘高校毕业生到村任职工作座谈会，部署选聘高校毕业生到村任职工作，"大学生村官"工作进入一个全新的发展时期。"大学生村官"计划是当前我国为建设新农村而实施的一项重大举措，是打破农村人才匮乏局面，搭建农村人才高地，促进城乡人才双向流动，解决大学生就业的一项有力措施。实践证明设"大学生村官"岗，是双赢的可行性的举措

二、问卷分析

从第一个问题"您了解什么是大学生村官吗？"同学们的回答可以看出，只有很少的人（1%）对村官非常了解，大多数（53%）的同学只是了解一点，甚至有许多人（46%）不了解。因此学校里应该加强这方面的介绍，村官是一个很锻炼人的岗位。所以建议同学们应该多去了解村官，了解他的具体现状。材料充实，可信度高

对于村官的具体定位，是否就是村里的高级杂工，同学们各有各的看法。从大家的选择不难看出，多数人是不同意这种说法。所以我们要搞清楚大学生村官的具体定位。大学生村官是加强党的基层组织建设、推进社会主义新农村建设的重要力量，也是党政机关培养和储备来自工农一线后备人才的重要来源。大学生选择到村任职，必选做好自我定位，走好"三部曲"，才能实现锻炼成才的目的。

大学生村官必须要融入当地的村委会，然而初来乍到的村官在这方面往往会遇到各种各样的问题，比如：生活环境，专业知识如何应用于实践；工作环境，与村民如何沟通；思乡心切……根据同学们的选择看出，大

家多数认为"专业知识如何应用于实践"是遇到的最大难题。这也是事实，国家选择的这些村官就是为了让我们把在大学里所学到的知识带到当地去，带动当地的发展。因此，我们要在具体做法可操作性强这方面多多注意，多多思考。

当村官能得到什么？这是很多人想问的问题。而所得到就要看我们当村官的目的和追求。有的人被政府一系列的优惠政策所吸引；有的人因为就业压力导致在城市求职难；有的人是想先到基层锻炼积累经验，为以后打基础；有的人认为农村的发展空间更适合他们。不同的人有不同的选择，不过还是希望大家多为他人想想，如果只是一己私利的去当村官，还不如不去。这样不仅毁了自己，更耽误农村的发展。所以大家应该想好当村官的目的，是为人民服务，还是人民为我服务？

最后要考虑下，三年任期满了以后该怎么抉择。一般来讲，三年签一次合同，今年刚政策出来，六年村官必须进入村两委班子或者和村、社区续聘才能继续当村官，否则只能再就业。当村官，实际点说就是跳板，为了以后更好的发展，虽然就当前工作环境讲还是村官更艰苦，尤其是西部地区的村官下乡后要住在村里，工资很低事情很杂，但是如果说条件这么差还有人去的话，那就是村官的政策优惠。第一，考公务员定岗，竞争压力小；第二，考事业也有优势，随着全国事业单位招聘一体化，也有专门给村官定的岗位；第三，有国企或者银行之类的有村官专场招聘会，如农行、邮电银行这些；第四，服务期满后创业享受税收优惠，当地政府资金补助。所以最后的抉择就要看各自的意愿了。

村官优惠政策多

三、总结

根据上面的分析，我们不难看出，现在的大学生对村官多是不了解的，更不用说报这方面的意愿了。了解这方面的知识，为将来的就业做更具体的打算，做好自己的职业规划。最后说一下大学生村官应该具有的条件：吃苦耐劳踏实肯干的优良作风；高尚的思想和端正的态度，为新农村建设服务的心态与决心；较强的写作能力和沟通能力；有创新意识，思考问题全面而周到；具备一定的关于农村社会、农村经济、农业技术的基础知识；过人的实践与领导能力。

建议和意见

附:

大学生村官调查问卷

1. 您了解什么是大学生村官吗?
   A. 不太了解   B. 了解一点   C. 非常了解

2. 有人说,大学生村官就是农村的"高级杂工",您是否同意?
   A. 非常同意   B. 不太同意   C. 不同意

3. 您认为大学生当村官最大的挑战是?
   A. 生活环境
   B. 专业知识如何应用于实践
   C. 工作环境
   D. 与村民如何沟通
   E. 思乡心切

4. 如果您选择了当大学生村官,您的目的是:
   A. 被政府一些优惠政策所吸引
   B. 因为就业压力导致在城市求职难
   C. 先到基层锻炼积累经验,为以后打基础
   D. 农村的发展空间更适合我

5. 您认为国家因为什么而招聘大学生村官?(选两项)
   A. 为建设我国新农村
   B. 为国家未来建设锻炼储备人才
   C. 缓解就业压力
   D. 为农村经济注入新活力
   E. 其他

6. 假如三年的职任期满后,您考虑的是?
   A. 报考公务员
   B. 考研继续深造
   C. 自主择业
   D. 留任村官

7. 您了解大学生村官的现状吗?
   A. 不太了解   B. 了解一点   C. 十分了解

8. 您认为大学生村官应该具备哪些条件?(选三项)
   A. 吃苦耐劳,踏实肯干的优良作风
   B. 高尚的思想和端正的态度,为新农村建设服务的心态与决心
   C. 较强的写作能力和沟通能力

问卷是帮助大家进一步了解村官的内涵

大学生村官调查问卷分析

1. 您了解什么是大学生村官吗？
   A. 不太了解   B. 了解一点   C. 非常了解
   (40.9%选A，53%选B，6.1%选C)

2. 有人说，大学生村官就是农村的"高级杂工"，您是否同意？
   A. 非常同意   B. 不太同意   C. 不同意
   (15.2%选A，57.6%选B，27.2%选C)

3. 您认为大学生当村官最大的挑战是？
   A. 生活环境
   B. 专业知识如何应用于实践
   C. 工作环境
   D. 与村民如何沟通
   E. 思乡心切
   (7.6%选A，43.9%选B，7.6%选C，37.9%选D，3%选E)

4. 如果您选择了当大学生村官，您的目的是：
   A. 被政府一系列的优惠政策所吸引
   B. 因为就业压力导致在城市求职难
   C. 先到基层锻炼积累经验，为以后打基础
   D. 农村的发展空间更适合我
   (24.2%选A，19.7%选B，42.4%选C，13.6%选D)

5. 您认为国家因为什么而招聘大学生村官？（选两项）
   A. 为建设我国新农村
   B. 为国家未来建设锻炼储备人才
   C. 缓解就业压力
   D. 为农村经济注入新活力
   E. 其他
   (29.3%选A，22%选B，22.8%选C，22.8%选D，3.3%选E)

6. 假如三年的职任期满后，您考虑的是？
   A. 报考公务员   B. 考研继续深造
   C. 自主择业   D. 留任村官
   (23.1%选A，16.9%选B，53.8%选C，6.2%选D)

7. 您了解大学生村官的现状吗？
   A. 不太了解   B. 了解一点   C. 十分了解
   (66.2%选A，30.7%选B，3.1%选C)

　　问卷都是学生们最关心的问题

8. 您认为大学生村官应该具备哪些条件？（选三项） 　A. 吃苦耐劳，踏实肯干的优良作风 　B. 高尚的思想和端正的态度，为新农村建设服务的心态与决心 　C. 较强的写作能力和沟通能力 　D. 有创新意识，思考问题全面而周到 　E. 具备一定的关于农村社会，农村经济，农业技术的基础知识 　F. 过人的实践与领导能力 　（30.2％选 A，25.6％选 B，12.8％选 C，11.8％选 D，14.3％选 E，5.1％选 F） ＊资料来源：http://wenku.baidu.com/view/bf78d80603d8ce2f006623f0.html	

【案例3】　　　　　　　　　　　　　　　　　　　　【评析】

大学生手机使用情况调查

还记得前几年，拥有一部属于自己的手机是一件很了不起的事；而如今随着生活水平的改善，手机的普及率开始升高，且使用者范围也开始扩张，无论从功能到外表都是一个大飞跃。但是，价格却成反比，这对消费者来说无疑是一个买手机好时期，所以不少学生赶上了这好时期，拥有了属于自己的手机，而且使用者越来越年轻化。因此，不少的手机商纷纷推出新款产品来吸引着这潮流一族，那到底哪个手机商勇占上风呢？而新新人类们所期盼的手机功能又是什么呢？抱着这些疑问，我们进行了大学生手机使用情况的调查分析。	高度概括交代调查的原因、目的。引出所要调查的问题
一、大学生购买手机的动机 　大学生的手机消费动机明确，消费欲望强化，逐渐形成了具体的购买动机。具体可以分为如下几种： 　（一）求质量与实用的购买动机。 　学生消费者在购买手机时，大部分被调查者认为质量要有保证。同时，大部分的学生希望拥有为"大学生量身定做的手机"。 　（二）求新款式 新功能的购买动机。 　在保证质量的前提下，还会考虑手机的外观设计，	调查报告的核心部分。依据调查目的深入、认真、细致地从几个方面得出集中表述调查结果

如形状、大小、厚薄、材料、颜色等。其次非常关注手机的内部功能，如是否支持中文输入、是否支持WAP、是否支持语音拨号、是否具备免提功能等。且分析调查均明确表示，选购时会优先考虑质量可靠、设计轻巧、款式新颖、色彩时尚、功能够炫的手机。

（三）求方便的购买动机。

得知大部分的大学生消费者购买手机的真正目的在于方便与家人、朋友、同学、用人单位联系。

（四）求廉价的购买动机。

当价格在他们能够接受的范围内，他们会选择购买他们中意的新款手机。

二、大学生对品牌的概念

这也是手机商们最想知道的问题，到底哪个手机商拥有的顾客最多呢？根据我们的调查分析，使用人最多的手机牌子是——诺基亚，耐用是它的一个最大卖点，而不断扩张的功能也使不少人选择它；第二位是三星，三星虽然拥有高技术，但价钱却令不少学生消费者望而却步；其他品牌的手机就很少人使用了。可见诺基亚这一世界手机销售商果然不负众望，霸占了头位。

三、大学生对手机价格的敏感度

大部分的大学生能接受的价格区间在1 000元以下和1 000～2 000元，一小部分大学生愿意考虑2 000～3 000元的手机和更高的价格。

四、大学生手中手机的样式选择的标准

大部分大学生使用的手机是直板机，少数大学生使用的是滑盖机和翻盖机。

五、其他数据

在手机使用调查中，大部分的同学使用手机的主要用途是发短信，少数的同学用于打电话。由于手机更新快，追求时髦的人总会频频更换手机。

六、结论与建议

根据调研的一些主要数据，可以反映出我校目前大学生手机消费市场的一些基本特征。如下所示：

（一）大学生手机消费仍在以跳跃式的曲线增长，消费量趋向在一定时间内会有较大幅度的增加。

（二）在未来的手机消费中，性别、年级之间的差距会逐渐缩小。

结论与建议

引起读者的兴趣

（三）手机消费仍以外国产品为主导，国内手机还有待于进一步的改进与提高，服务有待于改善。 （四）品牌手机在大学生手机消费市场中占据一定的优势。 　　由此可见，当代大学生对科技产品的认识与购买不再是盲从，而是自主的选择，随着认识的加深，对于"新潮"的追随比起改革初期显得理智、透彻，体现了物质与意识的辩证统一！科技的发展再次证明了，科学技术是第一生产力。手机这一科技产品在实践中得到人们的认可，而品牌上的选择则是各自需求，品牌的建立也并不是一朝一夕的事，而是质量与信誉的结合。大学生属于纯消费群体的性质决定了大学生手机的购买与消费的方式。	给人以启迪 总结全文，深化主题。全文脉络清晰，语言恰到好处。详略得当

【案例4】　　　　　　　　　　　　　　　　　　【评析】

我国食品专业技术人才市场需求调研报告 　　　　黑龙江生物科技职业学院生物工程系 　　　　　　李金宝，胡瑞君，闫波 　一、前言 　　"民以食为天"，食品和食品工业与人民的日常生活密切相关。充足的食品是社会稳定的基础，优质的食品是国民健康的保证，所以，食品工业是人类的生命工业，在世界经济中占据着举足轻重的地位。我国食品工业自改革开放以来历经坎坷，在激烈的市场竞争中求生存，有了很大的发展。近年来，国家也已经将食品工业的发展放在了前所未有的重要地位，这为我国食品行业的发展开辟了光明的道路。 　　食品专业人才是推动我国食品工业发展的核心力量，大力发展我国食品专业人才的培养关系到千万国民的健康营养。而国家高等院校的食品专业正肩负着培育这种人才的重任，目前众多职业院校的食品专业以培育高等应用型专业人才为目标。为企业培养出大批的一线操作技术人才，切实为社会做出了巨大的贡献。鉴于此，本文对食品行业的紧缺工作岗位进行了分析和探讨，旨在为高职院校食品专业学生的就业提供一定的指导。	针对性强，有很光明的前景，它与人类的生存、健康息息相关 重申食品专业人才重要

二、我国食品工业现状及发展趋势

随着生活水平的逐步提高。人们对日常生活中的食品要求也越来越高,进而推动了我国食品工业的快速发展。从表2可以看出,近10年食品工业的总产值一直保持增长趋势,从1997年到2007年食品工业总产值从5 317亿元增长到24 430亿元。

发展速度迅猛

表2 近10年我国食品工业发展概况

年份	食品工业总产值/亿元	占工业总产值/%	企业数量/个	人员数/万人
2007	24 430	12.01	25 683	487
2006	20 100	11.85	23 258	459
2005	16 000	11.33	20 108	426
2004	12 913	11.20	18 811	401
2003	10 759	9.74	18 797	389
2002	9 244	8.40	18 571	376
2001	8 368	8.80	19 119	387
2000	7 828	9.30	20 125	411
1999	7 201	9.60	11 909	447
1998	6 532	10.30	55 183	563
1997	5 317	10.10	60 406	564

翔实的数字说明

可信度高

国内外经济学家公认:在未来5~10年,中国将是全球收入增长最快的国家之一。期间至少有1亿家庭(有3亿多人口)将进入年收入1万美元以上的行列,这是一个非常大的消费市场。由此看来,我国食品工业发展空间非常大。食品专业技术人才市场的前景也是乐观的。据中国食品工业协会专家预测,今后食品工业发展的六大趋势将是有机化、方便化、工程化、功能化、专用化和国际化。中国食品工业企业必须振作精神,迎接新世纪的挑战。同时,食品工业的快速发展也为我国食品专业技术人才提供广阔的发展空间。

人们每天都要消费,13亿大国将有很大需求空间,还有国外

通过对我国食品工业现状的分析与探讨,能够很好地把握我国食品工业的发展趋势,促进我国食品工业更好地与国际接轨,加快我国食品工业的发展速度。

三、我国食品工业从业人员情况及食品专业毕业生从业情况

依据2007年食品工业年鉴的数据,当年年销售额在500万元以上的食品工业从业人员为200万~300万人,

分析真实,入情入理
有说服力,令人信服

在全国的食品行业中随机抽选20家企业进行调查，调查结果见表3、表4和表5。表3是20家大中型食品企业从业人员情况，从表3可以看出，目前企业的人员主要还是大中专及以下学历，主要从事生产操作。表4是食品专业大中专毕业生在企业中的从业情况，大部分毕业生都从事一线生产操作。通过调查发现，目前食品专业就业不存在市场饱和问题。很多企业现在还紧缺高级管理人才及生产、销售人才。表5是食品企业目前的人才需求情况。从表中可以看出，企业现在急需管理型人才，其次，则是生产操作及销售人才。

表3　部分食品企业人员情况

学历	高中级以下	大中专	本科	硕士	博士
占有率/%	33.5	50.7	12.3	3.2	0.3

从学历情况

表4　食品专业大中专毕业生从业情况

岗位性质	管理	技术研发	品控	销售	生产操作	其他
占有率/%	6	4	8	18	58	6

从业状况

表5　食品企业人才需求情况

岗位性质	管理	生产操作	销售	品控	技术研发	其他
人才需求排序	1	2	3	4	5	6

从需求情况

注：1、2、3、4、5、6依次为人才紧缺排序。

四、我国食品专业未来人才需求预测

当前，我国的食品工业正朝着规模化、产业化、系列化、规范化的方向发展，通过进行调研发现，食品专业人才需求量大，特别是新形势下人才需求的岗位类型发生了变化，其中高等职业教育培养的技术应用型人才出现较大缺口，从事食品加工和生产的专业技术人员，除了需要掌握相应的现代食品贮藏、加工、管理、营销等相关理论知识外，更需要具备较强的实践技能。这就要求培养食品类专业人才的院校必须加强实践教学，增强学生的实践动手操作能力。

从表中分析得出，食品专业人才紧缺，有很大的上升空间

把知识转化为效益

1. 食品工业的快速发展急需大量的专业人才

1996年完成的全国第三次工业普查显示我国食品工业总产值在全国工业部门总产值中首次攀到了第一位，成为我国国民经济的重要支柱。从1997年至今，我国食品工业的产值始终在GDP总量中占第一位，食

培养有特长本领的技术人才

品工业的快速发展，促进了企业对食品专业技术人才需求的持续增加。调查发现，企业所需的食品人才中生产操作人员、销售人员的需求比较大，其中高等职业教育培养的应用技术型人才出现较大缺口。食品企业的职位需求主要集中在食品生产操作工、销售人员、食品检验工、食品制作工、食品包装工、一线QC、基层管理人员、食品加工设备操作工这几个岗位。

2. 提高食品的营养与安全急需大量的专业人才

随着人民生活水平的不断提高，居民食物结构将迅速发生变化，近年来食品安全受到社会越来越多的关注。这就要求现代食品加工行业必须改造传统的食品生产方式，进行食品深加工、开发新产品，提高食品质量和减少营养损失，为人们提供大量经济、安全、高质量的食品。

> 与时俱进开发新产品，让它成为更具生命力的产业

依据2005年9月1日国家质量监督检验检疫总局发布的《食品生产加工业质量安全监督管理实施细则》规定，食品生产加工企业必须具有相应的食品生产加工专业技术人员，检验人员必须取得从事食品质量检验的资质，实行职（执）业资格管理制度。通过对业内有关人士的调查表明。目前我国食品安全人才缺口达80万。因而，培养优秀的食品营养与安全方向的人才势在必行，功在千秋。

五、对职业院校食品专业教学改革的意见及建议

人才培养需要符合行业需求，要适合企业口味，学校在加强培养学生的综合素质的同时，需要进行教学改革，更加需要创造更多的实习实践的条件与机会。

1. 构建实践教学体系

当今社会对复合型人才的需求与日俱增，学校应该以能力培养为本位，针对食品行业人才岗位的需求，以科目课程改革为基础，对专业课程进行课程调整。

> 改革是发展的硬道理

根据现代食品企业需要生产操作工、食品销售人员、食品检测工、基层管理人员、食品加工设备操作工等实际，调整课程的设置，将《食品工艺》调整为《果蔬加工》、《粮油加工》、《酿造酒工艺》、《软饮料工艺》和《乳品工艺》等工艺课程，同时增加了实验、实训、实习等实践教学环节，增强学生的实践动手能力。

> 贴近百姓的需求去调整方向

2. 实施"双证制"教育 为适应企业对从业人员职业资格证的要求,将"双证制"纳入教学计划,规定本专业学生必须取得至少一项职业资格证书方可毕业。实施校企合作,有效地提高学生职业素养、职业能力、实践能力及就业能力和就业率。	走更专业化职业化的发展道路

参考文献

[1] 黄卫萍,杨昌鹏,农志荣.食品专业技术人才的需求与培养探析[J].广西轻工业,2007,(6):109-111.

[2] 张有林.苏东毕.食品科学的历史、现状及发展[J].食品工业科技,2004,(1):139-141.

[3] 任迪峰,王建中,张柏林,等.面向21世纪高等林业院校食品专业发展初探[J].中国林业教育,2006.(1):18-21.

[4] 张照.高职食品专业技能的培养与企业需求结合模式的探索[J].科技信息,2007,(30):236.

[5] 李文铡.阮蔓娟,陈野.对食品工学课程实践教学的研究与实践[J].中国轻工教育,2007,(1):63-64。

———————

* 资料来源:http://wenku.baidu.com/view/4a78b2d8ad51f01dc281f125.html

一、知识拓展

(一)调查报告与总结的区别

无论是在结构上、表达方式上还是在主旨提炼上,调查报告和总结都有许多共同之处,但两者之间也有着明显的区别。

1. 共同点

(1)都必须依据党的方针政策来总结经验,都要反映事物的基本面貌和发展过程,概括出规律性的东西,指导今后的实践,都具有较强的政策性和思想性。

(2)在写作上,都要使用叙议结合的表达方式。

(3) 两者在一定范围内可以互写，如把总结的材料写成调查报告，把调查报告写成总结。如"新时期大学生思想政治教育系列调查"，也可以写成"新时期大学生思想政治教育工作总结"。

2. 不同点

(1) 使用人称不同

调查报告是调查外单位的情况之后写成的书面报告，作者从局外人的角度，以局外人的语气客观地叙述情况、分析问题，因此采用第三人称的写法。

总结，主要是总结本单位或者个人的情况，作者从当事人的角度，以当事人的口吻语气叙述情况、分析问题，所以采用的是第一人称。即使上级单位派人来帮助总结典型经验，写作者也必须站在当局者的角度，采用第一人称的写法。

(2) 写作目的不同

调查报告要从全局出发，选择具有普遍意义的问题、情况和经验，通过对某个"点"的剖析研究来指导、推动、改进"面"上的工作。

总结则是通过检查自己的工作，来指导今后的工作实践。

(3) 材料来源不同

调查报告的写作材料，主要是通过深入细致地调查了解得来的，调查是获取材料的主要途径，调查工作的好坏，是调查报告写作成败的重要环节。

总结的写作材料主要靠平时积累，因此，材料积累的多少成为总结写作的关键。当然，有时也需要搞些调查研究，取得材料，以便把总结写得更全面。

(4) 题材范围不同

调查报告的写作题材要比总结广泛得多，可涉及社会生活的各个领域，不受空间和时间的限制。而总结的写作题材既受空间的限制——只能写本单位或个人的情况；又受到时间的制约——只能写已经完成的或正在进行的工作。从这个意义上说，调查报告的写作题材要比总结广泛得多。

二、思考练习

（一）选择

1. 属于事物文书类的文体是（　　）。

A. 计划、总结、简报等　　B. 计划、总结、请柬

C. 计划、总结、守则等　　D. 计划、总结、启事

2. 计划的主要内容包括（　　）。

A. 事前的安排和打算

B. 做了什么，怎样做的有什么效果

C. 做什么，怎样做，完成时间

D. 工作中的心得和体会以及办法和措施

3. 总结的主要内容包括（　　）。

A. 工作的具体措施，指导思想

B. 对工作的总体回顾和打算

C. 全部的工作细节

D. 做了什么，怎样做的，有什么效果

4. 调查报告的作用有（　　）。

A. 反映社会情况，反映最新动态，调查新人新事，采访英雄人物

B. 揭露现实矛盾，弘扬传统美德，宣传党的政策，传播最新信息

C. 报道热点问题，赞扬模范典型，推广先进经验，评析事物本质

D. 反映社会情况，推广先进经验，揭露社会问题，报道当前热点

5. 消息中的导语在全文中起到重要的作用，因为导语能够（　　）。

A. 评析全文的性质　　　　　　B. 揭示文章的结论

C. 概括全篇的主要内容　　　　D. 放置在全篇之首、中间或末尾

6. 消息的五要素必须具备，分别是（　　）。

A. "什么人""什么时候""什么地方""什么事情""为什么"

B. "什么人""什么时候""什么地方""什么结果""为什么"

C. "什么人""什么情况""什么地方""什么事情""为什么"

D. "什么人""什么作为""什么地方""什么事情""为什么"

7. 下列标题哪一个不是计划类的（　　）。

A. 2006年××市文化市场发展纲要

B. ××城镇住房制度改革实施方案

C. 崇川区人民政府2007年精神文明建设工作要点

D. 2012－2013学年上学期工作情况汇总

8. 下列说法表述错误的一项是（　　）。

A. 总结是对以往的工作、学习等实践活动进行回顾，归纳经验和教训，指导实践的文书

B. 总结和计划有着不可分割的联系，它们都是以实践为基础，以指导实践为最终目的的

C. 总结与经验调查颇为相近，但前者叙述成分多，更加具体，后者更有概括性和理性

D. 观点和材料统一，叙述和议论结合，综述和分说交替是写总结必须注意的基本要求

9. 下列表述不符合总结特点的一项是（　　）。

A. 总结要突出成绩，对存在的问题要慎重对待，能省则省

B. 写总结要坚持实事求是的原则

C. 为了说明问题，总结可以引用事例、数据、典故

D. 所有的总结都具有回顾性

（二）判断

1. 写总结可以防止工作中的盲目性，增强自觉性。

2. 计划中的"怎样做"部分，一般要写出确定实施的步骤、措施、办法等。

3. 总结的标题，分为公文式和文章式两种，文章式标题往往有正、副标题。

4. 简报要求在企事业单位内部使用，因此相当于领导机关的内部参考。

5. 消息一般反映新近发生的有社会意义的重大事件。

（三）画线部分改错

1. "凡事预则立，不预则废"，说明了<u>撰写总结的意义</u>。
2. 《学写一笔好字的秘诀——书法练习总结》<u>属于公文式标题</u>。
3. 简报贵简，说明简报<u>短小生动扼要而且迅速及时</u>。
4. 有一类应用文体的生命和价值就是用事实说话，这种文体是<u>规章制度</u>。
5. 采访是写消息的主要手段，采用<u>"调查"、"询问"、"记录"、"分析"、"研究"</u>五个环节。
6. 计划最大特点是对没有做的事情作出<u>检查、分析、评判</u>。
7. 总结可以分为三段式、条目式和<u>段首概括式</u>。

（四）病文修改

病文一：

计　　划

我将于2006年3月1日起到5月31日止，加入体育系武术队，学习两个月的武术。因为自己体质较弱，要强身健体。从早晨5点起床，参加训练，6点训练完毕，自己再巩固半小时技术要领。每天下午5点至6点，各用1小时，向武术队长学习打太极拳。两个月后，确保身体得到锻炼，并学会打太极拳。

2006年2月28日

病文二：

2003学年我的个人总结

炎日当空，天上没有一丝云彩，火辣辣的太阳简直叫人不敢出门，空中没有一点风，只有知了在树上不停地叫着，好像在说"放假啦，放假啦"。又一学年过去了，我应该利用暑假对这一学年的学习情况做一些总结，以迎接新学年的到来。

在这一学年里，我学习了成本会计、管理会计、审计原理、经济法、计算机应用、外贸会计、大学英语、应用文写作、体育、职业道德、概率论等课。其中成本会计82分，管理会计86分，审计原理77分，经济法89分，计算机应用90分，外贸会计90分，大学英语72分，应用文写作68分，体育是中，职业道德是优，概率论是中。总的来说，成绩还是可以的，在班上属中等水平。其中计算机应用和外贸会计成绩好些，而大学英语、概率论和应用文写作差些。下一学期，我要继续努力，争取取得更好的成绩，最好都在80分以上，这样就可以获得奖学金，减轻家庭的经济负担，更可以在择业时增加自己的实力。

文秘一班×××

三、技能训练

（一）参照例文，根据你的实际情况内容写一份个人年度读书计划。

2011 年度学习计划

为了不断更新自己的知识层次，打造"学习型社会"的需求，与时俱进，努力提高自己的综合素质，有计划地完成自己的目标，服务社会，特制订 2009 年度学习计划如下：

一、学习目标

1. 通过电大本年度所有考试顺利毕业。
2. 熟读××课程完善自己的知识结构。

二、学习步骤

1. 把闭卷考试的科目题库背熟。
2. 熟悉其他科目考题并反复看。
3. 到图书馆购中级相关资料书。

三、学习措施

1. 个人自学通过书本、电视、报纸、网络学习。
2. 向他人请教，向比自己懂的人学多问多练。
3. 每周坚持上网学习两个小时以上，及时解决学习中遇到的困难。
4. 制订学习时间表张贴在办公室和家中，让同事和家人见证、监督自己的学习。

四、学习时间

1. 每天读报，每月读一份文学类杂志，每年至少读一本名著。
2. 周一至周五每天晚上 7：30—9：00 学习一个半小时。
3. 周六、周日学习六个小时。
4. 每天用半小时到一小时的时间阅读当天报纸、杂志，了解国内外的重大新闻、政策形势，提高自己的政策理论水平。

五、学习原则

1. 循序渐进，持之以恒，不能"三天打鱼，两天晒网"。
2. 统筹兼顾，科学安排。处理好学习与工作的关系，做到学习与工作有机统一。努力使学习工作化，工作学习化。
3. 融会贯通，学以致用。通过不断学习各种知识来提高自身的理论业务水平，通过不断实践来丰富工作经验。把知识和经验的积累升华为思维模式的更新，进而转化为工作创新的源泉和动力。
4. 学习和实践相结合。用学习来提高实践能力，用实践来验证学习效果。

×××

××年××月××日

（二）总结写作。

结合军训、认识实习、校园文化活动，写一份总结。要求：有过程、有成绩、有经验、有体会、有教训、有方向，层次清晰、结构合理，字数在 500 字左右。

（三）从下题中任选其一，小组合作完成调查报告，并制作成 PPT，由组员代表进行汇报。

（1）学校食堂情况；

（2）大学生消费情况；

（3）大学生课余时间利用情况；

（4）大学生恋爱情况；

（5）大学生读书情况；

（6）大学生体育锻炼情况。

第四章　经济事务文书

经济事务文书概述

一、概念及特点

经济事务文书是企事业单位在各种经济活动中广泛使用的文书，诸如说明书、广告、市场预测报告、招投标书、合同、审计报告、评估报告、催款函等。在经济工作中能及时准确反映经济现象、动态变化，是加强管理、传递信息、预测趋势的重要工具。在实际事务中经济事务文书不仅宣传党和国家的经济方针政策，而且保证经济活动稳定有序地进行，还可以作为历史资料，积累经济活动的事例和经验，推进企事业单位经济事务的长期发展。

经济事务文书具有四个特点：

专业性。也就是作者必须具备相关方面的专业素养和专业知识，能够对经济活动中存在的各种问题加以正确的分析，能够准确、科学地使用经济数据和经济术语，作出科学客观的结论或预测。

政策性。也就是文书在写作过程中必须遵守党和国家的经济政策，按照社会的实际供需状况，进行计划总结、分析预测、说明宣传各种经济活动和经济现象，以促进社会经济的健康发展。

时效性。经济事务文书是为当下经济事务服务的，因此能及时有效地反映经济活动，及时有效地调整经济策略，在经济事务中起着举足轻重的作用。

程式性。任何经济事务文书都是为经济社会服务的，因此其写作格式通常沿袭大家已经认同的形式，这便于迅速及时地反映和消化各种经济需求，力求高效、准确、通俗、简洁地为人们接受和知晓。

二、经济事务文书的种类

按使用对象的不同，经济事务文书可以分为商业类经济事务文书、工程类经济事务文书、管理类经济事务文书、财务类经济事务文书、执法类经济事务文书等。按使用文体分，经济事务文书可以分为预测类经济事务文书、说明类经济事务文书、签约类经济事务文书、商函类经济事务文书等。经济事务文书的不同分类角度也反映了经济事务文书的适用范围，体现了经济事务文书是实现经济目的不可或缺的重要文书。

技能要求

经济事务文书有不同种类，在格式上也有较大差异。下面罗列一些常用经济事务文书的基本格式，便于参照学习。

1. 说明书基本格式

名称型号＋（说明书）

本产品获得过_____荣誉称号。

（1）性能特点、结构用途；

（2）使用（食用、保养、贮藏等）方法；

（3）维修方法、维修店家等；

（4）注意事项（副作用、有效期等）；

（5）联系方式（电话、地址、邮编、网页、电子邮箱等）。

从以上可以看出说明书的基本写作方法。标题有多种写法；导言部分主要介绍相关荣誉称号；正文部分可按性能特点、使用方法、维修店家、注意事项、联系方式等逻辑秩序组织相关材料。

2. 广告文案基本格式图例

广告文案基本格式主要有文字阐述式和标语口号式两种。

（1）文字阐述式：

标题：（商品名称、企业名称等）＋产品特色

正文：主要介绍物品或服务的细节，以充分的事实和数据来描述其优点和特色，以消除消费者的疑虑，激发其购买的欲望。一般采用解释说明、比较说明、举例说明、引用说明等方法。

结尾：使用标语，增强消费者的购买信心。有的加上推销时间、场地、联系方式、开户银行账户等。

从以上可以看出，文字阐述式广告文案的标题，有多种写法，但要注意如何吸引眼球。正文主要介绍物品或服务的细节，文字比较灵活，关键在于让人"一见钟情"；结尾可标明联系方式、该产品独特固定的标语等相关材料，以增强产品的信誉度。

（2）标语口号式：

标语口号式即固定宣传语句，如：

"世上只有妈妈好"——精美母亲节套餐

雀巢咖啡，味道好极了。

上上下下的享受，三菱电梯。

从以上可以看出，标语口号式广告文案格式上比较自由，通常使用固定宣传语句，以强化印象。

3. 市场预测报告基本格式

标题：〔方法之一〕预测对象＋"预测"，

〔方法之二〕正副标题（预测看法＋预测对象）。

正文：

(1) 基本情况。关于预测对象的历史和现状。

(2) 分析预测。对预测对象的未来发展变化趋势进行分析研究，提出预测结论。

(3) 建议或对策。根据分析预测的结果，具体、科学地提出如何适应未来的建议和办法。

从以上可以看出，市场预测报告的标题有多种写法，但要注意标明"预测"，以突出文种的性质。正文分基本情况、分析预测、建议对策几个部分，其中分析预测是关键，因为只有对预测对象的未来发展变化趋势进行科学客观的分析研究，才能准确进行预测。

4. 合同（协议）基本格式：

标题：××（性质）＋合同

甲方：_____（以下简称甲方）

乙方：_____（以下简称乙方）

为了……，甲乙双方通过友好协商，就××××事宜达成如下协议：

一、

二、

三、

……〔写明合同的标的（指货物、劳务、工程项目等），数量与质量，价款或酬金，履行的期限、地点和方式，违约责任，解决合同纠纷的仲裁方式，以及有效期限、份数和保存方法、附则等。〕

甲方： 　　　　　（章）　　　　　　乙方：　　　　　　（章）

代表　　　　　　　　　　　　　　　代表

年　月　日

从以上可以看出，合同（协议）的标题常常标明合同的种类，以强调合同的性质。正文，分约首、主体、约尾3个部分，通常采用条文式。约首指签订合同当事人。主体通常以"为了……"开头，以标明签约缘由；中间则按《合同法》规定的条款，写明当事人的权利和义务。约尾部分，有的还加上双方地址、邮编等。

二、写法

经济事务文书由于文种不同，写作格式上有许多不同。通常要求标题一目了然，符合该经济事务文书的特征。正文在结构上分前言、主体和结尾3个部分。前言一般介绍基本情况，概述历史和现状的发展状况。主体则根据具体文种的性质确立和组织相关内容。结尾则一般留下通信联络的方式。下文对不同题材经济事务文书的格式有格式化的具体说明，这里恕不赘言。

三、要求

1. 熟悉国家各项经济政策，熟悉各种经济知识，熟悉经济事务文书的运作流程。这有利于经济事务文书在运作过程中达到最大的效应，使经济活动更好地服务于社会。

2. 具有良好的调查研究和分析综合能力，能够充分、及时掌握一手资料，并且能透过现象看到经济活动中的本质现象，使经济事务文书得以准确客观地反映现实实际。

3. 写作中还必须具有开放意识、创新意识，注重文字的严谨性、结构的条理性，注意不同国家地域的风俗习惯，合理选择语词和表达方式，严忌陈词滥调，以使经济事务文书发挥好最大的工具作用。

说 明 书

知识导航

一、说明书的性质

说明书种类繁多，在经济活动中通常是作为产品或商品的附属物，以厂家或店家的名义介绍产品的名称、性质、结构、性能、用途等特征和使用、保养、维修等操作技能，方便使用者或消费者正确安全地使用物品。一般而言，说明书具有指导消费、推广购买、提供技术、指导使用等作用。

说明书内容具有实用性和可操作性，有利于指导使用者正确使用产品或商品，提高物品的使用效率，延长使用寿命。同时语言具有简洁性和客观性，通常写明产品或商品的名称、商标、型号、性能、结构（成分）、用途、效用、特点、使用方法、保养（贮藏）方法、维修措施、注意事项、有效期和联系方式等。此外还可使用文字图表的说明方式，使说明书具有直观性和示意性，有助于文化水平不高的人或外籍人士简单轻松地获得正确的使用方法或操作方法。

二、说明书的种类

根据作者身份不同分类，有代表生产厂家的产品说明书、代表经营商家的商品说明书等，根据说明品种不同分类，有工业品说明书、农产品说明书、艺术品说明书和技术说明书等。根据说明功用不同分类，有使用说明书、保养说明书和维修说明书等。根据表达形式不同分类，有文字说明书、条文说明书、图表说明书等。根据说明繁简不同分类，有简要说明书、详细说明书。根据使用语种不同分类，有中文说明书、外文说明书、中外文对照说明书等。

技能要求

一、写作格式

1. 标题

说明书的标题有多种写法。一般是说明物品的名称加"说明（书）"，如"名称型号（说明书）"；有的直接写说明物品名称或该物品的某一显著特征，如"立邦漆"等。

2. 正文

说明书的正文通常先向人们介绍某物品获得过××荣誉称号，以增强信誉度。然后按照该物品的性能特点和结构用途、使用（食用、保养、贮藏等）方法、维修方法和维修店家、注意事项（副作用、有效期等）、联系方式（电话、地址、邮编、网页、电子邮箱等）的顺序进行说明。有时，正文可按需添加图表说明，以使人们可以更容易地了解该物品的有关性质和说明内容。

3. 产品标记

二、写作要领与要求

1. 关系到人民生命和财产安危的产品或商品，说明要详细。如医疗用品、农药产品、化工制品、燃气灶具等。

2. 操作或使用比较复杂的用品必须详细说明。如某些家用电器、电子产品，而且这类说明书通常要求成册，方便人们阅读理解和准确使用，以免出现使用不当的情况。

3. 对于毒副作用大的药品、化学品等，一定要写全禁忌事宜，并要告知不良反应的应急处理办法。

4. 涉及消费者咨询、投诉等信息不能遗漏。

案例分析

【案例1】

真汉子剃须刀使用说明书	【评析】
本说明适用于各类充电式剃须刀。 1. 充电： 将电源插头插入 AC220V 电源之中，视充电指示灯亮、充电 12～16 小时。注意：充电时间不要过长，以免影响电池寿命。 2. 剃须： 将开关键上推至（ON）开启位置，即可剃须。为求最佳之刮须效果，请将皮肤拉紧，使胡子成直立	使用说明有三个主要的步骤，一是充电，介绍了所接用的充电电压、充电时间及注意事项等

状，然后以逆胡子生长的方向缓慢移动。 　　如有修剪刀功能的剃须刀，请在剃须前，先将修剪刀推出，修短胡须后再用网刀剃净。 　　3. 清洁： 　　剃须刀要经常清洁。清洁前应先关上开关。旋下网刀，用毛刷将胡须屑刷净。清洁后轻轻放回刀头架、且到位。清洁时应轻拿轻放，避免损坏任何部件。 　　保修条例： 　　保修服务只限于一般正常使用下有效。一切人为损坏例如接入不适当电源，使用不适当配件，不依说明书使用；因运输及其他意外而造成之损坏；非经本公司认可的维修和改造，错误使用或疏忽而造成损坏；不适当之安装等，保修服务立即失效。此保修服务并不包括运输费及维修人员上门服务费。 　　保修期外享受终身维修，维修仅收元器件成本费。剃须刀中内、外刃属消耗品不在保修范围内。 　　保修期：正常使用六个月。 　　注意事项： 　　1. 充电时间12～16小时。 　　2. 换刀网刀头时一定要选用原厂配件。	二是剃须，介绍了具体方法，剃刀走动的方向 　　三是清洁，为延长剃须刀的寿命详细地介绍了剃须刀的保养清洁工作 　　严格来讲，"保修条例"不属于使用范围内的东西，可以略去

【案例2】　　　　　　　　　　　　　　　　　　　　　　　　【评析】

会计岗位工作说明书 　　一、岗位标识信息 　　税务会计，隶属于财务部，岗位编码为×××，直接上级是财务部经理，工资等级为××，无轮换岗位。 　　二、岗位工作概述 　　根据税法和税务程序的规定，负责本公司所有税务的计算及申报工作，按时足额纳税，保障公司的利益和国家权益；公司的综合统计工作。 　　三、工作职责与任务 　　(一) 负责公司税务的申报 　　1. 进行内销增值税申报；2. 进行外销增值税的免税申报；3. 进行外销增值税退税；4. 进行公司所得税申报；5. 进行个人所得税代扣代缴；6. 进行公司房产税，车船税的申报；7. 负责财政补贴和防洪费的缴纳；8. 进行印花税的计算，贴花及注销。	岗位基本资料 　　简要说明工作概况 　　岗位可能担任的责任不同，必须进行分级详细描述，做到充分完全

（二）负责公司进出口业务的核销

1. 根据进出口情况核销进出口业务；2. 领取进出口所需的业务单据。

（三）协助人事部进行劳动工资的计算

1. 与人事部合作，计算公司员工的工资奖金、加班费及各种保险基金；2. 在规定的时间里发放各项工资。

（四）向上级有关部门报送相应的报表

1. 填写、录入公司各财务报表；2. 向税务、财政报送季度资产负债表、利润表及年度全套报表等；3. 填制对外统计台账和月度报表；4. 向上级主管单位送交统计报表或财务报表。

（五）完成上级委派的其他任务

四、工作绩效标准

1. 按时足额纳税，保证税务申报及时准确，减少公司不必要的损失；2. 准确核销进出口业务，保证进出口业务的顺利进行；3. 准确计算劳动工资；4. 按时向上级报送报表。

| | 简单明了 |

五、岗位工作关系

（一）内部关系

1. 所受监督：在税务的申报和税款的缴纳方面，直接接受财务部经理的指示和监督；2. 所施监督：一般情况本岗位不实施对其他岗位的工作监督；3. 合作关系：在进出口核销方面，向销售部取得相关的内销外销发票，在协助核算劳资方面，向人事部取得工资清单。

（二）外部关系

在进行税务申报方面，与税务局发生联系，在进出口核销方面，与外汇管理局发生联系，在申报缴纳地税方面，与财政局发生联系，在缴纳税款方面，与银行发生联系。

六、岗位工作权限

（一）对进出口业务的审核权；

（二）税款的缴纳权；

（三）对工资的核算权、发放权。

七、岗位工作时间

在公司制度规定的时间内工作，偶尔需要加班加点。

八、岗位工作环境

约50%的时间在室内工作；温度湿度适宜；无噪

声、粉尘等污染；照明条件良好，一般无相关的职业病发生；因申报需要一半时间在公司外报送有关资料。（二）税务知识；（三）税法、经济法方面的知识；（四）会计核算的相关知识；（五）计算机基础知识及常用软件知识；（六）英语知识。 九、知识及教育水平要求 十、岗位技能要求 （一）熟悉各种税务法规及税务申报的程序；（二）熟悉公司的各种法规及工资评审办法；（三）有较强的计算能力、统计能力；（四）具有办税员证。 十一、工作经验要求 大学专科以上文化程度，财会专业毕业，至少1年以上相关工作经验。 十二、其他素质要求 任职者需具有健康的体魄，充沛的精力；强烈的责任心；无特殊性别与年龄要求。	规范、准确、全面

广告文案

 知识导航

一、广告文案的性质

广告，有广而告之的意思。现代社会的广告有狭义和广义之分，狭义的广告是指一种以盈利为目的的经济信息传播活动，即经济广告；广义的广告还包括社会公益性广告等。广告通常图文并茂，融合音画，形式多样。

文案是个新近产生的语词，意思跟方案近似，即指提出计划、办法或其他建议的文件。随着现代化发展，像文案这样的文字写作，在许多领域有着重要的作用。有这样一条顺口溜："看不起老板，自己开公司；看不起媒介，自己做策划；看不起作家，自己写文案。"

广告文案显然是指构成广告的文字资料，因此在制作过程中必须充分考虑竞争对手的实力，确定相应的竞争方式，以增强广告的说服力。广告文案通常具有传播信息、沟通产销、指导消费、促进竞争、拓展市场等作用。

广告文案策划时，通常以一般消费者作为广告的主要对象，语言要注重受众的文化水平，多强调个人化、情绪化的购买行为，注重打造文字的"人文精神"、"生活气息"、"艺术感受"、"审美品位"。此外，由于电子产品的发展，广告文案的写作还要注意如何使文字有机结合到电视、广播、报刊、户外等流动性很大、强调空间感的宣传媒介中。

二、广告文案的种类

1. 根据广告的使用目的,广告文案可分为告知性广告、竞争性广告、促销性广告,便于消费者了解产品的特性、优势,由此进行合理选择。

2. 根据广告的表达方式,广告文案可分为直陈性广告文案、渲染性广告文案,便于消费者了解产品特点、功能、保养等知识,或者在文学性的夸张暗示下激起购买欲望。

3. 根据广告的发布媒介,广告文案可分为报纸杂志广告文案、广播电视广告文案、网络手机广告文案、户外车厢广告文案、陈列展示广告文案、包装票据广告文案、灯箱邮政广告文案等。

4. 根据广告的发布形式,广告文案可分为文字广告文案、配图配字广告文案、配声配字广告文案、视频配字广告文案等。

5. 根据广告的文体样式,广告文案可分为启事体、证书体、简介体、日记体、书信体、诗词体、问答体等广告文案。

技能要求

一、写作格式

1. 标题

拟写标题,通常要求注意如何吸引眼球,可采用"(商品名称、企业名称等)+产品特色"等方式,如"耳聋耳鸣的救星"、"探索与发现:今天你订了吗?"

2. 正文

正文文字比较灵活,关键在于让人"一见钟情"。

如果是标题式文字阐述式文案,通常主要介绍物品或服务的细节,以充分的事实和数据来描述其优点和特色,以消除消费者的疑虑,激发其购买的欲望。一般采用解释说明、比较说明、举例说明、引用说明等方法。

如果是标题式广告文案,通常使用固定宣传语句,如"'世上只有妈妈好'——精美母亲节套餐"、"雀巢咖啡,味道好极了"、"上上下下的享受,三菱电梯",目的是强化他人的印象。

3. 结尾

结尾可使用标语,以增强消费者的购买信心。有的加上推销时间、场地、联系方式、开户银行账户等。

二、写作要领与要求

1. 根据客户对象,精心策划,突出主题,选准角度。一般来说,要求明确"自己在讲什么"、"是和谁说话"、"在对哪个人说话",这样有利于文案被接受。

2. 遵守《广告法》,遵守社会公德,突出高度的视觉想象力,营造出其不意的点子,注重创造出自己的阅读者和消费者,以提高文案的推广效率。

3. 了解客户的企业文化,既有战略高度,又注重细节功夫,撰写具有创意的内涵和质量的文案。

4. 注意正文的承上启下,段落一般要求简短,可适度使用夸张、比喻、拟人、对比、双关等幽默风趣的修辞手法,以增强吸引力、感染力和说服力。结尾语气要注意气势上的磅礴感。

案例分析

【案例1】

梦中花园——丽江古城

兼山乡之容,水乡之貌
一座依顺自然的山水之城
一座亲和自然的田园之城
丽江古城
纳西民俗风情
深层历史文化
一个以人为本的世外桃源
一个天人合一的梦中家园
滇西葫芦北雪域大江中
在熙攘浮躁的当今世界,这座古城已成了
难得一闻的一曲远山清音,红尘牧歌

【评析】

这是一则诗歌体的丽江古城的旅游宣传广告文案,运用复合标题,令人遐思

以丽江古城的自然之美、古朴之美、人文之美为铺垫,使自然与人、历史与文化、仙境与人间水乳交融。在远山清音之中,升华出一片人们久已向往远离尘世的净土,营造出引人入胜的艺术效果

【案例2】

中华汽车电视广告文案

印象中,爸爸的车子很多,大概七八十部吧!我爸爸没什么钱,他常说,买不起真车,只好买假的,我这辈子只能玩这种车喽。

经过多年努力,我告诉老爸,从今天起,我们玩真的。

爸爸看到车后,还是一样东摸摸、西摸摸,他居然对我说——我这辈子只能玩假的,你却买真的。

爸,你养我这么多年不是假的,我一直想给你最真的。

广告语:中华汽车,真情上路

【评析】

散文体广告文案,运用直接标题

本文属于情感诉求型广告文案,注意对情感性的张扬,紧紧抓住情感型消费者的一片孝心,通过回忆父母之爱,感染消费者对父母养育之恩进行真诚回报,从而使商品更加人情化

广告标语:朗朗上口,整齐易记,以情感人

合　同

知识导航

一、合同的性质

合同，通常也称协议，是由双方或多方当事人，为了实现一定的经济目的，通过平等协商，明确各自的权利和义务，在平等互利、协商一致、等价有偿的原则下签订的文书。经济合同的当事人，可以是自然人，也可以是法人或者其他组织。自然人必须是具有完全民事行为能力的个人。法人是依照国家规定的法定程序组成的，经过国家认可的社会组织或团体。合同可以保护当事人各方的合法权益，保证经济合同的顺利履行，可以保障国内外经贸活动稳定、安全地开展，加强企业的经济核算，促进当事人经济组织的健康顺利发展。

一般说来，合同具有四个特点：

一是合法性。订立当事人应该具有合法资格，合同内容必须符合国家法律、行政法规，符合国家政策和公众的合法权益。

二是制约性。合同当事人彼此权利和义务既对等，又相互制约。合同一经依法成立，当事人必须严格履行各自的义务，不能擅自变更或终止合同，否则就要被追究经济责任并承担相应的法律责任。

三是协商性。合同当事人彼此的社会地位可能千差万别，经济地位和经济实力可能有很大的差异，但签订合同时，彼此在法律地位上都是平等的，没有上下主从之分，双方的权利和义务必须在平等的基础上协商进行。

四是互利性。任何一方都不得采取欺骗、威胁、强迫手段把自己的意志强加给对方，双方当事人应在充分平等、自主协商和完全自愿的基础上，确立彼此之间对等的权利和义务关系，不能一方只享有权利不履行义务而造成另一方的损失。

二、合同的种类

1. 按合同内容分，可分为买卖合同，供用电、水、气、热力合同，赠与合同，借款合同，租赁合同，融资租赁合同，承揽合同，建设工程合同，运输合同，技术合同，保管合同，仓储合同，委托合同．行纪合同和居住合同，此外还有抵押合同、旅游合同、出版合同和装修合同等。

2. 按合同有效时间分，可分为长期合同、中期合同和短期合同。

3. 按合同行文格式分，可分为条款式合同、表格式合同和表格条款结合式合同。

技能要求

一、经济合同的基本内容

根据经济合同法规定,经济合同的主要条款应包括以下内容:

1. 标的

标的是合同当事人的权利和义务所共同指向的事物、目标。标的一般有三种:

(1) 实物标的,如商品、货物。

(2) 行为标的,如劳务行为、保管行为。

(3) 工程标的,如道路、建筑等建设项目。

所有标的在合同中都必须写明确、具体,同时,标的必须合法,有些事物如武器、弹药、麻醉药、金银等限制流通物,是不能作为标的的。

2. 数量和质量

标的的数量要具体、肯定,它直接关系到当事人权利和义务责任的大小。数量的计量方法要按国家或主管部门规定的执行,没有规定的,则按约定俗成或各方商定的办法执行。数量的计量单位也必须符合规范,度、量、衡等必须精确无误。

标的的质量是确定标的特征的最重要因素。它包括标的的品种、规格、型号、牌号、商标、技术标准、技术和工艺要求等。凡有标准等级的均应标明等级,如哪年哪月哪日的国际标准、国家或部颁标准、地方标准或企业标准等。也可以双方协商一个标准,在合同中附上具体样品。

3. 价款或者酬金

价款或者酬金是权利的体现,要明确规定数额大小、计算标准和结算方式。要严格执行国家的价格政策和有关规定,结算方式一般用人民币通过银行转账结算。

4. 履行的期限、地点和方式

履行期限要具体、明确,它是检查违约责任的依据之一。规定时不能用"不日内交货"、"产出交货"这类模糊概念,履行地点要写省、市、县全称,以避免差错,如浙江和山东两省都有叫"乐清"的地方,光写"乐清"二字显然会混淆,给合同的履行带来不必要的麻烦和损失。履行方式包含若干方面,如一次性履行或分期履行,当事人亲自履行或由他人代理履行,履行时所用的工具或手段,如航运、水运或陆运等,要根据不同的标的内容确定不同的履行方式。另外还有一点非常重要,标的如果需要包装,合同中一定要专门规定履行时必须遵照执行的包装标准和要求。例如食品、医药、化学产品等,要严格执行国家和有关部门规定的包装标准。

5. 违约责任

为了有效保证合同的履行,保护合同当事人的正当权益,维护社会经济秩序,合同中必须明确规定双方的违约责任。目前主要是用规定违约金的形式来体现。

除了上述内容之外,根据法律规定的或按经济合同性质必须具备的条款,以及当事人双方要求必须规定的条款,也是经济合同的主要内容。

二、经济合同的基本结构

1. 标题

标题一般写成"××（性质）＋合同"，如"房地产销售合同"、"劳动合同"。

2. 约首

约首即签订合同当事人。如

"甲方：＿＿＿＿＿＿＿＿＿＿＿＿＿＿＿（以下简称甲方）

乙方：＿＿＿＿＿＿＿＿＿＿＿＿＿＿＿（以下简称乙方）"

3. 正文

（1）开头：通常以"为了……"开头，明确签约缘由。如"为了……，甲乙双方通过友好协商，就××××事宜达成如下协议"。

（2）条款：按《合同法》规定的条款，以条款式写明当事人的权利和义务，包括合同的标的（指货物、劳务、工程项目等），数量与质量，价款或酬金，履行的期限、地点和方式，违约责任，解决合同纠纷的仲裁方式，以及有效期限、份数和保存方法、附则等。

4. 约尾

约尾要求署名，写明签约的甲方、乙方或第三方的法人代表姓名或名称，并写上签约的具体日期。有的还加上双方地址、邮编等。

三、写作要领与要求

1. 严格遵守签订原则。要求签订当事人平等自愿，协商一致，遵纪守法，诚实守信，不得擅自修改或终止。

2. 条款要实事求是，具体明确，避免将来双方可能产生矛盾和纠纷，以利于合同正常有序的履行。

3. 语言必须准确严密，避免歧义性、侮辱性、矛盾性、模糊性和揣测性的词语或语句，以利于合同的准确执行。

4. 注意对签订实际情况的了解，特别是在跨地域、跨国境签订合同时，更多做信息上的沟通，以严防欺诈行为的发生。

案例分析

【案例1】

武汉市珞狮路中学校园网工程合同

委托方（甲方）：武汉市珞狮路中学

承建方（乙方）：上海远东先锋科技有限公司

甲方委托乙方承建甲方的网络工程。经双方友好、平等协调，订立合同如下：

【评析】

一、工程介绍 　　1. 工程名称：武汉市珞狮路中学校园网工程 　　2. 地址：武汉市珞狮路8888号 二、服务内容 　　1. 在承建工程过程中，乙方包工、包料，但乙方要按照甲方要求的时间完成设备的安装和调试，甲方应积极配合乙方进行安装和调试的各项工作。 　　2. 甲方局域网布线由第三方承包商承建，乙方负责布线完成之后的机房网络设备安装及调试工作。在第三方承包商布线及测试完成的前提下，乙方负责实施甲方办公场地的计算机网络节点的安装及调试工作（不包含网络布线和线路测试）。	合同标的及相关内容
三、工期 　　乙方施工开始日期为2006年11月01日，交工日期为2006年11月30日。	网络工程建设的期限
四、合同报价 　　合同报价见附件"网络工程报价明细"。	网络工程价款和酬金
五、付款方式 　　合同签订之日，甲方向乙方预付工程总价的30％作为订金，设备到达后付给乙方工程总价的80％设备款，余款在工程验收通过之后由甲方向乙方以现金方式一次性付清。	网络工程价款和酬金履行的期限和方式
六、质量保证及保修 　　1. 乙方对其购买的用于工程中的交换机、路由器提供2年质保，对工程所涉及的线路及设备保修期限为自交工之日起1年（硬件保修1年，人为损坏无质保）。对保修范围内的硬件，乙方不收取任何费用。 　　2. 对于计算机病毒或计算机操作系统自身故障造成的网络不通或其他网络故障不在保修范围，对于此类故障乙方可以配合甲方进行维修及维护工作，但要收取相应的人工费。	工程标的的质量保证
七、违约条款 　　1. 合同自甲乙双方签订之日起生效，合同有效期自签订之日起至交工之日后一年。在合同有效期内任何一方违反合约，违约方须向被违约方赔偿违约金人民币5万元。 　　2. 本合同未尽事项和条款，由甲乙双方协商解决。本合同如有争议，由双方协商解决，协商不成，交由当	违约责任及争议解决的方式

地人民法院解决。本合同一式两份，甲乙双方各执一份，自签署之日起生效。

甲方：	乙方：
甲方代表：	乙方代表：
地址：	地址：
邮编：	邮编：
电话：	电话：
开户行：	开户行：
账号：	账号：
年 月 日	年 月 日

* 资料来源：百度文库http：//wenku.baidu.com/view/a243211ba8114431b90dd854.html

【案例2】

基本建设贷款合同

合同编号：

甲方：××建筑公司

乙方：中国××银行××分行

根据《基本建设贷款试行条例》和《基本建设贷款实施细则》（以下简称《条例》、《细则》）的规定，甲方进行基本建设所需的资金，经乙方审查同意发放贷款，为明确双方责任提高经济效益，除遵守《条例》、《细则》的规定外，协商同意以下几点，特签订本合同，以资共同遵守。

第一条，甲方根据批准的设计概算，向乙方贷款人民币（大写）＿＿＿＿＿＿万元，规定该项贷款用于下列建设项目（略）。

第二条，在建设过程中，甲方根据批准的年度基本计划和建设进度编制年度分季用款计划，送乙方审查核定年度贷款指标。

第三条，甲方在乙方开立账户，全部贷款由乙方监督支用。甲方如果不按规定使用贷款，乙方有权停止发放贷款。

第四条，乙方保证在核定的年度贷款指标内，按照《细则》规定及时供应贷款资金，因乙方差错造成资金供应不及时，由乙方负责赔偿经济损失。

【评析】

正文，条款式。首先表明双方签订合同的依据和目的

然后是合同的主要内容，双方协商同意的条款

第五条，乙方提供的贷款甲方保证从_____年_____月起至_____年_____月止，全部还清。上述还款期限，如因国家规定的固定资金基本折旧率、应纳税率和产品价格等较大调整，需要延长或缩短时，双方通过协商计算，按年由乙方通知甲方支付。

第六条，贷款利息在合同还款期内，按年息_____％计算，超过还款期限，逾期还款部分按年息_____％计算，贷款利息，按实际支用数计算，按年由乙方通知甲方支付。

第七条，贷款还本付息的资金来源，双方同意按《细则》的规定在建设项目投产后用下列资金清偿：①基本建设收入；②新增固定资产的基本折旧基金；③固定资产税；④利润。甲方还款超过合同规定期限还本付息的资金来源按《细则》规定办理。

第八条，本合同双方签章后生效，于全部贷款本息还清后失效。合同一式四份，除甲乙双方各执一份，分别上报甲方上级主管部门和建设银行总、分行（按项目隶属关系）各一份。

甲方_____（公章）
负责人_____（签章）
地址_____
乙方中国建设银行_____分行（公章）
负责人_____（签章）
地址_____

_____年_____月_____日

【案例3】

房屋租赁合同

出租方：王东（简称甲方）
地址：自由大路3125号
电话：88442975
承租方：李强（简称乙方）
地址：长春市幸福乡
电话：16967800432

【评析】

这是房屋租赁合同

签订合同双方、标的物

现根据国家和省、市的有关法规，经甲乙双方充分协商，一致同意签订房屋租赁合同，合同条款如下：	签订合同依据，协商之后达成的合同的具体协议内容
一、甲方将坐落在自由大路3125号房屋，建筑面积320平方米房间出租给乙方，做办公使用。	
二、租期从2012年1月1日起至2014年1月1日止。	
三、乙方每一年向甲方缴纳租金人民币10万元整，并于1月1日交清。	
四、房屋租赁合同生效后，乙方应向甲方交付三个月押金2万元，作为履约保证金，合同期满后退还给乙方。	
五、出租房屋的房地产税、个人收入调节税、土地使用费、出租房屋管理费由乙方负责交纳；水电费、卫生费、房屋管理费由甲方负责交付。	
六、乙方必须依约交付租金，如有拖欠租金，每天按租金额20%加收滞纳金；如拖欠租金达三个月以上，甲方有权收回房屋，并有权拒绝返还履约保证金。	双方的违约责任和处罚方法。该合同依据有关法律规定，合同格式规范，内容比较完备，语言干练，没有赘述
七、乙方不得擅自改变房屋的结构及用途，乙方因故意或过失造成租用房屋和配套设备的毁损，应负恢复房屋原状或赔偿经济损失责任。	
八、甲方应负责出租房屋的正常维修，或委托承租方代行维修，维修费在租金中折算；若甲方拖延维修或不作委托维修造成房屋毁损，乙方不负责任，并由甲方负责赔偿乙方的经济损失。	
九、租赁期间房屋如因不可抗力的自然灾害导致毁损，本合同则自然终止，双方有关问题可按有关法律处理。	
十、租赁期间，甲乙双方均不得借故解除合同，如甲方要收回房屋，必须提前三个月书面通知乙方并取得同意，同时应双倍返还履约保证金；如乙方需退房，也必须提前三个月书面通知甲方并征得同意，同时不得要求返还履约保证金。	
十一、租赁期间，乙方未经甲方同意，不得将房屋转租给第三方；租赁期届满或解除合同时，乙方需按时归还房屋给甲方，如需续租，须提前三个月与甲方协商，若逾期不还又未续租，甲方可直接向房屋租赁管理部门申请调解或起诉至人民法院处理。	
十二、本合同如有未尽事宜，可经双方协商作出补充规定，补充规定与合同具有同等效力。	

十三、本合同如在履行中发生纠纷,应通过甲乙双方协商解决;协商不成,可请房屋租赁管理部门调解或向人民法院起诉。 十四、本合同可经公证处公证,合同一式五份,甲乙双方各执一份,公证处一份,税务部门一份,房屋租赁管理部门一份,均具有同等法律效力。 出租人:王东　　(签名盖章) 承租人:李强　　(签名盖章) 经办单位:长春市××公证处(签名盖章) 　　　　　　　　经办人:××× 　　　　　　　　2011年12月30日	

【案例4】　　　　　　　　　　　　　　　　　　　　　　　　【评析】

食品委托加工合同 甲方: 乙方: 　　经双方充分协商,在互利互惠的基础上,就甲方委托乙方加工生产(　　)系列产品事宜,达成以下协议: 　　第一条　加工产品范畴 　　1. 产品品名: 　　2. 产品规格为: 　　3. 如增加产品由双方另行签订书面补充协议。 　　第二条　委托加工订单 　　1. 甲方根据市场销售情况,每月以书面或传真形式向乙方提供次月订单,明确订单的数量和供货时间,乙方如有异议,应在接订单后1日内书面提出,否则,视为同意。 　　2. 乙方按确定的订单提供产品,甲方可视具体情况对订单进行相应的调整,调整计划提前5天通知乙方,但调整幅度(量)不得超过计划的25%,若超过25%,双方另行协商。 　　3. 乙方应尽最大努力,最大限度地满足甲方订单的要求。	合同双方自愿 承担法律风险 完成各自任务 细则要求条理清晰 明确分工

第三条　加工产品质量及责任

1. 乙方严格按甲、乙双方确认的配方和工艺制作，产品质量符合国家食品卫生标准。

2. 加工产品包装上标注乙方厂名和厂址，同时注明乙方系受甲方委托生产，附商标使用授权书。

3. 产品在保质期内出现批量性质量问题，经由双方确认或国家检验检测机构签定属乙方制造引起的，除由乙方承担该批有质量问题产品（需双方清点数量）的责任外，乙方还应按该批有质量问题产品总值的30%以实物形式（加工产品）补偿给甲方。

4. 乙方交付的产品如在市场流通中，因品质问题而导致甲方利益受损时，经双方鉴定或经公证单位鉴定属乙方责任的，乙方应负甲方直接损失赔偿责任：

（1）加工产品的投诉赔偿问题，甲方在预先征得乙方同意的情况下（书面为准）可以先行赔付消费者，消费者签收确认，由乙方负担赔偿，赔款在加工费中扣除；当乙方对甲方处理有异议的，甲方可委托乙方协助甲方处理；

（2）在甲方有要求时，乙方可协助甲方处理质量投诉，但不负责对最终用户（即甲方客户）提供售后服务；

（3）少量的包装破损等质量问题，由乙方负责调换；

（4）若属甲方运输或出厂以后因保管不当导致产品变质，乙方不予承担责任。

5. 乙方应按产品标准要求对每批次产品进行抽检及留样，并严格遵循"三检"制度。

6. 乙方应根据甲方销售需要提供加盖公章的工商营业执照复印件及生产、卫生许可证复印件，相应批次产品的出厂检验报告单。

第四条　原辅料及包装材料供应

1. 产品的商标图案、标识设计图案和外包装设计图案由甲方提供给乙方，这些图案及其组合的知识产权属于甲方所有，乙方不得在甲方产品以外的任何场所使用或许可他人使用。

2. 乙方全面负责采购加工产品所需的原辅材料和包装材料，并确保所采购的原辅材料、包装材料符合甲方产品质量标准要求。

承担的责任细致入微，把可能出问题的地方想得全面具体

采用的是条款式合同，严格遵守国家法令

3. 乙方应保管好甲方材料，包装纸箱、标签等不能流入市场。	
第五条　产品交付验收	双方共同商定一致意见
1. 产品实行甲方自行提供，交付地点为乙方工厂仓库，物流运输由甲方负责，乙方负责装车。	共同信守本合同的各项条款
2. 产品交货按甲方订单履行，若有变动，双方应提前约定。	
3. 产品在出厂之前，由甲方驻厂代表开具质量验收单，并在乙方出库单上签字。	
4. 产品验收依据为经双方共同确认的质量文件及国家相应标准。	
5. 如甲方认为原辅材料、包装材料及成品出现不良现象（如原辅材料、包装材料不符合标准，成品有破损现象等）时，可向乙方提出异议，并有权通知乙方停止使用不良的原辅材料及包装材料。	逐条写清条款内容 遵章执行
6. 交货时间：自订货计划在乙方确认（计划确认时间为乙方收到传真后1天内）后第七天开始供货，日供货量为：月订货量×万箱以内的，每天不低于×万箱；月订货量×万箱的，每天不低于×万箱；月订货量为×万箱以上的，每天不低于×万箱。	
第六条　其他 1. 合同解除的条件 2. 争议解决途径 3. 合同生效时间	
委托方　　　　　　加工方 代表人签字：　　　代表人签字： 代表人姓名：　　　代表人姓名： ＿＿有限公司（盖章）：　＿＿有限公司（盖章） ＿＿＿年＿＿月＿＿日　＿＿＿年＿＿月＿＿日	合同双方法人代表 执行生效具体时间

———————

＊本文由作文大王http://www.zuowenwang.org/提供，下面关于委托加工合同范本范文的材料由查字典范文大全整理。

一、知识拓展

意 向 书

1. 意向书的性质

在经济事务中，当双方初次发生经济关系时，往往要写意向书来介绍双方的基本情况和可以相互合作的主要意愿，这样的文书就是意向书。意向书在经济活动中主要是传达意向，反映双方业务上的关系，能预见和保证业务朝着健康、有力的方向发展，同时为正式签订协议或合同打下基础，为进一步拟写具有法律效应的合同或协议做备忘性准备。

意向书具有三个特点：一是合法性，即意向书虽然不同于正式的合同，但签订时也要遵守国家法规，不侵害国家和公众的公共权利和利益；二是平等性，即意向书必须按照平等互利原则友好地签订，不能以势压人、强词夺理，双方没有大小强弱之分；三是临时性，即意向书是协商过程中各方基本观点的记录。一旦签署了合同，便完成了意向性的使命。

2. 意向书的种类

意向书按目的分，可以分为投资意向书、代理意向书、购销意向书、租赁意向书、委托意向书、转让意向书等。

3. 写作方法

（1）标题。标题通常可以直接写为"意向书"。

（2）正文。意向书的正文通常采用条文式，其包括前言和主体部分。前言可概括意向书的签订原因和目的，主体可按主次顺序罗列双方的权利和义务。

（3）结尾。意向书的结尾格式通常是固定的若干项，表明签订的地点、份数、签订人（签章）、时间、联系方式等。

4. 意向书基本格式

意 向 书

正文：

1. 前言：可概述意向书的签订原因和目的。
2. 主体：按主次顺序罗列双方的权利和义务。
3. 结尾：标明签订的地点、份数、签订人（签章）、时间、联系方式等。

从以上可以看出，意向书的标题可直接写"意向书"，以突出文种的性质。正文，分前言、主体、结尾三个部分，通常采用条文式，结尾格式通常是固定的若干项。

5. 写作要领与要求

（1）正文要写明双方一致同意的条款，明确双方的权利和义务。

（2）不能遗漏或写错双方单位和代表的姓名和签名，以防意向书失效。

（3）重要条款必须写具体、写明白。

二、思考练习

（一）选择

1. 经济合同是经济活动双方或多方进行协作的（　　）。
   A. 法律保证　　　　B. 法律文书　　　　C. 书面条款　　　　D. 书面契约
2. 在签订经济合同的整个过程中，要遵从（　　）原则。
   A. 合同双方当事人的法律地位平等
   B. 双方签订人互利互让
   C. 双方相互诚信
   D. 双方签订人各自承诺
3. 经济合同的"其他条款"一项中，包含（　　）。
   A. 写明何月何日、签订合同名称
   B. 鉴证机关作出证明
   C. 因自然灾害、意外事故而无法履行合同的处置办法
   D. 双方承担违约责任的事宜
4. 合同拟好后，要经过有关业务主管部门或工商行政管理部门（　　）。
   A. 鉴证和盖章
   B. 审核和批准
   C. 鉴证或公证
   D. 认定并保存有关资料
5. 商品广告是公开而广泛地介绍商品，（　　）的文体。
   A. 公开在社会上进行宣传
   B. 对商品性能给予准确说明
   C. 报道服务内容
   D. 有法律保护和政府部门支持
6. 商品广告用途很广泛，其中包括（　　）的作用。
   A. 推销商品，介绍商品使用方法
   B. 联系购买对象，加强协作
   C. 沟通产销、指导消费
   D. 招聘服务人员，扩大营销
7. 社会上除了商品广告之外，还有大量（　　），二者共同起到美化环境的效果。
   A. 商品说明书　　　B. 商品推销商　　　C. 商品直销商　　　D. 公益广告
8. 商品说明书对商品的（　　）等如实介绍。
   A. 作用、特点、使用时间、使用范围
   B. 特点、性能、保管、维修、使用方法及构造
   C. 质量、数量、品牌、特色及该商品在社会中的影响
   D. 需求情况以及生产厂家对用户的承诺和保证

9. 商品说明在介绍商品时,要（   ）。
   A. 针对不同的顾客做不同宣传
   B. 对商品作科学客观的介绍
   C. 相法扩大该商品的知名度
   D. 起到广泛招徕顾客的目的
10. 商品说明与商品广告相比（   ）。
    A. 宣传范围有所扩大   B. 使用了多种宣传手段
    C. 更多吸引消费群体   D. 说明商品使用注意事项
11. 平等主体的自然人、法人、其他社会组织之间设立、变更、终止民事权利义务关系的（   ）。
    A. 协定   B. 协议   C. 意向   D. 意愿
12. 《合同法》规定的合同种类共有（   ）。
    A. 10   B. 12   C. 15   D. 16
13. 长期合同是指合同的期限超过（   ）。
    A. 半年   B. 一年   C. 三年   D. 五年
14. 以下合同标题写法错误的是（   ）。
    A. 劳务合同   B. 房屋租赁合同
    C. 经济合同   D. 鲜蛋购销合同
15. 约首中对合同各方使用"甲方"、"乙方"等代称是为了（   ）。
    A. 便于排序   B. 方便叙述
    C. 显示公平   D. 说明关系
16. "你想了解天下大事吗请订阅《××环球信息报》。"这一广告语标题是（   ）。
    A. 反问式   B. 设问式   C. 疑问式   D. 祈使式

（二）判断

1. 经济合同不能在私人之间签订而只能用于公事。（   ）
2. 经济合同条款中,可以不必写签订合同当事人双方违约责任。（   ）
3. 保留的经济合同和借条一样,可以作为法律的依据和证物使用,具有法律效力。（   ）
4. 经济合同签订之后,也就明确了签订合同双方权利和业务的关系。（   ）
5. 商品广告具有宣传力和影响力,但不具有经济价值。（   ）
6. 商品广告的载体是多种多样的,如通过广播、报纸、电视来传播。（   ）
7. 联系劳务项目、招聘技术人员、推荐专业人才也属于商品广告的类别。（   ）
8. 商品说明常常制作出图形说明商品,实际同广告介绍商品时制作的图形基本相同。（   ）
9. 产品说明书的传播方式主要是传单。（   ）
10. 产品说明书的主要作用是帮助和指导消费者正确地认识商品,使用或保养商品。（   ）
11. 产品说明书的表达方式必须图文并茂。（   ）
12. 写作食品、药物说明书时,有效期限不可以含糊。（   ）

（三）改错

1. 经济合同在签订的过程中，双方当事人一般是<u>主方与客方、公家与私人</u>。
2. 万里公司与联想公司签订加工承揽合同，双方必须经历谈判、<u>签字盖章</u>两个阶段。
3. 经济合同主要包括标的、数量和质量、价款或酬金、履行期限、地点、方式、违约责任、<u>签订宣言</u>等若干必要条款。
4. 王大爷买了一件保暖内衣，回家之后，他细心阅读这件商品的<u>广告内容</u>，以便正确使用。
5. 某生产厂家为了推销他们的产品，不惜重金，在电视台做了一次<u>产品说明广告</u>。
6. 写一份商品说明，首先应该做到文字表述<u>详细具体、生动活泼</u>。
7. 商品广告的正文采用图示或文字，是为了激发顾客的<u>求知欲</u>。
8. <u>商品说明</u>的语言，可以具有夸张的特点，尽量做到生动形象。
9. 商品说明书除了语言准确，图示精准，还有<u>包装严密、精美</u>的特点。

（四）下列广告语所使用的修辞手法正确的一组是（　　）

1. 纤小，并不意味着怯弱；离开，当然也并不意味着放弃。新的土壤，新的机遇，新的开始。——下岗再就业广告词
2. 吸烟的人多骨瘦如柴，弱不禁风，出门就得靠拐杖。——吸烟有害广告词
3. "人无远虑，必有近忧"，如果我们不再珍惜水的资源，世界上最后一滴水，将是人类自己的眼泪。——珍惜水资源广告词
4. 天当褥，地当床，天堂旅游胜地，野外栖息、过夜的好地方。——旅游广告词

A. 对偶夸张拟人比喻　　　　　　　B. 排比夸张比喻借代
C. 排比夸张引用比喻　　　　　　　D. 对偶比喻夸张比喻

（五）修改病文

病文一：

微波炉是家电里面技术含量比较高的一种产品，机内带有高压电，所以在维护、保养时一定要谨慎，当微波炉出现异常或问题时，需请专业人士来维修，不要自己维护和继续使用。食品放入炉内解冻或加热，若忘记取出且时间超过2小时，则应丢掉不要，以免引起食物中毒。微波炉保养清洗有诀窍。因高温油会出现飞溅导致明火。如万一不慎引起炉内起火时，切忌开门，应先关闭电源，待火熄灭后再开门降温。使用保鲜薄膜时，在加热过程中最好不要让其直接接触食物，可将食物放入大碗底，用保鲜膜平封碗口或不用保鲜膜而直接用玻璃或瓷器盖住，这样也可将水汽封住，使加热迅速均匀。在取出食物前可将保鲜膜刺破，以避免它黏到食物上。

病文二：

合　　同

出租方：××（简称甲方）　　　承租方：××（简称乙方）
地　址：××××　　　　　　　地　址：××××

现根据国家和省、市的有关法规，经甲乙双方充分协商，一致同意签订房屋租赁合同，

合同条款如下:
一、甲方出租房屋。
二、租期从×年×月×日起至×年×月××××日止。
三、乙方每一年向甲方缴纳租金人民币×××万元整,并于×月×日交清。
四、房屋租赁合同生效后,乙方应向甲方交付×押金×万元,作为履约保证金,合同期满后退还给乙方。
五、出租房屋的房地产税、个人收入调节税、土地使用费、出租房屋管理费由乙方负责交纳;水电费、卫生费、房屋管理费由甲方负责交付。
六、乙方必须依约交付租金,如有拖欠租金,每天按租金额×加收滞纳金;如拖欠租金达三个月以上,甲方有权收回房屋,并有权拒绝返还履约保证金。
七、乙方不得擅自改变房屋的结构及用途,乙方因故意或过失造成租用房屋和配套设备的毁损,应负恢复房屋原状或赔偿经济损失责任。
八、甲方应负责出租房屋的正常维修,或委托承租方代行维修,维修费在租金中折算;若甲方拖延维修或不作委托维修造成房屋毁损,乙方不负责任,并由甲方负责赔偿乙方的经济损失。
九、租赁期间房屋如因不可抗力的自然灾害导致毁损,本合同则自然终止,双方有关问题可按有关法律处理。
十、租赁期间,乙方未经甲方同意,不得将房屋转租给第三方;租赁期届满或解除合同时,乙方需按时归还房屋给甲方,如需续租,须提前三个月与甲方协商,若逾期不还又未续租,甲方可直接向房屋租赁管理部门申请调解或起诉于人民法院处理。
十一、本合同如有未尽事宜,可经双方协商作出补充规定,补充规定与合同具有同等效力。
十二、本合同如在履行中发生纠纷,应通过甲乙双方协商解决;协商不成,可请房屋租赁管理部门调解或向人民法院起诉。
十三、本合同可经公证处公证,合同一式五份,甲乙双方各执一份,公证处一份,税务部门一份,房屋租赁管理部门一份,均具有同等法律效力。

出租人:×××(签名盖章)
承租人:×××(签名盖章)
经办单位:××××(签名盖章)
经办人:××××(签字)

××××年×月×日

三、技能训练

1. 请根据下面提供的材料,写一份产品说明书。

将本品置于干燥阴凉处,保质期三个月。本品采用先进工艺,优质原料精制而成。脂肪99%,碳水化合物76.6%,面粉、精盐、汤料、香菇、味精以及其他高级配料。蛋白质9.12%,粗纤维0.06%。配有调料汤料。不含任何化学添加剂,是居家旅行最理想的方便食品。将方便面放入沸水中，或在锅内煮三分钟，最后放入调料并搅拌，营养丰富，香味浓郁，美味可口。

2. 生产护肤美容类 15 个产品的宏都化妆品厂与华山商场商定建立长期供需合作关系，请为他们设计一份表格式购销合同。

3. ××市工业学院为改善办学条件，拟在校园北操场后，建一座公寓式学生宿舍楼，占地面积 1 000 ㎡，6 层框架结构，建筑面积 6 000 ㎡，预算资金 1 100 万元。和本市建工集团分公司签订协议，本年 3 月破土动工，本年 11 月底交付使用。请你准备其他附加资料，拟写一份合同。

4. 根据下述内容，试拟一份购销合同。

红星果品商店（甲方）王建，于今年 5 月 30 日与西山果园（乙方）刘芳签订了一份合同。合同提到甲方今年购买乙方生产的无核蜜橘 5×10^4 kg，蜜桃 2×10^4 kg，各分三批提货，由乙方于 6 月 20～30 日送到甲方所在地，运费由甲方负担，各类水果价格视质量好坏，按国家当地收购牌价计价。货款在每批货物交货时当天通过银行托付，这份合同一式四份，双方各执 1 份，各自上级单位备案各 1 份。

5. 有一份××年 4 月 6 日订立的购销合同，其中交货日期是这样写的："现货 8t，今年 8 月交货 6t"。后来第一次交货在 7 月 29 日，计 11t。8 月 5 日国家对该货作了降价的规定。供方要求 11t 货按原价计款结算，而需方则认为，其中 8t 货迟交，违约，应按下降价结算，而且要依法罚违约金，3t 提前交货可依法按原价结算。双方无法协商，供方上诉法院，请你评议原条款的写法有何缺漏，应如何写才可避免纠纷？

6. 为暑假勤工俭学，请你与雇用单位订立一份劳务合同。

7. 为本校的特色建筑设计一篇富有文采的广告文案，力求独特、有吸引力。

第五章 论文写作

论文概述

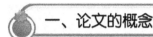

一、论文的概念

论文又叫论说文、说理文或议论文，是以评议和论证的方式阐明事理、反映客观事物、表达作者主张的一种文体，是人们常见和常用的表达形式。

二、论文的特点

论文具有以下几个特点：

（一）论文的结构由三个部分组成

引论是论文的开头部分，用三言两语引出话题即可；本论是主体部分，用大量事实和理由，证明自己的观点能够成立；结论是结尾部分，用简明扼要的语言，将论证的结果表达出来。

（二）论文有三个要素

论文的三个要素为论点、论据、论证。论点即作者的主要观点和主张，也是撰写这篇文章的理由；论据是提出论点的根据，包括事实论据和理论论据；论证是用论据证明论点的过程。

（三）议论分三个步骤展开

首先，提出问题，将自己的观点和主张表达出来；其次，分析问题，采用各种方式证明自己观点的合理性；最后，解决问题，阐明论证的结果。议论展开过程的三个步骤与论文结构的三个部分是相互对应的。在"引论"中提出问题，在"本论"中分析问题，在"结论"中解决问题。

（四）论证的方法有以下两类

1. 逻辑分析法

（1）归纳法，是从具体到一般。例如了解一个企业的情况，先到车间看工人如何认真加工各种零件，然后再到科室看技术人员如何认真进行产品设计，最后再到厂部看管理人员如何抓质量工作。人们对这些具体部分进行调查研究之后，便得出了一般结论："这个企业始终把质量问题放在首位。"一般结论是从具体事物中产生出来的，这就是归纳法。

（2）演绎法，是从一般到具体。这同"归纳法"的过程正好相反。"形式逻辑"中的"三段论"是"演绎法"的集中体现。"三段论"是从"大前提"和"小前提"中推出结论的演绎推理。例如大前提：金属是导电的，小前提：铜是金属。结论：所以，铜是导电的。大前提是一般的道理，小前提和结论都是具体事物，这就是从一般到具体的演绎推理。

（3）类比法，从具体到具体。根据两类事物在某些属性上都相同，进而推出它们在其他属性上也相同的推理。例如达·芬奇从画蛋开始练习基本功，最终成为一位伟大的画家。梅兰芳从一投足、一举手等细小动作开始练习，最终练出一位独具特色的京剧表演艺术家。达·芬奇是个具体的人，梅兰芳也是个具体的人，他们俩都是通过勤学苦练取得成功的，证明了"功夫不负苦心人"的生活哲理。这就是类比推理。

2. 例证、反证法

（1）例证法，引用具体事例证明自己的观点能够成立的方法。

名文《登徒子好色赋》一般认为是宋玉的作品，也有人认为不是宋玉的作品，而是后人假托的。这是学术争论，不必管它。这篇文章是例证法的代表作，文章内容大体是这样的：

有一天，楚王对宋玉说："宋玉先生，登徒子说，你这个人好色，建议我不让你进入后宫。"

宋玉问："大王，登徒子根据什么说我好色？"

楚王说："他认为你模样长得漂亮，而且嘴巴能说会道，因而断定你好色。所以建议不要让你进入后宫。

宋玉反驳说："模样长得漂亮，是父母生成的，嘴巴能说会道，是老师教会的。好色的事情，那是从来没有的。

举例来说吧。天下最美的姑娘就属我们楚国的了，楚国最美的姑娘就属我住的那个村子的了。我住的村子里最美的姑娘只有一个，就是我家东面院子里邻居家的姑娘。

那位姑娘美到什么程度呢？先看她的身材，不高不矮，增加一分就太高，减少一分就太矮。她的身材恰到好处。

再看她的体型，不胖不瘦，增加一分就太胖，减少一分就太瘦。她的体型也恰到好处。

她的皮肤，自然白皙、光泽，任何化妆品对她来说都是多余的。

如果她悄悄看谁一眼，不得了，整个京城的人都被她迷住了；如果她微微对谁一笑，那更不得了，全部楚国人都会被她迷住的。

这样一位天下第一美人，她看上我宋玉了。她趴在墙头上看我看了三年，想和我结婚，直到现在，我都没有理睬她。可见，我宋玉不好色。

相反，登徒子这个人才真正好色。他娶的那个妻子，奇丑无比，弯腰驼背，龇牙咧嘴，走起路来还一瘸一拐的。她的头发总是乱蓬蓬的，从来没有梳过头，她的牙齿总是黄黄的，从来都没有刷过牙。

这样一个丑女子，登徒子和她的关系还非常亲密，他们一共生了五个孩子。

由此可见，登徒子好色。"

作者在文章中举了两个例子，其一证明宋玉不好色，其二证明登徒子好色。这篇文章出色地运用了例证法。

（2）反证法，先假设结论正确，这样便得出与已知条件相矛盾的结果，于是便否定了先前的假设。也叫归谬法。例如二十多年前曾发生过这样一件事：某军校的在校大学生张华，为了从粪池中救起一名七十多岁的老农民，献出了自己年轻的生命。各大媒体纷纷报道此事，掀起了全国学习张华的热潮。这时也有不同的声音：一名在校大学生以"多言"的名义发表言论，"年轻的大学生，为了拯救一个行将就木的老农民而牺牲，从价值论的角度看是不值得的。"

他的同班同学便用"反证法"来驳斥他的观点。反驳的文章大体是这样：如果"多言"同学的观点成立，那么，有一天，"多言"同学掉在粪池子里就不会有人救你了。

首先，我们不会救。看了你的"价值论"，我们就考虑了：你是大学生，我们也是。为了救你，我们牺牲了。得失相当，何必如此呢？

然后，我们的老师看了你的文章也不会救你了。如果你是一块小金子，那么我们的老师就是一块大金子，为了得到一块小金子，却失去了一块大金子，分明是得不偿失嘛。看来，在大学里面是没人救你了。

再看中学生如何。中学生看了你的文章也要盘算：别看我现在是中学生，将来我也许是中国的牛顿或者是未来的华罗庚。为了救你，我牺牲了自己的大好前程，肯定不合算。看来，在学校里是不会有人救你了。

再看看社会上吧。工人农民看了你的文章，他们也在思考，虽然你是大学生，但还是个在校生，是社会财富的消费者。而我们工人农民则是社会财富的创造者，为了救起消费者，却失去了创造者，这更不合算了。所以，你的观点如果能够成立。那么，当你掉进粪池里，就不会有人救你了。

明明有人遇难，却偏偏有这么多人见死不救。这种情况会出现吗？当然不会。因此，你的观点也就不可能成立。这是"反证法"的具体运用。

（五）思维方式主要是逻辑思维

人类思维方式共有三种：逻辑思维、形象思维和灵感思维。撰写论文所采用的主要是逻辑思维。当然，精彩的论述中，也会闪现灵感思维的火花。它将会使问题展开得更深入，更接近客观真理。

（六）语言准确、精练、雄辩、有力，当然也不乏生动性

议论文的语言首先要求准确，不能出现漏洞，要严密、有条理，无懈可击。同时，又要精练，"要言不烦"。一句话能说明白，就不要用两句话。一个词能够概括，就不要用两个词。雄辩有力，才能以理服人，达到议论的目的。当然，也要注意语言，如果满篇都是枯燥乏味的陈词滥调，也就削弱了论文的作用。

（七）理论性贯彻始终

论文从头到尾都体现着作者用敏锐的目光揭示事物本质、反映客观规律的能力。从观察问题的立场、观点和方法，到思维能力，都给人以有益的启发。理论性是论文的根本特征，它应贯彻论文的始终。一篇优秀论文，从内容到形式，从结构到表达，理应具有以上这些特点。

三、论文的种类

根据不同的分类标准，论文可以分为不同的种类。

（一）从性质上划分

从性质上划分，论文可以分为以下几种：有关社会经济、财政等方面问题的财经论文；有关政治方面的政治论文；有关思想、道德方面的思想论文；有关文化方面的文学评论、艺术评论以及历史问题的评论；有关国际交往方面的外交论文等。

（二）从作用上划分

从作用上划分，论文可以分为以下几种：在自然科学或社会科学领域有所发现的学术论文；在社会生活中对某些问题有真知灼见的课题论文；在某些领域中有独到见解的学业论文；某一阶段的学习结束，反映综合学习成果的毕业论文；为获得某种学位（诸如学士、硕士、博士）而撰写的学位论文等。

（三）从论文的论证方式上划分

从论文的论证方式上划分，则可将论文分成两种：

1. 立论，即树立自己的观点，通过各种手段，"言之成理，持之有故"，将自己的观点树立起来。

2. 驳论，就是反驳对方的观点。"破中有立"，在驳斥对方错误观点的同时，确立自己的正确观点，一般采取三种形式反驳：反驳对方的论点，证明其论点是错误的；反驳对方的论据，揭示其论据是虚假的；反驳对方的论证，揭露其论证过程的不合理性。

技能要求

一、论文的写作要求

（一）论点明确

论点是论文中的基本观点，代表作者的主张，也是论文写作的原因。为什么要写此文？就是为了要表达自己的观点，因此一定要旗帜鲜明，决不能含糊，或模棱两可。论点可以出现在开头，也可以出现在结尾或中间，还可以作为题目，但必须明确。

（二）论据确凿

论据是提出论点的依据，它包括事实论据和理论论据。事实论据可以是现实生居中耳闻目睹的真实事情，也可以是多种媒体反映的真情实况，还可以是历史资料中记载的事件，但是，一定能证实自己的观点。理论论据可以是古今中外的名人名言，也可以是社会科学或自然科学中的有关定理和论断，同样要与自己的论点相吻合。论证合理，论证是用论据证明论点的过程。一定要逻辑严密，无懈可击。古希腊著名哲学家亚里士多德认为就是"有头，有尾，有中间"。这个论断看似平常，却是颠扑不破的真理。任何一个完整的事物，也都有头有尾有中间。论文的整体结构是菱形或仿菱形，两头小，中间大，引论和结论都不长，而本论则需要较长的篇幅把中间讲清楚。完整的结构也应该层次清楚、明确，过渡自然，照应巧妙。开头引人入胜，结尾回味无穷。

二、论文的结构

（一）标题

标题是学术研究成果的直接表达，是论文内容的高度概括，理应确切、鲜明、生动。

（二）署名

署名标志着作者拥有著作权，可以阐明自己的观点，同时担负着相应的责任。

（三）摘要

摘要或叫提要，提示研究对象、目的、基本观点、成果及意义，起到导读与检索作用。摘要不宜太长，只需300~500字概括主要内容即可。

（四）关键词

关键词也叫主题词，将论文中涉及主要内容的词语，选出2~8个，列在摘要的下方，为检索提供方便。

（五）前言

前言又叫引言、绪言或绪论，前言涉及的是研究背景、研究目的、研究范围、研究方法、主要观点、基本成果及意义评价等内容。

（六）正文

正文即本论，是论文的核心部分，是科研成果的直接体现。

本论的结构可以根据需要具体安排。将总论点分成若干分论点之后并列展开，先分别论证，再归纳为整体，从分析中得出结论，思路清晰，纲目分明。诸如递进式、并列式、过程式和综合式等。

1. 递进式。按照层层深入的关系将总论点分解成若干个分论点。前一个分论点是后一个分论点的前提，环环紧扣，逐步上升，最后得出结论。

2. 过程式。将研究过程自然形成一个有机整体，从发现问题、分析问题到解决问题，得出结论，一气呵成，有如行云流水一般。

3. 综合式。将上述多种形式灵活地综合运用在论证过程中，适合篇幅较长的论文。

（七）注释

注释是对论文中某些专业性较强的概念和不常遇到的问题的解释。

（八）参考文献

参考文献是指详细列出论文中引征的各种资料的书、报刊物的名称、作者、版本等。其作用是反映作者对本课题的历史和现状了解的程度，同时增加资料的可信性。

毕业论文

知识导航

一、毕业论文的概念

毕业论文是高校应届毕业生学业水平总结性的独立作业。指导毕业论文的写作，是高校教学过程中的重要环节。毕业论文的特点与其他论文相比，具有以下几个特点：

（一）指导教师的点拨

学生的毕业论文，从选定题目、收集材料、审定提纲、解难答疑到修改初稿，都是在指导老师的关注下进行的。最后，经过指导老师的认可。

（二）要求比较宽松

毕业论文要求在学生毕业前的半个学期之内完成，主要是检测学生在校期间对基本知识、基础理论、基本技能的掌握和运用的水平。因此，与一般学术论文相比，在多种指标的要求上，相对宽松一些。

（三）选题的范围有限定

毕业论文要求与所学专业有关，因此只能在自己所学的专业范围内选定题目。

（四）选题遵循一定的原则

1. 从业务强项或兴趣出发选题。
2. 从实习或实践过程中发现的问题选题。
3. 从必要补充或纠正的课题中选题。

（五）时间和字数有统一要求

毕业论文要求在毕业前的最后半个学期内完成。字数各个层次的要求都不一样，对大专生来说，字数不能少于5 000字。

技能要求

一、毕业论文的结构

（一）题目

题目是毕业论文核心内容的集中概括，要求确切、鲜明、生动。

（二）前言

前言叫"开题报告"，说明所选题目的意义，介绍总体思路以及各个部分内容的设计、安排。

（三）摘要

用300～400字高度概括毕业论文的核心内容，起到检索作用。

（四）关键词

关键词又叫主题词，选择3～6个能反映基本观点的词，列在摘要下面。

（五）正文

正文包括三个部分：引论、本论和结论。这是整个毕业论文的核心内容。

（六）参考文献

参考文献将引征资料的书名、作者、版本、出版或发表实际，清楚开列出来。参考文献的编排格式：

1. 专著、论文集、学位论文等的编排格式

[序号] 主要责任者．文献题名 [文献类型标识]．出版地：出版者，出版年．

专著、论文集、学位论文、报告的文献类型标识分别为 M、C、D、R。如：

如：[1][美]威廉·维尔斯曼．教育研究方法导论 [M]．北京：教育科学出版社，1997，68-88.

2. 期刊文章的编排格式

[序号] 主要责任者．文献题名 [J]．刊名，年，卷（期）．其中，J 为期刊文章的文献类型标识。

如：[2] 马佳宏．浅议教育科研的选题及论文质量 [J]．基础教育研究，2003（7－8）．

3. 报纸文章的编排格式

[序号] 主要责任者．文献题名 [N]．报纸名．出版日期（版次）．其中 N 为报纸文章类的文献标识。

如：[3] 李红亚．从教育是什么到素质教育是什么 [N]．人民日报．2006－06－24（3）．

二、毕业论文的写作步骤

毕业论文的撰写大体经历以下几个步骤：

（一）选题

遵循创新性、适宜性、现实性、理论性的原则，选定题目。

（二）收集资料

根据题目收集相关资料，可以通过八种途径获取资料。

1. 在图书馆查找。
2. 利用互联网寻求。
3. 参加相关学术研讨会，获取文献资料。
4. 从相关学术期刊中查寻。
5. 从参考文献目录中寻求。

6. 利用目录、索引、文摘等检索工具查寻。
7. 利用年鉴、手册等工具书查寻。
8. 通过对最新研究成果的追踪查寻。

（三）确立观点，构建框架

掌握了丰富的材料之后，从分析材料中形成自己的观点．确定基本内容，形成写作思路。

（四）拟定提纲

提纲有论点式提纲和提要式提纲两种写法。

1. 论点式提纲。先提出总论点，再从中找出分论点，以便将复杂的论证过程清晰地展示出来。
2. 提要式提纲。粗线条地描述整个内容，是论文的缩写。

（五）写出初稿

根据提纲，写出初稿。论文的组织形式是多种多样的，可以采用并列式，也可以采用递进式，还可以采用漫谈式。

（六）提交定稿

初稿经过指导教师的修改、审阅之后，按照导师的要求继续加工，直到导师认可，最后把定稿交给指导老师写评语。这样，就完成撰写毕业论文的任务。

三、论文修改的要求

第一，进一步突出论点；
第二，让结构更完整；
第三，语句通顺，用词恰当；
第四，层次段落清楚；
第五，前后密切照应；
第六，过渡自然。

案例分析

【案例1】

数控车削切槽循环指令的开发
钟如全　四川信息职业技术学院

摘要：以数控车削切槽为研究对象，在深入了解处理方法后，通过对数控车削切槽循环的分析，以及在比较其他系统的基础上，提出以一个固定循环指令来实现切槽循环加工的方法。通过介绍 HNC21/22T 系统的宏编程指令功能扩展的二次开发技术，开发了数控车削切槽循环指令。目前阶段得出的结果表明，该指令达到了

【评析】

标题简洁、醒目交代本文的中心论题

摘要概述了研究的对象、研究的问题及研究成果的现实意义

预期的结果，简化了算法以及编程的过程，经实际验证效果良好。

关键词：宏编程　切槽循环　二次开发

在数控车削编程中，固定循环指令给编程人员带来极大的方便，减少了编程的工作量，同样也使错误率明显地降低。

固定循环指令在不同的系统中存在不同程度的差异，比如FANUC、广州数控系统已经具有直接用于宽槽加工循环等扩展指令，而HNC—21/22T世纪星系统目前还没有此指令提供给用户。这样对于切宽槽来说就比较麻烦，用G01和G00指令配合加工程序比较长，而且很容易出错，而在FANUC和广州数控系统中提供的G75指令就非常方便。

对于非开放式的数控系统，这种指令功能扩展只能依赖于系统生产厂家，对于HNC—21/22T世纪星这类基于PC—NC的开放式数控系统，只要熟知宏编程处理技术，普通用户即可自行开发定制。

本文利用宏编程对宽槽加工进行二次开发，使其成为像其他系统一样的固定循环指令。

一、宏扩展编程的技术基础

HNC—21/22T为用户配备了强有力的类似于高级语言的宏程序功能，用户可以使用变量进行算术运算、逻辑运算和函数的混合运算，此外宏程序还提供循环语句、分支语句和子程序调用语句，利于编制各种复杂的零件加工程序，减少乃至免除手工编程时进行繁琐的数值计算，以及精简程序量。

HNC—21/22T的固定循环指令采用宏程序方法实现，这些宏程序调用具有模态功能。由于各数控公司定义的固定循环含义不尽一致，采用宏程序实现固定循环，用户可按自己的要求定制固定循环，十分方便。

HNC—21/22T世纪星作为一个开放式数控系统，其G71—G73的宏扩展程序的源码已向广大用户公开，它就是利用宏子程序参数传值的处理方法，将G指令定制的多个参数，传到宏子程序中，由子程序对各参数数据进行整理后依据相应的加工工艺，按一定的算法通过基本指令来定制动作实现加工。普通用户亦可参照这一思路进行编程指令的二次开发。

中心论点准确鲜明

关键词概括了文章的基本内容和论及范围

开门见山，点明主旨，使读者一目了然"利用宏编程对宽槽加工进行二次开发，使其成为像其他系统一样的固定循环指令"

主体分为三部分
1. 介绍宏扩展编程的技术基础使读者明白其原理

二、切槽循环扩展指令的开发定制

图1所示为宽槽加工图（略）。在HNC-21/22T中，目前还无法由一个循环指令行来编程实现，但参照内（外）径粗车复合循环G71的宏子程序编制方法，可自行开发定制。其定制格式为：

G75 - X - Z - I - K - E - F

其中：X、Z为槽终点绝对坐标；I为每次X轴进刀量；K为每次X轴退刀量；E为在Z轴方向每次的偏移量；F为进刀速度。

该指令执行时的刀具轨迹如图2（略）所示。

切槽循环执行过程为：

1. X轴以F速度进给I的距离；
2. X轴快速退K的距离；
3. X轴以F速度进给I+K的距离；
4. 重复2～3的过程直到X轴进给到点B；
5. X轴快速退到点A；
6. Z轴快速偏移E的距离；
7. 重复1～4的过程直到Z轴进给到点C，X轴进给到B；
8. X轴快速返回点C，Z轴快速返回点A。G75循环结束后，刀具仍在循环起始点。程序如下：

％0075

＃40＝＃0052

IF［AR［＃25］EG0］OR［AR［＃23］EQ0］；如果没有定义Z值和X值M99；则返回 ENDIF

IF［AR［＃4］EQO］OR［AB［AR［＃10］EQ0］；如果没有定义I、K、E值M99；则返回 ENDIF

N10 G90；用绝对方式编写宏程序

IF AR［＃23］EQ9；如果说X值是增量方式 G91

＃23＝＃23＋＃30；则将值转换为绝对方式，＃30为调用本程序时X的绝对坐标

……

（以下略去38行）

HNC-21/22T系统中，应将其内容添加存储到系统。

将上述扩展指令宏子程序％0075编制完成后，在BIN文件夹下的00000文件内，则以后用户即可像使用G71～G73固定循环指令那样直接使用G75指令功能来加工编程。

2. 举例说明如何进行切槽循环扩展指令的开发定制

3. 举例说明扩展指令的加工应用的优势

三、扩展指令的加工应用 例如，对于图 1 所示的宽槽加工，若工件零点如图 1 所设，切槽刀宽为 3mm，每次进刀为 4mm，退刀为 2mm，每次偏移为 2.5mm，进刀速度为 80mm/min，则可编程如下： %0001 T0101 M03 S600 G00 X45 Z—23 G75 X30 Z—40 I4 K2 E2.5 F80 G00 X100 Z100 M30 上述程序经过在 HNC—21/22T 系统中应用，完全达到要求。如果采用现有 HNC—21/22T 指令，则只能使用 G00 和 G01 方法编程，程序非常长，且容易出错，使用上述二次开发的指令，程序非常短，一般不容易出错。 原载自《现代制造工程》2009 年第 8 期 **参考文献** ［1］詹华西. 基于 HNC—21/22T 系统编程指令的扩展开发［J］. 组合机床与自动化加工技术，2007 (11). ［2］郭庆兴. 巧用宏程序扩展数控系统的功能［J］. 制造技术与机床，1997 (3). ［3］周劲松. 巧用宏程序解决复杂零件的数控加工编程问题［J］. 现代制造工程，2005 (5). ［4］季照平. 在 FANUC 系统上开发铣削循环宏程序［J］. 南通职业大学学报，2006 (1). 文章选自： http：//wenku.baidu.com/view/e-80188260722192e4536f61d.html	结尾得出结论，言简意赅，恰到好处 文章出处 列出参考文献尊重他人研究成果

一、知识拓展

1. 毕业论文与毕业设计的区别

毕业论文是你对做出的项目的一个总结，是在你答辩那天需要复印几份给在场的教员的，有规定的格式和要求，设计是你自己按照导师的要求做出来的成果，看你所选的项目来定了，有的课题只需要论文，有的必须两者都要，如果是文科的话，只需要论文即可。

毕业设计可能是实习后的一个报告，也可能是自己设计的作品。它需要设计方案的确定，需要进行试验的进行试验设计，要完成实物制作的，就要确定实物制作方案、材料、器件等物品的选择，最后完成实物的拼装和制作。

2. 毕业论文的目录

即论文的篇章名目。一般毕业论文的篇幅都比较长，为了让读者先了解论文的内容，前面一般安排目录，按写作的顺序标清毕业论文的构成部分的名称和正文中的小标题，同时在它们的后面标明具体页码。目录的列出可按如下方式：

目录
1. 内容提要……………………………………………………………………（ ）
2. 绪论………………………………………………………………………（ ）
3. 本论………………………………………………………………………（ ）
　（1）…………………………………………………………………………（ ）
　（2）…………………………………………………………………………（ ）
4. 结论………………………………………………………………………（ ）
5. 注释………………………………………………………………………（ ）
6. 参考文献…………………………………………………………………（ ）

3. 论文的注释

一是说明资料来源出处的参考型注释（reference note），它主要是对论文中的引文，包括引用插图、插表等资料的解释，以便读者查找、核实。

二是对论文内容作补充说明的内容型注释（content note），它主要是为方便读者理解论文中的某些难点、新的名词术语、概念等作出的解释。

注释方式主要有：

（1）脚注（footnotes）；
（2）尾注（endnotes）；
（3）夹注（parenthetical reference）；
（4）题注。对题目或课题的注释，在题目右上角用"*"号表示，再用脚注形式注释；
（5）作者注（或原作者注）。

二、思考练习

1. 多选题

(1) 收集论文材料的途径有（　　）等。
　　A. 感悟　　　　　　B. 实地调查　　　　C. 科学实验
　　D. 科学观察　　　　E. 文献

(2) 毕业论文的写作通常包括（　　）等步骤。
　　A. 选题　　　　　　B. 选导师　　　　　C. 收集资料
　　D. 研究分析　　　　E. 编写提纲　　　　F. 撰写成文　　　　G. 修改定稿

2. 单选题

(1) 论文的主题、对象应主要来源于（　　）。
　　A. 实际　　　　　　B. 书本　　　　　　C. 个人想象

(2) 一篇论文其关键词可以选择几个（　　）。
　　A. 两个　　　　　　B. 3~5个　　　　　C. 9个以上

(3) 参考文献的顺序依（　　）。
　　A. 在文中出现的次序排列
　　B. 按作者已经收集到的文献序号排序
　　C. 以文献的重要程度排列

(4) 论文标题的要求是（　　）。
　　A. 应居中　　　　　B. 靠左边　　　　　C. 靠右边

(5) 对论文题目的要求是（　　）。
　　A. 生动　　　　　　B. 形象　　　　　　C. 鲜明

3. 判断对错

(1) 论文中可以使用别人公开发表的结论，并注明出处。（　　）
(2) 公开发表的论文内容不可以参考。（　　）
(3) 学士学位论文的基本要求是篇幅要长。（　　）
(4) 本科生毕业论文题目的选定要求是和专业结合。（　　）
(5) 毕业论文从文体上看，归属于议论文中学术论文的种类。（　　）

三、技能训练

在报纸杂志上选取一篇专业论文，归纳论文提纲。

第六章　行政公务文书

行政公务文书概述

知识导航

一、行政公务文书概念及特点

行政机关的公文又称行政公文（以下简称"公文"），是行政机关在行政管理过程中所形成的具有法定效力和规范体式的文书，是依法行政和进行公务活动的重要工具。行政公文主要用于传达贯彻党和国家的方针、政策，发布行政法规和规章，施行行政措施，请示和答复问题，指导、布置和商洽工作，报告情况，交流经验等，具有指导、教育、联系和凭证等作用。

行政公文具有严肃性，它由国家各级行政机关制发、使用，任何人不能以个人名义随意制发公文。行政公文一经发布即具有相应的行政效力，并在其作用范围内具有法定的权威性和普遍的行政约束力，任何受文单位和个人都不能随意改变公文的内容、形式。行政公文具有特定统一的体式，其文种选用、结构安排、标识等都有规范的要求，任何机关、单位和个人都不能各行其是，别出心裁。行政公文具有严格的使用范围，它的拟稿、审核、缮印、承办、传递、归档、销毁等都有特定的处理程序和严格的要求。

二、行政公文的种类

行政公文按适用范围划分，根据国务院办公厅 2000 年 8 月 24 日发布的《国家行政机关公文处理办法》规定，共有 13 种，即命令（令）、决定、公告、通告、通智、通报、议案、报告、请示、批复、意见、函和会议纪要。

按行文方向划分，行政公文可分为上行文、平行文、下行文 3 种。上行文是下级机关向上级机关报送的公文，如请示、报告。平行文是平级机关或不相隶属的机关之间联系工作、商洽事项、相互往来所传递的公文，如函、议案等。下行文是上级机关向下级机关或社会公众发布政令、指导工作、通知事项时使用的公文，如命令（令）、决定、公告、通告、通报、批复、通知和会议纪要等。

按缓急程度划分，行政公文可分为特急、急件。

按保密级别划分，行政公文可分为绝密、机密、秘密3个等级。

三、格式与结构

行政公文一般由秘密等级、紧急程度、发文机关、发文字号、签发人、标题、主送机关、正文、附件、成文日期、印章、附注、主题词、抄送机关、印发机关和印发日期等部分组成。行政公文的3个标识是套红头、编文号、盖公章，三者缺一不可。"套红头"指发文机关名称用红色字体标注。"编文号"指有发文字号的公文。"盖公章"指发文机关在公文的成文日期上必须加盖公章。

完整的行政公文格式见以下图例：

```
01（分数序号）                                    机  密
                                                特  急
            ××××××（发文机关名称）文件
            ××××××（机关代字）〔2008〕××号

                                              （红色反线）

            关于××××的通知（公文标题）

×××××××××：（主送机关）
                         正文
_____
_____

附件：1.×××××××××××××××
      2.×××××××××××××××


                          ××××（盖章）（发文机关）
                                 二○○八年八月十一日


（附注）

主题词：×× ×× ××
抄送：（机关名称）××××××× ××××××× ×××××××
印发公文部门名称        2008年8月11日印发
打印：_____ 校队：_____ 共印_____份
```

从上图示例可见，行政公文可划分为眉首、主体、版记三部分。置于红色反线以上的各要素统称眉首；置于红色反线（不含）以下至主题词（不含）之间的各要素统称主体；置于主题词以下的各要素统称版记。

1. 眉首

公文的眉首部分包括公文份数序号、秘密等级和保密期限、紧急程度、发文机关标识、发文字号、签发人等项。

（1）公文份数序号。公文份数序号是指将同一文稿印制若干份时每份公文的顺序编号。如需标识公文份数序号，应用阿拉伯数码顶格标识在版心左上角第一行。

（2）秘密等级和保密期限。涉及国家秘密的公文应当在首页右上角第一行标明密级和保密期限，其中绝密、机密级公文还应标明份数序号。如需用同时标识秘密等级和保密期限，它们之间用"★"号隔开。

（3）紧急程度。紧急程度表示对公文送达和办理的时间要求。分特急和急件。紧急程度要顶格标识在版心右上角第二行。

（4）发文机关。发文机关指制发公文的机关。应当使用发文机关全称或规范化简称；联合行文，主办机关排列在前。

（5）发文字号。发文字号由机关代字、年份、序号组成。机关代字，指用一到三个汉字表示发文的机关。例如："国办发"表示国务院办公厅制发。年份表示制发文件的纪年，应标全称，用六角括号"〔〕"括入。例如〔2000〕表示文件是2000年制发的。序号表示某年依次制发的文件的号码。序号的编写不能编虚位，不能加"第"字。联合行文，只标明主办机关发文字号。

（6）签发人。上报公文（上行公文）需标识签发人姓名，平行排列于发文字号右侧。如有多个签发人，主办单位签发人姓名置于第一行，其他签发人姓名从第二行起在主办单位签发人姓名之下按发文机关顺序依次顺排。

2. 主体

公文主体部分包括公文标题、主送机关、公文正文、附件、成文时间、印章、附注等项，其中"附件"和"附注"，不是行政公主体部分的必要元素。

（1）公文标题。一般由发文机关名称（作者）、文件的主题（事由）及文种（文件名称）三部分组成，位于文件首页文字号之下，可分一行或多行居中书写。其结构如下：

中共中央　　关于　　恢复沈雁冰同志党籍　　的　　决定
作者　　　　　　　　介词＋事由　　　　　　　　　文种

作者在撰写标题时，发文机关的名称要写全称或规范化简称，如果文件首页具有制发机关的标志（文头），其标题中可省略发文机关名称。事由是标题的主体部分，应准确、简要地加以概括。文种是公文文体的名称，用以概括揭示公文的性质与制发的目的。正确使用文种，有利于及时、准确地处理文件。发文机关名称之后用介词"关于"引出文件事由，用助词"的"与文种相连接，以文种为中心词成偏正词组。公文标题中除法规、规章名称加书名号外，一般不用标点符号。

公文标题的三个组成部分一般要写完整，也有部分省略的情况：一是法规类或单位内部使用的公文，标题中可省略发文单位；二是省略事由，有些公文内容单一，正文较简单，就可以在标题中省略事由，如《中华人民共和国主席令》。

文件标题应当准确、概括、简要，以便于公文的检索与处理，便于读者理解公文的内容与行文的目的。

（2）主送机关。指公文的主要受理机关，应当使用全称或者规范化简称、统称。其位于标题之下、正文之上，要求左起顶格书写。

(3) 公文正文。这是公文的主体或中心，用来表达公文的具体内容。正文结构一般包括导语、正文主体和结尾三部分。导语部分用来表明制发公文的依据、目的或原因。主体是公文的核心部分，其结构安排要有逻辑性、条理性。因各文种的发文目的等方面不同，其写作要求也不同，结尾也不同，各种公文一般有与文种相适的习惯结束语。

(4) 附件。指与公文内容有关的随文发送的文件、材料等。如有附件，在正文下空一行、空两格标识"附件"字样，说明所附材料名称及份数。

(5) 成文时间。即成文日期，一般文件，以负责人签发日期为准，经会议讨论通过的文件，以通过日期为准；法规性文件以批准日期为准；联合发文，以最后签发机关（部门）的负责人签发日期为准；电报以发出的日期为准。行政公文的成文时间用汉字书写，要将年、月、日标全，"零"写为"〇"。

(6) 公文生效标识——印章。单一机关制发公文时，也可不签署发文机关名称，只标识成文时间。成文时间距离右边沿空四个字，加盖印章；当联合行文需加盖两个印章时，应将成文时间拉开，主办机关印章在前，两个印章均压成文时间；当联合发文需加盖三个以上印章时，应将各发文机关名称排在发文时间与正文之间。主办机关印章在前，每排最多三个印章，两端不得超出版心，最后一排如余一个或两个印章，均居中排布。印章之间互不相交相切。

署名。以国家领导人名义发布的公文还需有领导人署名。

(7) 附注。指与文件有关的简要说明。如有附注，应当加括号标注，标识在成文时间下一行。

3. 版记

版记包括主题词、抄送单位、印发机关和印发时间（日期）等项。

(1) 主题词。是指标识公文主题、文件类别的并经过规范化处理的名称或名称性词组。标引主题词必须从有关主题词表中选用，如《国务院主题词表》、《教育类公文主题词表》等。主题词的位置在附注下方、文尾横线上端。一份文件选用两至三个主题词，最多不超过五个，词与词之间各有一个字的间距。

(2) 抄送单位（抄送机关）。指除主送机关外需要执行或知晓公文的其他机关，应当使用全称或规范化简称、统称。公文如需抄送，则在主题词下一行写明抄送单位。抄送机关之间用逗号隔开。

(3) 印发机关和印发时间（日期）。印发机关指负责把公文文稿印成正式公文的机关。印发日期是指把公文文稿送往印刷的日期。这两项位于抄送机关之下（无抄送机关位于主题词之下）占一行位置，印发机关左空一字，印发日期右空一字。印发日期用阿拉伯数码标识。

一、写作要领

1. 标题

公文标题共有三种写法。一是最常用的"发文机关＋事由＋文种"，如"××省人民政府关于加强治安综合治理工作的通知"，其中"××省人民政府"是发文机关名称，"加强治安综合治理工作"是事由,"通知"是文种。二是"发文机关＋文种",如《中华人民共和国国务院》、《天津市人民政府通告》,这种写法适用于正文极短、内容可一目了然的情况。三是"事由＋文种",如《关于开展校园艺术节活动的通知》、《关于加强班主任队伍建设的意见》等. 这种写法适用于各机关团体、企事业单位的内部行文或内容不太重要的事务性公文。

要注意的是,公文标题应当准确简要地概括公文的主要内容,并标明公文种类,即公文标题中的主要要素"文种"不能省略。发文机关和事由不能同时省略,一般应当标明发文机关。发文机关、事由、文种三者的次序不能颠倒。同时,我们常用介词结构"关于……的"将公文标题的三要素联系起来。概括事由大多采用动宾结构的词组,如《关于加强班主任队伍建设的意见》,"加强"为动词,"班主任队伍建设"是宾语。概括事由要求准确、简要,防止题文不符、意思含糊、文字过多。公文标题中除法规、规章名称加书名号外,一般不用标点符号。

2. 正文

从共性的角度来看,结构上正文由开头、主体、结尾三部分组成,内容上正文的写作包括三个方面:提出问题,分析问题,解决问题。

开头部分提出问题,陈述行文的起因、依据、目的,总述情况。这部分又称引据,具有领起下文的作用,应写得简明扼要。

主体部分围绕公文的中心内容展开阐述,摆出事实,分析问题,阐明观点、意见、要求,预测事件发展的结果。这部分的写作要注意条理清楚,层次分明,说理透彻。可根据内容的内在关系分段落、分条目或分小标题来写。上行文陈述事实要清楚,佐证材料要丰富;下行文要阐明工作的要求、步骤、方法;平行文要说明情况,提供依据,提出意见和看法。

结尾部分解决问题,往往对上文内容作结语,即总结上文,得出结论,文字应简洁明了。由于公文的具体内容及上下行文的语气不同,各种公文的结语也各异。例如报告、通告、函等,可用"特此报告、请予审批"、"特此通告"、"特此函复"等结语。结语要根据不同文种灵活运用,不能生搬硬套、张冠李戴。

3. 主题词

主题词分类别词和类属词,标引顺序是先标类别词,再标类属词。在标类属词时,先标反映文件内容的词,最后标反映文件形式的词,如《国务院关于加强水土保持工作的通知》,先标类别词"农业",再标类属词"水土保持",最后标上"通知"。一份文件如有两个以上的主题内容,先集中对一个主题内容进行标引,再对第二个主题内容进行标引。如《国务院关于在若干城市试行国有企业兼并破产和职工再就业有关问题的通知》,先标反映第一个主题内容的类别词"经济管理",再标类属词"企业"、"破产";然后标反映第二个主题内容的类别词"劳动",再标类属词"就业";最后标"通知"。

二、写作要求

公文在社会生活中具有法定的权威性和行政约束力,是党和国家各级政权机关的"代言人"。这就要求公文的写作要能体现高标准、高质量、高水平,做到切实把握政策,充分发挥公文的指导性和可执行力的作用。

1. 掌握政策，观点明确

这是保证公文质量的前提和关键。撰写公文者必须加强学习，牢固掌握党和国家的方针政策、法律法规，努力培养自己高度的责任感和政治敏锐度；正确领会上级的指示精神，结合实际工作，深入调查研究，熟练掌握与公文相关的业务工作。表达观点鲜明突出，主张什么，反对什么，直述不曲，不能有丝毫的含糊。

2. 如实反映，表述准确

撰写公文必须如实客观地反映事实，做到结构严谨，条理清楚，符合国家的法律、法规及其他有关规定，如提出新的政策、规定等，要切实可行并加以说明。语言表述准确、贴切，尽量避免使用艰深的词语或口语化的语言；慎用过深过长的专业术语，如必须使用，则要加上注释。要注意辨别公文用词的细微差异，如对下级机关的来文用"批转"，对上级机关和同级机关的文件则要用"转发"一词。同时，表述只作说明性的叙述和议论，不作任何描写和抒情。

3. 文字精练，行文规范

公文的篇幅要力求短小精悍，文字要力求言简意赅，行文力求标准规范。公文的文种应当根据行文的目的、发文的职权和与主送机关的行文关系确定。公文一般应一文一事，如"请示"：一般只写一个主送机关，如需同时送其他机关的，应当用抄送形式，但不得抄送其下级机关。拟制紧急公文，应当体现紧急的原因，并根据实际需要确定紧急程度。行文关系根据隶属关系和职权范围确定，一般不能越级请示和报告，"报告"不能夹带请示事项。人名、地名、数字、引文要准确。引用公文应当先引标题，后引发文字号。日期应当写明具体的年、月、日。结构层次序数，第一层为"一、"，第二层为"（一）"，第三层为"1."，第四层为"（1）"。应当使用国家法定计量单位。文内使用非规范化简称，应当先用全称并注明简称。使用国际组织外文名称或其缩写形式，应当在第一次出现时注明准确的中文译名。公文中的数字，出成文日期、部分结构层次序数和在词、词组、惯用语、缩略语、具有修辞色彩语句中作为词素的数字必须使用汉字外，应当使用阿拉伯数码。

通 报

一、通报的性质

通报为下行文，主要用于表彰先进、批评错误、通报情况、传达重要精神。通报所反映的内容，不论是表彰性的、批评性的，还是情况通报，都要求具有典型意义，突出事件，有一定的影响力，给人们启示与警醒，起到楷模或警戒的作用。

二、通报的种类 通报按其性质划分

1. 表彰性通报

用于表彰先进单位或个人，宣传先进事迹，树立先进典型，推广成功经验，扩大社会影响，进一步带动广大干部群众共同学习先进榜样，提高思想觉悟，认真做好本职工作。

2. 批评性通报

用于批评严重违反党纪国法，无视党和国家的方针政策，损害人民利益，破坏安定团结，导致重大事故的发生，造成不良政治影响和社会影响的单位或个人，以此吸取教训，引以为戒，进一步改进工作，加强管理，防止类似事件的再度发生。

3. 情况通报

主要用于一定范围内，向所属单位或有关部门通报当前政治、经济、生产、社会治安等方面的重大情况或动态，以提请有关单位或部门加以关注和重视，在今后的工作中能妥善地开展工作。

技能要求

一、写作要领

1. 标题

通报的标题由发文机关、通报事由和文种3个部分构成。如《国务院关于违规修建办公楼等楼堂馆所案件调查处理情况的通报》，其中"国务院"为发文机关，"违规修建办公楼等楼堂馆所案件调查处理情况"为通报事由，"通报"为文种。发文机关名称有时可省略。

2. 正文

通报的正文通常由缘由、具体事实和评析、有关表彰或处理决定以及希望要求等三部分组成。

（1）缘由。总起写明通报的原因、目的和依据，并给事件定性，使用过渡语。

（2）具体事实和评析。具体陈述事情发生的经过，并对事情发生的原因进行分析、评价，揭示事物产生的积极意义或导致事故发生的根本实质，总结经验教训。通报表彰要分析评价先进人物的事迹或成功经验，弘扬高尚品质，阐发积极意义；通报批评要分析原因，指出错误的实质，揭示问题的严重性、危害性以及对社会造成的不良影响，起到教育警示的作用。

（3）有关表彰或处理决定以及希望要求。通报的结尾部分，提出通报表彰或批评的决定意见，并就如何学习先进典型、惩恶扬善提出希望和要求。

二、写作要求

1. 事实真实、典型

事实的真实表现在要客观反映事件过程，不能任意夸大或缩小。事实材料要典型，能充分说明问题。

2. 评析、奖罚客观公正

无论是表彰性的通报还是批评性的通报，对事实的评析都要以党和国家的政策为标杆，客观公正，不带有个人的主观感情色彩，不能随意拔高或贬抑，奖罚也要客观公正，符合政策。

3. 通报的时间要及时

表彰、批评都要抓住时机，迅速及时，起到以事实说明问题和警示社会的作用，否则将起不到应有的作用。

案例分析

【案例1】

通报内容	【评析】
关于××省××市××县 擅自停课组织中小学生参加 迎送礼仪活动的通报	多行标题
1999年12月5日，××省××市××县举行××高速公路在本县通车仪式，××县主要领导擅自决定，让本县部分中、小学校停课参加通车仪式，近千名中小学生在风雪天等候长达两小时，致使部分中小学生生病，学生家长和群众极为愤慨，致信中央要求坚决制止此类现象。	概述情况——通报的依据
中小学校依照国家规定建立有严格的教育教学秩序，这是教育教学质量的保证，任何单位和个人都不能随意破坏。现在一些地方的个别领导利用自己的权力，动辄调用中小学生为各种会议、考察、参观、访问甚至商业性典礼搞迎送或礼仪活动，有些地方还因此发生了严重的安全事故，造成极恶劣的社会影响。××县发生的问题，已不只是一般的形式主义，而是官僚主义，严重脱离群众，此类不良风气必须坚决予以制止。各地区、各部门以及各级领导干部，要高度重视这一问题并从中吸取深刻的教训，切实增强群众观念，杜绝此类事件再度发生。	分析评议，点明性质与危害
中小学生是祖国的未来，他们的学习和活动安排，要有利他们的学习和身心健康。今后各地区、各部门都必须严格执行国家的有关法规和规定，不得擅自停课或随意组织中小学生参加各种迎送或"礼仪"活动，如确有必要组织的，须报经省级教育行政部门批准。	对症下药，提出告诫
××××省办公厅（盖章） 　　　　　　　　××××年××月××日	

【案例2】	【评析】
通　报 　　2011年1月11日上午，团省委在我校新活动中心326举行培训会议，参加本次会议的一位老师不慎将自己随身携带的手包遗忘在会议室，包里有现金、银行卡、手机等重要物件。 　　会议结束后，化工学院高分子材料与工程专业0807101班韩佳亮同学独自在会议室打扫卫生时发现了遗失手包，他立即与学院老师联系，寻找失主。通过多方努力，终于联系到了失主。当日下午，丢失手包的老师来我校取回失物，当面要用现金对韩佳亮同学表示感谢时，被他婉言谢绝。 　　韩佳亮同学是化工学院优秀学生干部，共产党员。他拾金不昧的行为，充分体现了我校大学生道德品质和精神风貌，体现了新时期学生共产党员的优良品德和先锋模范作用，弘扬了校园新风，值得全体同学学习，现予以通报表扬。 　　希望化工学院全体同学积极学习韩佳亮同学拾金不昧的精神，充分发扬中华民族的传统美德，树立正确的世界观、人生观、价值观，不断提高自身思想素质和道德情操，为营造和谐校园、构建和谐社会、弘扬社会主义新风尚做出贡献。 　　　　　　　　　　　　　　×××化工学院 　　　　　　　　　　　　　　2011年1月12日	概述情况说明缘由 交代清楚先进事迹 阐明性质和意义

请　示

一、请示的概念

　　请示是各级各类机关经常使用的呈请性上行文，是向上级机关请求指示、批准时使用的一种文种，凡是下级机关因自身无权决定、无力解决而请求上级机关决断、指示、批示、批准、支持并明确答复的事项，都需用请示行文。

二、请示的特点

1. 必须一事一请

请示的内容具有单一性,即针对某一事项提诉上级机关处理、批复或解决。一份请示不能同时提出多个请求事项,要求解决多个问题。

2. 必须得到答复

请示要求上级机关对本机关的请求事项给予答复,上级机关无论同意与否都应表明态度。

3. 必须事前请示

行文时间上请示具有事前性,所请示的事必须是尚未进行或有待指示的事项。

4. 必须讲求时效

凡请示的事项大都是在某一时间段内需要解决的事项,因此请示必须及时,请求上级机关答复也必须及时。

三、请示的分类

根据行文内容。请示一般可分成四类:

1. 请求指示类

请求指示类是请求上级机关就政策性问题给予指示的请示。即请示者对党和国家的方针、政策、法律、法规,以及上级的指示精神等理解不明确、领会不清楚,或在工作中遇到无章可循的新情况、新问题、新困难,或因本单位遇到特殊情况、重大事项不能适应上级机关有关政策法规而又不敢擅自做主的事项,需要请求上级机关加以明确的阐释、指导,并做出指示。

2. 请求批准类

请求批准类是请求上级机关批准有关事项的请示,即下级机关强烈希望并要求上级机关能按自己的意见行事的事项;是希望上级机关对有关问题有明确认识,对处理有关事项有明确意见的事项;是无上级同意批准不得办理的,需特请求上级机关给予认可的事项;是请求上级机关给予审核批示的事项。

3. 请求支持类

请求支持类是请求上级机关协助解决具体问题的请示。即请示者在办理有关事项的过程中,遇到了人、财、物方面的困难,需要上级机关予以帮助解决,特向上级机关提出请求支持,希望满足需要。这也是最常见的一类请示。

4. 请求批转类

请求批转类是请求上级机关将请示文件批转给与请示机关平行的其他机关共同执行的请示。即请示是对涉及全局性的问题而要求其他地区、部门、单位贯彻执行的意见、办法,需要上级批转。

一、写作要领

请示的结构包括标题、主送机关、正文、署名和时间等部分。

1. 标题

请示的标题由发文机关、请示事项和文种三部分组成，如《××机械厂关于购置一辆××牌大客车的请示》，其中发文机关可省略。请示事项需点明请示的具体内容，事由部分都用"关于"的介词结构来表述。

2. 主送机关

请示只能报送一个直接主管请示单位的上级机关，受双重领导的单位报送请示，应写明主送机关和抄送机关。根据请示的内容，由主送机关负责答复请示事项，另一上级机关则以抄送形式报送。

3. 正文

请示正文通常由开头、主体、结语三部分构成。

（1）开头。写明事由，即请示的原因、背景、依据、目的等，以说明请示的重要性、紧迫性与合理性。开头的篇幅可长可短，如请示事项较重大或复杂，往往会用稍长的篇幅，分几个层次或从不同角度加以说明。不论篇幅长短，都要说清请示的原因、理由，要写得充分、恰当、具体。请示理由之后，常用"现将……请示如下"等过渡语领起下文。

内容简略、篇段合一的请示，开头也可以是表达行文目的和意义的一两句话，不独立成段。

（2）主体。写明请示事项，即具体、明确、清楚地提出请示的事项。表达上条理清晰，措辞恰当准确，阐述道理要充分，提出意见要切实可行，以便上级及时批示。有些情况简单、有条文规定可依据的请示，是出于组织原则报上级知道并批准的，其内容部分只需提出请示事项即可，不必阐释道理。

（3）结语。要写得恳切而谦和。结语一般用"以上请示，当否（妥否，可否等）、请批复（批示、指示、审批、批准、核批等）"、"是否有当，即请批复"、"如无不当，请批准"、"如无不妥，请批转"等。

4. 署名和时间

与以上介绍的其他公文写法相同。

二、写作注意事项

1. 请示的标题、正文和结语中一般不出现"申请"、"请求"一类词语，避免与文种在语意上重复。

2. 请示只能主送上级机关，不能送领导者个人。

3. 不能越级请示。特殊情况需要越级请示的，可使用转呈式，或者在越级请求的同时，把请示抄送给主管部门。

4. 坚持一事一请示，请示事项必须明确、具体、可行。

5. 请示的语气必须谦恭，不能以决定的口吻说话，在写请示事项时，只能写"拟"怎么办，不能写"决定"怎么办。

6. 请示和报告不可混用。不得在标题中出现"请示报告"连缀使用的字样。

案例分析

【案例1】

【评析】

关于扩建三个机房的请示

理工大学：

  我校现有三个机房。近年来，机房电脑呈现出老龄化严重的趋势，主要体现在机房数量少、硬件性能差、CPU内存小、软件级别低、运行速度慢等方面，譬如目前我们学校使用的还是市场上几乎快要淘汰的8086、8028等机型的电脑，电脑设备相对陈旧滞后，供不应求的状况造成了学生很多时候没电脑可用的窘迫境地。

  此外，学校的扩招政策使文学院的学生人数显著增加。2000年，文学院的学生人数仅为1 000人，机房虽然只有三个，但学生上机操作的时间尚可错开调配，而现今人数已达7 000人，而计算机机房却少有增加。随着现代科学技术的飞速发展和信息化进程的加快，社会上对大学生的办公自动化运用能力的要求也越来越高。而且今天的文秘专业、现代化办公、电脑写作、广告设计、计算机过级考试以及教师教学多媒体制作等也很需要电脑操作。

  鉴于以上因素，我院在积极维修好原来3个机房设备的基础上，拟扩建3个电脑机房、增设180台电脑及其附属设备的工作十分有必要。

  为此，现将有关事项请示如下：

一、机房选址

  计划将机房设在为5号计算机楼506、507、508教室，这三个教室与原先建设的三间机房相邻，既方便管理人员的统一管理，又处在楼房高层，利于保持空气顺畅流通。

二、电脑台套

  1. 拟定添置180台联想G450型号的电脑（配置总体优良，硬盘内存320 G，CPU 2G，独立显卡，液晶显示屏等），每台售价约5 000元，所需费用计为900 000元。

省略式标题，由事由和文种构成，省略发文单位

主送机关只有一个

请示的缘由。两个方面：第一，机房电脑呈现出老龄化严重的趋势；第二，学校的扩招政策使文学院的学生人数显著增加。缘由阐释客观具体，充分合理，用语简练

请示事项。虽然写了五个方面的具体内容，但是整个请示围绕"扩建机房"一件事来写，内容单一，而且没有把问题简单上交，而是提出了解决问题的具体措施和办法，并通过三个附件进一步详细说明，请求的内容具体明确，条款清楚，切合实际

2. 每个机房配置与电脑相匹配的学生用桌椅60套，每套200元，共计36 000元。

3. 每个机房添置相应的教师操作台设备，每台10 000元左右，总计30 000元。

三、附属设备

为了方便师生更好的使用电脑、延长维护电脑的使用寿命等，机房须添置一些附属设备。

1. 为了给师生创造更好的环境，更好地保护电脑，控制电脑机箱温度，延长电脑的使用寿命，每个机房需设一台空调。可以购买海尔、格力、美的等相关类型的品牌，价位在每台6 000元左右，总计达到18 000元。

2. 机房需配置三个档案柜，以方便设备的管理有详细的记载。每个500元，总计3 000元。

3. 每个机房应配有一套教学所用的投影仪与屏幕，既方便教师传授知识、顺利进行教学工作，也有利于学生获得较为高层次的实践能力。每套价格约为3 000元，共计9 000元。

4. 安装窗帘。能起到有效阻挡强光，控制室内的光线，减少外界嘈杂声的干扰作用。每间机房预购4个窗帘，每间1 000元，预计共3 000元。

四、机房装修

将原有教室改建成机房需要进行内部装修，包括重新粉刷墙壁、照明安装、防盗护窗、线路设置、防盗门等等，所需费用为50 000元。

五、管理人员

近些年，由于机房数量少的缘故，学校安排的机房管理人员只有三个，他们每天需要长时间的从事管理工作，劳动强度大，加上扩建三个机房，机房价值不菲，因此每个机房需要多安排两位管理人员（最好拥有较高的计算机操作水平和维护管理能力），管理机房的电源安全工作、电脑安全工作、电脑维护和修理、机房保洁工作等。实行双休轮班制度，保证每一位管理人员在做好本职工作的前提下，拥有较好的休息时间。此外，机房每天8：00—12：00、14：00—15：30、19：00—21：30开放，周末也正常开放。

经费预算总额约为960 000元。

以上请示当否，请批复。

附件：1. 请示事项细目及金额细目表 　　　2. 机房选址及装修图纸 　　　3. 增设扩建三个机房可行性论证及管理设想材料 　　　　　　　　　　　　文学院 　　　　　　　　　　2010 年 11 月 20 日 —————— ＊资料来源：百度文库（有改动）http://wenku.baidu.com/view/0a1e810bbb68a98271fefae1.html	请示结语规范 请示附件格式规范，只列附件标题，不列内容 成文日期用汉字书写

【案例 2】　　　　　　　　　　　　　　　　　　　　　　【评析】

关于使用 2012 年旅游费用的请示 ×××公司领导： 　　公司服务中心自成立起，大力援助其各方面的工作，特别是 2012 年 4 月新办公楼投入使用以来，需要派中心人员支援的部门增多，服务中心的工作骤然加大。为了公司日常工作的顺利进行，服务中心的员工在做好自己本职工作的同时，还积极支援其他各部门，真正地做到了团结互助，温馨和睦。 　　为了奖励中心员工的积极表现，弘扬以人为本的精神文化，服务中心拟定于 2012 年 5 月 1 日左右分两批组织员工参团旅游，所需费用共计 8 800 元人民币。此费用从珠江新城 2012 年预算旅游费用中支出。 　　妥否，请领导批示。 　　附件：旅游分组情况及费用明细 　　　　　　　　　　　　　　2012 年 4 月 19 日	一事一请示 叙述清晰明了 理由陈述充分 方案应具体，切实可行

【案例 3】　　　　　　　　　　　　　　　　　　　　　　【评析】

关于涉案物品 估价机构资质认定问题的请示 　　　　　　××字〔2012〕×号 安徽省人大常委会法工委： 　　为进一步贯彻执行《安徽省涉案物品估价管理条例》（以下简称条例），界首市人大常委会组织了部分人大代表对该《条例》贯彻执行情况进行了调研。	标题省略发文单位 发文字号 主送机关 写作的缘由、依据

我们认为目前还没有相关法律规定，在本省范围内就应该按照《条例》的有关规定执行。根据以上情况，我们特请示： 　　1. 界首市人民法院能否按照人民法院报的公告，委托没有取得《涉案物品估价机构资格证》的界首市杰信会计师事务所进行涉案物品的价格评估。 　　2. 界首市人大能否要求界首市法院进行更正。 　　特此请示，请尽快给予答复为感。 　　　　　　　　　　××市人大常委会法工委（章） 　　　　　　　　　　　　2012年8月18日	具体请示事项

（材料来自范文网）

【案例4】　　　　　　　　　　　　　　　　　　　【评析】

工程建设立项请示 长春市发展和改革委员会： 　　院自2001年2月省政府批准升格为高职学院以来，为建设合格加特色的高职学院，努力完善各项办学条件。据省教育厅安排，将于2013年内对我院进行"高职高专人才培养工作"评估，其结果将作为核实我院招生计划、发展规模、专业设置等的主要依据，这势必对我院的生存和发展产生重要的影响。 　　合校以来，我院在长春市政府、长春市教育局的关心、支持下，各项事业都取得较快发展，为我省区域经济的发展培养了近二万名各类专业技术人才。但由于现有校园土地只有198亩，严重制约了学院的发展，与国家教育部《普通高等学院基本办学条件的指标（试行）》的有关规定有较大差距。 　　经我院申请，2012年4月6日长春市常务会议决定，在长春市高新科技开发区内有偿划拨300亩土地，同时另再控制300亩土地作为我院的教学建设用地，用于建设学院的新校区。 　　综上所述，学院经过充分研究和论证，拟投资建设永春新校区。该建设项目总投资8 833万元，其中2013—2015年永春校区一期工程建设总投资3 883万元，	立项请示 依据意义 存在问题制约 办学发展规模 过渡语 学院请示后，上级给拨款划给土地

2015—2018年组织第二期工程建设，总投资4 950万元，所需建设资金由学院向金融机构贷款及其他渠道融资和自筹解决。永春新校区一期工程建成后，全日制在校生规模可达15 000~20 000人。根据项目建设的相关规定，特向贵委申请立项。 以上请示妥否，请批复。 　　　　　　　××职业技术学院（盖章） 　　　　　　　　　2012年9月20日	立项开发新校区 具体时间所需资金 请求批示

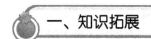

一、知识拓展

（一）公文的种类

按《国家行政机关公文处理办法》规定，我国行政机关的公文种类主要有十三种。

1. 命令（令）（属指挥类公文）

适用于依照有关法律规定发布行政法规和规章，宣布施行重大强制性行政措施，奖惩有关单位及人员。

命令（令）有严格的发布权限。按照宪法规定，全国人民代表大会，全国人民代表大会常务委员会，中华人民共和国主席，国务院，国务院各部、各委员会，县级以上地方各级人发政府，都有权依照法律规定发布命令。但实际运用中，国家最高领导机关和领导人以及中央军事委员会领导人用得较多，地方政府很少用。

命令的标题由发布单位、事由、公文名称组成。末尾说明何时开始施行。右下方写上单位名称或领导人姓名、签发日期。

2. 决定（属指挥类公文）

适用于对重要事项或重大活动作出安排，奖惩有关单位及人员，变更或者撤销下级机关不适当的决定事项。标题一般由"决定的机关名＋决定的内容主旨＋文种"组成。正文内容包括原由、决定事项两部分。

3. 公告（知照类公文）

适用于向国内外宣布重要事项或者法定事项。（告知的对象是国内外，宣布的事项较为重要，发布单位的级别较高，一般单位宣布一般事项不用公告。公告可张贴、登报。）

4. 通告（知照类公文）

适用于公布社会各方面应当遵守或者周知的事项。

公告与通告的异同：

相同：二者均可张贴、可登报。

区别：一是读者群不同，通告可面向一定的读者，不求所有人知道，而公告要求各界人士都知道；

二是内容有别，通告具有约束性、告知性，可供相关人士借鉴，而公告只是发布信息，消息性强；

三是制发者不同，通告可由各行各业主管机关发布，而公告通常只能由党和国家最高权力机关或最高管理机构制定。

5. 通知（知照类公文）

适用于批转下级机关的公文，转发上级机关和不相隶属机关的公文，传达要求下级机关办理和需要有关单位周知或执行的事项，任免人员。

通知是一种应用最广的公文，写通知要说明发通知的原因，交代清楚通知的具体事项。几个单位联合出叫联合通知；有些通知，事情紧迫，要迅速传达给有关单位，叫"紧急通知"。

6. 通报（知照类公文）

适用于表彰先进，批评错误，传达重要精神或者情况。

表扬性和批评性通报，属对问题定性的文件，写作时必须十分慎重，文字要认真推敲。

通报与通知不同：通报主要起教育作用，通知主要起布置任务、要求执行的作用。

通报与通告不同：一是适用范围不同，通报有收文机关，以文件形式送达或在报纸上发表具有全国性普遍意义的通报；而通告没有收文机关，必须在公共场所张贴或报纸上发表。二是作用不同，通报用于表扬先进、批评错误、传达重要情况，必须在事后或事情发展过程中制发；而通告用于发布法规和告知人们应该知道的事情，常在事发之前制发。

7. 议案

议案适用于各级人民政府按照法律程序向同级人民代表大会或人民代表大会常务委员会提请审议事项。

议案的行文方面非常明确，写法与信函类似。标题由"议案提出部门名称＋送达部门名称＋议案内容主旨＋文种"四部分组成。

第一行是称呼，结尾用"现提请审议"或"请审议决定"。

8. 报告（报请类公文）

适用于向上级机关汇报工作、反映情况，答复上级机关的询问。

写作时，以具体陈述为主，是陈述性公文。

9. 请示（报请类公文）

适用于向上级机关请求指示、批准。

要注意一文一事，只递送一个机关，不直接递交领导本人，不能与"报告"连用。

在实际工作中，人们常将请示与报告混用。其实，这是两种完全不同的文种，请示需要上级批复，而报告不要；请示要在事前行文，而报告常在事中或事后；请示时间性强，报告则相对要求低一些；请示要"一文一事"，而报告可将几件事综合起来写。秘书要杜绝"请示报告"的笼统写法。

10. 批复（批转类公文）

适用于答复下级机关请示的事项。

批复是针对请示行文的，具有行文的被动性、回复的针对性和效用的权威性。写作时，要注意将批复机关的意见和态度交代清楚，末尾写"此复"或"专此批复"。

11. 意见

适用于对重要问题提出见解和处理办法。

"意见"可用于上行文、下行文和平行文。作为上行文，应按请示性公文的程序和要求办理。上级机关应当对下级机关报送的"意见"作出处理或给予答复。作为下行文，文中对贯彻执行有明确要求的，下级机关应遵照执行；无明确要求的，下级机关可参照执行。作为平行文，提出的意见供对方参考。

12. 函

适用于不相隶属机关之间相互商洽工作、询问和答复问题，请求批准和答复审批事项等。

函即信，公务往来的信件叫公函。

函的内容要专一、集中，以陈述为主，措辞要得体。末尾可写"特此函达"或"请即复函"、"此复"等。

格式上，有的比较完备，除有文件头外，还有标题、发文字号、时间、印章等；有的只写上款、落款和时间，加盖印章。

13. 会议纪要

适用记载和传达会议情况和议定事项。

会议纪要是扼要记述会议概况、讨论的主要问题和结果的一种文体。比较重要的会议，都要写会议纪要。

（二）公文办理程序

公文办理程序，就是指公文在机关内部从形成到运转处理所必须经过的一系列环节。公文办理程序包括收文办理和发文办理两个部分。

收文，是指机关文书部门收进外单位发来的文件材料。收文办理是指文书部门收到文件材料后，在机关内部及时运转直到阅办完毕的全过程。组成这一过程的一系列相互衔接的环节称之为收文办理程序，主要有：签收、拆封与登记、分发与传阅；拟办、批办与承办；催办、查办与注办。

公文的签收是指收到文件材料后，收件人在对方的公文投递单或送文簿上签字，以明确交接双方的责任，保证公文运转的安全可靠。它是收文办理的第一个环节。签收后，文件的拆封是文书人员的职责。公文的登记就是将需要登记的文件在收文登记簿上编号和记载文件的来源、去向，以保证文件的收受和处理。登记的原则是方便文件的运转和管理。收文登记的形式一般可分为簿册式、联单式和卡片式三种。公文的分发亦称分办，是指文书人员在文件拆封登记以后，按照文件的内容、性质和办理要求，及时准确地将收来的文件分送给有关领导、有关部门和承办人员阅办。公文的传阅是指单份或份数很少的文件以及一些非承办性文件，需要经机关各位领导和许多部门阅知时，由文书人员组织在他们中间传递和阅读。公文的拟办是指对来文的处理提出初步意见，供领导人批办时参考。公文的批办是指机关领导人对送批的文件如何处理所作的批示。公文承办这一环节，既是收文办理的最后一道程序，又是发文程序的开始。它直接关系到发文的质量和机关工作的效率。

公文的催办是指那些必须办理答复的文件，根据承办时限的要求，及时地对文件承办的情况进行督促和检查。催办工作一般有对内催办和对外催办两种情况。查办是指文书工作人虽协助机关领导检查各项方针、政策、决议、指示的执行和落实，以及对某些问题进行查处，解决的一项承办性工作。

公文的注办是对公文承办的情况和结果，由经办人在公文处理单上所作的简要说明。

发文，是指机关文书部门根据本机关的工作需要向外发出文件材料，包括本机关制发、转发、翻印、复印的文件材料等。发文办理，就是指公文从拟稿到印制发出的整个运行过程。发文办理程序由拟稿、审核与签发、核发、缮印与校对、用印、登记与分发等环节组成。公文拟稿是发文办理的第一个环节，同时也是整个公文处理工作的关键性环节之一。公文的审核是指公文的草稿在送交机关领导人审批签发以前，对公文的内容、体式进行的全面审核和检查。它也是公文处理工作的关键性环节之一。公文的签发是指机关领导人对文稿最后审批。它是公文形成的关键性环节。公文的核发是指在公文正式印发之前，对经领导人签发的文稿进行复核并确定发文字号、分送单位和印制份数的一项工作。公文的缮印是对已签发的公文定稿进行印制。公文的校对是对文件质量的最后一次检查。公文的用印是指在印好的文件上加盖机关印章。发文的登记，其作用与收文登记一样。

2. 请示与报告的区别

（1）行文时间不同。请示必须事前行文，而报告一般在事中或事后行文。

（2）行文目的作用不同。请示重在呈请，需要上级批复，旨在请求上级指示、批准、支持和帮助；报告重在呈报，无须上级批复，旨在让上级了解下情，及时掌握情况，便于指导工作。

（3）主送机关数量不同。请示只能写一个主送机关，报告可写多个主送机关。

（4）写作要求不同。请示侧重于说明理由，请示事项，内容单一，篇幅短小；报告侧重于陈述事实，报告情况，内容丰富，体现报告性，篇幅可大可小。

（5）结尾语不同，请示与报告的结语上文已列，在此不再赘述。请示不能省略固定的结语，报告可以省略。

（6）收文机关处理方式不同。请示属于需办理的文件，收文机关必须及时批复，报告多为阅件，除需批转的报告外，其他各类报告收文机关可不必行文。

二、思考练习

1. 填空

（1）行政机关的公文，是行政机关在行政管理过程中形成的具有_____和_____的文书。

（2）发文字号由_____、年份和_____组成。

（3）公文主体部分包括_____、主送机关、_____、_____、印章、附注等项。

（4）公文正文位于主送机关名称下1行，每自然段左空2字，回行顶格，_____和_____不能回行。

（5）标引主题词的数量一般是_____个。

（6）通报分_____、_____、_____三类。

(7) _____ 主要指公文标题以上的有关格式成分。
(8) 完整的公文标题由_____、_____、_____三要素构成。
(9) 通知适用于_____的公文，转发上级机关和_____的公文，传达要求下级机关办理和需要有关单位_____或者_____的事项，_____人员。
(10) 公文联合行文的成文时间，以_____为准。

2. 选择

(1) 常用的公文种类主要有（　　）。
A. 决定、通报、批复、通知、命令、请示、报告、函、意见、会议纪要
B. 报告、批复、通知、指示、请示、报告、函、意见、会议纪要、决定
C. 决定、通报、批复、通知、公告、通告、请示、报告、函、意见、会议纪要、命令、议案
D. 决定、通报、批复、通知、公告、通告、请示、报告、函、申请、会议纪要、命令、议案

(2) 公文词语要求（　　）。
A. 选择最贴切、最能表情达意的
B. 大量使用同音词
C. 使用口语词、歇后语、谚语
D. 反复强调、突出重点，大量用同义词

(3) 上行文的行文方向指（　　）。
A. 给比本机关级别高的单位发文
B. 给比本机关级别低的单位发文
C. 给具有隶属关系的上级单位发文
D. 请示和报告

(4) 联合行文标注发文机关时，标在前的机关是（　　）。
A. 上级机关　　　　　　B. 组织序列表中靠前的机关
C. 主办机关　　　　　　D. 其他系统的机关

(5) 向非同一组织系统的任何机关发送的文件属于（　　）。
A. 上行文　　　　　　　B. 平行文
C. 下行文　　　　　　　D. 越级行文

(6) 公文中数量表述正确的是（　　）。
A. 200Kv　　　　　　　B. 一百二十三万元
C. 88年—99年　　　　 D. 2000年1月1日

(7) 受双重领导的机关向上级机关行文，应当这样处理（　　）。
A. 写明主送机关和抄送机关　　B. 主送一个上级机关
C. 报送两个上级机关　　　　　D. 主送并抄送两个上级机关

(8) 公文的紧急程度分为（　　）。
A. 特急　　　B. 急件　　　C. 火急　　　D. 加急

3. 判断

(1) 某大学向上级部门申请设备购置费用用请示报告。（　　）
(2) 为了提高办事效率，请示可以一文多事。（　　）
(3) 批复是上级机关针对下级机关来文请示的事项所给予的明确答复的下行公文。（　　）
(4) 请示标题一般要写明"发文机关＋事由＋文种"，发文机关有时可以省略。（　　）
(5) 请示必须事前行文，不允许"先斩后奏"。（　　）
(6) 批复具有针对性、权威性和鲜明性。（　　）
(7) 批复的主送机关是下级机关。（　　）
(8) 报告可以同时上报几个上级机关。（　　）
(9) 报告不能用"以上报告当否，请指正"之类的结束语。（　　）
(10) 批复的开头必须首先引述来文的标题并加文号，作为批复的发文依据。（　　）
(11) 某地发生一突发性重大事故，向上级反映此事故及其有关情况，用报告行文。（　　）
(12) 报告标题可只用"报告"两字。（　　）

4. 给下面标题填写文种

(1) ×××部关于几起重大火灾的_____。
(2) 国务院办公厅关于发布《行政机关公文处理办法》的_____。
(3) ×××大学关于报送××省教育厅今年招生工作情况的_____。
(4) ×××省财政厅关于要求解决××县广播、电视设备问题的_____。
(5) ×××省财政厅关于同意××大学新建教学楼的_____。

5. 请指出下列公文在格式、内容和用语上存在的问题，并加以改正

病文一：

关于××公司 4C（D）造船用钢板
参加二○○三年冶金部钢铁优质产品评选的请示

冶金部钢铁司：

根据冶金部〔（2003）冶钢字 102 号〕文件《关于评选二○○三年钢铁优质产品的通知》要求，现将××公司二○○三年冶金部钢铁优质产品 4C（D）造船用钢板的申请表报上，请批示。

××公司
二○○三年×月×日

病文二：

请求拨款修复老年活动中心的报告

在这次特大洪灾中，我县老年活动中心被洪水和泥石流冲毁。2 000 平方米的建筑物几乎夷为平地，部分体育、文娱器材、设施被损毁、冲失。为使广大离退休干部、职工有一个休息、娱乐、学习的场所，做到老有所乐、老有所为，必须尽快修复老年活动中心。为此，我们决定修复我县老年活动中心并扩大原有规模，修建三楼一底活动室 2 000 平方米，运动场一千平方米，共需基建费 200 万元，扩征土地两亩。

可否，请批准。
附件：修复老年活动中心预算表1份

洪山县民政局
××××年10月20日

病文三：

关于同意成立北仑区自行车运动协会的批复

宁波市北仑区自行车运动协会筹备组：

　　你们提出的关于要求成立宁波市北仑区自行车运动协会的请示收悉。根据目前北仑区域内自行车运动发展情况，经研究，同意成立宁波市北仑区自行车运动协会，并同意由谢辰冰、陈琦等同志为筹备组负责人。希望你们能认真履行协会《章程》，严格按照业务主管部门提出的具体要求和相关规定，自觉遵守国家法律法规，配合各级体育职能部门工作，共同为北仑区社会体育事业发展作出贡献。

二○一○年六月十二日

三、技能训练

1. 根据以下内容提示，拟写公文标题

（1）×××大学就×××系学生×××擅离学校，违反学校纪律，给予警告处分一事发出文件，使全校师生周知。

（2）某省人民政府发文要求所属单位认真贯彻执行国务院关于调整纺织品价格的规定，以便保持市场的稳定。

2. 根据要求写作

（1）请按规范的会议通知的写法，重写下面这份会议通知。

关于召开物价学习讨论会的通知

各市、县废旧物资公司：

　　公司决定召开物价学习讨论会，时间定在7月29日至8月13日。会上请省供销学校商业经济教研室从老师讲物价理论课。目的是为适应物价工作的需要，提高物价员的水平，还请省内主管物价多年的有经验的同志传授废旧物资作价办法、计算技术和工作经验，并结合有关问题座谈讨论。

　　参加会议的人员要携带笔记本和算盘，食宿费、车费自备。市、县废旧物资公司做物价工作的专职物价员参加这次会议。请各地将参加会议名单尽快报市（地）公司。各市（地）公司于7月15日前，把参加会议人员登记表填好，寄给省公司，参加会议人员于7月28日报到。地点在×××市供销社所属×××旅社。

××年×月×日

3. 根据下面的材料，请以××市商业局的名义向××省商业厅起草一份报告。

（1）××××年5月20日上午9点20分，××市××百货商城发生重大火灾事故。

（2）事故后果：未造成人员伤亡，但烧毁三层楼房一幢及大部分商品，直接经济损失1792万元。

（3）施救情况：事故发生后，市消防支队出动15辆消防车，经4个小时扑救，火灾才被扑灭。

（4）事故原因：直接原因是电焊工××违章作业，在一楼铁窗架电焊火花溅到易燃货品上引起火灾，但也与××百货商城管理局及员工安全思想模糊、商城安全制度不落实、许多安全隐患长期得不到解决有关。

（5）善后处理：市商业局副局长带领有关人员赶到现场调查处理；市人民政府召开紧急防火电话会议；市委、市政府对有关人员视情节轻重，做了相应处理。

4. 根据下述材料，拟写一份请示。

××市副食品公司考虑到生产不断发展、人民生活水平逐步提高的情况下，小食品的经营范围已日益扩大，这对繁荣市场，满足群众需要，回笼货币，都有一定的作用。为了进一步加强对小食品经营的领导，搞好市场供应，拟增设小食品科。所需人员在本公司现有人员中调剂解决。为此，准备向市商业管理委员会写一份请示。要求在二〇××年四月十五日发出，发文字号是：×副字〔20××〕第38号。

第三部分　阅读与欣赏

本部分包括诗歌、散文、小说、戏剧四个方面的内容。

通过学习，了解文章所涉及的重要作家和作品知识，以及诗词、散文、小说、戏曲的基本特征和欣赏方法；在阅读过程中培养感受、理解、欣赏和评价的综合能力，体会文章作者的态度、观点、感情，理解内容和思路；领悟作家对人生的感悟、对宇宙的思索，从而关注人生、净化心灵、受到思想熏陶、获得审美愉悦，提高综合人文素质。

第一章 诗 歌

诗歌欣赏指要

诗歌是语言的结晶，是一种最古老的文学形式。几千年来，人们一直用它来表达内心的情感、对生活的感悟以及对真理的追求。诗歌往往以其精练的形式、和谐的音韵和节奏给人们带来巨大的精神享受。不论是古体诗、近体诗和现代诗，还是当代诗；也不管是中国诗歌，抑或是外国诗歌，这些诗体都有各自的规律、音韵、主题和表现方式。

诗歌的欣赏是一种创造性的艺术活动。欣赏者应具有丰富的生活经验、敏锐的艺术感悟能力和一定的文化素养。

首先要了解诗歌是一种直接表现创作主体心理活动并表达为相应的语言形式的文学体裁。明确其具有音乐美，讲究音韵，注重平仄押韵，虽有严格韵律要求，但不完全如此；竖起性是其最基本特点，读者在欣赏过程中总能感受到诗中主人公的思想和情感；通过形象典型地反映社会生活；通过意境表达思想感情。需要指出的是古典诗歌具有精练和含蓄的特征，语言多通过比喻、通感、双关、用典、象征等方式表达语意，从而使人感到含蓄、朦胧。现代诗，形式是自由的，内涵是开放的，意象经营重于修辞，有高度的概括性、鲜明的形象性、浓烈的抒情性以及和谐的音乐性，形式上分行排列。

其次要在欣赏过程中，重视以下几个环节。

一、了解背景

大至时代背景，小至一首诗具体的写作背景，读者是否了解它，将对诗词的欣赏产生很大的影响。我们欣赏李清照的词时，首先要了解的是她生活的大的时代背景——金兵占领北宋王朝统治的北方地区，人民流离失所，处于水深火热之中。同时还要了解作者的创作时期，李清照的词以南渡为界，南渡之前多写她与丈夫赵明诚的恩爱生活，南渡之后，国破夫亡，心中有说不尽的落寞与伤悲。《声声慢》就是在这样的背景下创作的。对写作背景的充分了解，将有助于理解作品的思想内容。

二、感悟意境美

感悟，简单地说就是诗歌欣赏中的会心与共鸣。读者在欣赏过程中，充分发挥创造性想象的作用，依靠自己的生活体验和审美感知去体味作者描绘的意境、抒发的情感。

三、了解相关的典实

所谓典实，有两方面的含义，其一是诗中写到的相关的历史事实，其二是古典诗词中常常使用的典故。古代诗人在受到周围环境的限制或诗词形式的约束，不便畅所欲言的时候，往往借助典实来抒情言志，表明心迹。王实甫的《长亭送别》中，大量化用名作中的优美成句，例如，范仲淹的"遍填胸臆，量这些大小车儿如何载得起"句是对李清照"只恐双溪舴艋舟，载不动许多愁"意境的再创造，极其形象地传达出人物心灵所承受着的感情重压。

东 山[①]

《诗经》

名作导引

《诗经》是我国最早的一部诗歌总集,收录周初至春秋中叶的诗歌三百零五篇。原名《诗》,或"诗三百",汉以后称为《诗经》,约编成于春秋中叶,相传由孔子删定。全书分为"风"、"雅"、"颂"三部分:"风"有十五国风,一百六十篇,多为民歌;"雅"有《大雅》、《小雅》,一百零五篇,多为贵族、士大夫所作;"颂"有《周颂》、《鲁颂》、《商颂》,四十篇,是用于宗庙祭祀的诗。

在内容上,《诗经》相当广泛地反映了当时社会的经济状况、政治矛盾、意识形态和风俗习尚,不少民间创作还揭露了统治阶层的剥削丑行,反映了下层人民的生活和感情。

经典美文

我徂[②]东山,慆慆[③]不归。我来自东,零雨其蒙[④]。我东曰归,我心西悲。制彼裳衣,勿士[⑤]行枚[⑥]。蜎蜎[⑦]者蠋[⑧],烝[⑨]在桑野。敦[⑩]彼独宿,亦在车下。

我徂东山,慆慆不归。我来自东,零雨其蒙。果臝[⑪]之实,亦施于宇。伊威[⑫]在室,蠨蛸[⑬]在户。町疃[⑭]鹿场,熠燿[⑮]宵行。不可畏也,伊[⑯]可怀也。

我徂东山,慆慆不归。我来自东,零雨其蒙。鹳[⑰]鸣于垤[⑱],妇叹于室。洒扫穹窒,我征聿[⑲]至。有敦瓜苦,烝在栗薪[⑳]。自我不见,于今三年。

我徂东山,慆慆不归。我来自东,零雨其蒙。仓庚[㉒]于飞,熠燿[㉓]其羽。之子于归,皇驳[㉔]其马。亲结其缡[㉕],九十其仪。其新孔嘉,其旧如之何?

【注释】

① 东山,是《诗经·豳风》的一篇,写从征兵士还乡,途中想念家乡田园荒芜,妻子悲叹的心情的诗篇。

② 徂(cū):往。

③ 慆(tāo)慆:久。

④ 蒙:微雨貌。

⑤ 士:事。

⑥ 行枚:裹腿。一说士兵行军口中衔枚(似筷),以防喧哗。

⑦ 蜎(yuān):蠕动貌。

⑧ 蠋(zhú):毛虫,桑蚕。

⑨ 烝(zhēn 或 zhēng):乃。一说放置。

⑩ 敦:卷成一团。

⑪ 果臝(luǒ):栝楼,又名苦蒌。蔓生葫芦科植物。

⑫ 伊威:一名鼠妇,潮虫。

⑬ 蟏（xiāo）蛸（shāo）：长脚蜘蛛。
⑭ 町（tīng）疃（tuǎn）：田舍旁空地。
⑮ 熠（yì）燿：萤光。
⑯ 宵行：萤火虫。
⑰ 伊：是。
⑱ 鹳：水鸟名。
⑲ 垤（dié）：蚂蚁窝的土堆。
⑳ 聿（yù）：语助词。
㉑ 有敦瓜苦，烝在栗薪：意思是那圆圆的瓜有苦味，你就把它放在柴火上煮起来。敦（duī）：圆的。瓜：一说瓠。栗：裂。
㉒ 仓庚：鸟名。
㉓ 黄鹂，黄莺。
㉔ 皇：黄白相间。驳：红白相间。
㉕ 缡（lí）：古时女子的佩巾。

【阅读提示】

　　这是一首征人在解甲回家途中，抒发思乡之情的诗篇。全诗四节（每十二句为一节），以直赋其事的手法起，前三节着重写东征归途中士兵的欣喜生还、强烈的思乡情景以及家中妻子思念的叹息，从中透露出士兵既有征战归来的喜悦，也深感征战之苦，流露出对战争的厌恶和对和平的渴求。第四节点破士兵在新婚之后服役从军，以痛定思痛的抒情结束全诗，感人至深。

　　全诗四节，节首四句叠咏，文字全同，构成了全诗的主旋律。咏的是士卒在归来的途中，遇到淫雨天气，在写法上与《小雅·采薇》末章"昔我往矣，杨柳依依；今我来思，雨雪霏霏"相近。王夫之说"以乐景写哀，复以哀景写乐，一倍增其哀乐"，这里既是"以哀景写乐"，又不全是。盖行者思家，在雨雪纷飞之际会倍感凄迷，所以这几句也是情景交融，为每章后面几句的叙事准备了一个颇富感染力的背景。

　　艺术表现手法的多样是这首诗的显著特点。它以赋为主，采取叙事的方式，但在具体叙事主人公的回忆、想象时，手法是灵活多样、变化自如的。"我徂东山，"四句是赋，但兼有比兴，"蜎蜎者蠋，鹳鸣于垤，仓庚于飞，"都是比而兴，兴而比，这些比兴都有生动的形象，而且比喻贴切，形迹巧妙，语言优美，使全诗的抒情性、典型性，得到很好的表现。

【感悟思索】

一、这首诗在艺术手法上有何独到之处？
二、谈谈什么是赋比兴？
三、背诵这首诗，说出其主旨。

丽人行

杜甫

名作导引

杜甫（712—770），字子美，是中国文学史上伟大的现实主义诗人，杜甫以积极的入世精神，勇敢、忠实、深刻地反映了极为广泛的社会现实，其诗因此被后人公认为"诗史"，诗人被尊称为"诗圣"。杜诗最大的艺术特色是，诗人常将自己的主观感受隐藏在客观的描写中，让事物自身去打动读者。语言平易朴素、通俗、写实，特别善于抓住细节的描写，还常用人物独白和俗语来突出人物的个性。杜甫诗风多变，但总体来看，可以概括为沉郁顿挫。有《杜少陵集》。

本诗约作于天宝十二载（公元753年）春天，正值杨贵妃之兄杨国忠为右丞相的第二年，杨家兄妹权倾朝野，唐玄宗荒淫昏庸，时政腐败之时。杜甫以此诗深刻地揭露了当时的黑暗现实。

经典美文

三月三日①天气新，长安水边②多丽人。
态浓意远淑且真，肌理细腻骨肉匀。
绣罗衣裳照暮春，蹙③金孔雀银麒麟。
头上何所有？翠微盍叶垂鬓唇④。
背后何所见？珠压腰衱稳称身⑤。
就中云幕椒房亲⑥，赐名⑦大国虢与秦。
紫驼之峰出翠釜，水精⑧之盘行素鳞。
犀箸厌饫久未下，鸾刀缕切空纷纶。
黄门飞鞚不动尘⑨，御厨络绎送八珍。
箫鼓哀吟感鬼神，宾从杂遝实要津⑩。
后来鞍马何逡巡！当轩下马入锦茵。
杨花雪落覆白苹，青鸟飞去衔红巾。
炙手可热势绝伦，慎莫近前丞相嗔。

【注释】

① 三月三日：即上巳节，古时风俗，此日人们于水边洗除不祥。
② 水边：指曲江。
③ 蹙（cù）：刺绣的一种手法。
④ 翠微盍（é）叶：用翠玉制成的蓾采的叶。

⑤ 袺（jié）：衣后裾。稳称身：指衣服显得妥帖合身。
⑥ 就中：内中。云幕椒房亲：指杨贵妃之姊韩、虢、秦诸夫人。
⑦ 赐名：赐以封号。
⑧ 水精：即水晶。
⑨ 黄门：宦官的通称。飞鞚（kòng）：犹言飞驰的马。
⑩ 宾从：指奔走于杨氏兄妹门下的人。杂遝（tà）：乱杂而众多。实要津：占满朝廷重要位置。

【阅读提示】

《旧唐书·杨贵妃传》载："玄宗每年十月，幸华清宫，国忠姊妹五家扈从。每家为一队，着一色衣；五家合队，照映如百花之焕发。而遗钿坠舄，瑟瑟珠翠，璀璨芳馥于路。而国忠私于虢国，而不避雄狐之刺；每入朝，或联镳方驾，不施帷幔。每三朝庆贺，五鼓待漏，靓妆盈巷，蜡炬如昼。"又杨国忠于天宝十一载（752）十一月为右相。这首诗当作于十二载春，通过场面描写和情节叙述，讥刺了杨家兄妹骄纵荒淫的生活，曲折地反映了君王的昏庸和时政的腐败，让读者从另一个角度看到了安史之乱前夕的社会现实。

首二句为全诗的提纲，描写上巳日曲江水边踏青的丽人如云，"态浓"一段写丽人的姿态服饰之美；"就中"二句点出主角，具体写丽人虢、秦、韩三夫人所得的宠幸，"紫驼"一段写宴乐之奢侈；"后来"一段写杨国忠的气焰和无耻。整首诗不空发议论，只是尽情揭露事实，语极铺张，而讽意自见，是一首绝妙的讽刺诗。《杜诗详注》云："此诗刺诸杨游宴曲江之事。……本写秦、虢冶容，乃概言丽人以隐括之，此诗家含蓄得体处"。《读杜心解》曰："无一刺讥语，描摹处语语刺讥。无一慨叹声，点逗处声声慨叹。"

此诗在艺术上成功之处在于作者并未直接点诗的主旨，而读者却能清楚地意识到其深远含义。

【感悟思索】

一、分析《丽人行》的艺术风格，并与所学过的杜甫其他诗作加以比较。

二、结合《长恨歌》谈谈你对这段史实的看法。并从艺术、社会、历史的角度，对这两部作品加以评价。

三、背诵这首诗。

摸鱼儿①

辛弃疾

名作导引

辛弃疾(1140—1207),字幼安,号稼轩,历城(今山东济南)人。南宋杰出的爱国词人。辛弃疾22岁时在北方参加耿京领导的抗金义军后渡江南归宋廷。一生主张抗战,坚持北伐,虽才兼将相,但始终不被信任重用,只做过签判、通判、转运副使、知府、安抚使等官职。曾先后进呈《美芹十论》、《九议》等奏章,陈述收复大计,均未被采纳。42岁后落职闲居江西农村长达二十余年,抑郁而死。

稼轩词现存六百多首,题材广泛,意境深远,手法多样,善于用典。辛弃疾把爱国抱负和满腔忧愤倾注到词作之中,形成雄奇豪壮、苍凉沉郁的风格,是南宋豪放词派的主要代表。有词集《稼轩长短句》。

经典美文

淳熙己亥,自湖北漕移湖南,同官王正之置酒小山亭,为赋②。

更能消、几番风雨③,匆匆春又归去。惜春长怕花开早,何况落红无数。春且住④,见说道、天涯芳草无归路⑤。怨春不语⑥。算只有殷勤,画檐蛛网,尽日惹飞絮⑦。

长门事,准拟佳期又误。蛾眉曾有人妒。千金纵买相如赋,脉脉此情谁诉⑧?君莫舞,君不见、玉环飞燕皆尘土⑨!闲愁最苦⑩!休去倚危栏,斜阳正在,烟柳断肠处⑪。

【注释】

①《摸鱼儿》:唐玄宗时教坊曲名,后用为词调。

② 此词一题作"暮春",或"春晚"。淳熙六年(1179)春,辛弃疾奉命由湖北转运副使改调湖南转运副使,他的同僚和友人王正之在鄂州(今武汉)官署内的小山亭为其置酒饯行,辛弃疾于是写下此词。作者在同年所写的《论盗贼札子》中说:"臣孤危一身久矣","生平刚拙自信,年来不为众人所容,顾恐言未脱口而祸不旋踵。"可见词中所言受人忌恨之辞为实况。据罗大经《鹤林玉露》卷四说"词意殊怨",孝宗见此词"颇不悦,然终不加罪"。可见篇中所流露的哀怨确是对朝廷表示不满的情绪。漕:漕司,宋时称主管漕运的转运使为漕司。

③ "更能消"句:再也经受不起几番风雨。消:经得住。

④ 且住:暂时留下来。

⑤ "见说"二句:听说芳草生长到了天边,遮断了春天的归路。见说:犹今"听说"。

⑥ 怨春不语:春天没有留住,悄悄地消失。

⑦ "算只有"三句:算来只有檐下的蛛网整日沾惹柳絮,像在留春。画檐:彩画的珠檐。惹飞絮:沾惹柳絮。

⑧ "长门事"五句:据《文选·长门赋序》,陈皇后失宠于汉武帝,幽居长门宫,以百金请司马相如写一篇解愁的文章。司马相如写了《长门赋》,使汉武帝感悟,本可再亲幸陈皇后的,其所以"准拟佳期又误",是由于遭妒进谗,因而最终难诉此情。蛾眉,借指美人。《离骚》:"众女嫉余之蛾眉兮,谣诼谓余以善淫。"

⑨ "君不见"二句:你们没看见吗,那些一时得宠者都没有好下场。玉环:杨贵妃的小名,唐玄宗宠幸的妃子,后

死于马嵬坡兵变中。飞燕：赵飞燕，汉成帝宠爱的皇后，失宠后废为庶人，自杀身亡。这两个人都宠极一时，而且都好嫉妒。以上二句乃警告朝廷中当权得势的小人。

⑩ 闲愁：受人冷落、不被重用的苦恼。

⑪ "斜阳"句：喻指南宋国势衰微。

【阅读提示】

此词作于淳熙六年（1179）。作者在此借春意阑珊和美人遭妒来暗喻自己政治上的不得意。词里面的玉环、飞燕，似是用来指朝中当权的主和派。辛弃疾在淳熙己亥前之两三年内，转徙频繁，均未能久于其任。他曾在《论盗贼札子》里说："生平刚拙自信，年来不为众人所容，恐言未脱口而祸不旋踵。"这与"蛾眉曾有人妒"语意正同。作者本来是要积极建功立业的，被调到湖北去管钱粮，已不合他的要求；再调到湖南，还是管钱粮，当然更是失望。他心里明白朝廷的这种调动就是不让恢复派抬头。一想到国家前途的暗淡，自不免要发出"烟柳断肠"的哀叹。表面看来，词人是在伤春吊古，实际上他将自己的哀时怨世、忧国之情隐藏在了春残花落、蛾眉遭妒的描写中。词里所流露的哀怨确有对朝廷表示不满的情绪。《鹤林玉露》云此词："词意殊怨。斜阳烟柳之句，其'未须愁日暮，天际乍轻阴'者异矣。便在汉唐时，宁不贾种豆种桃之祸哉。愚闻寿皇见此词颇不悦。"当年宋孝宗读到这首词心中非常不快，大概他是读懂了其真意。

此词的写作手法颇似屈原《离骚》，同样是以香草美人为比兴，来抒写自己的政治情怀。风格上，一变辛词常见的豪放，偏向柔美一路，委婉含蓄，却又与一般写儿女柔情和风月闲愁的婉约词大有不同。今人夏承焘评之曰："肝肠似火，色貌如花。"

【感悟思索】

一、此词上片可以划分成几个层次？"匆匆春又归去"象征什么？

二、"闲愁最苦"暗寓何意？

三、"斜阳正在，烟柳断肠处"象征什么？

四、这首词表达了辛弃疾怎样的思想感情？

五、背诵这首词。

神女峰

舒婷

名作导引

> 舒婷（1952—），女，原名龚佩瑜，福建厦门人。是我国朦胧诗派的代表作家之一，与北岛、顾城齐名，但事实上，她的诗歌更接近上一代载道意味较浓的传统诗人，反抗性淡漠了许多。出版有诗集《双桅船》《会唱歌的鸢尾花》《始祖鸟》，散文集有《心烟》《硬骨凌霄》等。舒婷的诗表达了一代青年在动乱及转折时期对青春和国家命运的忧患意识，对理想的热烈追求，歌咏了纯真的爱情和友谊。
>
> 此诗选自《舒婷诗选》。时代的坎坷和个人的磨难赋予舒婷一颗善于体恤不幸的心。从1971年开始，她就用诗歌来表达"对人的一种关切"的总主题。《神女峰》《惠安女子》《致橡树》被喻为舒婷的女性诗歌三部曲。《神女峰》就是对传统女性的批判。

经典美文

在向你挥舞的各色花帕中
是谁的手突然收回
紧紧捂住自己的眼睛
当人们四散离去，谁
还站在船尾
衣裙漫飞，如翻涌不息的云
江涛
　　高一声
　　　　低一声

美丽的梦留下美丽的忧伤
人间天上，代代相传
但是，心
真能变成石头吗
沿着江岸
金光菊和女贞子的洪流
正煽动新的背叛
与其在悬崖上展览千年
不如在爱人肩头痛哭一晚

1981. 于长江

【阅读提示】

神女峰蕴含着美丽的神话传说，巫山神女在历代文人墨客的诗文中，都作为爱情的某种象征，忠诚、贞节成为传统的主题。面对巫峡边这座古老而神秘的石峰，女诗人心头一颤，从传统的题材中翻出新意，唱出了与古人截然不同的新声："沿着江岸/金光菊和女贞子的洪流/正煽动新的背叛/与其在悬崖上展览千年/不如在爱人肩头痛哭一晚。"诗人对传统的爱情观提出质疑，这里"新的背叛"，其实是对几千年封建伦理道德的反叛，全诗表达出现代女性对爱的呼唤，对人性复归的呼唤。

这首诗表现手法富有特色，首先表现在观察角度的新奇和剪裁生活的精当。把一个困扰人们几千年的老问题，展现在一个自然奇景和文化胜迹上，可谓独具法眼、另辟蹊径。她摄取了巨大的时空，使一瞬间的情景，回荡着一串千年浩叹，映照出旧道德的黯淡与新道德的闪光。其次是善于把具有鲜明反差的意象组合在一起，如众人狂热的欢呼与一人忧伤的思索，对远天梦想的眺望与对眼前幸福的错过……这些组合，使形象更加鲜明，更能突出问题的悲哀与沉重。另外，诗人的映衬手法与象征手法也是很出色的。衣裙在风中飘动，既是以动衬静，突现思索者雕塑一般的伫立，又是以动衬动，暗示她心灵的激烈颤抖。"浪涛高一声低一声"，象征着悲剧故事的"代代相传"，而"金光菊与女贞子的洪流"既映衬贞节主义的陈陋，又象征着新道德的觉醒。这些手法的运用，增强了诗歌的艺术感染力。

【感悟思考】

一、这首诗构思新颖，"新"在何处？

二、此诗表达了一种新的爱情观，你怎样理解诗中的现代女性意识？

三、分析这首诗形象与情感、理性与感性相融合的艺术特色。

当初我们俩分别

拜伦

名作导引

> 拜伦（1788—1824），英国杰出的浪漫主义诗人。生于伦敦一个贵族家庭。1805—1808年在剑桥大学学习，其间出版了第一部诗集《懒散的时刻》。1809—1811年，诗人游历了葡萄牙、西班牙、希腊、阿尔巴尼亚等地，回国后开始创作著名长诗《恰尔德·哈洛尔德游记》，首次塑造了一个孤独、忧郁、悲观的所谓"拜伦式英雄"——哈洛尔德。主要诗作：长诗《东方叙事诗》（1813—1816）、哲理诗剧《曼弗雷德》（1817）、神秘诗剧《该隐》（1821）、长诗《青铜世纪》（1822）等。代表作《唐璜》（1818—1823）完成了15章，第16章仅写了一部分。1823年，诗人投入希腊民族独立战争，后不幸染病去世。

经典美文

当初我们俩分别
　　　只有沉默和眼泪，
心儿几乎要碎裂，
　　　得分隔多少年岁！
你的脸发白发冷，
　　　你的吻更是冰凉；
确实呵，那个时辰
　　　预兆了今日的悲伤！

清晨滴落的露珠
　　　浸入我眉头，好冷——
对我今天的感触
　　　仿佛是预先示警。
你毁了所有的盟誓，
　　　你得了轻浮的名声；
听别人说你的名字，
　　　连我也羞愧难禁。

他们当着我说你，
　　　像丧钟响我耳旁；
我周身止不住战栗——

　　　　对你怎这样情长？
　　他们不知我熟悉你——
　　　　只怕是熟悉过度！
　　我将久久惋惜你，
　　　　深挚得难以陈诉。

　　想当初幽期密约；
　　　　到如今默默哀怨：
　　你的心儿会忘却，
　　　　你的灵魂会欺骗。
　　如果我又邂逅你——
　　　　经过了多少年岁，
　　我用什么迎候你？
　　　　只有沉默和眼泪。

【阅读提示】

　　诗人当初热恋过的女子，竟变得放荡起来，成了人人嘲骂的对象，这对于诗人该是怎样的打击！诗人蘸着心灵滴落的血，写下了本诗，以抒哀怨。分别的时候，诗人和恋人都没有想到会从此永远分手，两颗相爱的心只为以后难耐的岁月悲伤，甚至"几乎要碎裂"。而现在，"你毁了所有的盟誓，你得了轻浮的名声"。多么残酷！更主要的是，恋人堕落的原因在此诗人并没有说明，这就给读者留下思索的余地。诗人在无奈与悲哀中猜测，无法逃避残酷的现实，又使他不得不面对。那个自己日夜默念的名字，由别人口中说出的时候，诗人听来竟如丧钟！情人堕落，诗人的幻想跟着破灭。而诗人又始终断不了对她的恋情，这就更加剧了诗人的痛苦。痛苦中既有惋惜，也有怨恨，甚至还有幻想，潜意识里渴望与她相见。既爱又恨，既哀又怨，让诗人无可奈何。情感的复杂性是这首诗耐人回味的重要因素。

　　这首诗在结构形式上新巧而完美。全诗四小节呈现出情感上的递进关系，而每小节又分为两层，形成前后鲜明的对照或衬托，如第一小节分别时痴情的脸与发白发冷的脸，第二小节清晨的冷的感觉与内心的冷而烦乱，第三小节听别人说的感觉与自己内心的挚爱，第四小节无奈的谴责与幻想。这首诗每两个诗行为一个意组，构成低沉而又鲜明的内在情感节奏。整首诗给人以沉冷的感觉，发白发冷的脸，冰凉的吻、露珠、丧钟等意象深化了这种意韵。诗的结尾以"沉默和眼泪"来回应开头的"沉默和眼泪"，让人在照应中沉思。

【感悟思索】

　　一、根据拜伦生平与创作，分析这首诗的思想基调。
　　二、拜伦爱情诗的艺术特点。
　　三、背诵这首爱情诗。

萤火虫

泰戈尔

名作导引

> 泰戈尔（1861—1941），印度诗人、作家、艺术家和社会活动家，诞生在印度孟加拉省加尔各答的一个地主家庭，曾留学英国，回国后长期住在乡村，从事文学创作，在60多年生涯中，创作出版了50多部诗集、12部中篇小说、100多篇短篇小说、20多部剧本，此外还写了大量有关文学、哲学、政治方面的论著，他著名的诗集有《吉檀迦利》、《新月集》、《园丁集》、《飞鸟集》等。小说有《沉船》、《戈拉》、《小沙子》等，他以孟加拉文写作，在印度文学史上有着极高的地位，1913年获诺贝尔文学奖。

经典美文

小小流萤，在树林里，在黑沉沉的暮色里，
你多么快乐地展开你的翅膀！
你在欢乐中倾注了你的心。
你不是太阳，你不是月亮，
难道你的乐趣就少了几分？
你完成了你的生存，
你点亮了你自己的灯；
你所有的都是你自己的，
你对谁也不负债蒙恩；
你仅仅服从了
你内在的力量。
你冲破黑暗的束缚，
你微小，但你不渺小，
因为宇宙间的一切光芒，
都是你的亲人。

【阅读提示】

在川流不息的大千世界中，萤火虫不过是一个微不足道的小生灵。它只有短暂的生命，微弱的光，但它并不自卑、怯懦，而是快乐地点亮自己的灯，寻求自己生命的快乐。萤火虫虽没有太阳的华丽灿烂，也不像月亮那样依靠别人的光来发亮，它只是服从了自己内在的力量。这就给人以一种启示：要依靠自己！微小，但并不渺小，天地间一切生灵都有灵性，只要自己看重自己，就会有无数的亲人与快乐。

【感悟思考】
一、了解泰戈尔的生平与诗歌特色。
二、谈谈这首诗对你的启迪。
三、背诵这首诗。

第二章 散 文

散文欣赏指要

形散而神不散是散文的最显著特点。所谓"形散",是指散文的运笔如风,不拘成法,指取材广泛,手法灵活,章法自由。所谓"神不散",是指中心明确,紧凑集中,始终不离开中心思想。"形散"与"神不散"是和谐统一的,既放得开——"形散",又收得拢——"神不散"。

根据散文的特点,鉴赏时可从如下几方面入手:

一、把握立意

散文,或叙事,或抒情,或说理。它通过对某个人物某件事情的叙述,对某种风物的描绘,来抒发某种感情,表达某种思想,给人以强烈的感染和深刻的启迪,使之在思想上产生强烈的共鸣,或感情上激起激烈的震荡。有的思想比较集中,情感比较明显,有的则比较隐讳,这就要抓住中心、抓住立意。所以我们在鉴赏作品时,必须清理作品的材料。诸如生活画面、场景、人物、事件、风物等,分析材料之间的内在联系,探索作者感受不断深化的脉络,进而揣摩作品的立意和主旨。

二、善抓文眼

俗话说"眼睛是心灵的窗口","文眼"就是文章的眼睛。鉴赏散文,善抓"文眼"较为重要。抓住了本文的文眼,欣赏佳作就像按图索骥、顺藤摸瓜一样。

三、明白情物

散文中的"情",常常是作品中组织人、事、物、景的重要线索,它使作品的结构显得紧凑严密、波澜跌宕。散文抒情的方式也很灵活,或是托物寓情,或是借景抒情;或是直抒胸臆,或是将感情深藏在字里行间。可以说,一篇优秀散文意境包括情和景(事、物)两种因素,其中情是主要的,景只是手段,写景是为了抒情明理。若离开了情,景就失去了生命力。因此,我们在鉴赏散文时要探索散文意境美,可以从即景、披事、体物入手,从而悟情、入情、察情、明情,去感受作者的思想感情,进而欣赏作品的内容之美,境界之高,情致之雅,理趣之妙。

四、分析结构

散文的特点是"形散而神不散"。我们鉴赏散文，就要在分析和梳理其组织材料的结构特点，明确其线索的基础上，把握文中的"神"。所以分析散文结构对理解把握散文的形和神都不无裨益。

五、体味情言

散文的语言风格很多。优秀的散文语言都能做到精练准确、朴素自然、清新明快、亲切感人。针对不同作家的不同语言风格特点，如有的粗犷、有的细腻、有的豪放、有的婉约，就要仔细玩味，仔细体味散文的语言之美。

另外还要注意修辞的作用，散文语言比较注重形象、生动。一般多用比喻、拟人、夸张、排比、引用等，这些修辞手法本身具有典型的作用。如比喻的作用是化此为彼，形象生动，想象力丰富；拟人的作用是化物为人，亲切自然，人格化等。

六、了解情技

了解情技即弄清抒情散文的写作技巧，也就是考点要求的"能鉴赏作品的表达技巧"，因此掌握诸如渲染、铺垫、象征、伏笔、照应、悬念等技巧有利于鉴赏散文，把握美文实质。

大学·大学之道①

名作导引

《大学》原为《礼记》第四十二篇。宋朝程颢、程颐兄弟把它从《礼记》中抽出，编次章句。朱熹将《大学》、《中庸》、《论语》、《孟子》合编注释，称为《四书》，从此《大学》成为儒家经典。《大学》的作者，后世研究者认为"经"是孔子的话，曾子记录下来；"传"是曾子解释"经"的话，由曾子的学生记录下来。《大学》的版本主要有两个体系：一是经朱熹编排整理，划分为经、传的《大学章句》本；一是按原有次序排列的古本，即《礼记》中的《大学》原文。以朱熹《大学章句》本流传最广、影响最大，本篇就是采用的《大学章句》本。

在儒家看来，《大学》为"初学入德之门也"。《大学》寄托了儒家内圣外王的理想。

经典美文

大学之道，在明明德②，在亲民③，在止于至善。知止④而后有定；定而后能静；静而后能安；安而后能虑；虑而后能得⑤。物有本末，事有终始。知所先后，则近道矣。古之欲明明德于天下者，先治其国；欲治其国者，先齐其家⑥；欲齐其家者，先修其身⑦；欲修其身者，先正其心；欲正其心者，先诚其意；欲诚其意者，先致其知⑧；致知在格物⑨。物格而后知至；知至而后意诚；意诚而后心正；心正而后身修；身修而后家齐；家齐而后国治；国治而后天下平。自天子以至于庶人⑩，壹是皆以修身为本⑪。其本乱而末治者，否矣⑫。其所厚者薄，而其所薄者厚⑬，未之有也⑭！

【注释】

① 大学之道：大学的宗旨。"大学"一词在古代有两种含义：一是"博学"的意思；二是相对于小学而言的"大人之学"。古人八岁入小学，学习"洒扫应对进退、礼乐射御书数"等文化基础知识和礼节；十五岁入大学，学习伦理、政治、哲学等"穷理正心，修己治人"的学问。所以，后一种含义其实也和前一种含义有相通的地方，同样有"博学"的意思。"道"的本义是道路，引申为规律、原则等，在中国古代哲学、政治学里，也指宇宙万物的本原、个体，一定的政治观或思想体系等，在不同的上下文环境里有不同的意思。

② 明明德：前一个"明"作动词，有使动的意味，即"使彰明"，也就是发扬、弘扬的意思。后一个"明"作形容词，明德也就是光明正大的品德。

③ 亲民：根据后面的"传"文，"亲"应为"新"，即革新、弃旧图新。亲民，也就是新民，使人弃旧图新、去恶从善。

④ 知止：知道目标所在。

⑤ 得：收获。

⑥ 齐其家：管理好自己的家庭或家族，使家庭或家族和和美美，蒸蒸日上，兴旺发达。

⑦ 修其身：修养自身的品性。

⑧ 致其知：使自己获得知识。

⑨ 格物：认识、研究万事万物。
⑩ 庶人：指平民百姓。
⑪ 壹是：都是。本：根本。
⑫ 末：相对于本而言，指枝末、枝节。
⑬ 厚者薄：该重视的不重视。薄者厚：不该重视的却加以重视。
⑭ 未之有也：即未有之也。没有这样的道理（事情、做法等）。

【阅读提示】

　　"大学"是对"小学"而言，是说它不是讲"详训诂，明句读"的"小学"，而是讲治国安邦的"大学"。小学即"洒扫应对进退，礼乐射御书数"。"大学"是大人之学，古人十五岁入学，学习伦理、政治和哲学等"穷理正心，修礼治人"的学问，实则是学习如何参与国家政治。

　　本文是《大学》的开篇，讲的是《大学》这本书的目的，就是要让高尚的品德得以传扬和彰显。具体来说，即是儒学三纲八目的追求。所谓三纲，是指"明德"、"亲民"、"止于至善"。它既是《大学》的纲领旨趣，也是儒学"垂世立教"的目标所在。所谓八目，是指"格物"、"致知"、"诚意"、"正心"、"修身"、"齐家"、"治国"、"平天下"。它既是为实现"三纲"而设计的途径，也是儒学为我们所展示的人生进修阶梯。抓住这三纲八目就等于抓住了一把打开儒学大门的钥匙。循着这进修阶梯一步一个脚印，你就会登堂入室，领略儒学经典的奥义。

　　读懂这篇文章最基本的是释义。其中"大学"的含义，儒学"三纲八目"的内涵理解是关键。当然，对于儒学经典，我们绝不能止于释义而已，还要理解其深刻的内涵，也就是要真正理解中国古代的大学之道，古为今用，使经典发射出应有的光芒来，使自己有所开悟，有所提升，并通过不断地修为，追求一种高尚的道德境界，照亮自己的人生旅途。

【感悟思索】

　　一、"大学之道"的核心思想是什么？
　　二、结合"大学之道"，谈谈怎样做一个新时代的新青年，做一个合格的大学生。
　　三、课后通读《大学》全文，体会《大学》的现代意义与价值。

谏逐客书①

李斯

名作导引

李斯（约前280年—前208年），秦朝丞相，著名的政治家、文学家和书法家，协助秦始皇统一天下。秦统一之后，参与制定了秦朝的法律和完善了秦朝的制度，力排众议主张实行郡县制、废除分封制，提出并且主持了文字、车轨、货币、度量衡的统一。秦始皇驾崩后与宦官赵高合谋立少子胡亥为二世皇帝，后为赵高所忌，腰斩于市。因其政治主张的实施对中国和世界产生了深远的影响，奠定了中国两千多年政治制度的基本格局，被世人尊称为"千古一相"。

本文是李斯上给秦王的一篇奏议。秦王嬴政十年，秦国宗室贵族借韩国派水工郑国至秦帮助开修灌溉渠，阴谋消耗秦国国力一事，谏秦王下令驱逐一切客卿。李斯也在被逐之列，于是他写了这篇《谏逐客书》，劝谏秦王不要驱逐客卿。

经典美文

臣闻吏议逐客，窃以为过矣。昔穆公求士，西取由余于戎②，东得百里奚于宛③，迎蹇叔于宋④，求邳豹、公孙支于晋⑤。此五子者，不产于秦，而穆公用之，并国二十，遂霸西戎⑥。孝公用商鞅之法⑦，移风易俗，民以殷盛⑧，国以富强，百姓乐用，诸侯亲服，获楚、魏之师⑨，举地千里，至今治强。惠王用张仪之计⑩，拔三川之地⑪，西并巴、蜀⑫，北收上郡⑬，南取汉中⑭，包九夷⑮，制鄢、郢⑯，东据成皋之险⑰，割膏腴之壤，遂散六国之众，使之西面事秦，功施到今⑱。昭王得范雎⑲，废穰侯⑳，逐华阳㉑，强公室，杜私门，蚕食诸侯㉒，使秦成帝业。此四君者，皆以客之功。由此观之，客何负于秦哉！向使四君却客而不内㉓，疏士而不用，是使国无富利之实，而秦无强大之名也。

今陛下致昆山之玉㉔，有随和之宝㉕，垂明月之珠㉖，服太阿之剑㉗，乘纤离之马㉘，建翠凤之旗㉙，树灵鼍之鼓㉚。此数宝者，秦不生一焉，而陛下说之㉛，何也？必秦国之所生然后可，则是夜光之璧，不饰朝廷；犀象之器，不为玩好㉜；郑、卫之女不充后宫㉝，而骏良駃騠不实外厩㉞，江南金锡不为用㉟，西蜀丹青不为采㊱。所以饰后宫，充下陈，娱心意，说耳目者，必出于秦然后可，则是宛珠之簪㊲，傅玑之珥㊳，阿缟之衣㊴，锦绣之饰不进于前，而随俗雅化，佳冶窈窕，赵女不立于侧也㊵。夫击瓮叩缶弹筝搏髀㊶，而歌呼呜呜快耳者，真秦之声也；《郑》、《卫》、《桑间》，《韶》、《虞》、《武》、《象》者㊷，异国之乐也。今弃击瓮叩缶而就《郑》、《卫》，退弹筝而取《昭》、《虞》，若是者何也？快意当前，适观而已矣。今取人则不然。不问可否，不论曲直，非秦者去，为客者逐。然则是所重者在乎色乐珠玉，而所轻者在乎人民也。此非所以跨海内制诸侯之术也。

臣闻地广者粟多，国大者人众，兵强则士勇。是以太山不让土壤㊹，故能成其大；河海不择细流㊺，故能就其深；王者不却众庶㊻，故能明其德。是以地无四方，民无异国，四时充美，鬼神降福，此五帝三王之所以无敌也㊼。今乃弃黔首以资敌国㊽，却宾客以业诸侯㊾，使天下之士退而不敢西向，裹足不入秦，此所谓"借寇兵而赍盗粮"者也㊿。夫物不产于秦，可宝者多；士不产于秦，而愿忠者众。今逐客以资敌国，损民以益雠[51]，内自虚而外树怨于诸侯[52]，求国无危，不可得也。

【注释】

① 本文出自《史记·李斯列传》。

② 由余：亦作"繇余"，戎王的臣子，是晋人的后裔。穆公屡次使人设法招致他归秦，以客礼待之。入秦后，受到秦穆公重用，帮助秦国攻灭西戎众多小国，称霸西戎。戎：古代中原人多称西方少数民族为戎。此指秦国西北部的西戎，活动范围约在今陕西西南、甘肃东部、宁夏南部一带。

③ 百里奚：原为虞国大夫。晋灭虞被俘，后作为秦穆夫人的陪嫁臣妾之一送往秦国。逃亡到宛，被楚人所执。秦穆公用五张黑公羊皮赎出，用上大夫，故称"五羖大夫"。是辅佐秦穆公称霸的重臣。"宛"（yuān），楚国邑名，在今河南南阳市。

④ 蹇（jiǎn）叔：百里奚的好友，经百里奚推荐，秦穆公把他从宋国请来，委任为上大夫。百里奚对穆公说："臣不及臣友蹇叔，蹇叔贤而世莫知"。"宋"，国名，或称"商"、"殷"，子姓，始封君为商纣王庶兄微子启，西周初周公平定武庚叛乱后将商旧都周围地区封给微子启，都于商丘（今河南商丘县南），约有今河南东南部及所邻山东、江苏、安徽接界之地。公元前三世纪中叶，大臣剔成肸（即司城子罕）逐杀宋桓侯，戴氏代宋。公元前 286 年被齐国所灭。

⑤ 邳豹：晋国大夫邳郑之子，邳郑被晋惠公杀死后，邳豹投奔秦国，秦穆公任为大夫。"公孙支"，"支"或作"枝"，字子桑，秦人，曾游晋，后返秦任大夫。"晋"，国名，姬姓，始封君为周成王之弟叔虞，建都于唐（今陕西翼城县西），约有今山西西南部之地。春秋时，晋献公迁都于绛，亦称"翼"（今山西翼城县东南），陆续攻灭周围小国；晋文公成为继齐桓公之后的霸主；晋景公迁都新田（今山西侯马市西），亦称"新绛"，兼并赤狄，疆域扩展到今山西大部、河北西南部、河南北部和陕西一角。春秋后期，公室衰微，六卿强大。战国初，被执政的韩、赵、魏三家所瓜分。公元前 369 年，最后一位国君晋桓公被废为庶人，国灭绝祀。

⑥ 产：生，出生。并：吞并。"并国二十，遂霸西戎"，《秦本纪》云秦缪公"益国十二，开地千里，遂霸西戎"。这里的"二十"当是约数。

⑦ 孝公：即秦孝公。商鞅：卫国公族，氏公孙，亦称公孙鞅，初为魏相公叔座家臣，公叔座死后入秦，受到秦孝公重用，任左庶长、大良造，因功封于商（今山西商县东南）十五邑，号称商君。于公元前 356 年和前 350 年两次实行变法，奠定秦国富强的基础。公元前 338 年，秦孝公去世，被车裂身死。

⑧ 殷：多，众多。"殷盛"，指百姓众多而且富裕。

⑨ 魏：国名，始封君魏文侯，系晋国大夫毕万后裔，于公元前 403 年与韩景侯、赵烈侯联合瓜分晋国，被周威烈王封为诸侯，建都安邑（今山西夏县西北）。魏文侯任用李悝改革内政，成为强国。梁惠王时迁都大梁（今河南开封市），因亦称"梁"。后国势衰败，公元前 225 年被秦国所灭。"获楚、魏之师"，指战胜楚国、魏国的军队。公元前 340 年，商鞅设计诱杀魏军主将公子昂，大败魏军。同年又与楚战，战况不详，据此，当也是秦军获胜。

⑩ 惠王：即秦惠王，名驷，秦孝公之子，公元前 337 年至前 311 年在位。于公元前 325 年称王。张仪：魏人，秦惠王时数次任秦相，鼓吹"连横"，游说各国诸侯事秦国，辅佐秦惠王称王，封武信君。秦武王即位，入魏为相。于公元前 310 年去世。此句以下诸事，并非都是张仪之计，因为张仪曾经作为宰相，就把功劳归到他身上了。

⑪ 三川之地：指黄河、雒水、伊水三川之地，在河南西北部黄河以南的洛水、伊水流域。韩宣王在此设三川郡。公元前 308 年秦武王派兵攻取三川大县宜阳（今河南宜阳县西）。公元前 249 年秦灭东周，取得韩三川全郡，重设三川郡。

⑫ 巴：国名，周武王灭商后被封为子国，称巴子国，在今四川东部、湖北西部一带。战国中期建都于巴（今四川重庆市）。公元前 316 年秦惠王派张仪、司马错等领兵攻灭巴国，在其地设置巴郡。蜀：国名，周武王时曾参加灭商的盟会，在今四川中部偏西地区。战国中期建都于成都（今四川成都市）。公元前 316 年秦惠文王派张仪、司马错等领兵灭蜀，在其地设置蜀郡。

⑬ 上郡：郡名，本来是楚地，在现在的陕西的榆林。魏文侯时置，辖境有今陕西洛河以东、黄梁河以北，东北到子长县、延安市一带。公元前328年魏割上郡十五县给秦，前312年又将整个上郡献秦。秦国于公元前304年于此设置上郡。

⑭ 汉中：郡名，在现在的陕西汉中。楚怀王时置，辖境有陕西东南和湖北西北的汉水流域。公元前312年，被秦将魏章领兵攻取，秦于此重置汉中郡。

⑮ 包：这里有并吞的意思。"九夷"，此指楚国境内西北部的少数部族，在今陕西、湖北、四川三省交界地区。

⑯ 鄢：音 yān，楚国别都，在今湖北宜城县东南。春秋时楚惠王曾都于此。"郢"（yǐng），楚国都城，在今湖北江陵市西北纪南城。公元前279年秦将白起攻取鄢，翌年又攻取郢。

⑰ 成皋：邑名，在今河南荥阳县汜水镇，地势险要，是著名的军事重地。春秋时属郑国称虎牢，公元前375年韩国灭郑属韩，公元前249年被秦军攻取。

⑱ 六国：韩、魏、燕、赵、齐、楚。施：音 yì，蔓延，延续。

⑲ 昭王：即秦昭王，名稷，一作侧或则，秦惠王之子，秦武王异母弟，公元前306年至前251年在位。"范雎 jū"，一作"范且"，亦称范叔，魏人，入秦后改名张禄，受到秦昭王信任，为秦相，对内力主废除外戚专权，对外采取远交近攻策略，封于应（今河南宝丰县西南），亦称应侯，死于公元前255年。

⑳ 穰：音 ráng。"穰侯"，即魏冉，楚人后裔，秦昭王母宣太后之异父弟，秦武王去世，拥立秦昭王，任将军，多次为相，受封于穰（今河南邓县），故称穰侯，后又加封陶（今山东定陶县西北）。因秦昭王听用范雎之言，被免去相职，终老于陶。

㉑ 华阳：即华阳君芈戎，秦昭王母宣太后之同父弟，曾任将军等职，与魏冉同掌国政，先受封于华阳（今河南新郑县北），故称华阳君，后封于新城（今河南密县东南），故又称新城君。公元前266年，与魏冉同被免职遣归封地。

㉒ 蚕食：比喻像蚕吃桑叶那样逐渐吞食侵占。

㉓ 向使：假使，倘若。"内"，同"纳"，接纳。

㉔ 陛下：对帝王的尊称，"致"，求得，收罗。"昆山"，即昆仑山。

㉕ 随、和之宝：即所谓"随侯珠"和"和氏璧"，传说中春秋时随侯所得的夜明珠和楚人卞和来得的美玉。

㉖ 明月：宝珠名。

㉗ 太阿（ē）：亦称"泰阿"，宝剑名，相传为春秋著名工匠欧冶子、干将所铸。

㉘ 纤离：骏马名。

㉙ 翠凤之旗：用翠凤羽毛作为装饰的旗帜。

㉚ 鼍（tuó）：亦称扬子鳄，俗称猪婆龙，皮可蒙鼓。

㉛ 说：通"悦"，喜悦，喜爱。

㉜ 犀象之器：指用犀牛角和象牙制成的器具。

㉝ 郑：国名，姬姓，始封君为周宣王弟友，公元前806年分封于郑（今陕西华县东）。春秋时建都新郑（今河南新郑县），有今河南中部之地，公元前375年被韩国所灭。卫：国名，姬姓，始封君为周武王弟康叔，初都朝歌（今河南淇县），后迁都楚丘（今河南滑县）、帝丘（今河南濮阳县），在今河南北部、山东西部之地。公元前254年被魏国所灭。郑、卫之女：此时郑、卫已亡，当指郑、卫故地的女子。后宫：嫔妃所居的宫室，也可用作嫔妃的代称。

㉞ 駃騠：音 jué tí，骏马名。外厩（jiù）：宫外的马圈。

㉟ 江南：长江以南地区。此指长江以南的楚地，素以出产金、锡著名。

㊱ 丹：丹砂，可以制成红色颜料。青：青，可以制成青黑色颜料。西蜀丹青：蜀地素以出产丹青矿石出名。采：彩色，彩绘。

㊲ 下陈：殿堂下陈放礼器、站立侍从的地方。充下陈：此泛指将财物、美女充买府库后宫。

㊳ 宛：宛转，缠绕。"宛珠之簪"，缀绕珍珠的发簪。或以"宛"为地名，指用宛（今河南南阳市）地出产的珍珠所作装饰的发簪。

㊴ 傅：附着，镶嵌。玑：不圆的珠子。此泛指珠子。珥：音 er，耳饰。

㊵ 阿：细缯，一种轻细的丝织物。或以"阿"为地名，指齐国东阿（今山东东阿县）。缟：音 gǎo，未经染色的绢。

㊶ 随俗雅化：随合时俗而雅致不凡。佳：美好，美丽。冶：妖冶，艳丽。窈窕：音 yǎo tiǎo，美好的样子。赵：国名，始封君赵烈侯，系晋国大夫赵衰后裔，于公元前403年与魏文侯、韩景侯联合瓜分晋国，被周威烈王封为诸侯，建都晋阳（今山西太原市东南），在山西中部、陕西东北角、河北西南部。公元前三八六年迁都邯郸（今河北邯郸市）。

公元前222年被秦国所灭。古人多以燕、赵为出美女之地。

㊷ 瓮：音 wèng，陶制的容器，古人用来打水。“缶”，音 fǒu，一种口小腹大的陶器。秦人将瓮、缶作为打击乐器。“搏”，击打，拍打。“髀”，音 bì，大腿。“搏髀”，拍打大腿，以此掌握音乐唱歌的节奏。

㊸《郑》：指郑国故地的音乐。《卫》：指卫国故地的音乐。《桑间》：桑间为卫国濮水边上地名，在今河南濮阳县南，有男女聚会唱歌的风俗。此指桑间的音乐，即本书《乐书》的“桑间濮上之音”。《昭》：通“韶”，《史记集解》引徐广曰，“昭，一作‘韶’。”歌颂虞舜的舞乐。《虞》：按《史记会注考证校补》引南化本、枫山本、三条本等作“护”，当为歌颂商汤的舞乐。《武》：歌颂周武王的舞乐。《象》，歌颂周文王的舞乐。

㊹ 太山：即泰山。让：辞让，拒绝。

㊺ 择：舍弃，抛弃。细流，小水。

㊻ 却：推却，拒绝。

㊼ 五帝：指黄帝、颛顼、帝喾、尧、舜。三王：指夏、商、周三代开国君主，即夏禹、商汤、周文王和周武王。

㊽ 黔首：无爵平民不能服冠，只能以黑巾裹头，故称黔首。此泛指百姓。秦始皇统一六国后正式称百姓为黔首。《史记·秦始皇本纪》载：26年，“更名民曰黔首”。资：资助，供给。

㊾ 业：从业，从事，事奉。

㊿ 赍（jī）：送，送给。这句是说，把武器粮食供给寇盗。

(51) 益：增益，增多。雠：通“仇”，仇敌。减少该国的人口而增加敌国的人力。

(52) 外树怨于诸侯：指宾客被驱逐出外必投奔其他诸侯，从而构树新怨。

【阅读提示】

本文从秦王统一天下的高度立论，反复阐明了驱逐客卿的利害得失，写得理足词胜，雄辩滔滔，反映了李斯的卓越见识，体现了他顺应历史潮流的进步政治主张和用人路线。文章所表现出的不分地域、任人唯贤的思想，在今天也有一定的借鉴意义。

对本文的阅读应在充分了解文章历史背景和疏通文意的基础上进行。文章开门见山提出中心论点“吏议逐客，窃以为过矣”统领全篇，接着援古证今，列举史实对客卿的功劳进行了正反两面论证，利害并举，两相对照，是非分明，论辩有力。文中善于用比喻，增强了议论的形象性和说服力。另外，铺陈、夸饰、排比、对偶手法以及华美辞藻的运用使行文气势奔放、文采斐然。通览全文，怒而不躁，刚而不烈，强劲而富于韧性，直言而饱含美感，充满了理性的力量。

【感悟思索】

一、秦国历史上的国君很多，李斯为何在文章中以穆公、孝公、惠王、昭王为例来说明用“客”的重要性？

二、李斯为什么要对秦王所喜好的珍宝、美色、音乐等进行铺张描写？

三、为什么说文章最后一段总收了全文？

四、作者用“太山不让土壤”“河海不择细流”作比喻来说明什么道理？联系自己的生活和学习谈谈对“太山不让土壤”“河海不择细流”的理解。

苦 雨

周作人

名作导引

周作人（1885—1967），浙江绍兴人。鲁迅（周树人）之弟，周建人之兄。中国现代著名散文家、文学理论家、评论家、诗人、翻译家、思想家，中国民俗学开拓人，新文化运动的杰出代表。抗战后，因曾出任汪精卫政权华北政务委员会委员，和日本人在文化上合作，被押解南京并被高等法院判为汉奸。1949年被放。中华人民共和国成立后，周作人搬回北京，以稿费维持生计。1966年被红卫兵抄家，1967年病逝。

周作人的散文，比较平缓冲淡，与世无争，故乡的一草一木，在其笔下都饱含深情，无限依恋，写得极为清雅脱俗，读来颇为感人。《苦雨》为周作人散文的代表作之一。

经典美文

伏园兄：

北京近日多雨，你在长安道上不知也遇到否，想必能增你旅行的许多佳趣。雨中旅行不一定是很愉快的，我以前在杭沪车上时常遇雨，每感困难，所以我于火车的雨不能感到什么兴味，但卧在乌篷船里，静听打篷的雨声，加上欸乃的橹声以及"靠塘来，靠下去"的呼声，却是一种梦似的诗境。倘若更大胆一点，仰卧在脚划小船内，冒雨夜行，更显出水乡住民的风趣，虽然较为危险，一不小心，拙劣地转一个身，便要使船底朝天。二十多年前往东浦吊先父的保姆之丧，归途遇暴风雨，一叶扁舟在白鹅似的波浪中间滚过大树港，危险极也愉快极了。我大约还有好些"为鱼"时候——至少也是断发文身时候的脾气，对于水颇感到亲近，不过北京的泥塘似的许多"海"实在不很满意，这样的水没有也并不怎么可惜。你往"陕半天"去似乎要走好两天的准沙漠路，在那时候倘若遇见风雨，大约是很舒服的，遥想你胡坐骡车中，在大漠之上，大雨之下，喝着四打之内的汽水，悠然进行，可以算是"不亦快哉"之一。但这只是我的空想，如诗人的理想一样的靠不住，或者你在骡车中遇雨，很感困难，正在叫苦连天也未可知，这须等你回京后问你再说了。

我住在北京，遇见这几天的雨，却叫我十分难过。北京向来少雨，所以不但雨具不很完全，便是家屋构造，于防雨亦欠周密。除了真正富翁以外，很少用实垛砖墙，大抵只用泥墙抹灰敷衍了事。近来天气转变，南方酷寒而北方淫雨，因此两方面的建筑上都露出缺陷。一星期前的雨把后园的西墙淋坍，第二天就有"梁上君子"来摸索北房的铁丝窗，从次日起赶紧邀了七八位匠人，费两天工夫，从头改筑，已经成功十分八九，总算可以高枕而卧，前夜的雨却又将门口的南墙冲倒二三丈之谱。这回受惊的可不是我了，乃是川岛君

"佢们"俩,因为"梁上君子"如再见光顾,一定是去躲在"佢们"的窗下窃听的了。为消除"佢们"的不安起见,一等大气晴正,急须大举地修筑,希望日子不至于很久,这几天只好暂时拜托川岛君的老弟费神代为警护罢了。

前天十足下了一夜的雨,使我夜里不知醒了几遍。北京除了偶然有人高兴放几个爆仗以外,夜里总还安静,那样哗喇哗喇的雨声在我的耳朵已经不很听惯,所以时常被它惊醒,就是睡着也仿佛觉得耳边粘着面条似的东西,睡的很不痛快。还有一层,前天晚间据小孩们报告,前面院子里的积水已经离台阶不及一寸,夜里听着雨声,心里胡里胡涂地总是想水已上了台阶,浸入西边的书房里了。好容易到了早上五点钟,赤脚撑伞,跑到西屋一看,果然不出所料,水浸满了全屋,约有一寸深浅,这才叹了一口气,觉得放心了,倘若这样兴高采烈地跑去,一看却没有水,恐怕那时反觉得失望,没有现在那样的满足也说不定。幸而书籍都没有湿,虽然是没有什么价值的东西,但是湿成一饼一饼的纸糕,也很是不愉快。现今水虽已退,还留一种涨过大水后的普通的臭味,固然不能留客坐谈,就是自己也不能在那里写字,所以这封信是在里边炕桌上写的。

这回的大雨,只有两种人最喜欢。第一是小孩们。他们喜欢水,却极不容易得到,现在看见院子里成了河,便成群结队的去"趟河"去。赤了足伸到水里去,实在很有点冷,但是他们不怕,下到水里还不肯上来。大人们见小孩玩的有趣,也一个两个地加入,但是成绩却不甚佳,那一天里滑倒了三个人,其中两个都是大人——其一为我的兄弟,其一是川岛君。第二种喜欢下雨的则为蛤蟆。从前同小孩住高亮桥去钓鱼钓不着,只捉了好些蛤蟆,有绿的,有花条的,拿回来都放在院子里,平常偶叫几声,在这几天里便整日叫唤,或者是荒年之兆,却极有田村的风味。有许多耳朵皮嫩的人,很恶喧嚣,如麻雀蛤蟆或蝉的叫声,凡足以妨碍他们的甜睡者,无一不痛恶而深绝之,大有欲灭此而午睡之意,我觉得大可以不必如此,随便听听都是很有趣味的,不但是这些久成诗料的东西,一切鸣声其实都可以听。蛤蟆在水田里群叫,深夜静听,往往变成一种金属音,很是特别,又有时仿佛是狗叫,古人常称蛙蟆为吠,大约也是从实验而来。我们院子里的蛤蟆现在只见花条的一种,它的叫声更不漂亮,只是格格格这个叫法,可以说是革音,平常自一声至三声,不会更多,唯在下雨的早晨,听它一口气叫上十二三声,可见它是实在喜欢极了。

这一场大雨恐怕在乡下的穷朋友是很大的一个不幸,但是我不曾亲见,单靠想象是不中用的,所以我不去虚伪地代为悲叹了,倘若有人说这所记的只是个人的事情,于人生无益,我也承认,我本来只想说个人的私事,此外别无意思。今天太阳已经出来,傍晚可以出外去游嬉,这封信也就不再写下去了。

我本等着看你的秦游记,现在却由我先写给你看,这也可以算是"意表之外"的事罢。

十三年七月十七日在京城书。

【阅读提示】

这是一篇"借物咏怀"的散文,整篇文章始终笼罩在淡淡的哀愁里,很能代表作者当时的心境。作者带着对故乡的深情,借着回忆、想象以及叙述,将各种各样的"雨"搬到笔下,运笔平缓而自如。特别是在北京家院中夜来听雨的那段,写得极为美妙、怡静,让人仿佛听到那檐下滴水的清脆叮咚声,水漫进房时的潺潺欢声,听到蛙虫的欢鸣声和小孩子的打闹声，让人似乎可以感受到雨的冰凉，鼻中也能嗅到雨的湿润，亲切而又自然。文中所用材料都是一般情况下不入诗文的，却能写出味道来，自有其过人之长。文章写得似有意似无意，所谈的确都是"私事"，又在结尾若有所指若无所指，凡此种种，皆为典型周氏风格。

值得注意的是作者使用的是"手札"，即为"书信体"，借着这一"私人化"文体，叙述更显得娓娓动人。

在如此喧嚣的现代生活中，当我们用心品读这篇《苦雨》时，我们会找到心灵的宁静，这就是优秀文章的魅力所在吧。

【感悟思索】

一、本文标题"苦雨"之"苦"有何含义？

二、以《苦雨》为例，简析周作人散文的风格特点。

怀念萧珊

巴金

名作导引

巴金（1904—2005）四川成都人，祖籍浙江嘉兴。原名李尧棠，现代文学家、出版家、翻译家。被誉为是"五四"新文化运动以来最有影响的作家之一，是20世纪中国杰出的文学大师、中国当代文坛的巨匠。

文化大革命（1966—1976）中，巴金遭受到严重迫害，萧珊始终陪伴在巴金身边，后来身患绝症离开人世。文章描写了夫妻俩在那段日子里患难与共、相濡以沫的深厚感情，以及互相鼓励着希望摆脱厄运的深切愿望。

"文革"结束后，七十多岁高龄的巴金以与民族共忏悔的彻底求真精神，写下了五部散文集《随想录》，把自己的人生积淀、深刻思索以及坦诚、智慧和品格都熔铸于笔端。本文就是其中的一篇。

经典美文

一

今天是萧珊逝世的六周年纪念日。六年前的光景还非常鲜明地出现在我的眼前。那一天我从火葬场回到家中，一切都是乱糟糟的，过了两三天我渐渐地安静下来了，一个人坐在书桌前，想写一篇纪念她的文章。在五十年前我就有了这样一种习惯：有感情无处倾吐时我经常求助于纸笔。可是一九七二年八月里那几天，我每天坐三四个小时望着面前摊开的稿纸，却写不出一句话。我痛苦地想，难道给关了几年的"牛棚"，真的就变成"牛"了？头上仿佛压了一块大石头，思想好像冻结了一样。我索性放下笔，什么也不写了。

六年过去了。林彪、"四人帮"及其爪牙们的确把我搞得很"狼狈"，但我还是活下来了，而且偏偏活得比较健康，脑子也并不糊涂，有时还可以写一两篇文章。最近我经常去火葬场，参加老朋友们的骨灰安放仪式。在大厅里，我想起许多事情。同样地奏着哀乐，我的思想却从挤满了人的大厅转到只有二三十个人的中厅里去了，我们正在用哭声向萧珊的遗体告别。我记起了《家》里面觉新说过的一句话："好像珏死了，也是一个不祥的鬼。"四十七年前我写这句话的时候，怎么想得到我是在写自己！我没有流眼泪，可是我觉得有无数锋利的指甲在搔我的心。我站在死者遗体旁边，望着那张惨白色的脸，那两片咽下千言万语的嘴唇，我咬紧牙齿，在心里唤着死者的名字。我想，我比她大十三岁，为什么不让我先死？我想，这是多不公平！她究竟犯了什么罪？她也给关进"牛棚"，挂上"牛鬼蛇神"的小纸牌，还扫过马路。究竟为什么？理由很简单，她是我的妻子。她患了病，得不到治疗，也因为她是我的妻子。想尽办法一直到逝世前三个星期，靠开后门她才住进医院。

但是癌细胞已经扩散，肠癌变成了肝癌。

她不想死，她要活，她愿意改造思想，她愿意看到社会主义建成。这个愿望总不能说是痴心妄想吧。她本来可以活下去，倘使她不是"黑老K"的"臭婆娘"。一句话，是我连累了她，是我害了她。

在我靠边的几年中间，我所受到的精神折磨她也同样受到。但是我并未挨过打，她却挨了"北京来的红卫兵"的铜头皮带，留在她左眼上的黑圈好几天后才褪尽。她挨打只是为了保护我，她看见那些年轻人深夜闯进来，害怕他们把我揪走，便溜出大门，到对面派出所去，请民警同志出来干预。

那里只有一个人值班，不敢管。当着民警的面，她被他们用铜头皮带狠狠抽了一下，给押了回来，同我一起关在马桶间里。

她不仅分担了我的痛苦，还给了我不少的安慰和鼓励。在"四害"横行的时候，我在原单位（中国作家协会上海分会）给人当作"罪人"和"贱民"看待，日子十分难过，有时到晚上九、十点钟才能回家。我进了门看到她的面容，满脑子的乌云都消散了。我有什么委屈、牢骚，都可以向她尽情倾吐。有一个时期我和她每晚临睡前要服两粒眠尔通才能够闭眼，可是天刚刚发白就都醒了。我唤她，她也唤我。我诉苦般地说："日子难过啊！"她也用同样的声音回答："日子难过啊！"但是她马上加一句："要坚持下去。"或者再加一句："坚持就是胜利。"我说"日子难过"，因为在那一段时间里，我每天在"牛棚"里面劳动、学习、写交代、写检查、写思想汇报。任何人都可以责骂我、教训我、指挥我。从外地到"作协分会"来串联的人可以随意点名叫我出去"示众"，还要自报罪行。上下班不限时间，由管理"牛棚"的"监督组"随意决定。任何人都可以闯进我家里来，高兴拿什么就拿走什么。这个时候大规模的群众性批斗和电视批斗大会还没有开始，但已经越来越逼近了。

她说"日子难过"，因为她给两次揪到机关，靠边劳动，后来也常常参加陪斗。在淮海中路"大批判专栏"上张贴着批判我的罪行的大字报，我一家人的名字都给写出来"示众"，不用说"臭婆娘"的大名占着显著的地位。这些文字像虫子一样咬痛她的心。她让上海戏剧学院"狂妄派"学生突然袭击、揪到"作协分会"去的时候，在我家大门上还贴了一张揭露她的所谓罪行的大字报。幸好当天夜里我儿子把它撕毁。否则这一张大字报就会要了她的命！

人们的白眼，人们的冷嘲热骂蚕蚀着她的身心。我看出来她的健康逐渐遭到损害。表面上的平静是虚假的。内心的痛苦像一锅煮沸的水，她怎么能遮盖住！怎样能使它平静！她不断地给我安慰，对我表示信任，替我感到不平。然而她看到我的问题一天天地变得严重，上面对我的压力一天天地增加，她又非常担心。有时同我一起上班或者下班，走进巨鹿路口，快到"作协分会"，或者走进南湖路口，快到我们家，她总是抬不起头。我理解她，同情她，也非常担心她经受不起沉重的打击。我记得有一天到了平常下班的时间，我们没有受到留难，回到家里她比较高兴，到厨房去烧菜。我翻看当天的报纸，在第三版上看到当时做了"作协分会"的"头头"的两个工人作家写的文章《彻底揭露巴金的反革命真面》。真是当头一棒！我看了两三行，连忙把报纸藏起来，我害怕让她看见。她端着烧好的菜出来，脸上还带笑容，吃饭时她有说有笑。饭后她要看报，我企图把她的注意力引到别处。但是没有用，她找到了报纸。她的笑容一下子完全消失。

这一夜她再没有讲话，早早地进了房间。我后来发现她躺在床上小声哭着。一个安静的夜晚给破坏了。今天回想当时的情景，她那张满是泪痕的脸还在我的眼前。我多么愿意让她的泪痕消失，笑容在她憔悴的脸上重现，即使减少我几年的生命来换取我们家庭生活中一个宁静的夜晚，我也心甘情愿！

二

我听周信芳同志的媳妇说，周的夫人在逝世前经常被打手们拉出去当作皮球推来推去，打得遍体鳞伤。有人劝她躲开，她说："我躲开，他们就要这样对付周先生了。"萧珊并未受到这种新式体罚。可是她在精神上给别人当皮球打来打去。她也有这样的想法：她多受一点精神折磨，可以减轻对我的压力。其实这是她一片痴心，结果只苦了她自己。我看见她一天天地憔悴下去，我看见她的生命之火逐渐熄灭，我多么痛心。我劝她，我安慰她，我想拉住她，一点也没有用。

她常常问我："你的问题什么时候才解决呢？"我苦笑说："总有一天会解决的。"她叹口气说："我恐怕等不到那个时候了。"后来她病倒了，有人劝她打电话找我回家，她不知从哪里得来的消息，她说："他在写检查，不要打岔他。他的问题大概可以解决了。"等到我从五·七干校回家休假，她已经不能起床。她还问我检查写得怎样，问题是否可以解决。我当时的确在写检查，而且已经写了好几次了。他们要我写，只是为了消耗我的生命。但她怎么能理解呢？

这时离她逝世不过两个多月，癌细胞已经扩散，可是我们不知道，想找医生给她认真检查一次，也毫无办法。平日去医院挂号看门诊，等了许久才见到医生或者实习医生，随便给开个药方就算解决问题。只有在发烧到摄氏三十九度才有资格挂急诊号，或者还可以在病人拥挤的观察室里待上一天半天。当时去医院看病找交通工具也很困难，常常是我女婿借了自行车来，让她坐在车上，他慢慢地推着走。有一次她雇到小三轮车去看病，看好门诊回家雇不到车了，只好同陪她看病的朋友一起慢慢地走回来，走走停停，走到街口，她快要倒下了，只得请求行人到我们家通知，她一个表侄正好来探病，就由他去把她背了回家。她希望拍一张X光片子查一查肠子有什么病，但是办不到。后来靠了她一位亲戚帮忙开后门两次拍片，才查出她患肠癌。以后又靠朋友设法开后门住进了医院。她自己还很高兴，以为得救了。只有她一个人不知道真实的病情，她在医院里只活了三个星期。

我休假回家假期满了，我又请过两次假，留在家里照料病人。最多也不到一个月。我看见她病情日趋严重，实在不愿意把她丢开不管，我要求延长假期的时候，我们那个单位的一个"工宣队"头头逼着我第二天就回干校去。我回到家里，她问起来，我无法隐瞒。她叹了口气，说"你放心去吧。"

她把脸掉过去，不让我看见她。我女儿、女婿看到这种情景，自告奋勇地跑到巨鹿路向那位"工宣队"头头解释，希望同意我在市区多留些日子照料病人。可是那个头头"执法如山"，还说：他不是医生，留在家里，有什么用！"留在家里对他改造不利！"他们气愤地回到家中，只说机关不同意，后来才对我传达了这句"名言"。我还能讲什么呢？明天回干校去！

整个晚上她睡不好，我更睡不好。出乎意外，第二天一早，我那个插队落户的儿子在我们房间里出现了，他是昨天半夜里到的。他得了家信，请假回家看母亲，却没有想到母亲病成这样。我见了他一面，把他母亲交给他，就回干校去了。

在车上我的情绪很不好。我实在想不通为什么会有这样的事情。我在干校待了五天，无法同家里通消息。我已经猜到她的病不轻了。可是人们不让我过问她的事情。这五天是多么难熬的日子！到第五天晚上在干校的造反派头头通知我们全体第二天一早回市区开会。这样我才又回到了家，见到了我的爱人。靠了朋友帮忙，她可以住进中山医院肝癌病房，一切都准备好，她第二天就要住院了。她多么希望住院前见我一面，我终于回来了。连我也没有想到她的病情发展得这么快。我们见了面，我一句话也讲不出来。她说了一句："我到底住院了。"我答说："你安心治疗吧。"她父亲也来看她，老人家双目失明，去医院探病有困难，可能是来同他的女儿告别了。

我吃过中饭，就去参加给别人戴上反革命帽子的大会，受批判、戴帽子的不止一个，其中有一个我的熟人？王若望同志，他过去也是作家，不过比我年轻。我们一起在"牛棚"里关过一个时期，他的罪名是"摘帽右派"。他不服，不听话，他贴出大字报，声明"自己解放自己"，因此罪名越搞越大，给提去关了一个时期还不算，还戴上了反革命的帽子监督劳动。

在会场里我一直像在做怪梦。开完会回家，见到萧珊我感到格外亲切，仿佛重回人间，可是她不舒服，不想讲话，偶尔讲一句半句。我还记得她讲了两次："我看不到了。"我连声问她看不到什么？她后来才说："看不到你解放了。"我还能再讲什么呢？

我儿子在旁边，垂头丧气，精神不好，晚饭只吃了半碗，像是患感冒。她忽然指着他小声说："他怎么办呢？"他当时在安徽山区已经待了三年半，政治上没有人管，生活上不能养活自己，而且因为是我的儿子，给剥夺了好些公民权利。他先学会沉默，后来又学会抽烟。我怀着内疚的心情看看他，我后悔当初不该写小说，更不该生儿育女。我还记得前两年在痛苦难熬的时候她对我说："孩子们说爸爸做了坏事，害了我们大家。"这好像用刀子在割我身上的肉。我没有出声，我把泪水全吞在肚里。她睡了一觉醒过来忽然问我："你明天不去了？"我说："不去了。"就是那个"工宣队"头头今天通知我不用再去干校就留在市区。他还问我："你知道萧珊是什么病？"我答说："知道。"其实家里瞒住我，不给我知道真相，我还是从他这句问话里猜到的。

三

第二天早晨她动身去医院，一个朋友和我女儿、女婿陪她去。她穿好衣服等候车来。她显得急躁，又有些留恋，东张张西望望，她也许在想是不是能再看到这里的一切。我送走她，心上反而加了一块大石头。

将近二十天里，我每天去医院陪伴她大半天。我照料她，我坐在病床前守着她，同她短短地谈几句话。她的病情恶化，一天天衰弱下去，肚子却一天天大起来，行动越来越不方便。

当时病房里没有人照料，生活方面除饭食外一切都必须自理。

后来听同病房的人称赞她"坚强"，说她每天早晚都默默地挣扎着下了床，走到厕所。医生对我们谈起，病人的身体经不住手术，最怕的是她肠子堵塞，要是不堵塞，还可以拖延一个时期。她住院后的半个月是一九六六年八月以来我既感痛苦又感到幸福的一段时间，是我和她在一起度过的最后的平静的时刻，我今天还不能将它忘记。但是半个月以后，她的病情有了发展，一天吃中饭的时候，医生通知我儿子找我去谈话。他告诉我：病人的肠子给堵住了，必须开刀。开刀不一定有把握，也许中途出毛病。但是不开刀，后果更不堪设想。他要我决定，并且要我劝她同意。我做了决定，就去病房对她解释。我讲完话，她只说了一句："看来，我们要分别了。"她望着我，眼睛里全是泪水。我说："不会的……"我的声音哑了。接着护士长来安慰她，对她说："我陪你，不要紧的。"她回答："你陪我就好。"时间很紧迫，医生、护士们很快作好准备，她给送进手术室去了，是她表侄把她推到手术室门口的，我们就在外面走廊上等了好几个小时，等到她平安地给送出来，由儿子把她推回到病房去。儿子还在她身边守过一个夜晚。过两天他也病倒了，查出来他患肝炎，是从安徽农村带回来的。本来我们想瞒住他的母亲，可是无意间让他母亲知道了。她不断地问："儿子怎么样？"我自己也不知道儿子怎么样，我怎么能使她放心呢？晚上回到家，走进空空的、静静的房间，我几乎要叫出声来："一切都朝我的头打下来吧，让所有的灾祸都来吧。我受得住！"

我应当感谢那位热心而又善良的护士长，她同情我的处境，要我把儿子的事情完全交给她办。她作好安排，陪他看病、检查，让他很快住进别处的隔离病房，得到及时的治疗和护理。他在隔离房里苦苦地等候母亲病情的好转。母亲躺在病床上，只能有气无力地说几句短短的话，她经常问："棠棠怎么样？"从她那双含泪的眼睛里我明白她多么想看见她最爱的儿子。但是她已经没有精力多想了。

她每天给输血，打盐水针。她看见我去就断断续续地问我："输多少西西的血？该怎么办？"我安慰她："你只管放心。没有问题，治病要紧。"她不止一次地说："你辛苦了。"我有什么苦呢？我能够为我最亲爱的人做事情，哪怕做一件小事，我也高兴！后来她的身体更不行了。医生给她输氧气，鼻子里整天插着管子。她几次要求拿开，这说明她感到难受，但是听了我们的劝告，她终于忍受下去了。开刀以后她只活了五天。谁也想不到她会去得这么快！五天中间我整天守在病床前，默默地望着她在受苦（我是设身处地感觉到这样的），可是她除了两三次要求搬开床前巨大的氧气筒，三四次表示担心输血较多付不出医药费之外，并没有抱怨过什么。见到熟人她常有这样一种表情：请原谅我麻烦了你们。她非常安静，但并未昏睡，始终睁大两只眼睛。眼睛很大，很美，很亮。我望着，望着，好像在望快要燃尽的烛火。我多么想让这对眼睛永远亮下去！我多么害怕她离开我！我甚至愿意为我那十四卷"邪书"受到千刀万剐，只求她能安静地活下去。

不久前我重读梅林写的《马克思传》，书中引用了马克思给女儿的信里一段话，讲到马克思夫人的死。信上说："她很快就咽了气。……这个病具有一种逐渐虚脱的性质，就像由于衰老所致一样。甚至在最后几小时也没有临终的挣扎，而是慢慢地沉入睡乡。她的眼睛比任何时候都更大、更美、更亮！"这段话我记得很清楚。马克思夫人也死于癌症。我默默地望着萧珊那对很大、很美、很亮的眼睛，我想起这段话，稍微得到一点安慰。听说她的确也"没有临终的挣扎"，也是"慢慢地沉入睡乡"。我这样说，因为她离开这个世界的时候，我不在她的身边。那天是星期天，卫生防疫站因为我们家发现了肝炎病人，派人上午来做消毒工作。她的表妹有空愿意到医院去照料她，讲好我们吃过中饭就去接替。没有想到我们刚刚端起饭碗，就得到传呼电话，通知我女儿去医院，说是她妈妈"不行"了。真是晴天霹雳！我和我女儿、女婿赶到医院。她那张病床上连床垫也给拿走了。别人告诉我她在太平间。我们又下了楼赶到那里，在门口遇见表妹。还是她找人帮忙把"咽了气"的病人抬进来的。死者还不曾给放进铁匣子里送进冷库，她躺在担架上，但已经白布床单包得紧紧的，看不到面容了。我只看到她的名字。我弯下身子，把地上那个还有点人形的白布包拍了好几下，一面哭唤着她的名字。不过几分钟的时间，这算是什么告别呢？

  据表妹说，她逝世的时刻，表妹也不知道。她曾经对表妹说："找医生来。"医生来过，并没有什么。后来她就渐渐地"沉入睡乡"。表妹还以为她在睡眠。一个护士来打针，才发觉她的心脏已经停止跳动了。我没有能同她诀别，我有许多话没有能向她倾吐，她不能没有留下一句遗言就离开我！我后来常常想，她对表妹说："找医生来"。很可能不是"找医生"。是"找李先生"（她平日这样称呼我）。为什么那天上午偏偏我不在病房呢？家里人都不在她身边，她死得这样凄凉！

  我女婿马上打电话给我们仅有的几个亲戚。她的弟媳赶到医院，马上晕了过去。三天以后在龙华火葬场举行告别仪式。她的朋友一个也没有来，因为一则我们没有通知，二则我是一个审查了将近七年的对象。没有悼词没有吊客，只有一片伤心的哭声。我衷心感谢前来参加仪式的少数亲友和特地来帮忙的我女儿的两三个同学，最后，我跟她的遗体告别，女儿望着遗容哀哭，儿子在隔离房还不知道把他当作命根子的妈妈已经死亡。值得提说的是她当作自己儿子照顾了好些年的一位亡友的男孩从北京赶来，只为了见她最后一面。这个整天同钢铁打交道的技术员，他的心倒不像钢铁那样。他得到电报以后，他爱人对他说："你去吧，你不去一趟，你的心永远安定不了。"我在变了形的她的遗体旁边站了一会儿。别人给我和她照了相。我痛苦地想：这是最后一次了，即使给我们留下来很难看的形象，我也要珍视这个镜头。

  一切都结束了。过了几天我和女儿、女婿到火葬场，领到了她的骨灰盒。在存放室寄存了三年之后，我按期把骨灰盒接回家里。有人劝我把她的骨灰安葬，我宁愿让骨灰盒放在我的寝室里，我感到她仍然和我在一起。

四

  梦魇一般的日子终于过去了。六年仿佛一瞬间似的远远地落在后面了。其实哪里是一瞬间！这段时间里有多少流着血和泪的日子啊。不仅是六年，从我开始写这篇短文到现在又过去了半年，半年中我经常在火葬场的大厅里默哀，行礼，为了纪念给"四人帮"迫害致死的朋友。想到他们不能把个人的智慧和才华献给社会主义祖国，我万分惋惜。每次戴上黑纱插上纸花的同时，我也想起我自己最亲爱的朋友，一个普通的文艺爱好者，一个成绩不大的翻译工作者，一个心地善良的人。她是我生命的一部分，她的骨灰里有我的泪和血。

  她是我的一个读者。一九三六年我在上海第一次同她见面。一九三八年和一九四一年我们两次在桂林像朋友似的住在一起。一九四四年我们在贵阳结婚。我认识她的时候，她还不到二十，对她的成长我应当负很大的责任。她读了我的小说，给我写信，后来见到了我，对我发生了感情。她在中学念书，看见我以前，因为参加学生运动被学校开除，回到家乡住了一个短时期，又出来进另一所学校。倘使不是为了我，她三七、三八年一定去了延安。她同我谈了八年的恋爱，后来到贵阳旅行结婚，只印发了一个通知，没有摆过一桌酒席。从贵阳我和她先后到了重庆，住在民国路文化生活出版社门市部楼梯下七八个平方米的小屋里。她托人买了四只玻璃杯开始组织我们的小家庭。她陪着我经历了各种艰苦生活。

在抗日战争紧张的时期，我们一起在日军进城以前十多个小时逃离广州，我们从广东到广西，从昆明到桂林，从金华到温州，我们分散了，又重见，相见后又别离。在我那两册《旅途通讯》中就有一部分这种生活的记录。四十年前有一位朋友批评我："这算什么文章！"我的《文集》出版后，另一位朋友认为我不应当把它们也收进去。他们都有道理。两年来我对朋友、对读者讲过不止一次，我决定不让《文集》重版。但是为我自己，我要经常翻看那两小册《通讯》。在那些年代，每当我落在困苦的境地里、朋友们各奔前程的时候，她总是亲切地在我耳边说："不要难过，我不会离开你，我在你的身边。"的确，只有她最后一次进手术室之前她才说过这样一句："我们要分别了。"

我同她一起生活了三十多年。但是我并没有好好地帮助过她。她比我有才华，却缺乏刻苦钻研的精神。我很喜欢她翻译的普希金和屠格涅夫的小说。虽然译文并不恰当，也不是普希金和屠格涅夫的风格，它们却是有创造性的文学作品，阅读它们对我是一种享受。她想改变自己的生活，不愿做家庭妇女，却又缺少吃苦耐劳的勇气。她听一个朋友的劝告，得到后来也是给"四人帮"迫害致死的叶以群同志的同意，到《上海文学》"义务劳动"，也做了一点点工作，然而在运动中却受到批判，说她专门向老作家组稿，又说她是我派去的"坐探"。她为了改造思想，想走捷径，要求参加"四清"运动，找人推荐到某铜厂的工作组工作，工作相当忙碌、紧张，她却精神愉快。但是到我快要靠边的时候，她也被叫回"作协分会"参加运动。她第一次参加这种急风暴雨般的斗争，而且是以反动权威家属的身份参加，她不知道该怎么办好。她张皇失措，坐立不安，替我担心，又为儿女们的前途忧虑。她盼望什么人向她伸出援助的手，可是朋友们离开了她，"同事们"拿她当作箭靶，还有人想通过整她来整我。她不是"作协分会"或者刊物的正式工作人员，可是仍然被"勒令"靠边劳动、站队挂牌，放回家以后，又给揪到机关。她怕人看见，每天大清早起来，拿着扫帚出门，扫得精疲力尽，才回到家里，关上大门，吐了一口气。但有时她还碰到上学去的小孩，对她叫骂"巴金的臭婆娘"。我偶尔看见她拿着扫帚回来，不敢正眼看她，我感到负罪的心情，这是对她的一个致命的打击。不到两个月，她病倒了，以后就没有再出去扫街（我妹妹继续扫了一个时期），但是也没有完全恢复健康。尽管她还继续拖了四年，但一直到死她并不曾看到我恢复自由。

这就是她的最后，然而绝不是她的结局。她的结局将和我的结局连在一起。

我绝不悲观。我要争取多活。我要为我们社会主义祖国工作到生命的最后一息。在我丧失工作能力的时候，我希望病榻上有萧珊翻译的那几本小说。等到我永远闭上眼睛，就让我的骨灰同她的掺和在一起。

【阅读提示】

与怀悼散文通常写法不同的是，本文不是通过对死者一生的生平事迹的顺序概述来表达生者的思念哀痛之情，而是着重于写萧珊在"文革"中的遭遇，最后才略写她的生平。本文把萧珊的悲剧同特定的时代背景紧密联系起来，以个人的悲剧反映民族的悲剧，揭示出深刻的主题。

本文共分为四大部分：

第一部分，由萧珊逝世六周年纪念日引出对萧珊的怀念，对过去生活的回忆，也交代了写作本文的原因——萧珊去世后几天，就想写一篇纪念她的文章，但由于那时还处在"文革"之中，写不出来。现在"文革"已过，自己"脑子也并不糊涂，有时还可以写两篇文章"，想说的话可以说出来了。先回忆向萧珊遗体告别的情景，引出她遭受迫害致死的原因，然后具体展开对她"文革"中所受折磨的回忆。

第二部分，继续回忆萧珊在"文革"中度过的艰难岁月。"她一天天地憔悴下去""生命之火逐渐熄灭"，着重回忆萧珊生病后的生活。

第三部分，着重回忆萧珊病重直至去世一段时间的生活。

第四部分，照应开头，并围绕对萧珊的总评价展开回忆。从两人的相识一直写到萧珊的最后。

本文风格朴实，记真事，抒真情，写心声；善于用语言描写、肖像描写等多种手法刻画人物。

本文的思想感情是复杂的，表面上看仅仅是怀念萧珊，但实际上既有对爱妻萧珊的深切怀念，又有对萧珊去世的深沉的悲痛，还有对因萧珊受自己连累而被折磨直至得病死亡的深深自责与歉疚，更有对林彪、"四人帮"祸国殃民罪行的无比愤怒和强烈控诉。这些感情都很强烈，又紧密相关。作品最主要的思想感情是通过作者一家在"文革"中的不幸遭遇来揭露"文革"所造成的灾难，以警示后人永远不能让"文革"的悲剧在中国重演。

【感悟思索】

一、本文表达了作者对萧珊怎样的感情？是通过哪些文字表现出来的？

二、本文开头说："在五十年前我就有了这样一种习惯：有感情无处倾吐时，我经常求助于纸笔。可是一九七二年八月里那几天，我每天坐三四个小时望着面前摊开的稿纸，却写不出一句话。"这是为什么？

三、请通过本文内容概括一下萧珊的个性特征？

四、阅读《随想录》，谈谈你读后的感想。

牡丹的拒绝

张抗抗

名作导引

> 张抗抗（1950—），原名张抗美，中国当代女作家，出生于浙江杭州，1975年便完成反映知青题材的长篇小说《分界线》，1979年以短篇小说《爱的权利》而知名。1987年发表长篇小说除《隐形伴侣》，1995年发表反映三十年代革命知识分子命运的《赤彤丹朱》。
>
> 本文是一篇优美的散文。作品没有像众多描写牡丹的作品那样一味赞美牡丹的雍容华贵、绚丽多姿，而是独辟蹊径，通过对牡丹花开花落的描写，着力赞美牡丹的"拒绝"，实际上是赞扬牡丹不慕虚华、对生命执着追求的精神。

经典美文

它被世人所期待、所仰慕、所赞誉，是由于它的美。

它美得秀韵多姿，美得雍容华贵，美得绚丽娇艳，美得惊世骇俗。它的美是早已被世人所确定、所公认了的。它的美不惧怕争议和挑战。

有多少人没有欣赏过牡丹呢？

却偏偏要坐上汽车火车飞机轮船，千里万里跋山涉水，天南海北不约而同，揣着焦渴与翘盼的心，滔滔黄河般地涌进洛阳城。

欧阳修曾有诗云：洛阳地脉花最重，牡丹尤为天下奇。

传说中的牡丹，是被武则天一怒之下逐出京城，贬去洛阳的。却不料洛阳的水土最适合牡丹的生长。于是洛阳人种牡丹蔚然成风，渐盛于唐，极盛于宋。每年阳历四月中旬春色融融的日子，街巷园林千株万株牡丹竞放，花团锦簇香云缭绕——好一座五彩缤纷的牡丹城。

所以看牡丹是一定要到洛阳去看的。没有看过洛阳的牡丹就不算看过牡丹。况且洛阳牡丹还有那么点来历，它因被贬而增值而名声大噪，是否因此勾起人的好奇也未可知。

这一年已是洛阳的第九届牡丹花会。这一年的春却来得迟迟。

连日浓云阴雨，四月的洛阳城冷风飕飕。

街上挤满了从很远很远的地方赶来的看花人。看花人踩着年年应准的花期。

明明是梧桐发叶，柳枝滴翠，桃花梨花姹紫嫣红，海棠更已落英纷纷——可洛阳人说春尚不曾到来；看花人说，牡丹城好安静。

一个又冷又静的洛阳，让你觉得有什么地方不对劲。你悄悄闭上眼睛不忍寻觅。你深呼吸掩藏好了最后的侥幸，姗姗步入王城公园。你相信牡丹生性喜欢热闹，你知道牡丹不像幽兰习惯寂寞，你甚至怀着自私的企图，愿牡丹接受这提前的参拜和瞻仰。

然而，枝繁叶茂的满园绿色，却仅有零零落落的几处浅红、几点粉白。一丛丛半人高的牡丹枝株之上，昂然挺起千头万头硕大饱满的牡丹花苞，个个形同仙桃，却是朱唇紧闭，皓齿轻咬，薄薄的花瓣层层相裹，透出一副傲慢的冷色，绝无开花的意思。偌大的一个牡丹王国，竟然是一片黯淡萧瑟的灰绿……

一丝苍白的阳光伸出手竭力抚弄着它，它却木然呆立，无动于衷。

惊愕伴随着失望和疑虑——你不知道牡丹为什么要拒绝，拒绝本该属于它的荣誉和赞颂？

于是看花人说这个洛阳牡丹真是徒有虚名；于是洛阳人摇头说其实洛阳牡丹从未如今年这样失约，这个春实在太冷，寒流接着寒流怎么能怪牡丹？当年武则天皇帝令百花连夜速发以待她明朝游玩上苑，百花慑于皇威纷纷开放，惟独牡丹不从，宁可发配洛阳。如今怎么就能让牡丹轻易改了性子？

于是你面对绿色的牡丹园，只能竭尽你想像的空间。想像它在阳光与温暖中火热的激情；想像它在春晖里的辉煌与灿烂——牡丹开花时犹如解冻的大江，一夜间千朵万朵纵情怒放，排山倒海惊天动地。那般恣意那般宏伟，那般壮丽那般浩荡。它积蓄了整整一年的精气，都在这短短几天中轰轰烈烈地迸发出来。它不开则已，一开则倾其所有挥洒净尽，终要开得一个倾国倾城，国色天香。

你也许在梦中曾亲吻过那些赤橙黄绿青蓝紫的花瓣，而此刻你须在想像中创造姚黄魏紫豆绿墨撒金白雪塔铜雀春锦帐芙蓉烟绒紫首案红火炼金丹……想像花开时节洛阳城上空被牡丹映照的五彩祥云；想像微风夜露中颤动的牡丹花香；想像被花气濡染的树和房屋；想像洛阳城延续了一千多年的"花开花落二十日，满城人人皆若狂"之盛况。想像给予你失望的纪念，给予你来年的安慰与希望。牡丹为自己营造了神秘与完美——恰恰在没有牡丹的日子里，你探访了窥视了牡丹的个性。

其实你在很久以前并不喜欢牡丹。因为它总被人作为富贵膜拜。后来你目睹了一次牡丹的落花，你相信所有的人都会为之感动：一阵清风徐来，娇艳鲜嫩的盛期牡丹忽然整朵整朵地坠落，铺散一地绚丽的花瓣。那花瓣落地时依然鲜艳夺目，如同一只奉上祭坛的大鸟脱落的羽毛，低吟着壮烈的悲歌离去。牡丹没有花谢花败之时，要么烁于枝头，要么归于泥土，它跨越萎顿和衰老，由青春而死亡，由美丽而消遁。它虽美却不吝惜生命，即使告别也要留给人最后一次惊心动魄的体味。

所以在这阴冷的四月里，奇迹不会发生。任凭游人扫兴和诅咒，牡丹依然安之若素。它不苟且不俯就不妥协不媚俗，它遵循自己的花期自己的规律，它有权利为自己选择每年一度的盛大节日。它为什么不拒绝寒冷？！

天南海北的看花人，依然络绎不绝地涌入洛阳城。人们不会因牡丹的拒绝而拒绝它的美。如果它再被贬谪十次，也许它就会繁衍出十个洛阳牡丹城。

于是你在无言的遗憾中感悟到，富贵与高贵只是一字之差。同人一样，花儿也是有灵性、有品位之高低的。品位这东西为气为魂为筋骨为神韵只可意会。你叹服牡丹卓尔不群之姿，方知"品位"是多么容易被世人忽略或漠视的美。

【阅读提示】

"牡丹的拒绝"这个题目将牡丹拟人化，赋予牡丹以人的灵气，写出了牡丹的个性。我们可以先从题目入手，仔细阅读文章，分析文章的结构。文章从"洛阳牡丹甲天下"写起，先总写牡丹不容置疑的美（起），接着写人们千里万里跋山涉水涌入洛阳城去赏牡丹（承）。历史传说中牡丹拒绝皇威，第九届牡丹花会时牡丹不因人们远路而来而盛开，设置悬念，引人入胜，然后作者写想象中的牡丹花盛开的壮观（转）。最后才写到牡丹的拒绝，正式切入主题，这正是《牡丹的拒绝》想要表达的思想内容——富贵与高贵只是一字之差。想象再回到现实（合），完成文章的整体结构。

牡丹的"拒绝"是有多层含义的：牡丹拒绝的是寒冷和阴雨，牡丹拒绝的是苟且和媚俗，牡丹拒绝的是萎顿和衰老。作者正是抓住牡丹因天气阴冷而拒绝开放这一特点赋花以人格精神的美，着力赞颂牡丹不苟且不俯就不妥协不媚俗的个性。而同时又以美丽的想像来渲染牡丹怒放时的辉煌与灿烂，花落时的绚丽与壮烈，这样的描写不仅弥补了读者与牡丹花擦肩而过的遗憾，更重要的是强化了牡丹完美而又高贵的形象，使牡丹的美更具有灵性和品位。

阅读本文，我们要了解散文的构思特色，体会本文想像部分的特点和作用。同时，我们要深入理解文中所创造的形象。散文要用形象说话，应具有一定的韵味，既要承载作家的主体情感，又要通过精美的语言引导读者的鉴赏期待，使人获得审美的享受。本文所塑造的牡丹形象高贵而富有个性，"一丛丛半人高的牡丹植株之上，昂然挺起千头万头硕大饱满的牡丹花苞，个个形同仙桃，却是朱唇紧闭，洁齿轻咬，薄薄的花瓣层层相裹，透出一副傲慢的冷色，绝无开花的意思。""一丝苍白的阳光伸出手竭力抚弄着它，它却木然呆立，无动于衷。"面对众人的参拜瞻仰，牡丹安之若素，其个性魅力不言而喻。

【感悟思索】

一、作者为什么极力描写人们对牡丹的倾慕和企盼？

二、结合文章思考，牡丹坚守的是什么？

三、本文主要运用了什么表现手法？请结合文意作简要分析。

四、文章写了牡丹的拒绝与坚守，给了我们很多启示。那么，作为当代青年的我们，又应该拒绝什么，坚守什么？

雄心壮志紫罗兰

纪伯伦

名作导引

卡里·纪伯伦（Kahlil Gibran）是黎巴嫩阿拉伯诗人、作家、画家。被称为"艺术天才"、"黎巴嫩文坛骄子"，是阿拉伯现代小说、艺术和散文的主要奠基人，20世纪阿拉伯新文学道路的开拓者之一。其主要作品蕴含了丰富的社会性和东方精神，不以情节为重，旨在抒发丰富的情感。著有散文诗集《泪与笑》、《先知》、《沙与沫》等。

本文是纪伯伦的代表作之一，采用寓言的形式，具有很强的故事性，借故事的形式说理，表达了对人生深刻的体悟，语言优美流畅。

经典美文

在一座孤零零的花园里，有一株紫罗兰，花瓣艳丽，芳香四溢，幸福愉快地生活在同伴之中，得意洋洋地在群芳之间左右摆动。

一天早晨，紫罗兰戴着露珠桂冠，抬头朝四周一望，看到一朵玫瑰花，躯干苗条，翘首天空，恰似一柄火炬，插在宝石灯上。

紫罗兰咧开她那蓝色的嘴唇，叹息道："唉，在群芳当中，我最不走运；在百卉之中，我地位最低！大自然造就了我如此低矮渺小，我只配伏在地上生存，不能像玫瑰那样，枝插蓝天，面朝太阳。"

玫瑰花听到邻居紫罗兰的哀叹，笑着摇了摇头，说："在百花群里，你最糊涂。你身在福中不知福。大自然赋予你其他花草都不具备的芳香、文雅、美貌。赶快打消你这些奇怪的念头和有害的愿望吧！满足天赐予你的福气吧！你要知道：虚怀若谷的人，地位无比高尚；贪得无厌者，永远贫困饥荒。"

紫罗兰回答："玫瑰花，你之所以来抚慰我，因为你已得到了我欲得到的一切；你之所以用格言来掩盖我的低下地位，因为你伟大高尚。在倒霉者的心中，幸运儿的劝诫是何等苦涩；在弱者面前慷慨演说的强者，何其冷若冰霜！"

大自然听了玫瑰与紫罗兰的对话，禁不住打了个寒战，提高嗓门说：

"紫罗兰，我的女儿，你怎么啦？我了解你，你朴实无华，小巧玲珑，温文尔雅。究竟是贪欲缠住了你的身，还是虚荣占据了你的心？"

紫罗兰乞怜道："力大恩深的母亲，我谨向您倾诉我心中的恳求和希望，万望您答应我的要求，让我变成一株玫瑰花，哪怕只有一天。"

大自然说："你不知道你的要求意味着什么。你不知道华美外观的背后所隐藏的巨大灾难。倘若你的身躯变高，外貌改观，成为一株玫瑰花，恐怕到时候连后悔都来不及了。"

紫罗兰说："改变我的外貌吧！让我变成一株身躯高大、昂首蓝天的玫瑰花……到那时候，无论如何，我的欲望总算实现啦。"

大自然说："叛逆的傻瓜，我答应你的恳求！倘使遇上灾祸，你只能抱怨自己太傻。"

大自然伸出她那无形的神手，轻轻触摸紫罗兰的根部，顿时出现了一株高出群芳之首、色彩斑斓夺目的玫瑰花。

那天傍晚，天色突变，乌云急聚，暴风骤起，撕破世界沉寂，电闪雷鸣相继而来，风雨一齐向花园发动攻击。刹那间，只见万木枝条摧折，百卉躯干弯曲，枝长秆高的花草被连根拔掉，幸免者只有伏在地面上、隐身石头间的矮小花木荆棘。

与此同时，那座孤零的花园遭受了其他花园所未经历过的浩劫和冲击。

风暴未停，乌云未消，已见园中花落满地。风暴过后，只有隐蔽在墙根下的紫罗兰安然无恙。

一位紫罗兰少女抬起头来，望着园中花木败落的惨状，得意地微笑了。她当即呼唤同伴："姐妹们，快来看看吧！看看风暴是怎样对待那些傲气的高大花木的！"

另一位紫罗兰姑娘说："我们低下，匍伏在地面上，但经过暴风骤雨，我们安然无恙。"

第三位紫罗兰姑娘说："我们虽然躯体微小，但暴风雨没把我们压倒。"

就在这时，紫罗兰王后出来一看，发现昨天还是紫罗兰的那株玫瑰就在自己身边，只见它已被风暴连根拔掉，叶子散落了一地，仿佛身中利箭，被风神抛到湿漉漉的草丛之间。

紫罗兰王后直起腰杆，舒展叶片，呼唤着："我的女儿们，你们仔细看看！这株紫罗兰为贪欲所怂恿，变成了一株玫瑰花，挺拔一时，然后被抛入了万丈深渊。愿此成为你们的明鉴。"

玫瑰花战栗着，使尽全身气力，上气不接下气地说："知足安分的傻姐妹们，你们听我说：昨天，我像你们一样，端坐在绿叶中间，满足于天赐之福。知足是难以逾越的障碍，它将我与生活的风暴分离开来，使我心地坦然，无忧无虑。我本来可以像你们一样，静静伏在地面上，冬来雪花裹身，未知大自然秘密，便与同伴一起步入死一般的沉寂。我本可以避开令人贪婪的事情，弃绝那些超越我天性的东西。但是，我在静夜里听到上天对人间说：'存在的目的在于追求存在以外的东西。'于是我自己背弃了自己的灵魂，贪图得到我不应得到的东西。我一直在渴望得到我没有的东西，致使这种背弃心理变成了一种巨大力量，我的渴望变成了异想天开的幻想，于是要求大自然——大自然只不过是我们心中梦想的外观——将我变成一株玫瑰花。大自然当即令我如愿以偿。大自然常用她那偏爱和渴望改变自己的形象。"

玫瑰花沉默稍许，又自豪、得意地说：

"我当了一小时的皇后。我用玫瑰花的眼睛观看了宇宙，用玫瑰花的耳朵听到了太苍的窃窃私语，用玫瑰花的叶子感触了光明。在诸位之间，谁能得到我这份荣幸？"

之后，她弯下脖子，用近似喘息的声音说："我就要死了。在我的心中有着一种特有的感触，这是在我之前的紫罗兰不曾有过的感触。我就要死去了，我了解到了我出生的有限天地之外的一些事情。这就是生活的目的。这就是隐藏在昼夜间发生的偶然事件背后的真正本质。"

玫瑰花合上叶子，浑身一颤，便死去了。此时，她脸上浮现出神圣的微笑——愿望实现后的微笑——胜利的微笑——上帝的微笑。

【阅读提示】

　　在这篇课文里，作者赞赏雄心壮志的紫罗兰，觉得为了提高眼界，提升层次，获得更新更壮丽的人生体会，哪怕付出沉重代价也是值得的。但是作者在前半部分的描写中，又肯定了平凡生活的意义。他让两个阵营的代表都出来说理，站在各自的角度和立场上，谁的说法都有一定的道理。然而作者还是有选择的，因为雄心壮志紫罗兰的境界正是作者自己的境界。

　　本文前半部分似乎倾向于"芸芸众生"的紫罗兰们的看法，因为这些看法从那些视角来看合理至极，但是一旦紫罗兰自己开始诉说感受，前面的道理便黯然失色，因为后者的境界远远高出前者。作者这样写，充分肯定了两种说法在各自范围内的合理性，又在两相比较中见出后者的可贵。

　　纪伯伦的散文都很有哲理，又带有浓郁的诗意。

　　首先是立足现实，纪伯伦所说的哲理都是从日常生活中引申出来的，容易被人感知和接受，没有说教的意味；

　　其次，在表现哲理的形式上，纪伯伦常常用寓言的方式，以拟人的手法通过动植物的生存状态将人的生活哲理活灵活现地表现出来；

　　再次，在说理结构上，纪伯伦并不将赞成的和反对的道理作简单的二元对立，而是先权衡各自的利弊，从而构成了某种程度的解构，在解构中给读者指示趋向对人生崇高境界的真正理解。

【感悟思索】

　　一、文中玫瑰花对那株紫罗兰说："百花群里，你最糊涂。"后文"大自然"也说它是"叛逆的傻瓜"。它们所说的紫罗兰的"糊涂"和"傻瓜"指的是什么？

　　二、你是否赞成那株紫罗兰变成玫瑰花？为什么？

　　三、阅读纪伯伦的《完美》，比较《完美》与本文在内容和形式上的相同点和不同点。

完　美

纪伯伦

兄弟，你问我：人，何时才能完美无缺？

请听我回答：

当人渐臻完美之时，会感到自己是浩无边垠的苍穹，是横无际涯的海洋，是盛燃不衰的烈火，是璀璨耀目的光焰，是间或狂作、间或静默的风暴，是时而电闪雷鸣、时而大雨滂沱的乌云，是欢歌笑吟或悲泣哀号的流水，是春来繁花似锦、秋至枝叶凋零的万木，是耸入云霄的山峦，是深邃低沉的峡谷，是有时肥沃丰饶、有时荒芜贫瘠的大地。

当人感到这一切之时，也便到达了通往完美之路的中途。要想达到完美境界，那么他还应该在内省之时自感是依恋母亲的孩童，是泽及后嗣的长者，是彷徨于愿望与爱情之间的青年，是奋战过去、苦挣未来的壮年，是独蹲禅房的隐士，是身陷囹圄的罪犯，是埋头书稿的学者，是不辨昼夜的愚夫，是缩身于信仰鲜花与孤独芒刺之间的修女；是挣扎在软弱獠牙与饥馋利爪之间的娼妓，是饱尝苦涩、逆来顺受的穷汉，是利欲熏心、谦恭下士的富翁，是漫游在晚霞烟雾和黎明曙光之中的诗人。

当人经历并且熟悉了这一切的时候，也便达到了完美境地，与上帝形影不离。

第三章 小 说

小说阅读指要

小说一般以人物形象塑造为核心，通过完整的故事情节和具体的环境描写，反映社会生活，表达主题思想。

神话传说、志怪文学等文学样式是我国小说发展的先河，话本小说、章回小说等是我国小说发展成熟的标志。

按照篇幅长短，小说分为长篇小说、中篇小说、短篇小说、微型小说等；按照题材，小说分为推理小说、历史小说、言情小说、武侠小说等；按照流派，小说分为古典主义小说、现实主义小说、浪漫主义小说、魔幻现实主义小说、意识流小说、黑色幽默等。

小说具有三个显著特点：

第一，有个性鲜明的人物形象。

小说中的人物是作者在原型基础上运用艺术手法创造出来的。作者通过行动描写、语言描写、肖像描写、心理描写、细节描写等塑造人物形象，揭示人物的性格。

第二，有完整生动的故事情节。

小说的情节指的是用来表现思想主题或人物性格的事件。情节的设计应该环环相扣，跌宕起伏，要既在意料之外，又在情理之中。情节一般包括开端、发展、高潮、结局，有的兼有序幕和尾声。

第三，有典型的环境描写。

小说的环境包括社会环境和自然环境。社会环境即事件发生或者人物活动的大时代、大背景，它可以揭示种种复杂的社会关系。自然环境是指人物活动的时间、地点、气候、自然风貌等，它具有渲染气氛、衬托人物心理等作用。典型的环境描写不仅能揭示主题，还能为塑造人物服务，为情节的发展提供背景和场所。

人物、情节、环境是小说的三要素。小说的三要素要为小说的主题服务，小说的主题即是小说的灵魂。阅读小说时，应该从小说的三要素着手。

第一，分析情节发展。

情节是展现人物性格的艺术手段。一般说来，开端部分提出矛盾，发展部分展开矛盾，高潮是矛盾达到最激烈的时刻，解决了矛盾是小说的结局。

第二，分析人物形象。

塑造人物形象是小说反映社会生活的主要手段。阅读小说时我们不但要了解人物的言行举止，还要挖掘其言行背后的思想动机，体会人物的典型社会意义，不但要欣赏他的个性，更要看到他的共性。

第三,分析环境描写。

阅读小说时,首先要了解作品故事发生的时代背景,挖掘人物形象的社会意义。典型的社会环境,对人物思想性格的形成有重要作用。了解作品创作的时代背景和作者的思想倾向,才能正确理解小说的社会意义。自然环境的描写对推动情节的发展、渲染气氛、烘托人物心理均有一定的作用。

总之,我们应该根据小说的特点,从三要素出发,围绕小说的语言、艺术技巧等方面进行分析,还可以通过比较阅读等方法提高鉴赏能力,培养阅读兴趣。

席方平

蒲松龄

名作导引

《席方平》是《聊斋志异》中描写官府黑暗的众多篇章中的一篇具有典型意义的代表作品，是蒲松龄刺贪刺虐的名篇。

蒲松龄（1640—1715），字留仙，一字剑臣，号柳泉，世称聊斋先生，自称异史氏。山东省淄川县（现淄博市）人，清代文学家，中国短篇小说之王。毕一生精力创作出著名的文言短篇小说集《聊斋志异》。

《聊斋志异》共收录文言短篇小说491篇。作品继承和发展了我国志怪传奇文学的优秀传统和表现手法，情节幻异曲折，跌宕多变，文笔简练，描写细腻，层次清晰，内容丰富多彩，充满浪漫主义精神，表达了作者的爱憎感情和美好理想。作品成功地塑造了众多的艺术典型，堪称中国古典文言短篇小说的巅峰。

经典美文

席方平，东安人。其父名廉，性戆拙①。因与里中富室羊姓有隙，羊先死；数年，廉病垂危，谓人曰："羊某今贿嘱冥使榜②我矣。"俄而身赤肿，号呼遂死，席惨怛③不食，曰："我父朴讷，今见凌于强鬼；我将赴冥，代伸冤气耳。"自此不复言，时坐时立，状类痴，盖魂已离舍。

席觉初出门，莫知所往，但见路有行人，便问城邑。少选④，入城。其父已收狱中。至狱门，遥见父卧檐下，似甚狼狈，举目见子，潸然流涕，便谓："狱吏悉受赇⑤嘱，日夜榜掠，胫股摧残甚矣！"席怒，大骂狱吏："父如有罪，自有王章⑥，岂汝等死魅所能操⑦耶！"遂出，抽笔为词。值城隍早衙⑧，喊冤以投。羊惧，内外贿通，始出质理⑨。城隍以所告无据，颇不直⑩席。席忿气无所复伸，冥行⑪百余里至郡，以官役私状⑫，告诸郡司⑬。迟⑭之半月，始得质理。郡司扑⑮席，仍批城隍覆案⑯。席至邑，备受械梏，惨冤不能自舒。城隍恐其再讼，遣役押送归家。役至门辞去。席不肯入，遁赴冥府，诉郡邑之酷贪。冥王立拘质对。二官密遣腹心，与席关说⑰，许以千金。席不听。过数日，逆旅⑱主人告曰："君负气已甚，官府求和而执不从，今闻于王前各有函进，恐事殆⑲矣。"席以道路之口，犹未深信。俄有皂衣人唤入。升堂，见冥王有怒色，不容置词，命笞二十。席厉声问："小人何罪？"冥王漠若不闻。席受笞，喊曰："受笞允当⑳，谁教我无钱耶！"冥王益怒，命置火床。两鬼捽㉑席下，见东墀㉒有铁床，炽火其下，床面通赤。鬼脱席衣，掬置其上，反复揉捺之。痛极，骨肉焦黑，苦不得死。约一时许，鬼曰："可矣。"遂扶起，促使下床着衣，犹幸跛而能行。复至堂上，冥王问："敢再讼乎？"席曰："大冤未伸，寸心不死，若言不讼，是欺王也。必讼！"又问："讼何词？"席曰："身所受者，皆言之耳。"冥王又怒，命以锯解其体。二鬼拉去，见立木，高八九尺许，有木板二，仰置其下，上下凝血模糊。方将就缚，忽堂上大呼"席某"，二鬼即复押回。冥王又问："尚敢讼否？"答曰："必讼！"冥王命捉去速解。既下，鬼乃以二板夹席，缚木上。锯方下，觉顶脑渐辟㉒，痛不可禁，顾亦忍而不号。闻鬼曰："壮哉此汉！"锯隆隆然寻㉓至胸下。又闻一鬼云："此人大孝无辜，锯令稍偏，勿损其心。"遂觉锯锋曲折而下，其痛倍苦。俄顷，半身辟矣；板解，两身俱仆。鬼上堂大声以报，堂上传呼，令合身来见。二鬼即推令复合，曳使行。席觉锯缝一道，痛欲复裂，半步而踣。一鬼于腰间出丝带一条授之，曰："赠此以报汝孝。"受而束之，一身顿健，殊无少苦。遂升堂而伏。冥王复问如前；席恐再罹酷毒，便答："不讼矣。"冥王立命送还阳界。隶率出北门，指示归途，反身遂去。

席念阴曹之暗昧尤甚于阳间，奈无路可达帝听㉔。世传灌口二郎㉕为帝勋戚，其神聪明正直，诉之当有灵异。窃喜二隶已去，遂转身南向。奔驰间，有二人追至，曰："王疑汝不归，今果然矣。"捽回复见冥王。窃意冥王益怒，祸必更惨；而王殊无厉容，谓席曰："汝志诚孝。但汝父冤，我已为若雪之矣。今已往生富贵家，何用汝鸣呼㉖为？今送汝归，予以千金之产、期颐㉗之寿，于愿足乎？"乃注籍中，嵌以巨印，使亲视之。席谢而下。鬼与俱出，至途，驱而骂曰："奸猾贼！频频反复，使人奔波欲死！再犯，当捉入大磨中，细细研之！"席张目叱曰："鬼子胡为者！我性耐刀锯，不耐挞楚㉘！请返见王，王如令我自归，亦复何劳相送！"乃返奔。二鬼惧，温语劝回。席故蹇㉙缓，行数步，辄憩路侧。鬼含怒不敢复言。

约半日，至一村，一门半开，鬼引与共坐；席便据门阈。二鬼乘其不备，推入门中。惊定自视，身已生为婴儿。愤啼不乳，三日遂殇。魂摇摇不忘灌口，约奔数十里，忽见羽葆来，幡戟横路，越道避之。因犯卤簿㉚，为前马㉛所执，絷㉜送车前。仰见车中一少年，丰仪瑰玮。问席："何人？"席冤愤正无所出，且意是必巨官，或当能作威福，因缅诉㉝毒痛。车中人命释其缚，使随车行。俄至一处，官府十余员，迎谒道左，车中人各有问讯。已而指席谓一官曰："此下方㉞人，正欲往诉，宜即为之剖决。"席询之从者，始知车中即上帝殿下九王，所嘱即二郎也。席视二郎，修躯多髯，不类世间所传。九王既去，席从二郎至一官廨㉟，则其父与羊姓并衙隶俱在。少顷，槛车㊱中有囚人出，则冥王及郡司、城隍也。当堂对勘，席所言皆不妄。三官战栗，状若伏鼠。

二郎援笔立判。顷刻，传下判语，令案中人共视之。判云："勘得冥王者：职膺㊲王爵，身受帝恩。自应贞洁以率臣僚，不当贪墨以速官谤。而乃繁缨棨戟㊳，徒夸品秩之尊；羊狠狼贪，竟玷人臣之节。斧敲斨，斨入木，妇子之皮骨皆空；鲸吞鱼，鱼食虾，蝼蚁之微生可悯。当掬江西之水，为尔涮㊴肠；即烧东壁之床，请君入瓮。城隍、郡司：为小民父母之官，司上帝牛羊之牧㊵。虽则职居下列，而尽瘁者不辞折腰；即或势逼大僚，而有志者亦应强项。乃上下其鹰鸷之手，既罔念夫民贫；且飞扬其狙狯㊶之奸，更不嫌乎鬼瘦。惟受赃而枉法，真人面而兽心！是宜剔髓伐毛，暂罚冥死；所当脱皮换革，仍令胎生。隶役者：既在鬼曹，便非人类。只宜公门修行，庶还落蓐之身㊷；何得苦海生波，益造弥天之孽？飞扬跋扈，狗脸生六月之霜；隳突叫号，虎威断九衢之路。肆淫威于冥界，咸知狱吏为尊；助酷虐于昏官，共以屠伯㊸是惧。当以法场之内，剁其四肢；更向汤镬之中，捞其筋骨。羊某：富而不仁，狡而多诈。金光盖地，因使阎罗殿上，尽是阴霾；铜臭熏天，遂教枉死城㊹中，全无日月。余腥犹能役鬼，大力直可通神。宜籍㊺羊氏之家，以赏席生之孝。即押赴东岳施行。"又谓席廉："念汝子孝义，汝性良懦，可再赐阳寿三纪㊱。"因使两人送之归里。席乃抄其判词，途中父子共读之。既至家，席先苏，令家人启棺视父，僵尸犹冰，俟之终日，渐温而活。又索抄词，则已无矣。

自此，家道益丰，三年间，良沃遍野；而羊氏子孙微矣。楼阁田产，尽为席有。里人或有买其田者，夜梦神人叱之曰："此席家物，汝乌得有之！"初未深信，既而种作，则终岁升斗无所获，于是复鬻于席。席父九十余岁而卒。异史氏曰："人人言净土，而不知生死隔世，意念都迷，且不知其所以来，又乌知其所以去；而况死而又死，生而复生者乎？忠孝志定，万劫㊲不移，异哉席生，何其伟也！"

【注释】

① 戆（zhuàng）拙：憨直朴实。
② 冥使搒（péng）：冥使，阴间的公差。搒，鞭打。
③ 惨怛（dá）：忧伤，悲痛。
④ 少选：一会儿，不多久。
⑤ 赇（qiú）：贿赂。
⑥ 王章：王法。
⑦ 操：把持，掌握。
⑧ 城隍早衙：城隍，旧指守护城邑的神。早衙，旧时官府早晚两次坐堂治事，受吏参谒，固有早、晚衙之称。
⑨ 质理：指对质受审。
⑩ 不直：不以为然。
⑪ 冥行：摸黑走路。
⑫ 官役私状：指城隍及差役营私舞弊的情况。
⑬ 郡司：州府的长官，这里指阴间一郡的长官。
⑭ 迟：等待。
⑮ 扑：打板子。
⑯ 覆案：重审。
⑰ 关说：通关节，说人情。
⑱ 逆旅：客舍，旅馆。
⑲ 殆：危险。
⑳ 允当：平允适当，这里相当于"合该"，为愤激之词。
㉑ 捽（zuó）：揪住头发。
㉒ 东墀（chí）：东边台阶上。
㉓ 辟：开。
㉔ 寻：不久。
㉕ 达帝听：上达给玉皇大帝知道。
㉖ 灌口二郎：古代神话传说中的二郎神杨戬，相传他是玉皇大帝的外甥。灌口，今四川省灌县。
㉗ 鸣呼：指喊冤。
㉘ 期（jī）颐：一百岁。
㉙ 挞楚：棒打。楚，一种刑具。
㉚ 蹇（jiǎn）：跛足。
㉛ 卤簿：古代帝王或王公大臣外出时的仪仗队。
㉜ 前马：开路的马队。
㉝ 縶（zhí）：囚拘。
㉞ 缅诉：从头诉说。

㉟ 下方：下界，即人世。
㊱ 官廨（xiè）：官署，衙门。
㊲ 槛车：囚车。
㊳ 膺：承受，承担。
㊴ 繁（pán）缨啓（qǐ）戟：旧时官僚所用的仪仗。
㊵ 湔（jiān）：洗涤。
㊶ 司上帝牛羊之牧：奉上帝的命令统治人民。
㊷ 狙（jū）狯（kuài）：狙，猕猴。狯，狡猾。
㊸ 落蓐（rù）之身：指人身。落蓐，出生。
㊹ 躁突：破坏奔突，极言骚扰。
㊺ 伯屠：指刽子手。
㊻ 枉死城：传说中屈死鬼住的地方。
㊼ 籍：抄没。
㊽ 纪：古时12年为一纪。
㊾ 万劫：万世。佛教认为宇宙有成有毁，循环不止。每一次由成到毁，叫做一"劫"。万劫极言其历时之久。

【阅读提示】

　　小说通过叙述席方平阴魂入冥府告状，虽受尽酷刑仍旧不得伸张的悲惨境遇，发出了"阴曹之暗昧尤甚于阳间"的感慨，揭露封建官吏与豪绅地主狼狈为奸、贪赃枉法，百姓有冤难伸的社会现实。作品中阴森可怕、贿赂公行的冥府，正是作者所熟悉的人间公堂的写照。

　　席方平的父亲被奸人所陷害，他欲替父伸冤。然而从阳间到冥府，各级官吏相互勾结，对席方平威逼利诱。席方平面对淫威，毫不屈服，在严刑拷打下也没有退缩，就连对他用刑的鬼吏也肃然起敬。席方平正直不阿，反抗强烈，发出了"大冤不伸，寸心不死"的呐喊，充满智慧。他的伸冤并不单纯是一般意义的报复报仇，而是正义与邪恶的斗争，是穷与富的较量，是被侮辱与被损害者的一种反抗。席方平这一光辉的复仇者形象，正是封建社会中长期被压迫的人民的反抗斗争精神的艺术概括。

　　小说思想内容深刻，作者驰骋想象之笔，把人、鬼、神三者结合在一起，借写幽冥以影射阳世，全面剖析了封建社会整个官僚机构的丑恶本质。故事情节离奇曲折，浪漫主义和现实主义相结合，以幻写实，虚实结合，既有现实生活的基础，又充满理想的光辉。人物形象鲜明生动，语言风格简洁易懂。但因篇中记录鬼神、宣扬迷信，在一定程度上削弱了作品的思想性。

【感悟思索】

　　一、本篇小说揭示了怎样的社会矛盾？小说中哪些地方反映了作者的思想局限？
　　二、简析《聊斋志异》的艺术特色。
　　三、蒲松龄以《聊斋志异》创造了古代文言短篇小说的艺术高峰，搜集后世文人对作者与该作品的评价之词。

黛玉葬花（《红楼梦》节选）

曹雪芹

名作导引

《红楼梦》是中国古典文学宝库中的瑰宝。它以贾、史、王、薛四大家族为背景，以贾宝玉、林黛玉的爱情悲剧为主线，展现了封建社会终将走向灭亡的必然趋势。《黛玉葬花》节选自《红楼梦》27回、28回，是《红楼梦》的经典篇章之一。

作者曹雪芹（约1715—1764），名霑，字梦阮，号雪芹。清代小说家。曹雪芹是一位诗人，又是一位画家，但他最大的贡献还在于小说创作。章回体长篇小说《红楼梦》是他"披阅十载，增删五次"，"字字看来皆是血，十年辛苦不寻常"的产物。今传120回本，其中后40回为高鹗所续。

经典美文

如今且说林黛玉因夜间失寝，次日起来迟了，闻得众姐妹都在园中作饯花会，恐人笑他痴懒，连忙梳洗了出来。刚到了院中，只见宝玉进门来了便笑道："好妹妹，你昨儿告了我了没有？教我悬了一夜的心。"黛玉便回头叫紫鹃："把屋子收拾了，下一扇纱屉子，看那大燕子回来，把帘子放下来，拿狮子①倚住，烧了香，就把炉罩上。"一面说，一面又往外走。宝玉见他这样，还认作是昨日晌午的事，那知晚间的这件公案？还打恭作揖的。黛玉正眼儿也不看，各自出了院门，一直找别的姐妹去了。宝玉心中纳闷，自己猜疑："看起这样光景来，不像是为昨儿的事。但只昨日我回来的晚了，又没有见他，再没有冲撞他的去处儿了。"一面想，一面由不得随后跟了来。

只见宝钗探春，正在那边看鹤舞，见黛玉来了，三个一同站着说话儿。又见宝玉来了，探春便笑道："宝哥哥，身上好？我整整的三天没见你了。"宝玉笑道："妹妹身上好？我前儿还在大嫂子跟前问你呢。"探春道："宝哥哥，你往这里来，我和你说话。"宝玉听说，便跟了他，离了钗玉两个，到了一棵石榴树下。探春因说道："这几天，老爷没叫你吗？"宝玉笑道："没有叫。"探春道："昨儿我恍惚听见说，老爷叫你出去来着。"宝玉笑道："那想是别人听错了，并没叫我。"探春又笑道："这几个月，我又攒下有十来吊钱了。你还拿了去，明儿出门逛去的时候，或是好字画，好轻巧玩意儿，替我带些来。"

宝玉道："我这么逛去，城里城外大廊大庙的逛，也没见个新奇精致东西，左不过是那些金玉铜磁器，没处撂的古董儿，再么就是绸缎吃食衣服了。"探春道："谁要那些作什么！像你上回买的那柳枝儿编的小篮子儿，竹子根挖的香盒儿，胶泥垛的风炉子儿，就好了。我喜欢的了不的，谁知他们都爱上了，都当宝贝似的抢了去了。"宝玉笑道："原来要这个。这不值什么，拿几吊钱出去给小子们，管拉两车来。"探春道："小厮们知道什么？你拣那有意思儿又不俗气的东西，你多替我带几件来，我还像上回的鞋做一双你穿，比那双还加工夫，如何呢？"宝玉笑道："你提起鞋来，我想起故事来了。一回穿着，可巧遇见了老爷，老爷就不受用，问是谁做的，我那里敢提三妹妹？我就回说，是前儿我的生日舅母给的，老爷听了是舅母给的，才不好说什么了。半日还说：'何苦来！虚耗人力，作践绫罗，做这样的东西。'我回来告诉了袭人，袭人说：'这还罢了，赵姨娘气的抱怨的了不得，正经亲兄弟，鞋塌拉袜塌拉的，没人看见，且做这些东西！'"

　　探春听说，登时沉下脸来道："你说，这话糊涂到什么田地！怎么我是该做鞋的人么？环儿难道没有分例的？衣裳是衣裳，鞋袜是鞋袜，丫头老婆一屋子，怎么抱怨这些话？给谁听呢？我不过闲着没事儿作一双半双，爱给那个哥哥兄弟，随我的心，谁敢管我不成？这也是他瞎气。"宝玉听了，点头笑道："你不知道，他心里自然又有个想头了。"探春听说，一发动了气，将头一扭，说道："连你也糊涂了！他那想头，自然是有的，不过是那阴微下贱的见识。他只管这么想，我只管认得老爷太太两个人，别人我一概不管。就是姐妹弟兄跟前，谁和我好，我就和谁好，什么偏的，庶的，我也不知道。论理，我不该说他，但他忒昏愦的不像了！还有笑话儿呢，就是上回我给你那钱，替我买那些玩的东西，过了两天，他见了我，就说是怎么没钱，怎么难过。我也不理。谁知后来丫头们出去了，他就抱怨起我来，说我攒的钱，为什么给你使，倒不给环儿使呢！我听见这话，又好笑，又好气。我就出来往太太跟前去了。"

　　正说着，只见宝钗那边笑道："说完了，来罢。显见的是哥哥妹妹了，撂下别人，且说体己去。我们听一句儿就使不得了？"说着，探春宝玉二人方笑着来了。宝玉因不见了黛玉，便知是他躲了别处去了，想了一想："索性迟两日，等他的气息一息再去也罢了。"因低头看见许多凤仙石榴等各色落花，锦重重的落了一地，因叹道："这是他心里生了气，也不收拾这花儿来了，等我送了去，明儿再问着他。"说着，只见宝钗约着他们往后头走。宝玉道："我就来。"等他二人去远，把那花儿兜起来，登山渡水，过树穿花，一直奔了那日和黛玉葬桃花的去处。

　　将已到了花冢，犹未转过山坡，只听那边有呜咽之声，一面数落着，哭的好不伤心。宝玉心下想道："这不知是那屋里的丫头，受了委曲，跑到这个地方来哭？"一面想，一面煞住脚步，听他哭道是：

　　　　花谢花飞飞满天，红消香断有谁怜？
　　　　游丝软系飘春榭，落絮轻沾扑绣帘。
　　　　闺中女儿惜春暮，愁绪满怀无释处；
　　　　手把花锄出绣帘，忍踏落花来复去？
　　　　柳丝榆荚自芳菲，不管桃飘与李飞；
　　　　桃李明年能再发，明年闺中知有谁？
　　　　三月香巢初垒成，梁间燕子太无情；
　　　　明年花发虽可啄，却不道人去梁空巢已倾。
　　　　一年三百六十日，风刀霜剑严相逼；
　　　　明媚鲜妍能几时，一朝飘泊难寻觅。
　　　　花开易见落难寻，阶前愁杀葬花人；
　　　　独把花锄偷洒泪，洒上空枝见血痕。

杜鹃无语正黄昏，荷锄归去掩重门；
青灯照壁人初睡，冷雨敲窗被未温。
怪侬底事②倍伤神？半为怜春半恼春。
怜春忽至恼忽去，至又无言去不闻。
昨宵庭外悲歌发，知是花魂与鸟魂？
花魂鸟魂总难留，鸟自无言花自羞。
愿侬此日生双翼，随花飞到天尽头。
天尽头！何处有香丘？
未若锦囊收艳骨，一抔净土③掩风流。
质本洁来还洁去，不教污淖陷渠沟。
尔今死去侬收葬，未卜侬身何日丧？
侬今葬花人笑痴，他年葬侬知是谁？
试看春残花渐落，便是红颜老死时。
一朝春尽红颜老，花落人亡两不知！

正是一面低吟，一面哽咽，那边哭的自己伤心，却不道这边听的早已痴倒了。

……

话说林黛玉只因昨夜晴雯不开门一事，错疑在宝玉身上，次日又可巧遇见饯花之期，正在一腔无明，未曾发泄，又勾起伤春愁思，因把些残花落瓣去掩埋，由不得感花伤己，哭了几声，便随口念了几句。不想宝玉在山坡上听见，先不过点头感叹，次又听到"侬今葬花人笑痴，他年葬侬知是谁？"、"一朝春尽红颜老，花落人亡两不知"等句，不觉恸倒山坡上，怀里兜的落花撒了一地，试想林黛玉的花颜月貌，将来亦到无可寻觅之时，宁不心碎肠断？既黛玉终归无可寻觅之时，推之于他人，如宝钗，香菱，袭人等，亦可以到无可寻觅之时矣。宝钗等终归无可寻觅之时，则自己又安在呢？且自身尚不知何在何往，将来斯处斯园斯花斯柳又不知当属谁姓？因此一而二，二而三，反复推求了去，真不知此时此际，如何解释这段悲伤！正是：花影不离身左右，鸟声只在耳东西。那黛玉正自伤感，忽听山坡上也有悲声，心下想道："人人都笑我有痴病，难道还有一个痴的不成？"抬头一看，见是宝玉，黛玉便啐道："呸！我打量是谁，原来是这个狠心短命的……"刚说到"短命"二字，又把口掩住，长叹一声，自己抽身便走。

这里宝玉悲恸了一回，见黛玉去了，便知黛玉看见他，躲开了，自己也觉无味，抖抖土起来，下山寻归旧路，往怡红院来。可巧看见黛玉在前头走，连忙赶上去说道："你且站着，我知道你不理我，我只说一句话，从今以后，撂开手。"黛玉回头见是宝玉，待要不理他，听他说只说一句话，便道："请说。"宝玉笑道："两句话，说了你听不听呢？"黛玉听说，回头就走。宝玉在身后面叹道："既有今日，何必当初？"黛玉听见这话，由不得站住，回头道："当初怎么样？今日怎么样？"宝玉叹道："嗳！当初姑娘来了，那不是我陪着玩笑？凭我心爱的，姑娘要，就拿去；我爱吃的，听见姑娘也爱吃，连忙收拾的干干净净收着，等着姑娘回来。一个桌子上吃饭，一个床儿上睡觉。丫头们想不到的，我怕姑娘生气，替丫头们都想到了。我想着姊妹们从小儿长大，亲也罢，热也罢，和气到了儿，才见得比别人好。如今谁承望姑娘人大心大，不把我放在眼里，三日不理，四日不见的，倒把外四路儿的什么'宝姐姐''凤姐姐'的放在心坎儿上，我又没个亲兄弟亲妹妹，虽然有两个，你难道不知道是我隔母的？我也和你是独出，只怕你和我的心一样。谁知我是白操了这一番心，有冤无处诉！"说着，不觉哭起来。

那时黛玉耳内听了这话，眼内见了这光景，心内不觉灰了大半，也不觉滴下泪来，低头不语。宝玉见这般形象，遂又说道："我也知道我如今不好了，但只任凭我怎么不好，万不敢在妹妹跟前有错处，就有一二分错处，你或是教导我，戒我下次，或骂我几句，打我几下，我都不灰心。谁知你总不理我，叫我摸不着头脑儿，少魂失魄，不知怎么样才好。就是死了，也是个屈死鬼。任凭高僧高道忏悔，也不能超升，还得你说明了原故，我才得托生呢！"

黛玉听了这话，不觉将昨晚的事都忘在九霄云外了，便说道："你既这么说，为什么我去了，你不叫丫头开门呢！"宝玉诧异道："这话从那里说起？我要是这么着，立刻就死了！"黛玉啐道："大清早起死呀活的，也不忌讳！你说有呢就有，没有就没有，起什么誓呢！"宝玉道："实在没有见你去，就是宝姐姐坐了一坐，就出来了。"黛玉想了一想，笑道："是了，必是丫头们懒怠动，丧声歪气的，也是有的。"宝玉道："想必是这个原故。等我回去问了是谁，教训教训他们就好了。"黛玉道："你的那些姑娘们，也该教训教训。只是论理我不该说。今儿得罪了我的事小，倘或明儿'宝姑娘'来，什么'贝姑娘'来，也得罪了，事情可就大了！"说着，抿着嘴儿笑，宝玉听了，又是咬牙，又是笑。

……

【注释】

① 狮子：一种压帘用的带座的石狮子。
② 底事：何事。
③ 一抔（póu）净土：一捧土，这里指花冢。

【阅读提示】

在《红楼梦》里有两次葬花，第一次是因为花儿落了，贾宝玉要把将其丢进水里，林黛玉怕落花流到臭水沟所以葬花。第二次葬花即本文节选的这一部分，这里侧重表现黛玉的诗人气质及其多愁善感的悲剧性格。

因前一天和贾宝玉发生了误会，主人公借葬花来抒发自己苦闷、青春易逝的伤感情绪。选文情节的高潮是葬花，而黛玉葬花的精华之处在于《葬花吟》。这首诗通过丰富奇特的想象、暗淡凄清的画面、浓烈忧伤的情调，抒写了黛玉在冷酷现实摧残下的心灵世界。全诗情景相生，充满了落花飘零人去楼空的悲哀。"花谢花飞飞满天，红消香断有谁怜"，触景生情，由物及人，由花的凋谢想到自己寄人篱下的身世之悲，触发了她特有的敏感、细腻，充分体现出黛玉多愁善感的个性。"质本洁来还洁去，不教污淖陷渠沟"一句把她不愿与世俗同流合污，不逢迎、不妥协、孤傲的性格表现得淋漓尽致。花的命运也即黛玉的命运。《葬花吟》是林黛玉命运的暗示，"侬今葬花人笑痴，他年葬侬知是谁？"将花拟人，以花喻人，把花的命运与人的命运联系在一起，有力地控诉了封建社会的恶势力。

《葬花吟》作为《红楼梦》中最感人的诗歌之一，我们要在欣赏它的独特魅力之时，正确对待其中消极、伤感的情绪。

【感悟思索】

一、简述黛玉葬花的故事情节。

二、概括《葬花吟》的艺术特色。

三、试析《葬花吟》的言外之意。

四、阅读《红楼梦》,从主题、人物刻画、环境描写、语言等方面任选其一,写一篇评论文章交流讨论。

伤逝——涓生的手记（节选）

鲁迅

名作导引

小说《伤逝》的创作与易卜生作品的传入及当时的社会思潮有关。挪威戏剧家、诗人易卜生提倡个性自由，妇女解放，受他《玩偶之家》等作品的影响，与出走相关的作品成了我国当时文学创作的热门题材。1925年10月，鲁迅创作了《伤逝》，后收入《彷徨》，这是鲁迅唯一一篇以青年恋爱和婚姻为题材的小说。

鲁迅（1881—1936），字豫才，原名周樟寿，后改名周树人，浙江绍兴人，以笔名鲁迅闻名于世，中国现代文学奠基人。鲁迅一生创作丰富，作品包括杂文、短篇小说、诗歌、评论、散文、翻译作品等，对五四运动以后的中国文学产生了深刻而广泛的影响。毛主席评价他"是伟大的文学家、思想家、革命家，是中国文化革命的主将"。

经典美文

……

后来，经多次的抗争和催逼，油鸡们也逐渐成为肴馔，我们和阿随都享用了十多日的鲜肥；可是其实都很瘦，因为它们早已每日只能得到几粒高粱了。从此便清静得多。只有子君很颓唐，似乎常觉得凄苦和无聊，至于不大愿意开口。我想，人是多么容易改变呵！

但是阿随也将留不住了。我们已经不能再希望从什么地方会有来信，子君也早没有一点食物可以引它打拱或直立起来。冬季又逼近得这么快，火炉就要成为很大的问题；它的食量，在我们其实早是一个极易觉得的很重的负担。于是连它也留不住了。

倘使插了草标到庙市去出卖，也许能得几文钱罢，然而我们都不能，也不愿这样做。终于是用包袱蒙着头，由我带到西郊去放掉了，还要追上来，便推在一个并不很深的土坑里。

我一回寓，觉得又清静得多多了；但子君的凄惨的神色，却使我很吃惊。那是没有见过的神色，自然是为阿随。但又何至于此呢？我还没有说起推在土坑里的事。

到夜间，在她的凄惨的神色中，加上冰冷的分子了。

"奇怪。——子君，你怎么今天这样儿了？"我忍不住问。

"什么？"她连看也不看我。

"你的脸色……"

"没有什么，——什么也没有。"

我终于从她言动上看出，她大概已经认定我是一个忍心的人。其实，我一个人，是容易生活的，虽然因为骄傲，向来不与世交来往，迁居以后，也疏远了所有旧识的人，然而只要能远走高飞，生路还宽广得很。现在忍受着这生活压迫的苦痛，大半倒是为她，便是放掉阿随，也何尝不如此。但子君的识见却似乎只是浅薄起来，竟至于连这一点也想不到了。

我拣了一个机会，将这些道理暗示她；她领会似的点头。然而看她后来的情形，她是没有懂，或者是并不相信的。

天气的冷和神情的冷，逼迫我不能在家庭中安身。但是，往那里去呢？大道上，公园里，虽然没有冰冷的神情，冷风究竟也刺得人皮肤欲裂。我终于在通俗图书馆里觅得了我的天堂。

那里无须买票；阅书室里又装着两个铁火炉。纵使不过是烧着不死不活的煤的火炉，但单是看见装着它，精神上也就总觉得有些温暖。书却无可看：旧的陈腐，新的是几乎没有的。

好在我到那里去也并非为看书。另外时常还有几个人，多则十余人，都是单薄衣裳，正如我，各人看各人的书，作为取暖的口实。这于我尤为合式。道路上容易遇见熟人，得到轻蔑的一瞥，但此地却决无那样的横祸，因为他们是永远围在别的铁炉旁，或者靠在自家的白炉边的。

那里虽然没有书给我看，却还有安闲容得我想。待到孤身枯坐，回忆从前，这才觉得大半年来，只为了爱，——盲目的爱，——而将别的人生的要义全盘疏忽了。第一，便是生活。人必生活着，爱才有所附丽。世界上并非没有为了奋斗者而开的活路；我也还未忘却翅子的扇动，虽然比先前已经颓唐得多……

屋子和读者渐渐消失了，我看见怒涛中的渔夫，战壕中的兵士，摩托①中的贵人，洋场上的投机家，深山密林中的豪杰，讲台上的教授，昏夜的运动者和深夜的偷儿……子君，——不在近旁。她的勇气都失掉了，只为着阿随悲愤，为着做饭出神；然而奇怪的是倒也并不怎样瘦损……

冷了起来，火炉里的不死不活的几片硬煤，也终于烧尽了，已是闭馆的时候。又须回到吉兆胡同，领略冰冷的颜色去了。近来也间或遇到温暖的神情，但这却反而增加我的苦痛。记得有一夜，子君的眼里忽而又发出久已不见的稚气的光来，笑着和我谈到还在会馆时候的情形，时时又很带些恐怖的神色。我知道我近来的超过她的冷漠，已经引起她的忧疑来，只得也勉力谈笑，想给她一点慰藉。然而我的笑貌一上脸，我的话一出口，却即刻变为空虚，这空虚又即刻发生反响，回向我的耳目里，给我一个难堪的恶毒的冷嘲。

子君似乎也觉得的，从此便失掉了她往常的麻木似的镇静，虽然竭力掩饰，总还是时时露出忧疑的神色来，但对我却温和得多了。

我要明告她，但我还没有敢，当决心要说的时候，看见她孩子一般的眼色，就使我只得暂且改作勉强的欢容。但是这又即刻来冷嘲我，并使我失却那冷漠的镇静。

她从此又开始了往事的温习和新的考验，逼我做出许多虚伪的温存的答案来，将温存示给她，虚伪的草稿便写在自己的心上。我的心渐被这些草稿填满了，常觉得难于呼吸。我在苦恼中常常想，说真实自然须有极大的勇气的；假如没有这勇气，而苟安于虚伪，那也便是不能开辟新的生路的人。不独不是这个，连这人也未尝有！

子君有怨色，在早晨，极冷的早晨，这是从未见过的，但也许是从我看来的怨色。我那时冷冷地气愤和暗笑了；她所磨练的思想和豁达无畏的言论，到底也还是一个空虚，而对于这空虚却并未自觉。她早已什么书也不看，已不知道人的生活的第一着是求生，向着这求生的道路,是必须携手同行,或奋身孤往的了,倘使只知道摇着一个人的衣角,那便是虽战士也难于战斗,只得一同灭亡。

我觉得新的希望就只在我们的分离;她应该决然舍去,——我也突然想到她的死,然而立刻自责,忏悔了。幸而是早晨,时间正多,我可以说我的真实。我们的新的道路的开辟,便在这一遭。

我和她闲谈,故意地引起我们的往事,提到文艺,于是涉及外国的文人,文人的作品:《诺拉》,《海的女人》②。称扬诺拉的果决……也还是去年在会馆的破屋里讲过的那些话,但现在已经变成空虚,从我的嘴传入自己的耳中,时时疑心有一个隐形的坏孩子,在背后恶意地刻毒地学舌。

她还是点头答应着倾听,后来沉默了。我也就断续地说完了我的话,连余音都消失在虚空中了。

"是的。"她又沉默了一会,说,"但是,……涓生,我觉得你近来很两样了。可是的?你,——你老实告诉我。"

我觉得这似乎给了我当头一击,但也立即定了神,说出我的意见和主张来:新的路的开辟,新的生活的再造,为的是免得一同灭亡。

临末,我用了十分的决心,加上这几句话:

"……况且你已经可以无须顾虑,勇往直前了。你要我老实说;是的,人是不该虚伪的。我老实说罢:因为,因为我已经不爱你了!但这于你倒好得多,因为你更可以毫无挂念地做事……"

我同时豫期着大的变故的到来,然而只有沉默。她脸色陡然变成灰黄,死了似的;瞬间便又苏生,眼里也发了稚气的闪闪的光泽。这眼光射向四处,正如孩子在饥渴中寻求着慈爱的母亲,但只在空中寻求,恐怖地回避着我的眼。

我不能看下去了,幸而是早晨,我冒着寒风径奔通俗图书馆。

在那里看见《自由之友》,我的小品文都登出了。这使我一惊,仿佛得了一点生气。我想,生活的路还很多,——但是,现在这样也还是不行的。

我开始去访问久已不相闻问的熟人,但这也不过一两次;他们的屋子自然是暖和的,我在骨髓中却觉得寒冽。夜间,便蜷伏在比冰还冷的冷屋中。

冰的针刺着我的灵魂,使我永远苦于麻木的疼痛。生活的路还很多,我也还没有忘却翅子的扇动,我想。——我突然想到她的死,然而立刻自责,忏悔了。

在通俗图书馆里往往瞥见一闪的光明,新的生路横在前面。她勇猛地觉悟了,毅然走出这冰冷的家,而且,——毫无怨恨的神色。我便轻如行云,漂浮空际,上有蔚蓝的天,下是深山大海,广厦高楼,战场,摩托车,洋场,公馆,晴明的闹市,黑暗的夜……

而且,真的,我豫感得这新生面便要来到了。

我们总算度过了极难忍受的冬天,这北京的冬天;就如蜻蜓落在恶作剧的坏孩子的手里一般,被系着细线,尽情玩弄,虐待,虽然幸而没有送掉性命,结果也还是躺在地上,只争着一个迟早之间。

写给《自由之友》的总编辑已经有三封信,这才得到回信,信封里只有两张书券③:两角的和三角的。我却单是催,就用了九分的邮票,一天的饥饿,又都白挨给于己一无所得的空虚。

然而觉得要来的事,却终于来到了。

这是冬春之交的事，风已没有这么冷，我也更久地在外面徘徊；待到回家，大概已经昏黑。就在这样一个昏黑的晚上，我照常没精打采地回来，一看见寓所的门，也照常更加丧气，使脚步放得更缓。但终于走进自己的屋子里了，没有灯火；摸火柴点起来时，是异样的寂寞和空虚！

正在错愕中，官太太便到窗外来叫我出去。

"今天子君的父亲来到这里，将她接回去了。"她很简单地说。

这似乎又不是意料中的事，我便如脑后受了一击，无言地站着。

"她去了么？"过了些时，我只问出这样一句话。

"她去了。"

"她，——她可说什么？"

"没说什么。单是托我见你回来时告诉你，说她去了。"

我不信；但是屋子里是异样的寂寞和空虚。我遍看各处，寻觅子君；只见几件破旧而黯淡的家具，都显得极其清疏，在证明着它们毫无隐匿一人一物的能力。我转念寻信或她留下的字迹，也没有；只是盐和干辣椒，面粉，半株白菜，却聚集在一处了，旁边还有几十枚铜元。这是我们两人生活材料的全副，现在她就郑重地将这留给我一个人，在不言中，教我借此去维持较久的生活。

我似乎被周围所排挤，奔到院子中间，有昏黑在我的周围；正屋的纸窗上映出明亮的灯光，他们正在逗着孩子玩笑。我的心也沉静下来，觉得在沉重的迫压中，渐渐隐约地现出脱走的路径：深山大泽，洋场，电灯下的盛筵，壕沟，最黑最黑的深夜，利刃的一击，毫无声响的脚步……

心地有些轻松，舒展了，想到旅费，并且嘘一口气。

躺着，在合着的眼前经过的豫想的前途，不到半夜已经现尽；暗中忽然仿佛看见一堆食物，这之后，便浮出一个子君的灰黄的脸来，睁了孩子气的眼睛，恳托似的看着我。我一定神，什么也没有了。

但我的心却又觉得沉重。我为什么偏不忍耐几天，要这样急急地告诉她真话的呢？现在她知道，她以后所有的只是她父亲——儿女的债主——的烈日一般的严威和旁人的赛过冰霜的冷眼。此外便是虚空。负着虚空的重担，在严威和冷眼中走着所谓人生的路，这是怎么可怕的事呵！而况这路的尽头，又不过是——连墓碑也没有的坟墓。

我不应该将真实说给子君，我们相爱过，我应该永久奉献她我的说谎。如果真实可以宝贵，这在子君就不该是一个沉重的空虚。谎语当然也是一个空虚，然而临末，至多也不过这样地沉重。

我以为将真实说给子君，她便可以毫无顾虑，坚决地毅然前行，一如我们将要同居时那样。但这恐怕是我错误了。她当时的勇敢和无畏是因为爱。

我没有负着虚伪的重担的勇气，却将真实的重担卸给她了。她爱我之后，就要负了这重担，在严威和冷眼中走着所谓人生的路。

我想到她的死……我看见我是一个卑怯者，应该被摈于强有力的人们，无论是真实者，虚伪者。然而她却自始至终，还希望我维持较久的生活……

我要离开吉兆胡同，在这里是异样的空虚和寂寞。我想，只要离开这里，子君便如还在我的身边；至少，也如还在城中，有一天，将要出乎意表地访我，像住在会馆时候似的。

然而一切请托和书信，都是一无反响；我不得已，只好访问一个久不问候的世交去了。他是我伯父的幼年的同窗，以正经出名的拔贡④，寓京很久，交游也广阔的。

大概因为衣服的破旧罢，一登门便很遭门房的白眼。好容易才相见，也还相识，但是很冷落。我们的往事，他全都知道了。

"自然，你也不能在这里了，"他听了我托他在别处觅事之后，冷冷地说，"但那里去呢？很难。——你那，什么呢，你的朋友罢，子君，你可知道，她死了。"

我惊得没有话。

"真的？"我终于不自觉地问。

"哈哈。自然真的。我家的王升的家，就和她家同村。"

"但是，——不知道是怎么死的？"

"谁知道呢。总之是死了就是了。"

我已经忘却了怎样辞别他，回到自己的寓所。我知道他是不说谎话的；子君总不会再来的了，像去年那样。她虽是想在严威和冷眼中负着虚空的重担来走所谓人生的路，也已经不能。她的命运，已经决定她在我所给与的真实——无爱的人间死灭了！

自然，我不能在这里了；但是，"那里去呢？"

四围是广大的空虚，还有死的寂静。死于无爱的人们的眼前的黑暗，我仿佛一一看见，还听得一切苦闷和绝望的挣扎的声音。

我还期待着新的东西到来，无名的，意外的。但一天一天，无非是死的寂静。

我比先前已经不大出门，只坐卧在广大的空虚里，一任这死的寂静侵蚀着我的灵魂。死的寂静有时也自己战栗，自己退藏，于是在这绝续之交，便闪出无名的，意外的，新的期待。

一天是阴沉的上午，太阳还不能从云里面挣扎出来，连空气都疲乏着。耳中听到细碎的步声和咻咻的鼻息，使我睁开眼。大致一看，屋子里还是空虚；但偶然看到地面，却盘旋着一匹小小的动物，瘦弱的，半死的，满身灰土的……

我一细看，我的心就一停，接着便直跳起来。

那是阿随。它回来了。

我的离开吉兆胡同，也不单是为了房主人们和他家女工的冷眼，大半就为着这阿随。但是，"那里去呢？"新的生路自然还很多，我约略知道，也间或依稀看见，觉得就在我面前，然而我还没有知道跨进那里去的第一步的方法。

经过许多回的思量和比较，也还只有会馆是还能相容的地方。依然是这样的破屋，这样的板床，这样的半枯的槐树和紫藤，但那时使我希望，欢欣，爱，生活的，却全都逝去了，只有一个虚空，我用真实去换来的虚空存在。

新的生路还很多，我必须跨进去，因为我还活着。但我还不知道怎样跨出那第一步。有时，仿佛看见那生路就像一条灰白的长蛇，自己蜿蜒地向我奔来，我等着，等着，看看临近，但忽然便消失在黑暗里了。

初春的夜，还是那么长。长久的枯坐中记起上午在街头所见的葬式，前面是纸人纸马，后面是唱歌一般的哭声。我现在已经知道他们的聪明了，这是多么轻松简捷的事。

然而子君的葬式却又在我的眼前，是独自负着虚空的重担，在灰白的长路上前行，而又即刻消失在周围的严威和冷眼里了。

我愿意真有所谓鬼魂,真有所谓地狱,那么,即使在孽风怒吼之中,我也将寻觅子君,当面说出我的悔恨和悲哀,祈求她的饶恕;否则,地狱的毒焰将围绕我,猛烈地烧尽我的悔恨和悲哀。

我将在孽风和毒焰中拥抱子君,乞她宽容,或者使她快意……

但是,这却更虚空于新的生路;现在所有的只是初春的夜,竟还是那么长。我活着,我总得向着新的生路跨出去,那第一步,——却不过是写下我的悔恨和悲哀,为子君,为自己。

我仍然只有唱歌一般的哭声,给子君送葬,葬在遗忘中。

我要遗忘;我为自己,并且要不再想到这用了遗忘给子君送葬。

我要向着新的生路跨进第一步去,我要将真实深深地藏在心的创伤中,默默地前行,用遗忘和说谎做我的前导……

一九二五年十月二十一日毕

【注释】

① 摩托车:当时对小汽车的称呼。

②《诺拉》,《海的女人》:都是易卜生的代表性剧作。前者一般通译为《娜拉》或《玩偶之家》,后者通译为《海的女人》。

③ 书券:旧时购书用的代价券,有的报刊用它代替现金支付稿酬。

④ 拔贡:清代贡生的一种。在清代科举制度规定的年限选拔"文行兼优"的秀才,保送到京师,贡入国子监,称为"拔贡"。

【阅读提示】

《伤逝》以独特的角度,通过主人公涓生与子君的爱情悲剧,并借助涓生灵魂忏悔的痛苦追忆,由衷地表达了自己"希望"与"绝望"、"寂寞"与"虚无"的真实心境,对于五四思想启蒙运动作了形象生动的深刻反省。涓生与子君对恋爱婚姻自由的追求最初已经获得成功,但终于还是失败了。他们的爱情悲剧告诉我们:恋爱婚姻问题不可能是一个孤立的问题,而爱情婚姻自由的取得与个性解放的胜利,是绝对不可能离开整个社会解放而单独获得的。

子君和涓生都是在五四运动新思潮影响下成长起来的具有资产阶级民主主义思想的小资产阶级知识分子,他们有个性解放、男女平等、自由恋爱和婚姻自主的新思想,但自身存在的一些弱点也是导致他们感情悲剧的原因之一。

小说采取"手记"的叙述方式,通过第一人称的内心独白与倾诉,运用精彩的细节描写以及环境烘托等艺术手段来表现五四运动以后青年所普遍关心的问题,抒情色彩浓郁,具有较高的艺术性。

【感悟思索】

一、简析涓生与子君的性格特征。

二、概括本文的艺术特点。

三、分析涓生、子君爱情悲剧的原因。

绳子的故事

莫泊桑

名作导引

19世纪后期的法国社会道德败坏,人们把尔虞我诈、相互欺骗、损人利己、暗箭伤人等现象视为天经地义,反而把诚实厚道、纯朴善良看作反常。《绳子的故事》就是反映这种反常的社会道德观念及其所造成的毒害的代表性作品,本文发表于1883年。

莫泊桑(1850—1893),法国19世纪著名的批判现实主义作家。出生于没落贵族家庭。他擅长从平凡的事物中概括出生活的真实,通过细腻的细节描写和心理刻画使人物形象栩栩如生。作品具有结构严谨、文笔简练、艺术构思别具匠心、故事结尾耐人寻味等特点。莫泊桑的文学成就以短篇小说最为突出,有世界短篇小说巨匠的美称。主要作品有《羊脂球》、《我的叔叔于勒》、《项链》、《骑马》等。

经典美文

这是个赶集的日子。戈德维尔附近的每一条路上都有农民带着娘儿们向镇上走来。男人们步履安闲,迈着弯曲的长腿,冉冉向前。繁重的田间劳动——左肩耸起歪着身子扶犁,两膝分开立得稳稳地割麦,以及农村中所有做起来又慢又吃力的活,使他们的双腿变成了畸形。他们的蓝布罩衫浆得笔挺,像上了凡立水一样闪闪发光,袖口和领口用白线绣着花纹,鼓鼓囊囊地裹着瘦骨嶙峋的身子,活像个要腾空而起的气球,气球外面伸出一个脑袋,一双胳膊,两只脚。

有的人手里牵着一头奶牛或者一头牛犊。娘儿们跟在牲口后面,一手拿着根还带着叶子的树枝,抽着牲口两肋,催促牲口向前,一手挽着大篮子,篮子口上东冒出个鸡头,西伸出个鸭头。比起她们的丈夫来,娘儿们的步子短小而急促。她们身体干瘦,腰杆挺直,一条窄窄的小披肩用别针别在平坦的胸前,头上贴发裹着块白布,上面再戴一顶便帽。

一匹马驹以短促的快步拉着一辆大车驰过,摇得车上的两男一女前俯后仰。两个男的并排坐着,女的坐在车后,双手攥着车挡,以期缓和一下车子激烈的颠簸。

戈德维尔的集市广场上,人群和牲畜混在一起,黑压压一片。只见牛的犄角,富裕农民的长毛绒高帽,农妇们的头巾在集市上攒动。尖厉刺耳的嘈杂声嗡嗡一片,持续不断,气息粗犷。不时还可听到一声从乡下人结实的胸脯里发出的开怀大笑,或者系在墙边的母牛的一声长哞。

整个集市都带着牛栏、牛奶、牛粪、干草和汗臭的味道,散发着种田人所特有的那种难闻的人和牲畜的酸臭气。

布雷奥戴村奥士高纳大爷刚刚到达戈德维尔，正在向集市广场走来。突然他发现地下有一小段绳子。奥士高纳大爷具有真正诺曼第人的勤俭精神，认为一切有用的东西都该捡起来。他弯下身去，因为患风湿病而十分吃力。他从地上捡起了那段细绳子，并准备绕绕好收起来。这时他发现马具商马朗丹大爷在自家门口瞅着他。他们过去为了一根络头曾有过纠葛，双方怀恨在心，至今互不理睬。现在奥士高纳大爷在粪土里捡绳头，被自己的冤家对头看见了，颇感坍台。他立即将绳头藏进罩衫，接着又藏入裤子口袋。然后他又装模作样在地上寻找什么东西，但没有找到，于是便向市场走去，脑袋冲在前面，身子因风湿痛而弓着。

他很快便消失在赶集的人群中去了。赶集的人吵吵嚷嚷，慢慢吞吞，由于没完没了地讨价还价而有点激动。农民们用手拍拍奶牛，走开去又走回来，拿不定主意，总是怕上当，永远下不了决心，偷偷瞧着卖者眼色，总想识破卖者的诡计，发现牲口的缺点。

娘儿们把手里的大篮子放在脚跟边，从里面拉出家禽，搁在地上。家禽的双脚缚着，两眼惊慌，鸡冠通红。

她们不动声色，面无表情，听任顾客还价，不肯松口，或者，突然决定接受顾客还的价钱，向慢慢走开去的顾客叫道：

"昂迪姆大爷，就这样吧，我卖给您了。"

随后，集市上的人群渐渐散去。教堂敲响了午祷的钟声。远道而来的农民纷纷走进镇上的各家客店。

朱尔丹掌柜的店堂里，坐满了顾客。大院里也停满了各式各样的车子：双轮马车，双轮轻便篷车，大马车，敞篷双座轻便马车，以及蹩脚的张篷马车。这些车子沾满黄土，东歪西斜，千补百衲。有的车辕翘到天上，像举着两只胳膊；有的车头冲地，车尾朝天。

在店堂的一边，大壁炉里火光熊熊。坐在右排的顾客，脊背被烤得暖洋洋的。三把铁叉在炉上转动着，烤着小鸡、野鸽和羊肉。烤肉的香味，棕色肉皮上流着的油汁的香味，从炉膛里飘出来，闻得顾客们喜上眉梢，馋涎欲滴。

所有种田的老把式都在朱尔丹掌柜的店里吃饭，他既是客店老板又是马贩子，是个手头宽裕的精明人。

餐肴和黄色的苹果酒端上来，吃光饮尽。各人谈着自己的生意买卖，相互打听收成的前景。天时对青苗生长有利，但对麦子不佳。

突然，客店前面的大院里响起了一阵鼓声。除少数几个漠不关心的人以外，大家唰地站起身来，嘴里含着食物，手里拿着餐巾，向门口、窗口奔过去。

传达通知的乡丁敲了一阵小鼓之后，拉开嗓门背诵起来，声音断断续续，重音读错，句子读破。

"戈德维尔的居民以及所……有赶集的乡亲们：今天早晨，九、十点钟……之间，有人在勃兹维尔大路上遗失黑皮夹子一只。内装法郎五百，单据若干。请拾到者立即交到……乡政府，或者曼纳维尔村伏图内·乌勒布雷克大爷家。送还者得酬金法郎二十。特此通告。"

乡丁说完便走。远处隐隐约约又传来一次乡丁的击鼓声和叫喊声。

于是大家就这件事议论开来，数说着乌勒布雷克大爷寻找得到或者寻找不到皮夹子的种种可能。

午饭已经用毕。

大家正在喝着最后一点咖啡。这时，宪兵大队长突然出现在店堂门口。他问道：

"布雷奥戴村奥士高纳大爷在这儿吗？"

坐在餐桌尽头的奥士高纳大爷回答说：

"在。"

于是宪兵大队长又说：

"奥士高纳大爷，请跟我到乡政府走一趟。乡长有话要对您说。"

这位农民既感到诧异又觉得不安。他一口喝完了杯子里的咖啡，起身上路，嘴里连连说："在，在。"他每当休息之后，起步特别困难，所以身子比早晨弓得更加厉害了。

他跟在宪兵大队长后面走了。

乡长坐在扶手椅里等着他。乡长是当地的公证人，身体肥胖，态度威严，说话浮夸。

"奥士高纳大爷，"他说，"有人看见您今天早上在勃兹维尔大路上捡到了曼纳维尔村乌勒布雷克大爷遗失的皮夹子。"

这位乡下人不知如何回答是好，瞅着乡长，自己也不知为什么，已经被这种对他的怀疑吓呆。

"我，我，我捡到了那只皮夹子？"

"是的，是您亲自捡到的。"

"我以名誉担保，我连皮夹子的影子也没见过。"

"有人看见您啦。"

"有人看见我，我啦？谁看见的？"

"马朗丹先生，马具商。"

这时老人想起来了，明白了，气得满脸通红。

"啊！他看见啦，这个乡巴佬！他看见我捡起的是这根绳子，乡长先生，您瞧！"

他在口袋里摸了摸，掏出了那一小段绳子。

但是乡长摇摇脑袋，不肯相信。

"奥士高纳大爷，马朗丹先生是个值得信赖的人，我不会相信他把这根绳子错当成了皮夹子。"

这位老农气呼呼地举起手来，向身边吐了一口唾沫，表示以名誉起誓，再次说：

"老天有眼，这可是千真万确，丝毫不假的啊，乡长先生。我再说一遍，这件事，我可以用我的良心和生命担保。"

乡长又说：

"您捡起皮夹子之后，甚至还在地上找了很久，看看是否有张把票子从皮夹子里漏了出来。"

老人又气又怕，连话都说不上来了。

"竟然说得出！……竟然说得出……这种假话来糟蹋老实人！竟然说得出！……"

他抗议也是白费，别人不相信他。

他和马朗丹先生当面对了质。后者再次一口咬定他是亲眼看见的。他们互相对骂了整整一小时。根据奥士高纳大爷的请求，大家抄了他的身，但什么也没抄着。

最后，乡长不知如何处理是好，便叫他先回去，同时告诉奥士高纳大爷，他将报告检察院，并请求指示。

消息已经传开了。老人一走出乡政府就有人围拢来问长问短。有的人确是出于好奇，有的人则是出于嘲弄癖，但都没有任何愤慨。于是老人讲起绳子的故事来。他讲的，大家听了不信，一味地笑。

他走着走着，凡是碰着的人都拦住他问，他也拦住熟人，不厌其烦地重复他的故事，重复他的抗议，把只只口袋都翻转来给大家看，表明他什么也没有。

有人对他说：

"老滑头，滚开！"

他生气，着急，由于别人不相信他而恼火，痛苦，不知怎么办，总是向别人重复绳子的故事。

天色将晚，该回去了。他和三位村邻一起往回走，把捡到绳头的地方指给他们看，一路不停地讲他的遭遇。

晚上，他在布雷奥戴村里走了一圈，目的是把他的遭遇讲给大家听，但是没有一个人相信他。

他为此心里难过了整整一夜。

第二天，午后一时左右，依莫维尔村的农民布列东大爷的长工马利于斯·博迈勒，把皮夹子和里面的钞票、单据一并送还给了曼纳维尔村的乌勒布雷克大爷。

这位长工声称确是在路上捡着了皮夹子，但他不识字，所以就带回家去交给了东家。

消息传到了四乡。奥士高纳大爷得到消息后立即四处游说，叙述起他那有了结局的故事来。他胜利了。

"要知道，使我伤心的是，"他说，"根本不是那么回事，而是污蔑。由于污蔑而遭众人非难，这种事是再损人不过的了。"

他整天讲他的遭遇，在路上向过路的人讲，在酒馆里向喝酒的人讲，星期天在教堂门口讲。不相识的人，他也拦住讲给人家听。现在他心里坦然了，不过，他觉得有某种东西使他感到不自在。是什么东西，他说不清楚。人家在听他讲故事时，脸上带着嘲弄的神气。看来人家并不信服。他好像觉得别人在他背后指指戳戳。

下一个星期二，他纯粹出于讲自己遭遇的欲望，又到戈德维尔来赶集。

马朗丹站在家门口，看见他走过，笑了起来。为什么呢？

他朝克里格多村的一位庄稼汉走过去。这位老农民没有让他把话说完，在他胸口推了一把，冲着他大声说："老滑头，滚开！"然后扭转身就走。

奥士高纳大爷目瞪口呆，越来越感到不安。为什么人家叫他"老滑头"呢？

他在朱尔丹的客店里坐下之后，又解释起来。

蒙迪维利埃村的一位马贩子对他大声说：

"好了，好了，老主顾，你那根绳子，我知道啦！"

奥士高纳大爷嘀咕道：

"皮夹子既然找到了嘛。"

但那个人接着说：

"老爹，别说了。有个人捡着了，又有个人送还了。俗话说，没人见，没人晓，骗你你也不知道。"

奥士高纳气得连话也说不上来。他终于明白了。人家指责他是叫一个同伙，一个同谋，把皮夹子送回去的。

他想抗议。满座的人都笑了起来。

他午饭没能吃完便在一片嘲笑声中走了。

他回到家里，又羞又恼。忿怒和羞耻使他痛苦到了极点。他特别感到狼狈，因为，凭他诺曼第人的习惯，他是做得出别人指责他的事来的，甚至可以自夸手段高明。他门槛精是出名的，所以他模模糊糊意识到他无法证明自己是清白的了。他遭到无端的怀疑，因而伤透了心。

于是，他重新向人讲述自己的遭遇，故事每天都长出一点来，每天都加进些新的理由，更加有力的抗议，更加庄严的发誓。这些都是他一人独处的时候编出来的，准备好的，因为他的心思专门用在绳子的故事上了。他的辩解越是复杂，理由越是多，人家越不相信他。

有人背后议论说："这都是骗子的歪理。"

别人的议论，他有所感。他闷闷不乐，用尽了力气洗刷自己，还是白费。

他眼看着消瘦下去。

现在，爱开玩笑的人为了逗乐而请他讲绳子的故事，就像人家请打过仗的士兵讲他亲身经历的战斗故事一样，他那鼓到顶点的士气垮了下来。

将近年底的时候，他卧病不起。

年初，他含冤死去。临终昏迷的时候，他还在证明自己是清白无辜的，一再说：

"一根细绳……一根细绳……乡长先生，您瞧，绳子在这儿。"

【阅读提示】

小说讲述了一小段绳子与一个小人物的故事。主人公奥士高纳在赶集路上捡到一小段绳子却被冤家诬告，又受到众人冷落，因无法为自己辩白，最后忧郁而死。故事简单而又平凡，却引出了一个老实人的悲剧，揭示了造成"流言杀人"后果的真实社会环境，深刻地暴露了十九世纪后期法国社会的道德问题。

奥士高纳是一个勤俭、诚实的农民，艰苦的生活使他养成了勤俭节约的习惯。而他的不幸遭遇正是由他的勤俭节约开始。作者着重描写的不是他物质生活的贫穷，而是紧紧扣住他的"诚实"这一性格特征，精心刻画他精神上所受的折磨。主人公的悲惨遭遇和凄凉结局令人同情。作者将批判的矛头直接指向了十九世纪后期法国资本主义道德的堕落、愚昧的偏见和可怕的习惯势力。

出色的场景描写、细致的心理刻画、巧妙的构思、简练的语言、反复这一修辞的运用以及含蓄隽永的结尾，《绳子的故事》无愧于一篇百读不厌的短篇佳作。

【感悟思索】

一、归纳莫泊桑小说的特点。

二、《绳子的故事》主题是什么？概括小说的情节。

三、分析奥士高纳这一艺术形象。

四、讨论：是谁杀死了奥士高纳。

第四章 戏 剧

戏剧欣赏指要

每一种艺术都有特殊的表现手段，戏剧被称为综合艺术。在古代希腊，艺术被划分为音乐、绘画、雕塑、建筑与诗，戏剧被划归诗的范畴。真正的戏剧艺术应该包括诗（文学）、音乐、绘画、雕塑、建筑以及舞蹈等多种艺术成分。

戏剧融合了多种艺术的表现手段，融文学艺术、造型艺术、音乐艺术、舞蹈艺术于一体，再由演员转化为表演艺术。

作为文学的戏剧，剧本是一出戏剧的基本要素，是一台戏的先决条件。走向舞台是最终艺术的呈现。历代文人中，也有人创作过不适合舞台演出，甚至根本不能演出的剧本。这类的戏剧文本则称为案头戏。现代戏剧中也出现了没有剧本的演出。戏剧的文学本，在不演出的状态下，可以作为单独的文学样式欣赏。

作为表演艺术的戏剧必须有观众有演员才可成为一次戏剧活动。有人打了这样的比方：观众看"一个演员，走过一个空荡荡的舞台，这就是一出戏的全部"。

戏剧中的多种艺术因素分别起着不同的作用，形体动作和台词，是戏剧艺术的基本手段。其他艺术因素如布景、灯光、道具、服装、化妆、音乐等都被其所融合，其价值主要在于对演员塑造舞台形象的协同作用，从不同的角度为演员塑造舞台形象起特定辅助作用。

西方戏剧的曙光在古希腊，在祭典中，成就了戏剧。严谨古雅、庄重大气。它是歌剧、舞剧、诗剧的三者合一。在文艺复兴的喧嚣声中走出了歌舞，在莎翁的剧本，歌舞无影无踪，语言成为表现一切剧情的艺术手段。

古代希腊戏剧游走在悲喜之中。悲剧是将那些能够唤起人们的哀怜、同情的事物写进剧本中，借以净化感情。而喜剧总是同缺陷、错误、丑陋连在一起的，喜剧总是模仿比今天的我们更坏的人。这类坏并不是一般意义上说的坏，而是指"咎由自取"丑的一种形式，在西方多少世纪以来，都以此界定。"悲"与"喜"的界限判若鸿沟，不可逾越。

中国戏剧的诞生可以追溯到先秦，巫术礼仪开戏剧先河。细腻含蓄，歌舞抒情。歌、舞、白三位一体，紧密配合。宋南戏、元杂剧时期，已经是歌、舞、白互相默契调剂的综合艺术。现今的京剧和地方戏剧仍保留了这一特点，形成了由四功（唱、念、做、打）五法（手、眼、身、法、步）行当、虚拟动作及上下场走圆场的戏曲表演艺术的民族风格。中国的戏剧从一开始，悲喜剧的界限就不是那么森严。它走着市民艺术的路子，实现着与现实生活合拍的路子。现实生活"一则以喜，一则以忧"，戏曲则多为悲喜交杂，苦乐相错，乐忧相衬，庄谐并与。同一剧目，见仁见智，悲喜难辨。

当你穿越历史，走回那古老的年代，中国戏曲、古希腊戏剧、印度古戏剧承载着世界最古老的三大戏剧之美誉，这让人有些流连忘返……

啊，生活就是戏剧！

赵氏孤儿

纪君祥

名作导引

> 纪君祥,元代戏曲作家。一作纪天祥,生卒年不详。大都(今北京)人,著有杂剧6种,现存《赵氏孤儿》一种。《赵氏孤儿冤报冤》,一作《赵氏孤儿大报仇》,简称《赵氏孤儿》。
>
> 故事采自《左传》《史记·赵世家》和刘向《新序·节士》《说苑·复思》等书,情节有所改动。《赵氏孤儿》是元杂剧最优秀的历史剧之一,王国维评价:"即列于世界大悲剧之中,亦无愧也。"
>
> 故事是说春秋时晋国佞臣屠岸贾谋害忠直大臣赵盾,使赵家300余口满门抄斩,只剩赵盾之孙——襁褓中婴儿被义士程婴救出。20年后,赵氏孤儿手擒屠岸贾,报了血海深仇。

经典美文

第二折

[屠岸贾领卒子上,云]事不关心,关心者乱。某屠岸贾只为公主生下一个小的,唤做赵氏孤儿,我差下将军韩厥把住府门,搜检奸细;一面张挂榜文,若有掩藏赵氏孤儿者,全家处斩,九族不留。怕那赵氏孤儿会飞上天去?怎么这早晚还不见送到孤儿,使我放心不下。令人,与我门外觑者。[卒子报科,云]报元帅,祸事到了也。[屠岸贾云]祸从何来?[卒子云]公主在府中将裙带自缢而死。把府门的韩厥将军,也自刎身亡了也。[屠岸贾]韩厥为何自刎了?必然走了赵氏孤儿,怎生是好?眉头一皱,计上心来。我如今不免诈传灵公的命,把晋国内但是半岁之下、一月之上新添的小厮,都与我拘刷将来①,见一个剁三剑,其中必然有赵氏孤儿,可不除了我这腹心之害?令人,与我张挂榜文,着晋国内但是半岁之下、一月之上,新添的小厮,都拘刷到我帅府中来听令,违者全家处斩,九族不留。[诗云]我拘刷尽晋国婴孩,料孤儿没处藏埋;一任他金枝玉叶,难逃我剑下之灾。[下][正末扮公孙杵臼,领家童上,]老夫公孙杵臼是也,在晋灵公位下为中大夫之职,只因年纪高大,见屠岸贾专权,老夫掌不得王事,罢职归农。苫庄三顷地②,扶手一张锄,住在这吕吕太平庄上。往常我夜眠斗帐听寒角,如今斜倚柴门数雁行。倒大来悠哉也呵。[唱]

【南吕·一枝花】兀的不屈沉杀大丈夫,损坏了真梁栋。被那些腌臜屠狗辈,欺负俺慷慨钓鳌翁。正遇着不道的灵公,偏贼子加恩宠,着贤人受困穷。若不是急流中将脚步抽回,险些儿闹市里把头皮断送。

【梁州第七】他,他,他在元帅府扬威也那耀勇,我,我,我在太平庄罢职归农,再休想鹓班豹尾相随从③。他如今官高一品,位极三公,户封八县,禄享千锺,见不平处有眼如蒙,听咒骂处有耳如聋。他、他、他,只将那会谄谀的着列鼎重裀④,害忠良的便加官请俸,耗国家的都叙爵论功。他,他,他,只贪着目前受用,全不省爬的高来可也跌的来肿,怎如俺守田园学耕种,早跳出伤人饿虎丛,倒大来从容。

〔程婴上,云〕程婴,你好慌也;小舍人,你好险也;屠岸贾,你好狠也。我程婴虽然担着个死,撞出城来,闻的那屠岸贾见说走了赵氏孤儿,要将普国内半岁之下、一月之上小孩儿每,都拘摄到元帅府里。不问是孤儿不是孤儿,他一个个亲手剁做三段。我将的这小舍人送到那厢去?好,有了。我想吕吕太平庄上公孙杵臼,他与赵盾是一殿之臣,最相交厚。他如今罢职归农。那老宰辅是个忠直的人,那里堪可掩藏。我如今来到庄上,就在这芭棚下,放下这药箱。小舍人,你且权时歇息咱,我见了公孙杵臼便来看你。家童报复去,道有程婴求见。〔家童报科,云〕有程婴在于门首。〔正末云〕道有请。〔家童云〕请进。〔正末见科,云〕程婴,你来有何事?〔程婴云〕在下见老宰辅在这太平庄上,特来相访。〔正末云〕自从我罢官之后,众宰辅每好么?〔程婴云〕嗨,这不比老宰辅为官时节。如今屠岸贾专权,较往常都不同了也!〔正末云〕也该着众宰辅每劝谏、劝谏。〔程婴云〕老宰辅,这等贼臣自古有之。便是那唐虞之世,也还有四凶哩。〔正末唱〕

【隔尾】你道是古来多被奸臣弄,便是圣世何尝没四凶,谁似这万人恨千人嫌一人重?他不廉不公,不孝不忠,单只会把赵盾全家杀的个绝了种!

〔程婴云〕老宰辅,幸得皇天有眼,赵氏还未绝种哩。〔正末云〕他家满门良贱三百余口,诛尽杀绝,便是驸马也被三般朝典短刀自刎了,公主也将裙带缢死了,还有什么种在那里?〔程婴云〕那前项的事,老宰辅都已知道,不必说了。近日公主囚禁府中,生下一子,唤做孤儿,这不是赵家是那家的种?但恐屠岸贾得知,又要杀坏。若杀了这一个小的,可不将赵家真绝了种也!〔正末〕如今这孤儿却在那里,不知可有人救的出来么?〔程婴云〕老宰辅既有这点见怜之意,在下敢不实说。公主临亡时,将这孤儿交付与了程婴,着好生照觑他,待到成人长大,与父母报仇雪恨。我程婴抱的这孤儿出门,被韩厥将军要拿的去报与屠岸贾,是程婴数说了一场,那韩厥将军放我出了府门,自刎而亡。如今将的这孤儿无处掩藏,我特来投奔老宰辅。我想宰辅与赵盾元是一殿之臣,必然交厚,怎生可怜见救这个孤儿咱!〔正末云〕那孤儿今在何处?〔程婴云〕现在芭棚下哩。〔正末云〕休惊唬着孤儿!你快抱的来!〔程婴做取箱开看科,云〕谢天地,小舍人还睡着哩。〔正末接科〕〔唱〕

【牧羊关】这孩儿未生时绝了亲戚,怀着时灭了祖宗,便长成人也则是少吉多凶。他父亲斩首在云阳,他娘呵死在冷宫,那里是有血腥的白衣相⑤?则是个无恩念的黑头虫。〔程婴云赵氏一家全靠着这小舍人,要他报仇哩。〔正末唱〕你道他是个报父母的真男子;我道来则是个妨爷娘的小业种!

〔程婴云〕老宰辅不知,那屠岸贾为走了赵氏孤儿,普国内小的都拘刷将来,要伤害性命。老宰辅,我如今将赵氏孤儿偷藏在老宰辅跟前,一者报赵驸马平日优待之恩,二者要救普国小儿之命。念程婴年已四旬有五,所生一子,未经满月。待假装做赵氏孤儿,等老宰辅告首与屠岸贾去,只说程婴藏着孤儿。把俺父子二人,一处身死,老宰辅慢慢的抬举的孤儿成人长大,与他父母报仇,可不好也。〔正末云〕程婴,你如今多大年纪了?〔程婴云]在下四十五岁了。[正末云]这小的算着二十年呵,方报的父母仇恨。你再着二十年,也只是六十五岁。我再着二十年呵,可不九十岁了,其时存亡未知,怎么还与赵家报的仇?程婴,你肯舍的你孩儿,倒将来交付与我,你自首告屠岸贾处,说道太平庄上公孙杵臼藏着赵氏孤儿。那屠岸贾领兵校来拿住,我和你亲儿一处而死。你将的赵氏孤儿抬举成人,与他父母报仇,方才是个长策。[程婴云]老宰辅,是则是,怎么难为的你老宰辅?你则将我的孩儿假装做赵氏孤儿,报与屠岸贾去,等俺父子二人一处而死罢。[正末云]程婴,我一言已定,再不必多疑了。[唱]

【红芍药】须二十年酬报的主人公,恁时节才称心胸,只怕我迟疾死后一场空。[程婴云]老宰辅,你精神还强健哩![正末唱]我精神比往日难同,闪下这小孩童怎见功?你急切里老不的形容①,正好替赵家出力做先锋。[带云]程婴,你只依着我便了。[唱]我委实的捱不彻暮鼓晨钟![程婴云]老宰辅,你好好的在家,我程婴不识进退,平白地将着这愁布袋连累你老宰辅,以此放心不下。[正末云]程婴,你说那里话?我是七十岁的人,死是常事,也不争这早晚。[唱]

【菩萨梁州】向这傀儡棚中,鼓笛搬弄,只当做场短梦。猛回头早老尽英雄。有恩不报怎相逢,见义不为非为勇,[程婴云]老宰辅既应承了,休要失信。[正末唱]言而无信言何用![程婴云]老宰辅,你若存的赵氏孤儿,当名标青史,万古留芳。[正末唱]也不索把咱来厮陪奉②,大丈夫何愁一命终,况兼我白发鬓松。

[程婴云]老宰辅,还有一件:若是屠岸贾拿住老宰辅,你怎熬的这三推六问,少不得指攀我程婴下来。俺父子两个死是分内,只可惜赵氏孤儿,终归一死,可不把你老宰辅干累了也?[正末云]程婴,你也说的是。我想那屠岸贾与赵驸马呵,[唱]

【三煞】这两家做下敌头重,但要访的孤儿有影踪,必然把太平庄上兵围拥,铁桶般密不通风。[云]那屠岸贾拿住了我,高声喝道:老匹夫,岂不见三日前出下榜文,偏是你藏下赵氏孤儿,与俺作对!请波,请波![唱]则说老匹夫请先入瓮,也须知榜揭处天都动;偏你这罢职归田一老农,公然敢剔蝎撩蜂。

【二煞】他把绷扒吊拷般般用,情节根由细细穷;那其间枯皮朽骨难禁痛,少不得从实攀供,可知道你个程婴怕恐。[带云]程婴,你放心者。[唱]我从来一诺似千金重,便将我送上刀山与剑锋,断不做有始无终![云]程婴,你则放心前去,抬举的这孤儿成人长大,与他父母报仇雪恨。老夫一死,何足道哉![唱]

【煞尾】凭着赵家枝叶千年永,晋国山河百二雄。显耀英材统军众,威压诸邦尽伏拱;遍拜公卿诉苦衷。祸难当初起下宫③,可怜三百口亲丁饮剑锋;刚留得孤苦伶仃一小童。巴到今朝袭父封,提起冤仇泪如涌,要请甚旗牌下九重,早拿出奸臣帅府中,断首分骸祭祖宗,九族全诛不宽纵。恁时节才不负你冒死存孤报主公,便是我也甘心儿葬近要离路傍冢④![下]

[程婴云]事势急了,我依旧将这孤儿抱的我家去,将我的孩儿送到太平庄上来。[诗云]甘将自己亲生子,偷换他家赵氏孤;这本程婴义分应该得,只可惜遗累公孙老大夫。[下]

第三折

[屠岸贾领卒子上,云]兀的不走了赵氏孤儿也。某已曾张挂榜文,限三日之内,不将

孤儿出首者，即将普国内小儿，但是半岁以下、一月以上，都拘刷到我帅府中，尽行诛戮。令人，门首觑者，若有首告之人，报复某家知道。〔程婴上，云〕自家程婴是也。昨日将我的孩儿送与公孙杵臼去了，我今日到屠岸贾跟前首告去来。令人，报复去：道有了赵氏孤儿也！〔卒子云〕你则在这里，等我报复去。〔报科，云〕报的元帅得知，有人来报赵氏孤儿有了也。〔屠岸贾云〕在那里？〔卒子云〕现在门首哩。〔屠岸贾云〕着他过来。〔卒子云〕着过来。〔做见科，屠岸贾云〕兀那厮，你是何人？〔程婴云〕小人是个草泽医士程婴。〔屠岸贾云〕赵氏孤儿今在何处？〔程婴云〕在吕吕太平庄上公孙杵臼家藏着哩。〔屠岸贾云〕你怎生知道来？〔程婴云〕小人与公孙杵臼曾有一面之交。我去控望他，谁想卧房中锦绣褥上，躺着一个小孩儿。我想公孙杵臼年纪七十，从来没儿没女，这个是那里来的？我说道这小的莫非是赵氏孤儿么？只见他登时变色，不能答应。以此知孤儿在公孙杵臼家里。〔屠岸贾云〕咄！你这匹夫，你怎瞒的过我？你和公孙杵臼往日无仇，近日无冤，你因何告他藏着赵氏孤儿？你敢是知情么，说的是万事全休，说的不是，令人，磨的剑快，先杀了这个匹夫者。〔程婴云〕告元帅，暂息雷霆之怒，略罢虎狼之威，听小人诉说一遍咱。我小人与公孙杵臼原无仇隙，只因元帅传下榜文，要将普国内小儿拘刷到帅府，尽行杀坏。我一来为救普国内小儿之命；二来小人四旬有五，近生一子，尚未满月，元帅军令，不敢不献出来，可不小人也绝后了。我想有了赵氏孤儿，便不损坏一国生灵，连小人的孩儿也得无事，所以出首。〔诗云〕告大人暂停嗔怒，这便是首告缘故。虽然救普国生灵，其实怕程家绝户。〔屠岸贾笑科，云〕哦，是了。公孙杵臼元与赵盾一殿之臣，可知有这事来。令人，则今日点就本部人马，同程婴到太平庄上，拿公孙杵臼走一遭去。〔同下〕〔正末公孙杵臼上，云〕老夫公孙杵臼是也。想昨日与程婴商议救赵氏孤儿一事，今日他到屠岸贾府中首告去了。这早晚屠岸贾这厮必然来也呵。〔唱〕

【双调·新水令】我则见荡征尘飞过小溪桥，多管是损忠良贼徒来到。齐臻臻摆着士卒，明晃晃列着枪刀。眼见的我死在今朝，更避甚痛笞掠。

〔屠岸贾同程婴领卒子上，云〕来到这吕吕太平庄上也。令人，与我围了太平庄者！程婴，那里是公孙杵臼宅院？〔程婴云〕则这个便是。〔屠岸贾云〕拿过那老匹夫来。公孙杵臼，你知罪么？〔正末云〕我不知罪。〔屠岸贾云〕我知个老匹夫和赵盾是一殿之臣，你怎敢掩藏着赵氏孤儿？〔正末云〕老元帅，我有熊心豹胆，怎敢掩藏着赵氏孤儿！〔屠岸贾云〕不打不招。令人，与我拣大棒子着实打者！〔卒子做打科〕〔正末唱〕

【驻马听】想着我罢职辞朝，曾与赵盾名为刎颈交。〔云〕这事是谁见来？〔屠岸贾云〕现有程婴首告着你哩。〔正末唱〕是那个昧情出告？元来这程婴舌是斩身刀！〔云〕你杀了赵家满门良贱三百余口，则剩下这孩儿，你又要伤他性命！〔唱〕你正是狂风偏纵扑天雕，严霜故打枯根草。不争把孤儿又杀坏了。可着他三百口冤仇甚人来报？

〔屠岸贾云〕老匹夫，你把孤儿藏在那里？快招出来，免受刑法。〔正末云〕我有甚么孤儿藏在那里，谁见来？〔屠岸贾云〕你不招？令人，与我踩下去着实打者！〔做打科〕〔屠岸贾云〕这老匹夫赖肉顽皮，不肯招承，可恼可恼！程婴，这原是你出首的，就着你替我行杖者！〔程婴云〕元帅，小人是个草泽医士，撮药尚然腕弱，怎生行的杖？〔屠岸贾云〕程婴，你不行杖，敢怕指攀出你么？〔程婴云〕元帅，小人行杖便了。〔做拿杖子科，屠岸贾云〕程婴，我见你把棍子拣了又拣，只拣那细棍子，敢怕打的他疼了，要指攀下你来？〔程婴云〕我就拿大棍子打者。〔屠岸贾云〕住者。你头里只拣着那细棍子打，如今你却拿起大棍子来，三两下打死了呵，你就做的个死无招对。〔程婴云〕着我拿细棍子又不是，拿大棍子又不是，好着我两下做人难也。〔屠岸贾云〕程婴，你只拿着那中等棍子打。公孙杵臼老匹夫，你可知道行杖的就是程婴么？〔程婴行杖科，云〕快招了者！〔三科了〕〔正末云〕哎哟，打了这一日，不似这几棍子打的我疼。是谁打我来？〔屠岸贾云〕是程婴打你来。〔正末云〕程婴，你划的打我那⑪！〔程婴云〕元帅，打的这老头儿兀的不胡说哩。〔正末唱〕

【雁儿落】是那一个实丕丕将着粗棍敲，打的来痛杀杀精皮掉。我和你狠程婴有甚的仇？却教我老公孙受这般虐！

〔程婴云〕快招了者。〔正末云〕我招，我招！〔唱〕

【得胜令】打的我无缝可能逃，有口屈成招，莫不是那孤儿他知道，故意的把咱家指定了？〔程婴做慌科〕〔正末唱〕我委实的难熬，尚兀自强着牙根儿闹；暗地里偷瞧，只见他心明眼亮唬的腿脡儿摇⑫。

〔程婴云〕你快招罢，省得打杀你。〔正末云〕有，有，有。〔唱〕

【水仙子】俺二人商议救这小儿曹。〔屠岸贾云〕可知道指攀下来也。你说二人，一个是你了，那一个是谁？你实说将出来，我饶你的性命。〔正末云〕你要我说那一个？我说我说。〔唱〕哎，一句话来到我舌尖上却咽了。〔屠岸贾云〕程婴，这桩事敢有你么？〔程婴云〕兀那老头儿，你休妄指平人！〔正末云〕程婴，你慌怎么？〔唱〕我怎生把你程婴道，似这般有上梢无下梢⑬。〔屠岸贾云〕你头里说两个，你怎生这一会儿可说无了？〔正末唱〕只被你打的来不知一个颠倒。〔屠岸贾云〕你还不说，我就打死你个老匹夫！〔正末唱〕遮莫便打的我皮都绽⑭，肉尽销，休想我有半字儿攀着。

〔卒子抱俫儿上科，云〕元帅爷贺喜，土洞中搜出个赵氏孤儿来了也。〔屠岸贾科，云〕将那小的拿近前来，我亲自动手，剁做三段！兀那老匹夫，你道无有赵氏孤儿，这个是谁？〔正末唱〕

【川拨棹】你当日演神獒，把忠臣来扑咬。逼的他走死荒郊，刎死钢刀，缢死裙腰，将三百口全家老小尽行诛剿，并没那半个儿剩落，还不厌你心苗？

〔屠岸贾云〕我见了这孤儿，就不由我不恼也！〔正末唱〕

【七兄弟】我只见他左瞧、右瞧、怒咆哮，火不腾改变了狰狞貌，按狮蛮拽札起锦征袍⑮，把龙泉扯离出沙鱼鞘⑯。

〔屠岸贾怒云〕我拔出这剑来，一剑、两剑、三剑。〔程婴做惊疼科〕〔屠岸贾云〕把这一个小业种剁了三剑，兀的不称了我平生所愿也。〔正末唱〕

【梅花酒】呀，见孩儿卧血泊。那一个哭哭号号，这一个怨怨焦焦，连我也战战摇摇。直恁般歹做作，只除是没天道！呀，想孩儿离褥草⑯，到今日恰十朝，刀下处怎耽饶⑰，空生长枉劬劳，还说甚要防老。

【收江南】呀，兀的不是家富小儿骄。〔程婴掩泪科〕〔正末唱〕见程婴心似热油浇，泪珠儿不敢对人抛。背地里揾了，没来由割舍的亲生骨肉吃三刀。

〔云〕屠岸贾那贼，你试觑者，上有天哩，怎肯饶过的你？我死打甚么不紧！〔唱〕

【鸳鸯煞】我七旬死后偏何老，这孩儿一岁死后偏何小。俺两个一处身亡，落的个万代名标。我嘱咐你个后死的程婴，休别了横亡的赵朔。畅道是光阴过去的疾，冤仇报复的早。将那厮万剐千刀，切莫要轻轻的素放了。

〔正末撞科，云〕我撞阶基，觅个死处。〔下〕〔卒子报科，云〕公孙杵臼撞阶基身死了也。〔屠岸贾笑科〕那老匹夫既然撞死，可也罢了。〔做笑科，云〕程婴，这一桩里多亏了你。若不是你呵，如何杀的赵氏孤儿。〔程婴云〕元帅，小人原与赵氏无仇。一来救普国内众生，二来小人跟前也有个孩儿，未曾满月，若不搜的那赵氏孤儿出来，我这孩儿也无活的人也。〔屠岸贾云〕程婴，你是我心腹之人，不如只在我家中做个门客，抬举你那孩儿成人长大，在你跟前习文，送在我跟前演武。我也年近五旬，尚无子嗣，就将你的孩儿与我做个义儿。我偌大年纪了，后来我的官位，也等你的孩儿讨个应袭⑱。你意下如何？〔程婴云〕多谢元帅抬举。〔屠岸贾诗云〕则为朝纲中独显赵盾，不由我心中生忿；如今削除了这点萌芽，方才是永无后衅。〔同下〕

（选自臧懋循：《元曲选》浙江古籍出版社，1998年）

【注释】

① 拘刷：拘捕。
② 苫庄三顷地：苫，用茅草盖的房子。意为有三百亩地。
③ 鹓班：鹓班是一种鸟，排队飞行。比喻朝廷官员排队上朝。
④ 列鼎重裀（yīn）：食用鼎，坐卧用双重锦褥。意为生活奢华。
⑤ 有血腥的白衣相：指有阳刚之气，品性喜欢读书之人。
⑥ 你急切里老不的形容：意为不会很快老态龙钟。
⑦ 也不索把咱来厮陪奉：不需要相互奉承。
⑧ 祸难当初起下宫：下宫，后宫。指晋灵公在宫中用弹弓射人取乐。
⑨ 要（yāo）离：春秋时吴国人，（约公元前550年前后）著名的刺客，也是有记载的第一个姓要的人。
⑩ 划（chàn）：怎么，怎地。
⑪ 腿脡（tǐng）：腿肚。
⑫ 有上稍无下稍：有头无尾。
⑬ 遮莫：纵然。
⑭ 狮蛮拽札：撩起狮子带。狮蛮，古代将士的带子上所绣的狮子蛮王状图案。
⑮ 龙泉：剑名。
⑯ 褥草：产妇生产时使用的垫子。
⑰ 耽饶：饶恕，宽恕。
⑱ 应袭：荫袭，继承之意。

【阅读提示】

这是一部优秀的悲剧，作品描写了忠正与奸邪的矛盾冲突，揭露了权奸的凶残本质，歌颂了为维护正义、舍己为人的高贵品质，气势悲壮，感人肺腑。人物形象鲜明生动，戏剧冲突扣人心弦，气氛激越慷慨，鞭挞了阴险残暴的行为，歌颂了崇高正义的精神。

本文所选的第二、三折是该剧的重场戏。屠岸贾发现有人偷偷救出孤儿后，竟下令残杀，程婴为保全孤儿和全国幼儿，毅然献出己子冒顶孤儿，其至友公孙杵臼为开脱程婴救孤之罪，牺牲了自己的生命。剧情紧张惊险，作者赞美的公孙杵臼与程婴是救人的英雄。一个牺牲了自己的孩子生命；一个牺牲了自己的生命。他们的所作所为让人动容。

全剧结构紧凑简练，人物形象鲜明，整个戏剧充满了悲剧色彩。公孙杵臼和程婴道德和人格的崇高境界，成为我们对生命更为激情的一种理解。

【感悟思索】

一、评点《赵氏孤儿》中体现出的"舍生取义"。

二、赵氏孤儿长大成人之后杀尽屠岸贾全家上下,这种做法你是否赞成?

三、概括本文的艺术特色。

樱桃园

契诃夫

名作导引

安东·巴甫洛维奇·契诃夫（1860—1904）俄国小说家、戏剧家、十九世纪末期俄国批判现实主义作家、短篇小说艺术大师。他和法国的莫泊桑、美国的欧·亨利齐名为三大短篇小说巨匠。他一生创作了七八百篇短篇小说，还写了中篇小说和剧本。

早期创作以短篇小说为主，代表作有短篇小说《变色龙》《套中人》《小公务员之死》等。后期转向戏剧。《樱桃园》是契诃夫晚年的一部力作，是一部喜剧，但不是传统意义上的喜剧。通过淡化情节、处理矛盾，设计出不同寻常的结局。暴露和鞭挞腐朽庸俗的生活，赞美人的心灵美好和对生活的热爱。

经典美文

第一幕

（一个一直被称作少儿室的房间。有一扇门通向安尼雅的卧室。黎明时分，太阳即将升起。已是五月，樱桃花开了，但花园里还有点冷，是春天早晨的寒意。房间窗子都紧闭着。）

（杜尼雅莎手持蜡烛，罗伯兴手捧一本书上。）

罗伯兴：感谢上帝，火车到了。现在几点？

杜尼雅莎：快两点了。（吹灭蜡烛）天亮了。

罗伯兴：火车晚点了几小时？至少两小时。（打哈欠，伸懒腰）我也真是个糊涂虫！特地到这里来，是为了去车站迎接他们，结果睡过了头……坐着坐着就睡着了。不像话……你应该叫醒我才对。

杜尼雅莎：我以为您已经去车站了。（倾听）听，他们像是到家了。

罗伯兴：（倾听）不是……他们先得取行李什么的……（停顿）柳苞芙·安德列耶芙娜在国外住了五年，我不知道她现在是啥模样……她是个好人，平易近人。我记得，那年我才是个十五岁的孩子，我父亲——他已经过世，那时他在村里做小买卖——他朝我脸上打了一拳，我鼻子流血……父亲喝醉了酒，不知为什么他把我带到了这个院子里。柳苞芙·安德列耶芙娜，我记得很清楚，那时还年轻，瘦瘦的，她把我领到了洗脸盆跟前，就在这个少儿室。她说："别哭，小庄稼汉，这不会耽搁你结婚娶新娘的……"（停顿）小庄稼汉……我父亲倒是个庄稼汉，而你瞧，我现在身穿白色坎肩，脚蹬黄色皮鞋。猪嘴里品尝着高级点心……富了，有钱了，不过细细想想，还是个庄稼汉……（翻书）我读这本书，

可一句也没有读懂。读着读着就睡着了。(停顿)

杜尼雅莎：家里的几只狗整夜没有睡，它们也知道主人要回来。

罗伯兴：杜尼雅莎，你是怎么啦……

杜尼雅莎：我的手发抖。要晕倒了。

罗伯兴：杜尼雅莎，你太娇嫩了。穿衣、梳头都学小姐的样子。这样不行。得知道自己的身份。

〔叶彼霍多夫拿一束花上；穿西装上衣，皮靴雪亮，走道嘎吱作响；刚走进房门，就失手把花束掉到地上。〕

叶彼霍多夫：(拾起花束) 是花匠让送来的，让摆在餐厅里。(把花束递给杜尼雅莎)

罗伯兴：给我捎杯甜酒来。

杜尼雅莎：好的。(下)

叶彼霍多夫早上冷，零下三度，可樱桃树开着花。我不喜欢我们这种天气。(叹气) 不喜欢。我们这种天气不能让人振足精神。叶尔马拉耶·阿列克谢耶维奇，再说我这双靴子，前天才买的，我敢向您保证，它们嘎吱嘎吱响得我一点没有办法。可以擦点什么油吗？

罗伯兴：别扯了，烦透了。

叶彼霍多夫：我每天都要碰到一样不幸。可我不抱怨，我习惯啦，我甚至还能露出笑脸来。

〔杜尼雅莎上，递给罗伯兴一杯甜酒。〕

叶彼霍多夫：我这就走。(碰倒一把椅子) 您……(很得意) 您瞧，原谅我用词不当，这叫机缘巧合……这太妙了！(下)

杜尼雅莎：叶尔马拉耶·阿列克谢耶维奇，我向您恭祝。

罗伯兴：什么！

杜尼雅莎：我不晓得该怎么说……他是个很文静的人，只是有时他一开口说话，就不知道他在说什么。说得很好听，很有感情，就是让人听不懂。我好像也喜欢他。他爱我爱得发疯。他是个不走运的人，每天都会遇到点什么麻烦事。我们在这里就有人给他起了个外号，叫他"二十二个不幸……"

罗伯兴：(倾听) 像是他们到家了……

杜尼雅莎：他们到家了！我怎么啦……全身发冷。

罗伯兴：真是回来了。走，咱们去迎接。她还能认出我吗？五年不见了。

杜尼雅莎：(激动) 我快要晕倒了……啊嘿，要晕倒了！

〔听到两辆马车驶进房子的声音，罗伯兴和杜尼雅莎迅速离去。舞台空无一人。从邻室传来嘈杂声。费尔斯拄杖急匆匆地穿过舞台，他刚去迎接柳苞芙·安德列耶芙娜回来，身穿一件陈旧的仆人制服，头戴一顶高帽；他在自言自语什么，但一个字也分辨不清。舞台后边的嘈杂声越来越大。一个人的说话声："咱们这边走……"柳苞芙·安德列耶芙娜，安尼雅和牵着一条小狗的夏尔洛塔·伊凡诺芙娜上，他们都是一身旅行者的打扮；瓦丽雅穿着大衣，头上戴着围巾；杜尼雅莎拿着小包和阳伞，仆人们拎着行李——所有人都在房里穿行。〕

安尼雅：咱们这边走。妈妈，你还记得这间屋吗？

柳苞芙：(高兴得流泪) 少儿室！

瓦丽雅：好冷啊，我手都冻僵了。（向柳苞芙·安德列耶芙娜）妈妈，您那两间房，一间白色的，一间紫色的，照原样保留下来了。

柳苞芙：少儿室，我亲爱的，美丽的房间……我小时候，就睡在这间屋子里……（哭泣）现在，我又返老还童了……（吻哥哥，吻瓦丽雅，然后又吻哥哥）瓦丽雅没有变，还像个修女。杜尼雅莎我也一眼认出来了……（吻杜尼雅莎）

加耶夫：火车晚点两小时。怎么回事？成何体统？

夏尔洛塔：（向彼什克）我的狗还吃核桃呢。

彼什克：（吃惊）有这样的事！

〔除了安尼雅和杜尼雅莎，其他人都离去。〕

杜尼雅莎：让我们好等呀……（替安尼雅脱去大衣和帽子）

安尼雅：一路上我接连四个晚上没有合眼……现在都有点冻僵了。

杜尼雅莎：你们走的时候，正好赶上大斋戒，还下着雪，天寒地冻，而现在呢？我亲爱的！（笑着，问她）让我们好等呀，我亲爱的……我现在就告诉您一件事，我一分钟也忍不住了……

安尼雅：（疲倦地）又有什么……

杜尼雅莎：管家叶彼多夫过了圣诞节向我求婚了。

安尼雅：你又来了……（拢拢头发）我把发针都给丢了……（她很疲惫，身子都有些摇晃。）

杜尼雅莎：我不知道该怎么好。他那么爱我！

安尼雅：（看着自己的房间，亲切地）我的房间，我的窗户，我好像就没有离开过这里，我到家了！明天一早起来，我就跑到花园去……噢，如果我能睡个好觉就好了！我一路上都没有睡觉，心里不安呀！

杜尼雅莎：彼得·谢尔盖耶维奇前天就来了。

安尼雅：（兴奋地）彼嘉！

杜尼雅莎：在澡堂里睡着，他就住在那里。说是怕打扰人家。（看了看怀表）该把他叫醒了，叫瓦尔瓦拉·米哈依洛芙娜不让。她说，别去叫醒他。

〔瓦丽雅上，腰间挂上了一串钥匙。〕

瓦丽雅：杜尼雅莎，快去煮咖啡……妈妈要喝咖啡。

杜尼雅莎：我这就去。（下）

瓦丽雅：咳，感谢上帝，总算回来了。你又到家了。（亲切地）我的宝贝儿回来了！我的美人儿回来了！

安尼雅：罪我也受够了。

瓦丽雅：我可以想象得到！

安尼雅：我是在受难周里出发的，天气很冷。夏尔洛塔一路上不停地说话，变她的魔术。你为什么非得把夏尔洛塔强加给我……

瓦丽雅：宝贝，你不能独自上路，你才十七岁。

安尼雅：我们到了巴黎，那边很冷，下着雪。我法语讲得糟糕极了。妈妈住在楼房的第五层，我去找她，见她屋子里有几个法国人，有男的，也有女的，还有一个老神父在看书，屋子里烟雾腾腾，感觉很不舒服。我突然间怜悯起我的妈妈，我抱着她的头，抱得很紧，松不开手。妈妈居然哭了，显得很慈爱……

瓦丽雅：（含泪）别说了，别说了……

安尼雅：妈妈把在法国当地的一处别墅卖了。她已经一无所有。我也两手空空，好不容易回到了家。但妈妈一点也不懂事！我们在火车站吃饭，她点最贵的菜，而且给每个伙计一个卢布的小费，夏尔洛塔也是这样。雅沙也给自己要了一份菜。简直不像话。雅沙是妈妈身边的一个仆人，我们也把他带回来了……

瓦丽雅：我看到那个混蛋了。

安尼雅：现在情况怎么样？利息付清了吗？

瓦丽雅：哪付得起。

安尼雅：我的上帝，我的上帝……

瓦丽雅：八月份这庄园就要拍卖……

安尼雅：我的上帝……

罗伯兴：（从门口探进头来，学牛叫）哞哞……（下）

瓦丽雅：（含泪）真想教训教训他……（捏着拳头）

安尼雅：（抱住瓦丽雅，轻声）瓦丽雅，他向你求婚了吗？（瓦丽雅摇摇头）他是爱你的……你们为什么不把事儿挑明了呢？你们还等什么？

瓦丽雅：我想我们的事不会有好结果的。他很忙，顾不到我……也不把我放在心上。我见到他就心里不好受……大家都在谈论我们的婚事，向我们道喜，而实际上连影儿也没有，像一场梦……（用另一种腔调）你的胸针像只蝴蝶。

安尼雅：（悲伤地）这是妈妈给我买的。（走向自己的卧室，像孩子一样的高兴）在巴黎我还坐进氢气球里飞上了天！

瓦丽雅：我的宝贝儿回来了！我的美人儿回来了！

〔杜尼雅莎拿着咖啡壶回来，煮咖啡。〕

瓦丽雅：（站在门旁）宝贝儿，我整天忙着家务事，我一直盼望着，能把你嫁给一个有钱的人，我就能放心了，我就可以出去旅游，到基辅去……到莫斯科去，到很多很多好地方去……在名胜古迹之间走来走去，好享福呀！

安尼雅：鸟儿在花园里叫起来了。现在几点了？

瓦丽雅：两点多了。宝贝儿，你该睡觉了。（走向安尼雅的房间）好享福呀！

〔雅沙上，拿着一条毛毯和一个旅行包。〕

雅沙：（穿过舞台，虚情假意地）能打这边走吗？

杜尼雅莎：雅沙，认不得你了。出了趟国好神气呀。

雅沙：嗯……你是谁？

杜尼雅莎：你离开这儿的时候，我才这么高……（用手比画个高度）我是杜尼雅莎，菲德尔·科卓耶道夫的女儿。你忘了！

雅沙：嗯……你这个小丫头！（环顾四周，把她抱住；她大叫一声，掉了个小碟子。雅沙迅速跑下）

瓦丽雅：（在门里，不满的声音）又出什么事了？

杜尼雅莎：（含泪）我把一个小碟子打碎了。

瓦丽雅：这是吉利的。

安尼雅：（从自己的卧室走出）得跟妈妈说一声：彼嘉在这里……

瓦丽雅：我关照过不要去叫醒他。

安尼雅：（沉思地）六年前父亲死了，一个月后我的小弟弟格里沙掉进河里淹死了，他还是七岁的孩子呀。妈妈受不住了，头也不回地走了……（打个寒战）如果妈妈能知道我是多么理解她就好了！（顿）而彼嘉·特罗菲莫夫做过格里沙的家庭教师，他能让妈妈想起……

〔费尔斯穿着西装上衣和白色背心上。〕

费尔斯：（走向咖啡壶，关切地）太太要在这里用餐……（戴上白色手套）咖啡做好了？（向杜尼雅莎严厉地）你呵！奶油呢？

杜尼雅莎：啊嘿，我的上帝……（快步下）

费尔斯：（在咖啡壶旁忙乎）啊嘿，你，这个不中用的东西……（喃喃自语）都从巴黎回来了……我们老爷当年也去过巴黎……坐马车去的……（笑）

瓦丽雅：费尔斯，你在说些什么？

费尔斯：什么？（高兴地）太太回来了！到底让我等着了！现在死也不怕了……（因为高兴而哭泣）

〔柳苞芙·安德列耶芙娜，加耶夫和西苗诺夫－彼什克上。西苗诺夫－彼什克穿料子上好的瘦腰长外衣和灯笼裤。加耶夫上来时，手臂呵身躯都作向前倾的动作，像是在打台球。〕

柳苞芙：这台球时怎么个玩法？让我想想……黄色的球进边角的网兜，红色的球进中间的网兜！

加耶夫：我斜打边角！妹妹，我们曾经在这间少儿室里睡过，而现在我已经五十一岁了，这有点可怕……

罗伯兴：是呵，光阴如箭。

加耶夫：什么？

罗伯兴：我是说，光阴如箭。

加耶夫：这儿有点香精的气味。

安尼雅：我去睡觉了。妈妈，晚安。（吻母亲）

柳苞芙：我的好女儿。（吻她手）你回到家里高兴吗？我还没有回过神来呢。

安尼雅：舅舅，再见。

加耶夫：（吻她的脸和手）上帝保佑你。你多像你妈妈！（向妹妹）柳苞芙，你年轻时和她一个样子。

〔安尼雅向罗伯兴和彼什克伸过手去，走进自己卧室，关上门。〕

柳苞芙：她太累了。

彼什克：这段路程很长呀。

瓦丽雅：（向罗伯兴和彼什克）先生们，怎么的？两点多钟了，该回家了。

柳苞芙：（笑）瓦丽雅，你还是这个样子。（把她拥到自己怀里，吻她）现在喝点咖啡，然后大家各自回去睡觉。（费尔斯在她脚下放个垫子）谢谢你，亲爱的。我喜欢咖啡。（吻费尔斯）白天、晚上都要喝点咖啡。谢谢，我的老人家。

瓦丽雅：我去看看，行李是否都拉来了……（下）

柳苞芙：我果真坐在家里？（笑）我想伸开胳膊跳起来。（用手掩脸）不会是在做梦！上帝知道我爱我的祖国，爱得很深，我不敢从车厢里往外张望，我忍不住要流泪，（含泪）不过该喝咖啡了。谢谢你，费尔斯，谢谢你，我的老人家。你还活着，真让我高兴。

费尔斯：前天。

加耶夫：他耳背。

罗伯兴：我四点钟坐火车去哈尔科夫。遗憾！真想看看您，和您聊聊天……您还是那样光彩照人。

彼什克：（叹息）甚至比以前更标致了……还穿一身巴黎时装……我全部家当都不要了……

罗伯兴：您的哥哥，列奥尼德·安德列耶维奇说我是个流氓，是暴发户，这我不计较。让他这样说好了。我只是希望您还像从前那样信任我，希望您的一双迷人的眼睛还像从前那样看着我。仁慈的上帝！我的父亲曾是您祖辈的农奴，但您以前待我这么好，我会忘记所有的恩怨来爱您，像爱亲人一样地爱您，甚至，胜过爱自己的亲人。

柳苞芙：我坐不住了，坐不住了……（跳起，激动地踱步）我高兴得控制不了自己啦……你们笑话我好了，我多傻……我亲爱的书柜……（吻书柜）我的小长桌……

加耶夫：你出国期间老奶妈死了。

柳苞芙：（坐下喝咖啡）知道，他们写信告诉我了，愿她的灵魂得到安息。

加耶夫：阿纳斯塔西也死了。彼特鲁什卡离开了这里，现在在城里的警察局里当差。（从口袋取出糖果匣，吃一粒糖）

彼什克：我的女儿，达申卡向您问好。

罗伯兴：我本想给你们说点让你们听了高兴的话。（看表）我马上得走，没有时间说了……也好，我长话短说。你们已经知道，你们的樱桃园将要抵债出售，拍卖会定在八月二十二日，可是，我尊敬的太太，您尽管放心，睡您的安稳觉，我们自有办法……我有个方案。请注意听！你们的庄园离城只有二十里，还靠近铁路线，如果把这座樱桃园，连同河边的土地划分出一些地段，租给人家盖别墅，那样你们每年至少有两万五千卢布的进账。

加耶夫：胡言乱语！

柳苞芙：叶尔马拉耶·阿列克谢耶维奇，我没有完全听懂。

罗伯兴：您从租住别墅的客人那儿每年每亩地至少收取二十五卢布租金，您如果现在就把这个方案公布出去，我保证到秋天您的所有地盘都会被抢租一空。总而言之，我向您道喜，您得救了。这地方多漂亮，这条河多漂亮。不过需要整顿整顿，该拆的得拆了……比如，老房子都不能保留，包括这个房子，毫无用处了，还得把老的樱桃园给砍了……

柳苞芙：把樱桃园砍了？我亲爱的，请原谅，您什么也不懂。如果说在我们这个省里还有什么有价值的，甚至是了不起的东西存在，那就是我们这座樱桃园了。

罗伯兴：这座樱桃园有什么了不起的，不过面积大就是了。樱桃园两年结一次樱桃，没法处理，没有人买。

加耶夫：《百科全书》上都提到过我们这座樱桃园。

罗伯兴：（看表）如果什么主意也不拿，什么办法也不想，那么到八月二十二日，这座樱桃园，连同整个庄园都要拍卖掉。你们作个决定吧！我向你们起誓，没有别的出路。没有，没有。

费尔斯：从前，四五十年前，可以把樱桃风干、浸泡，做果子酱……

加耶夫：费尔斯，你别插嘴。

费尔斯：早年间，风干的樱桃一车一车地运到莫斯科和哈尔科夫。能卖好多钱！这樱桃干又软又甜又香……早年间，有风干樱桃的秘方……

柳苞芙：现在这秘方在哪？

费尔斯：忘记了。谁也记不起来了。

彼什克：（向柳苞芙·安德列耶芙娜）巴黎怎么样？那边吃田鸡吗？

柳苞芙：我吃过鳄鱼。

彼什克：您瞧瞧……

罗伯兴：在这之前，农村里只有地主和农民，而现在出现了从城里到乡下来住别墅的客人。所有的城镇，哪怕是小城镇，周边都包围着一片片别墅。可以断定，再过二十年，别墅住客会增加许多倍。现在他们还只是在阳台上喝喝茶，但说不定有一天他们会在自己的一亩几分地上经营起来，那时你们的樱桃园会变得多么繁华，多么气派……

加耶夫：（生气地）胡说八道！

［瓦丽雅和雅沙上］

瓦丽雅：妈妈，这里有您两封电报。（从钥匙串里找出一把，带着响声打开旧书柜）就在这里。

柳苞芙：这是从巴黎打来的。（没有读，就把两封电报撕碎）和巴黎的缘分一刀两断了……

加耶夫：柳苞芙，你知道这书柜有多少年的历史了？一个星期前，我拉开底层的抽屉一看，那里刻着年份。这书柜是整整一百年前制造的。怎么样？啊？可以给它开个纪念会了。它虽然是个没有生命的物件，但它毕竟是老书柜呀。

彼什克：（吃惊）一百年……您瞧瞧！……

加耶夫：是……这是个宝贝……（抚摸书柜）亲爱的，尊贵的书柜！我向你致敬。在一百年的时间里，你一直在为善良和正义的光辉理想服务，你的对于创造性工作的无言的召唤，在一百年的时间里，从没有减弱过，（含泪）你在我们家族的一代又一代的心灵里点燃了对美好未来的信心，你在我的身上培养了善良的美德和社会自觉的理想。（停顿）

罗伯兴：是的……

柳苞芙：哥哥，你还是那个样子。

加耶夫：（有点难为情）白球进右边角的网兜！斜打红球进中间的网兜！

罗伯兴：（看表）好了，我该走了。

雅沙：（递给柳苞芙·安德列耶芙娜药瓶）该吃药了……

彼什克：亲爱的，别吃药……这药对你既无害处也无好处……给我……亲爱的。（取出药片，放在手掌上，吹口气，放进口中，喝一口甜酒吞下）吃下去了！

柳苞芙：（害怕地）您疯了！

彼什克：我把药片全吃下去了。

罗伯兴：好胃口！（众人大笑）

费尔斯：复活节那天来我们这儿吃掉了半桶黄瓜……（嘟嘟囔囔不知说些什么）

柳苞芙：他在说些什么？

瓦丽雅：已经有三年了，他总是这么嘟嘟囔囔，我们习惯了。

雅沙：人老了。

［夏尔洛塔穿行舞台，她身穿白裙，很瘦，束紧腰带，腰带上系一手持眼镜。］

罗伯兴：夏尔洛塔·伊凡诺芙娜，我还没有来得及向您问好了（想吻她手）

夏尔洛塔：（抽开手）如果让您吻了手，您还想吻胳膊，然后还想吻肩膀……

罗伯兴：我今天不走运。（众人笑）夏尔洛塔·伊凡诺芙娜，给我们变个魔术吧！

柳苞芙：夏尔洛塔，变个魔术吧！

夏尔洛塔：不的。我想睡觉。（下）

罗伯兴：过三个星期咱们再见。（吻柳苞芙·安德列耶芙娜的手）再见。（向加耶夫）再见。（和彼什克拥抱）再见。（把手分别伸给瓦丽雅，费尔斯和雅沙）真不想离开这儿。（向柳苞芙·安德列耶芙娜）别墅的事，您要是拿定了主意，就通知我，我会给您弄到五万卢布贷款的。你们好好想想。

瓦丽雅：（气恼地）您到底走不走呀！

罗伯兴：我走，我走……（下）

加耶夫：讨厌的人。不过，请原谅，瓦丽雅要嫁给他，这是瓦丽雅的未婚夫。

瓦丽雅：舅舅，别说废话。

柳苞芙：瓦丽雅，这有什么，我还高兴呢，他是个好人。

彼什克：应当说句实话，他的确是个非常好的人……我的女儿达申卡也这么说……说了很多。（打鼾，立即又醒过来）尊贵的太太，您得借我二百四十卢布……明天我得付人家利息……

瓦丽雅：（害怕地）不行，不行！

柳苞芙：我手头真没有钱。

彼什克：总会有钱的。（笑）我从不放弃希望。上一回吧，我以为全都完了，必死无疑，结果呢，铁路修到我的地皮上……付给了我一笔补偿金。瞧吧，今天，或是明天，还会发生些什么事儿……达申卡也许会中两万卢布大奖……她手里有彩票。

柳苞芙：喝完咖啡，都回去睡觉。

费尔斯：（用刷子给加耶夫刷衣服，教训的口吻）又把裤子穿错了。我拿你没办法！

瓦丽雅：（轻声）安尼雅睡了。（轻轻打开一扇窗）太阳出来了，不太冷了。妈妈，您看，多么美丽的树木！我的上帝，多么清新的空气！椋鸟在唱歌。

加耶夫：（打开另一扇窗）满园子的白花。柳苞芙，你没有忘记吧？这条长长的小路一直延伸下去，像一根拉长了的皮带，在夜晚的月色下闪着银光。你还记得吗？你没有忘记吧？

柳苞芙：（凝望窗外的花园）噢，我的童年，我纯洁的童年！小时候我睡在这间少儿室，一早睡来，透过窗子看花园的景致，每个早晨醒来，都有幸福伴随着我。那时的花园也是这个样儿，一点也没有改变。（高兴地笑起来）全是白色的花！噢，我的花园！经过阴雨的秋天，寒冷的冬天，你又感到青春焕发，充满幸福，天使没有离开你……啊，如果我能从我的胸中，从我的肩头卸下重重的石头，如果我能把我的过去忘掉！

瓦丽雅：该睡觉了，我这就走。你不在家的时候，这里闹了点不愉快。你也知道，在下房住的都是老佣人，有叶菲姆什卡，波利亚，叶甫斯捷格涅，还有卡尔等。他们后来放进一些外边的流氓来留宿，我也忍了。可我后来听到他们放出了谣言，好像我关照只给他们吃豌豆。这是说我小气……这都是叶甫斯捷格涅干的……我想这也好。我心想，你既然捣乱，那就等着瞧吧。我把叶甫斯捷格涅叫了来……（打哈欠）他来了……我就说，叶甫斯捷格涅……你这混蛋是怎么回事……（凝望安尼雅）安尼雅！……（停顿）她睡着了……（扶着她走）我的宝贝睡着了！咱们走……（下）

〔在花园深处，有个牧童在吹牧笛。特罗菲莫夫走过舞台，见到瓦丽雅和安尼雅，停下脚步。〕

瓦丽雅：嘘……她睡着了……睡着了……咱们走，亲爱的。

安尼雅：（处于半睡眠状态，轻声地）我好累……一片铃铛的声音……等等……亲爱的，妈妈，舅舅……

瓦丽雅：咱们走，亲爱的。咱们走……（走进安尼雅的卧室）

特罗菲莫夫：（非常感动地）我的太阳！我的春天！

〔幕落。〕

（《戏剧三种（百年契诃夫·插图本）》童道明　译）

【阅读提示】

《樱桃园》是俄罗斯抒情戏剧的典范。故事发生在19世纪80年代俄国朗涅夫斯卡雅的樱桃园里。这座千余亩全省唯一值得注意的樱桃园，其主人是破落地主柳博夫·安德列夫娜和她的哥哥加耶夫。柳薄夫·安德烈夫娜是个经历坎坷的女人。一生一嫁再嫁，还遭遇了儿子溺水而死的失子之痛，她无法忍受这种突如其来的打击，一人跑到国外买了一座别墅，几经坎坷，最终还是回到了久别的樱桃园。作品充分地、鲜明地表述了人物内心微妙的思想感情活动。故事取材于日常生活，情节朴素，进展平稳，但却富有深刻象征意义。暴露和鞭挞腐朽庸俗的生活，赞美人的心灵美好和对生活的热爱，憧憬美好的未来。剧作含有浓郁的抒情味和丰富的潜台词，令人回味无穷。作品朴素无华、寓意深刻，既表现真实生活，又具有理想色彩。语言优美凝练而富于哲理。

【感悟思索】

一、谈谈该剧本人物刻画的特点。

二、归纳总结全文的艺术特色。

三、以"永恒的美"为题，写一篇评论文章。

参 考 文 献

[1] 李振辉. 应用文写作实训教程 [M]. 北京：化学工业出版社，2003.
[2] 乔刚，甘小的. 大学实用文写作 [M]. 上海：上海大学出版社，2005.
[3] 张建. 应用写作 [M]. 北京：高等教育出版社，2006.
[4] 郭秀兰，徐丽梅. 大学语文 [M]. 北京：北京理工大学出版社，2009.
[5] 乔正康. 语文 [M]. 大连：东北财经大学出版社，2003.
[6] 高雅杰. 实用口才训练教程 [M]. 北京：清华大学出版社，2008.
[7] 许利平. 职业口才训练教程（修订版）[M]. 北京：北京理工大学出版社，2010.
[8] 杨毓敏. 蒋红梅演讲与口才实训教程 [M]. 北京：清华大学出版社，2009.
[9] 刘晖. 完美口才训练教程 [M]. 北京：电子工业出版社，2009.
[10] 吴红莲. 职业汉语能力训练教程 [M]. 北京：高等教育出版社，2009.
[11] 董媛. 大学语文 [M]. 北京：化学工业出版社，2006.
[12] 鲁捷，阎瑞朝. 新编大学语文 [M]. 大连：大连理工大学出版社，2005.
[13] 周圣伟. 大学语文 [M]. 上海：华东师范大学出版社，2005.
[14] 胡正奎，张文光. 阅读与写作训练教程 [M]. 北京：机械工业出版社，2003.
[15] 江少川. 大学语文 [M]. 武汉：华中师范大学出版社，2001.
[16] 唐宋词鉴赏辞典 [M]. 上海：上海辞书出版社，1988.
[17] 百度百科
[18] 百度文库
[19] 习古堂国学网
[20] 中国古曲网
[21] 参考网址：
(1) http：//www.51test.net/yanjianggao/jixing/（无忧考网）
(2) http：//www.dazhao.com：8080/showtopic—9943.aspx
(3) http：//info.biz.hc360.com/2012/09/210556207510—2.shtml
(4) http：//www.51yanjiang.org/kcxl/sjkc/1855.html
(5) http：//www.xuexila.com/eloquence/sociality/8322.html
(6) http：//www.doc88.com/p—508543059883.html
(7) http：//www.xuexila.com/speech/improvisatori/7831__2.html
(8) http：//www.houxue.com/news—18522/
(9) http：//topic.yingjiesheng.com/yanjiang/skill/061D295942012.html
(10) http：//myeducs.cn/jingpinkejian/koucaipeixun/shejiaokoucaidehanyi/
(11) http：//wiki.mbalib.com/wiki/Marketing__Language